시하라 나카미 · 양모토 유우단

배라의 도시아이기 상
배자이중왈의 1절달의 매시지

베네치아공화국 1천년의 메시지
바다의 도시이야기 상

시오노 나나미 · 정도영 옮김

한길사

UMI NO MIYAKO NO MONOGATARI
by Nanami Shiono

Copyright © 1995 by Nanami Shiono

Original Japanese edition published by Chuokoron-Sha, Inc.
Korean translation rights arranged with Nanami Shiono
through Japan Foreign-Rights Centre

Translated by Chung Daw-yung
Published by Hangilsa Publishing Co., Ltd., Seoul, Korea

상공에서 내려다본 오늘날의 베네치아. 베네치아 시가를 둘로 가르고 있는 Z형의 대운하가 보인다. 오늘날 베네치아에서 다른 어떤 관광도시에도 볼 수 없는 명소를 꼽으라면 그것은 역시 이 대운하일 것이다. 베네치아를 정복한 나폴레옹은 이곳을 한 번 본 후 국보로 지정했을 정도다.

산 마르코 대성당. 이곳은 베네치아공화국의 수호성인을 모시는 제1위의 교회였지만 법적으로는 국가원수의 개인 예배당이었고 실질적으로는 베네치아 전 시민의 교회여서 로마 교황의 지배가 미치는 주교구 교회가 아니었다. 정치의 중심인 원수 관저의 바로 옆에 교회 세력의 본거를 두는 것을 꺼렸던 베네치아인들의 성향을 엿볼 수 있다.

산 마르코 대성당의 내부. 비잔틴제국의 영향을 받은 이 성당의 내부 공간은 전체가 금색 바탕에 모자이크와 대리석으로 장식되어 있고 바닥은 대리석과 유리를 박아넣어 제한된 조명 아래서 훨훨 타오르는 듯한 분위기를 자아낸다.

성 마르코의 사자 앞에 무릎꿇은 국가원수 프란체스코 포스카리. 베네치아공화국은 828년 알렉산드리아에서 복음서의 작가인 성 마르코의 유골을 가져와 베네치아의 수호성인으로 삼았는데, 이 성 마르코를 우의(寓意)하는 것이 날개를 단 사자다.

교양이 높았던 일종의 고급 기생 '코르티잔.' 코르티잔의 본래 의미는 '궁정의 여자'인데, 이런 이름으로 불릴 정도였으니 육체적 아름다움만으로는 충분하지 않고 악기를 타는 재능에서부터 문학에 대한 일가견까지 갖추고 있어야 제구실을 하는 코르티잔이라 할 수가 있었다. 요컨대 신사와 교양 있는 대화를 주고받는 것이 그녀들의 임무였다.

제4차 십자군 수송을 의뢰하러 온 프랑스 대표들과 국가원수 엔리코 단돌로가 산 마르코 성당에 모인 시민들을 향해 베네치아의 십자군 참가 승낙을 호소하고 있다.

국가원수 엔리코 단돌로의 지휘 아래 콘스탄티노플을 공략 중인 제4차 십자군.
베네치아는 그리스도교국이었지만 철저할 만큼 정교분리의 원칙을 고수하여 종교적
이데올로기에 놀아나는 일만은 피했다. 그러나 베네치아의 사활이 걸린 제해권의 획득과
수호를 위해서는 제4차 십자군 원정이라는 종교전쟁에 뛰어드는 비용지불도 마다하지
않았다. 베네치아는 이 원정으로 명실공히 '동지중해의 여왕'의 지위를 확고히 굳혔다.

(위) 베네치아의 10인 위원회. 반국가 음모에 대처할 목적으로 만들어진 이 10인 위원회는 시대가 흐름에 따라서 그 권한이 증대하여 비밀을 지키면서 신속하게 결정을 내릴 필요가 있는 문제나 중대한 재판을 심의하는 기관이 되었다.
(아래) 40인 위원회. 원로원과의 상호 견제를 목적으로 창설된 이것은 베네치아의 재정 및 사법 담당 기관이다.

'칼레'라 불리는 베네치아의 소로(小路). 그물코처럼 많은 운하가 통하고, 수많은 다리가 그것들을 연결하여 탄생한 베네치아 시가에는 이용할 수 있는 토지의 한계 탓에 이와 같은 작은 길들이 통하고 있다.

12세기에 공식으로 제정된 이후 해마다 그리스도 승천일에 맞추어 열렸던 베네치아의
축제 '바다와의 결혼식' 이날에는 원수가 진홍색과 금색으로 장식된 전용선 부첸타우르에
정부 고관들을 데리고 올라탄 채 많은 배와 곤돌라를 거느리고 베네치아의 외항인 리도의

난바다에서 많은 사람들이 지켜보는 가운데 바다를 향해서 말한다.
"너와 결혼한다, 바다여, 영원히 내 것이어라."
그런 다음에 원수가 준비된 금반지를 바닷속으로 떨어뜨림으로써 의식은 끝나게 된다.

원수 관저인 팔라초 두칼레의 부분. 파꽃과 같은 모양의 베네치아 고딕식 아치의 연속은 정교한 레이스를 생각나게 한다. 최상부에도 피렌체의 정청인 팔라초 베키오에서 볼 수 있는 것 같은 흉간성벽 따위는 없다. 자기 나라 국민으로부터 방어할 필요가 없었던 베네치아의 행운을 이 팔라초 두칼레가 상징하고 있는 것이다. 베네치아는 정치권력의 중추를 수용하는 건물조차 이처럼 개방적으로 만들었던 나라다.

베네치아공화국 1천년의 메시지
바다의 도시이야기 상

시오노 나나미 · 정도영 옮김

한길사

바다의 도시이야기 상

- 역사를 심판하지 않고 역사과정을 추적할 뿐이다 23

1 베네치아 탄생

'물의 도시'에서 '바다의 도시'로 45
개펄지대로 도망친 사람들 48
첫 전투에서의 승리 53
베네치아인의 나라만들기 57
돼지고기 속에 숨겨온 성 마르코 유골 61
성 마르코, 베네치아의 수호성인이 되다 65
베네치아인의 지상명령 '라구나 비바' 68
말뚝 위에 세워진 나라 73
유쾌한 상상 77
가진 거라고는 소금과 물고기뿐이다 83
교구제에서 6구제로 86

2 바다로!

해적을 퇴치하라! 95
새 원수 피에트로 오르세올로 2세 97
아드리아해의 경찰 102
바다와의 결혼식 108
베네치아의 2대 상품 '노예'와 '목재' 111
베네치아의 범선 114
군선으로 활약한 갤리선 120
'처음에 장사가 있었나니' 127
베네치아 상업의 근거지가 된 콘스탄티노플 130
동지중해의 여왕 136

3 제4차 십자군

십자군 원정 결의 146
베네치아의 심리 작전 149
출범 준비 완료! 154
이반자 159
차라 공략 165
알렉시우스의 제안 171
콘스탄티노플 공성전 178
'움직이는 다리' 186
알렉시우스의 계약 불이행 193
콘스탄티노플 함락 196
라틴제국의 초대 황제 선출 203
동지중해의 '고속도로' 207

4 베니스의 상인

'베네치아 주식회사' 217
상인 로마노 마일라노 220
융자제도 콜레간차 225
라이벌들 231
마르코 폴로의 행운 235
정기상선로 '무다' 243
향신료의 길 247
'무다'의 이점 255
항해기술의 진보 260
배의 구조 변화 262
상업기술의 혁신 267
통화와 세제 274
'베니스의 상인' 안드레아 바르바리고 279

5 정치의 기술

신임 국가원수의 도착 287
피에트로 그라데니고의 정체 개혁 299
퀴리니·티에폴로의 반정부 음모 310
'10인 위원회' 창설 319
원수 마리노 팔리에로의 음모 321
베네치아공화국의 정체(政體) 327

6 라이벌 제노바

'4개의 바다 공화국' 339
아말피의 영락 343
해운국으로 이름을 날린 평야 속의 도시 피사 348
개인주의의 도가니 제노바 352
아콘 전투의 승리 359
제노바의 역전극 366
제노바의 해적행위 370
쿠르촐라 해전 377
전쟁과 휴전을 되풀이하는 두 강국 383
베네치아의 잇따른 시련 389
키오자의 싸움 394
베네치아의 거국일치 402
피사니의 작전 411
다시 찾은 전성시대 418

7 베네치아의 여자들

정치적 영향력이 없었던 여자들 431
터키 술탄의 비가 된 체칠리아 438
베네치아 모드 448
젊음을 억압당한 미혼 여성들 460
아들 교육 468
베네치아의 기사도 정신 473

- 독자 여러분께 484
- 『바다의 도시 이야기』(상) 창작 뒷이야기 493

바다의 도시이야기 하

8   숙적 터키
9   성지순례 패키지 투어
10 대항해 시대의 도전
11 2대 제국 사이의 골짜기에서
12 지중해 최후의 성채
13 비발디의 세기
14 베네치아의 죽음

"역사를 심판하지 않고 역사과정을 추적할 뿐이다"
• 옮긴이의 말

이 책은 일본 출신의 재(在)이탈리아 여류작가 시오노 나나미(塩野七生)의 대표작인 『바다의 도시 이야기 — 베네치아공화국 1천년의 메시지』상(1980)·하(1981)를 우리말로 옮긴 것이다.

시오노 나나미는 우리나라에서도 이미 대작 『로마인 이야기』 시리즈와 에세이집 『남자들에게』가 나온 후로 엄청난 양의 신문보도와 서평을 통하여 너무나 잘 알려져 있고, 일본에서도 역시 대형서점마다 그를 위해 특설매장을 마련하고 그의 신작은 나오는 그날로 베스트셀러 목록에 오를 정도로 크게 주목받는 작가이다. 특히 그가 매년 한 권씩 출간하고 있는 『로마인 이야기』는 출간된 지 한 달 만에 10만 부 이상이 팔리는 '이변'을 일으킨다고 한다.

일본의 지성계에서는 시오노 나나미의 화려한 데뷔와 그 후의 눈부신 활약을 두고 "현대일본의 문화와 문학에서 한 '현상' (phenomenon)이라고 부를 만한 사건"이라고까지 평한 바 있다. phenomenon은 '현상'이라는 제1의 뜻 외에 구어적 사용에서는 '눈부신 일, 예사롭지 않은 사건'을 뜻하는 말이다. 시오노의 책은 내놓는 책마다 수십 판을 거듭했고 각종 학예상, 출판상, 문학상을 휩쓸고 있다. 하지만 수백만 부의 롱 베스트셀러가 흔히 있는 독서대국 일본에서 이 정도의 판매부수를 가지고 하는 이야기는 아닐 것이다. 무엇으로 해서 시오노는 일본의 독서계에, 특히 지성인들에게 이토록 충격에 가까운 어필을 하고 있는 것일까?

역사가 시오노 나나미

시오노의 작품은 무척 재미있는 것이 사실이다. 그러나 그의 작품은 흔히 일본에서 수백만 부가 팔리는 흥미 위주의 역사소설류와는 거리가 멀다. 소설로 분류될 수 없고 돼서도 안 될 작품이다. 그의 『바다의 도시 이야기』나 『로마인 이야기』는 제목이야 어떻든, 그리고 역사 서술의 효과를 극대화하기 위해 문학적 상상력을 동원하는 수법이 가미되었다 하더라도, 분명 베네치아공화국 1천 년의 역사를 서술한 역사서이고, 고대 로마의 흥망 과정을 다룬 로마사이지 기본적으로 픽션이 아니다.

그러므로 시오노 나나미는 문학적·예술적 창작활동을 한다는 뜻에서의 작가이기보다는 이탈리아반도를 무대로 한 고대 로마나 베네치아, 피렌체 등 이탈리아 도시국가들의 역사를 깊이 천착하고 서술하는 역사가라고 보아야 한다는 것이 옮긴이의 생각이다. 시오노의 본령과 진면목이 바로 거기에 있다고 여겨지기 때문이다.

영어에는 '내러티브 히스토리언'(narrative historian)이니 '내러티브 히스토리'(narrative history)니 하는 말이 있다고 한다. 굳이 우리말로 옮기면 '이야기체 역사가'가 될 것이고 '이야기체 역사책' 정도가 될 것이다. 『로마제국 쇠망사』로 유명한 에드워드 기번 등이 이에 해당한다. 시오노 나나미는 바로 이 '내러티브 히스토리언', 이야기체로 역사서를 저술하는 역사가로 평가해야 한다.

실제로 시오노 나나미는 개별적인 사건이나 현상을 주로 연구하는 학자를 제외하면, 역사에 대한 접근 방식은 대체로 다음과 같이 두 가지로 나눌 수 있다고 했다. 첫째는 역사 서술을 어떤 주장을 예증하는 방법으로 이용하는 방식이고 둘째는 어떤 목적을 위한 수단이 아니라 그 자체를 목적으로 하는 역사 서술이다. 그는 이 두 유형을 들고, 앞의 방식의 대표선수로는 그가 가장 좋아하는 마키아벨리와 최근의 폴 케네디(『강대국의 흥망』의 저자)를 꼽고, 두번째 유형, 즉 역사를 과정으로 보고 서술 그 자체를 목적으로 하는 역사가의 대표로 에드워드 기번 등을 꼽았다. 시오노 자신도 이 두번째 부류에 속한다고 말하고 있다(『로마인 이야기』 제2권 '독자 여러분께' 참조). 시오노는 또 다른 글에서, "역사는 오락이다"라며 역사서는 무엇보다도 재미있어야 한다고 강조한 다음, "현대에 역사를 오락이라고 생각하는 민족은 앵글로색슨이 아닌가 싶다. 그래서인지 그 나라에서는 학자들도 글을 잘 쓴다"라고 했다(『바다의 도시 이야기』 하권 '독자 여러분께' 참조). 기번류의 역사 서술 장르를 염두에 두고 한 말로 짐작된다.

일본의 평론가인 사에키 쇼이치는 이러한 맥락으로 영국의 '내러티브 히스토리언'의 전통을 소개한다. 이 전통은 에드워드 기번(1737~94), 매콜리(1800~59)에서 시작되어 칼라일(1795~1881), J.R. 그린(1837~83), 트리벨리언(1838~1928)으로 이어지면서 거의 끊이지 않는 계열을 이루고 있다. 그는 여기에 현대의 아널드

토인비(1889~1975)와 현역인 폴 케네디(1945~)까지를 추가한 기번 이래의 '내러티브 히스토리언'의 큰 계보에 베네치아 흥망사를 쓴 시오노 나나미도 포함된다고 말하고 있다.

어쨌든 시오노 나나미는 위에서 본 바와 같이 기번을 비롯한 앵글로색슨류의 역사 서술 장르의 영향을 크게 받은 것이 분명하며, 그 장르를 따르고 있는 것으로 볼 수 있다. 그러나 그의 글 행간 도처에서 '기번이 무엇이관데……'라는 오기와 패기가 풍겨 나오는 것을 감지할 수가 있다.

첫째로 그는 『로마인 이야기』를 쓰면서 그리스도교도의 눈으로 본 역사라 하여 기번을 포함한 후세 사가들의 로마사는 사전류 등을 제외하고는 대부분 참고문헌 목록에서 배제했고, 거의 전적으로 고대 로마 당대의 역사가의 저작과 기록 및 금석비문, 유적 등 제1차 사료에만 의존했다는 것을 밝히고 있다. 유일신의 신자인 그리스도교도가 다신교 신자인 로마인에 대해 쓴 역사는 왜곡되어 있다고 그는 불신하는 것이다.

이탈리아에 거주한 지 30년이 넘는 그는 그리스도교 문화에 경사되기는커녕 오히려 동양적인 우주관이라고 할까 그러한 관점을 견지하고 있다. 그는 한 인터뷰에서 종교에 관한 질문에 "나는 범신론자입니다. 범신론이란 다른 종교를 인정한다는 것이고, 다른 종교를 인정한다는 것은 다른 민족을 인정한다는 것입니다"라고 답하고 있다. 타자의 인정, 타자와의 공존의 철학을 범신론에 의탁하여 표현한 이 말은 깊이 음미해야 할 대목이 아닐 수 없다.

역사 서술의 스케일과 분량에서도 그렇다. 1992년부터 시작하여 해마다 한 권씩 2006년까지 전15권으로 완결하겠다고 공언하고 지금까지 매해 한 권씩 내놓고 있는 그 패기와 자신감이 놀랍다.

시오노 나나미는 그 초기 문필활동 이래 르네상스기의 이탈리아 도시국가들의 흥망의 자취를 깊이 천착함으로써 『르네상스의 여인들』(1968), 『체사레 보르자 혹은 우아한 냉혹』, 『나의 친구 마키아벨리』와 같은 이를테면 각론이라고 할 수도 있는, 알이 꽉 찬 개별사론적 작품들을 내놓았다. 시오노 자신은 이런 작품들을 "기본적인 일(작업)들"이라고 말하고 있다. 그런 작업의 기초 위에서 그는 1980년과 81년의 두 해에 걸쳐 베네치아공화국 1천 년 역사인 『바다의 도시 이야기』 상·하권을 탈고, 간행했고, 그 후 10년의 간격을 두고 1992년부터 장장 1천 몇백 년에 걸치는 『로마인 이야기』 전15권 집필의 대장정에 올랐다.

개별사론과 달라서 특정 주제나 주인공이 있을 수 없고 어떤 민족, 국가, 또는 제도와 문화의 발생과 성장, 그 소장(消長)과 변천의 자취를 더듬어 서술하는 통사류는 흥망성쇠라는 크고 숨이 긴 시야의 원근법(퍼스펙티브)으로 역사적 사상(事象)의 흐름을 바라보는 것이 불가피하다. 이런 것을 '흥망사관'이라고 하는 모양이다.

이런 맥락에서 볼 때 시오노의 글에서 두드러져 나오는 색깔은 성자필쇠론(盛者必衰論)이다. "성자는 필쇠라, 성한 자가 반드시 쇠함은 역사의 순리이다. 현대에 이르기까지 단 한 번의 예외도 찾아볼 수 없는 역사의 순리이다. 그것을 막을 길은 없다. 사람의 지혜로 할 수 있는 것은 오직 쇠퇴의 속도를 가급적 더디게 하고 되도록 뒤로 미루는 일이다." 『바다의 도시 이야기』 하권의 '독자 여러분께'에 나오는 이 구절은 키워드처럼 읽는 이의 마음에 각인된다.

시오노의 이런 발언은 그의 작품의 이곳저곳에서 발견된다.『로마인 이야기』제2권의 머리말에서는 "어떠한 사상도 윤리도 도덕도 심판하지 않고, 인생무상을 숙명으로 짊어진 인간의 행적을 추적해가고 싶다"고 했다. 또 "나는 인간과 인간의 소산인 체제는 시대의 요구에 따라 변화할 필요가 있다는 마키아벨리의 주장에 찬성합니다. 나 역시 심판한다면 그 심판의 근거는 시대의 요구에 따랐느냐 아니냐 하는 단 한 가지입니다"라고도 했다. 그러한 그는 1천 년 동안 공화제를 지키다가 1797년에 나폴레옹의 말발굽 아래 사라져간 베네치아공화국의 멸망을 온갖 시련과 질병 끝에 천수를 다하고 죽는 인간의 자연사(自然死)에 비유했다.

얼핏 불교의 제행무상(諸行無常) 사상을 연상케 하는 그의 성자필쇠론은, 마키아벨리의 견해를 인용한 대목에서도 알 수 있듯이, 한 국가의 멸망을 그 나라 국민의 정신적 쇠미 또는 퇴폐의 탓으로 돌리거나, 또는 후세인의 후지혜(後知慧)와 가치기준으로 재단하고 심판하는 판에 박은 듯한 국민사관이나 이데올로기 과잉의 '역사의 필연론'의 도식과는 무관하다. 그리하여 넓고 얽매이지 않는 시야와 정확한 사료 구사에 의한 현장감 넘치며 역동적인 서술로 국지적 역사를 세계적 역사의 지평으로 끌어올려놓았다. 사실 바다 지향 도시국가 베네치아의 경제며 정치는 근대 유럽 문명의 원형이고 오늘의 산업 문명의 모태이기도 하니 말이다.

시오노의 이 '성자필쇠론'을 일본의 평론가 사에키는 '흥망사관'으로 파악하고, 1988~89년 무렵 국제적 베스트셀러였던 폴 케네디의『강대국의 흥망』(1988)에 견주어 평가한 바 있다. 즉 그는 시오노의 이 대하작품은 문자 그대로 '베네치아 흥망사'일 뿐만 아니라 '흥망' 테마의 착안과 책의 저술 및 간행에서 케네디의 『강대국의 흥망』보다 7, 8년은 더 앞섰다는 사실을 지적하고, 만약 『바다의 도시 이야기』의 외국어 번역판이 간행되었더라면 그 사실 선택과 처리의 신선함과 넓은 시야, 서술의 객관성 등에 비추어 국제적인 베스트셀러가 되고도 남았을 것이라고까지 말하면서 애석해했다.

옮긴이가 시오노의 책들을 처음 접한 것은 1995년 초이던가, 한길사에서 『로마인 이야기』 1, 2권을 보내 오면서 어떤 책인지 검토해달라는 부탁에 의해서였다. 그전에는 물론 작가 시오노에 대한 예비지식이 전혀 없었다. 얼마 후 한길사의 전화 문의에 대해 나는 "재미있어요. 이런 유의 책에 다소는 따르게 마련인 지루함이 전혀 없어요. 책을 놓을 수가 없어요"를 연발했던 기억이 난다. 그 후 잇따라 『나의 친구 마키아벨리』와 『마키아벨리 어록』을, 그리고 『바다의 도시 이야기』를 접했다. 시오노의 책은 그 소재나 내용에서뿐 아니라 시오노의 어떤 표현이나 발언이 충격에 가까운 감흥을 불러일으켰다.

"상권을 집필할 당시부터 일관되게 나의 저작 태도의 근본이 되어온 생각은 역사는 오락이다라는 것, 그것뿐이었다." 이런 말은 아무나 할 수 있는 말이 아니다. 내가 받은 최초의 충격이었다. 또 "왜 (단테나 레오나르도 다 빈치와 미켈란젤로를 낳은 르네상스 문화의 꽃인) 피렌체가 아니고 하필 베네치아공화국의 역사를 쓰려는가?"라는 이탈리아 친구들의 질문에 그는 속으로는 나는 르네상스 문명의 알맹이 쪽을 쓰려는 것이오라고 중얼거리면서, 겉으로는 "국체를 바꾸지 않고 그렇게 오랜간 나라가 달리 없으니까요"라고만 답하곤 했다(『바다의 도시 이야기』 하권의 '독자 여러분께' 가운데)는 대목도 그렇다. 베네치아의 경제문화와 정치문화를 르네상스의 알맹이로 보는 그의 역사인식, 놀랍도록 투철하고 명쾌한 안목이라 아니할 수 없다.

참으로 궁금했다. 도대체 이 시오노라는 작가는 어떤 여성이기에 이십오륙 세의 젊은 나이에 단신 이탈리아로 건너가서, 마치 무리를 벗어난 허기진 외톨이 늑대처럼 탐욕스러운 지적 호기심으로 고문서와 유적 더미를 뒤지고 다닌 끝에 마침내 이런 글을 쓰기에 이르렀단 말인가. 키쿠슈인대학이라는 일본의 명문귀족 자제들이 다니는 대학을 나왔고 유복하고 개화된 가정 분위기 속에서 성장했다는 그를 내몰아 외톨이 늑대의 지적 편력의 길을 떠나게 한 1950년대 말 60년대 초의 그의 대학생활, 그리고 지적·정신적 환경은 어떤 것이었을까?

그리고 또 하필이면 여류답지 않게(실례지만) 마키아벨리에 심취하여 『나의 친구 마키아벨리』를 썼고, 주로 권모술수와 전쟁을 다룬 많은 작품을 썼단 말인가? 어떤 내적 동기에 의해 그토록 냉엄하고 철저하게 현실적인 마키아벨리의 역사인식에 개안(開眼)을 하게 된 것일까?

이런 감흥을 되씹으면서 마침 미국에 머물며 『마키아벨리 어록』을 뒤적거리고 있던 1995년 3월이던가 어느 날 밤중에 한길사 김언호 사장의 전화를 받았다. 이런저런 곡절 끝에 로마로 날아가서 시오노를 만나 한국 내 판권의 독점사용에 대한 승낙을 얻어냈다는 것이었다. 언제나 그렇듯 그의 과단성과 행동력에 다시 한 번 혀를 내두르면서 나는 진심으로 그와 함께 쾌재를 부르고 시오노의 작품을 다루게 된 것을 기뻐하고 축하했다. 그리고 그해 6월부터 나는 『바다의 도시 이야기』의 번역에 손을 대게 되었다.

바다의 도시 베네치아공화국 이야기

오늘날 베네치아는 순수한 관광도시로 그 명맥을 유지하고 있지만 18세기 말에서 19세기 초 무렵까지의 베네치아는 음악·연극·미술·출판 등 문화의 중심지로서 뒷날의 파리 이상으로 유럽의 문화적 중심도시 구실을 했으며, 우리들은 셰익스피어나 괴테, 바이런과 스탕달의 작품이나 기행문을 통하여 오늘날의 베네치아보다도 18세기 베네치아가 더 친숙하다. 『베니스의 상인』이나 『오셀로』는 말할 것도 없이 베네치아가 무대이고, 괴테의 『이탈리아 기행』 속의 베네치아 묘사도 더욱 회자되어왔다. 영국·독일·프랑스 등에서 실로 구름과 같이 문인묵객들이 몰려들었다. 15세기 베네치아는 종교적 성지순례의 중심지였지만 18세기 베네치아는 '문화문명의 성지'였던 것이다. 유럽의 이렇다 할 '사회적·경제적·지적 엘리트들'이 몰려들었다. 그들 엘리트는 베네치아 여행을 "그들이 진짜 젠틀맨임을 자타가 확인하는 데 빠뜨릴 수 없는 체험이라고 믿고 있었다"라고 시오노가 이 책의 제13장 '비발디의 세기'에 써놓을 정도였다.

이 무렵의 베네치아는 이미 '지중해의 여왕'은 아니고 국제사회의 중심무대에서 밀려나 있었지만 문화의 면에서는 옛 영광의 빛이 살아 움직이고 있어 영국·독일 등 신흥세력의 엘리트들의 지적 상상력과 교훈의 원천이 되어 있었다. 앞에서도 이야기했지만 사실 해양형 도시국가 베네치아의 정치와 경제는 근대 유럽 문명의 다름 아닌 '원형'이었다.

그러므로 베네치아와 이탈리아를 공부하고 안다는 것은 근대 유럽과 오늘의 산업문명에 대한 이해의 깊이를 더해주는 필수조건이다.

바로 이러한 필요를 충족시켜주는 것이 시오노 나나미의 이탈리아에 관한 역사작품들이어서 이웃 일본의 독서계에서 이례적인 호응을 불러일으키고 있는 것이다. 그러한 시오노의 작품 중에서도 대표작은 역시 이 『바다의 도시 이야기』이다. (『로마인 이야기』는 그의 필생의 역작이 될 것이지만 아직 진행 중인 미완의 작품이다.) 비록 손바닥만한 도시국가이지만 유럽 문명의 원형인 한 나라의 1천년 역사를 이만한 밀도로, 생생하게 역동적으로, 그리고 단단한 사료의 뒷받침으로 서술해낸 통사는 비단 베네치아사뿐만 아니라 다른 곳에서도 찾기 어렵다.

이 책이 이만한 감흥을 일으키고 좋은 평가를 받는 이유 중의 하나는 저자가 2차 사료에 의존하지 않고 베네치아의 활동기 내지 전성기 시대의 문서들을 직접 섭렵하면서 썼다는 데서 찾아야 할 것 같다. 이 책을 읽고 첫째로 느끼는 것은 (재미있다는 것 이외에) 어쩌면 이렇게 사실들의 내용이 알차고 단단할까 하는 느낌이다. 국가의 문서를 체계적으로 정리, 보존하는 일은 지금은 웬만한 나라가 다 하는 일이지만 이 일을 세계에서 처음 시작한 것이 베네치아이고 이 문서들은 지금도 훌륭한 건물 안에 현존하고 있다는 것도 처음 알게 된 놀라운 일이었다. 후세 사람들이 과거를 돌이켜 정리한 문서가 아닌 동시대인의 고민과 고투를 담은 문서에서 묻어 나오는 생생한 현실감, 그리고 이탈리아에 거주한 지 수십 년째인 저자의 몸에 밴 현지감각, 이런 것의 결합이 자아내는 현장감이 전편에 넘치고 있다.

두번째 특징은 말의 절제와 사실 제시의 홍수를 적절하게 결합시킨 기발하고 신선한 스토리 전개의 수법이다. 전체적으로 장강의 흐름같이 유유자적한 개관으로 일관하면서도 세부 사실에 대한 뛰어난 선택의 안목과 그 제시에 따른 극적 효과가 읽는 이로 하여금 책을 놓지 못하게 한다. 어느 편에 치우침이 없는 객관성으로 모든 당사자와 일정한 거리를 유지하면서도 이해와 공감을 잃지 않는 균형감각이 전체 구성을 안정되게 지배하고 있어 멈추지 않고 편안한 마음으로 읽어 나갈 수 있게 한다.

세번째 특징은 이 책의 내용이 주는 교훈의 시의성이다. 자원이라고는 없는 손바닥만한 나라 베네치아가 바다로 활로를 찾아 무역입국으로, 지중해의 대국으로 성장하여 열강과의 갈등 속에서도 번영을 누리면서 수백 년을 버티는 과정은 이것이 어찌 옛날의 남의 나라 일인가 싶을 정도로 숨막히는 현실감으로, 오늘날 우리 자신의 몸부림과 아픔으로 실감된다. 그들의 관광정책, 중소기업정책, 산업정책, 그리고 외교정책은 역사의 거울로서 우리에게 절실한 설득력을 갖는다. 그러면서도 전혀 딱딱하지 않고, 하권 제9장 '성지순례 패키지 투어'가 대표적으로 그러하듯, 실로 재미있고 즐겁게 읽을 수 있는 그 오락성. 바로 이런 점에 이 책이 일본과 우리나라에서 크게 받아들여질 수 있는 비밀이 있다는 느낌이다.

『바다의 도시 이야기』는 상권에서 주로 베네치아의 흥륭과 성공을 더듬고 하권은 그 하강과 쇠퇴의 과정을 그리는 구성으로 되어 있다. 로마제국의 붕괴 후 훈족이라는 중앙아시아의 야만족이 유럽으로 침입, 이탈리아에도 쳐들어왔을 때 그 난을 피하여 바다 가까운 개펄로 옮겨 사람이 살 수 있는 수상마을 베네치아를 건설, 다시 그곳을 발판으로 바다로 진출하는 이야기로 시오노의 베네치아사는 시작된다.

앞은 바다이고 뒤는 야만족 내습의 위협이 끊이지 않는 한계적 역경에서 베네치아인들은 불굴의 의지와 합리적 정신으로 바다의 일부인 개펄지대(라구나)의 바닷물과 개펄을 잘 관리하여 안전하고도 건강하며 온갖 산업활동과 공공활동이 가능한 수상도시를 건설한다. 그때나 지금이나 이 개펄도시 건설과 관리·유지의 어려움을 모르고서는 베네치아를 이해할 수가 없다. 보통은 무미건조하고 지루할 토목건축이니 '물의 행정관'이니 하는 이야기마저 시오노의 솜씨에 걸리면 전혀 지루하지 않은 아주 재미있는 읽을거리로 바뀌어버린다.

그 다음 베네치아인들은 그 안전하고 건강한 수상근거지로부터 바다로 나아가야 했다. 여기서 배가 사활의 중요성을 갖게 된다. 비교적 값싸고 손쉽게 건조할 수 있는 배를 고안해내고 그것으로 바다를 항해할 수 있는 기술과 그것을 운용하는 제도를 만들어낸 것이 베네치아인들이 성공을 거두는 기본적 발판이다. 이 부분에서도 시오노의 뛰어난 말솜씨는 배의 구조 등 기술적인 사항까지도 실로 흥미진진한 이야깃거리로 바꾸어놓는다.

안전한 수상근거지의 건설과 갤리선이라는 배와 항해술의 개발, 이 두 가지 성공을 기본조건으로 하여 바다의 도시 베네치아가 '지중해의 여왕'이라는 말을 듣게 되는 무역입국의 대장정을 시작한다. 이것을 대성공으로 이끈 것은 그들의 뛰어난 상업조직, 노련하고 기민하기 이를 데 없는 외교, 그리고 겹겹이 안전장치가 둘러진 공화제 정치제도의 결합된 힘이었다. 실로 놀랍도록 잘 조직된 그들의 상업활동과 정치제도는 특히 중요한데 우리는 그 내막을 상권 제4장 '베니스의 상인'과 제5장 '정치의 기술'에서 단숨에 읽어 내리게 된다.

또 베네치아의 외교는 그 착실하고 현실주의적인 노선과 기민한 활동으로 동시대인과 오늘날의 연구자들에게 깊은 인상을 심어주고 있는데, 우리는 베네치아가 주요 교역상대국에 외교관을 상주시킨 세계 최초의 나라였다는 사실, 그들 외교관이 본국 정부에 보내온 보고는 당시의 제1급 정보로서 지금도 사료관에 고스란히 보관되어 있다는 사실을 알게 된다.

베네치아 외교망과 첩보망의 정보능력은 대단한 것이었으며 그러한 정확한 정보의 적기확보를 통해 옳은 판단을 내릴 수가 있었다. 베네치아는 그렇게 쇠퇴기 비잔틴제국 치하의 동지중해와 취약한 신성로마제국 사이에서 강한 해군력과 상선력을 무기로 중개인 역할을 하여 부를 축적, 두 세력을 견제하여 성공과 번영을 누릴 수가 있었다.

베네치아는 그리스도교국이었지만 철저할 만큼 정교분리의 원칙 아래 종교적 이데올로기에 놀아나는 일을 피했다. 그러나 베네치아의 사활적 이익, 예컨대 제해권의 획득과 수호를 위해서는 제4차 십자군 원정이라는 종교전쟁에 뛰어드는 비용지불도 마다하지 않았다. 베네치아는 3만 3,500명의 십자군 병력수송을 의뢰받아 계약을 완전히 이행하고 십자군에 6천 명을 파병한다는 약속을 지키는 대도박을 한다. 거금의 대금지불은 십자군측의 능력부족으로부도가 나고 정복한 땅의 절반을 차지한다는 반대급부는 실익이 없는 것이었지만 결과적으로 베네치아는 이 대도박으로 명실공히 '동지중해의 여왕'의 지위를 확고히 굳힌다. 결과를 내다본 냉철한 정치적 도박의 승리였다.

베네치아의 성공을 가져온 요인 중에는 그들이 뛰어난 뱃사람과 항해꾼들을 많이 가졌고 또 '한정합자회사'(콜레간차)라는 자본확보와 위험분산을 가능케 하는 훌륭한 제도를 가졌다는 것을 들어야겠지만 그것은 베네치아만의 것은 아니었다. 피사나 제노바는 그런 면에서는 오히려 한 수 위였다.

베네치아가 이탈리아 해양도시국가들의 최후의 승자로 살아 남게 된 중요한 원인은 정부가 상인들의 활력을 억누르는 일이 없도록 하면서 동시에 또 철저히 개입했다는 데 있었다. 국유 상선단에 의한 '무다'라는 이름의 정기항로 방식은 베네치아만이 채택한 독특한 제도였다. 중요한 것은 그것을 통해 베네치아에서는 누구나 해외무역에 참가할 수가 있었고 대상인의 독주를 발생시키지 않을 수 있었다는 사실이다. 그래서 베네치아에서는 제노바나 피렌체에서처럼 대상인이나 대금융자본가는 끝내 발생하지 않았.

'무다' 제도에 의해서 해양무역은 사실상 많은 시민이 참여한 국가적 사업이 되었고 그래서 대중적 활력이 유지될 수 있었다. 여기서 우리가 각별히 주목해야 할 사실은 이러한 조치, 이러한 산업정책은 대상인의 장악 아래 있는 정부가 궁리해내고 실행한 것이지 중소상인들이 자기들의 권리를 지키기 위해 단결하여 그렇게 하도록 정부에 공작한 결과가 아니라는 사실이다. 많은 베네치아 연구자들이 주목하는 점이 바로 이 점이다. 이러한 전통은 불가피하게 정치적 제도나 전통과 관련되는 것이지만 지면상 여기서는 언급할 수가 없다.

하권은 대항해 시대의 도래와 전제적 대군주국의 출현으로 교역의 주무대가 지중해로부터 대서양으로 이행하는 전환의 시대에 베네치아가 대군주국들을 상대로 치러야 했던 빛나는 외교적·군사적 싸움, 그리고 불가피하게 겪는 하강·쇠퇴 국면의 이야기이다. 베네치아는 15세기 중반 이후 동으로는 인구와 영토의 면에서 비교가 될 수 없는 대터키제국과 200여 년 동안에 7회에 걸쳐 전쟁을 벌인다. 서쪽으로도 포르투갈, 프랑스, 에스파냐 등 강력한 군주국이 대포를 중심으로 한 기술력까지 갖추고 위협해와 때로는 이탈리아반도의 태반이 점령당하는 위기에 처한다. 대서양 항로의 개척은 불가피하게 지중해 세계에서의 베네치아의 경제적 비중에 위축을 가져온다.

그러나 베네치아는 그 주력을 교역으로부터 공업과 농업으로 돌림으로써 번영을 계속 누린다. 베네치아는 지중해의 제해권을 누리고 있던 시기에 광대한 영토국가, 육지형 국가로 변신할 수는 없었을까. 대서양 항로로 진출할 수는 없었을까? 인구와 영토의 면에서의 내재적 제약, 그것은 베네치아가 가진 기본적 제약이었고 어떤 평자의 표현을 빌리면 그것은 '유전자'적 제약이었다. 그러한 변신 시도는 선험적으로 실패할 운명으로 결정되어 있었다는 말이다.

중요한 일은, 우리가 주목해야 할 일은, 베네치아인들이 그러한 불가피한 쇠퇴와 멸망을 무려 200년이나 뒤로 미루고 늦추었다는 사실이다. 베네치아는 그 노련하고 기민한 외교로 싸움을 피하고,

전쟁을 뒤로 미루고, 공업과 농업을 발전시켜 계속 번영을 누렸다. 그리고 불가피할 때는 용감하게 싸웠다. 작가 시오노가 "사람의 지혜로 할 수 있는 것은 오직 쇠퇴의 속도를 가급적 더디게 하고 되도록 뒤로 미루는 일뿐"이라고 말한 바로 그대로이다. 그리고 그러한 가운데서도 제13장 '비발디의 세기'에 그려진 바와 같이 유럽의 문화 중심지로서 문화적 성지의 구실을 하는 것이다.

최다 인구 17만 내외의 베네치아가 공룡 같은 터키제국이나 유럽의 대군주국과 벌이는 군사적·외교적 대결은 제8장 숙적 터키, 제11장 2대 제국 사이의 골짜기에서, 제12장 지중해 최후의 성채 등에서 숨막히는 전쟁 서사시로서 펼쳐지며, 여기에서 작가 시오노의 역사 서술의 박진력과 호소력은 그 절정을 보여준다.

분명한 것은 이 작품의 후반, 즉 하권이 더욱 절실한 감회를 우리에게 불러일으키며, 오늘날 세계화를 부르짖으며 몸부림치는 우리에게 이만큼 강력한 힘으로 호소해오는 역사적 교훈도 달리 구하기 어려울 것이라는 사실이다.

끝으로, 이 책에 나오는 그 많은 외국 지명과 인명을 되도록 원발음에 가깝게 우리말로 표기하는 데 애를 먹었다. 알뜰하게 조사하고 원어를 찾아내어 잘못을 바로잡는 데 함께 애를 써준 편집부의 노고에 이 지면을 빌려 다시 한 번 감사를 표한다.

1996년 1월
옮긴이 정도영

① 원수 관저
② 산 마르코 광장
③ 산 폴로 광장
④ 산 그레고리오 교회
⑤ 프라리 교회
⑥ 산 자코모 교회
⑦ 산타 마리아 포르모사 교회
⑧ 산 자카리아 교회
⑨ 산 조르조 마조레 교회
⑩ 산 미켈레 교회

15세기의 베네치아

⑪ 대운하
⑫ 주데카 운하
⑬ 카나레조 운하
⑭ 세관
⑮ 상관
⑯ 카 도로
⑰ 국영 조선소
⑱ 산 페이트로 디 카스텔로
⑲ 주데카 섬
⑳ 리알토 다리

1

베네치아 탄생

물의 도시라면 유럽은 물론이고 동양에도 있다. 그러나 나는
그저 물 위에 도시를 만든 사람들에 대해서
쓰는 것이 아니라, 바다로 나감으로써 삶을 찾은 사람들에
대해서 쓰려는 것이다. 물 위에서 살았다는 것만이 아니라,
바다에 산 사람들에 대해서 쓰려고 하는 것이다.

'물의 도시'에서 '바다의 도시'로

에소 스탠더드였는지 올리베티였는지 잊었지만, 이 중의 한 회사가 제작한 「하늘에서 바라본 이탈리아」라는 다큐멘터리 영화의 베네치아 편을 보았을 때였다. 이런 경우 흔히 가이드북 같은 데서 친숙하게 보아온 것처럼 물 위에 떠 있는 현재의 베네치아 시가의 아름다운 모습이 스크린 가득 비추어지는 것으로 시작된다. 그러나 포르코 퀴리치 감독은 달랐다.

아침안개 속에 망망히 펼쳐지는 개펄이 비추어진다. 군데군데 물 위로 얼굴을 내밀고 있는 지표는 전체가 갈대로 덮여 있을 뿐이다. 바람에 흔들리는 갈대 외에는 수목의 그림자조차 없다.

그러나 이 장면은 완벽하게 한 순간, 불과 1, 2초 동안 비추어졌을 뿐이다. 조금씩 안개가 걷힘에 따라 시계(視界)도 뚜렷해지듯이, 아침안개 속에 가라앉아 있던 갈대가 산들산들 흔들릴 뿐이던 개펄은 조금씩 그 모습을 바꾸기 시작했다. 마치 마법의 지팡이를 천천히 한 번 휘두른 듯이 베네치아의 시가 전체가 아침의 맑은 대기 속에서 햇빛을 받아 빛나는 푸른 바다 위로 떠오르는 것이었다.

배경음악도 들리지 않고 해설도 없는 무언(無言)의 변용이었다. 아니 그 변용 자체가 음악까지 수반하고 있는 듯한 생각이 들 만큼 그것은 하나의 웅대한 교향시였다.

이 다큐멘터리 영화를 보기 전까지는 이제부터 쓰는 베네치아 공화국의 통사를 '물 위의 도시 이야기'라고 제목을 붙일 작정이었다. 이탈리아 르네상스의 또 하나의 도시국가 피렌체를 꽃의 도시라고 부른다면, 다른 한쪽인 베네치아는 물의 도시라고 불려왔기 때문이다. 그러나 이 다큐멘터리를 보고나서는 물의 도시라는 제목은 적당하지 않다는 생각이 들었다.

물이라는 문자가 주는 인상은 정적이다. 움직인다고 해도 한결같이 같은 방향으로 흘러간다는 느낌이 들 뿐이다. 그렇지만 베네치아공화국의 역사는 그것과는 전혀 다르다. 복잡하고 다양하며 무서운 움직임으로 가득 차 있다.

물의 도시라면 유럽은 물론이고 동양에도 있다. 그러나 나는 그저 단순히 물 위에 도시를 만든 사람들에 대해서 쓰는 것이 아니라, 바다로 나감으로써 삶을 찾은 사람들에 대해서 쓰려고 하는 것이다. 물 위에서 살았다는 것만이 아니라, 바다에 산 사람들에 대해서 쓰려고 하는 것이다.

이제부터 쓰는 작품의 제목은 '물의 도시 이야기'가 아니라, '바다의 도시 이야기'가 아니면 안된다.

"아틸라가 쳐들어온다!"
"훈족이 밀려온다!"
"아퀼레이아도 화공(火攻)을 당했다. 아녀자들까지 몰살당했다더라."

야만족은 무섭다. 저항한 자도 저항하지 않은 자도 모두 죽여버린다. 금은보화를 내밀어도 용서해주지 않는다. 야만족이 지나간 자리는 풀 한 포기 나지 않을 정도로 당하게 된다는 소문이 바람보다 빠른 속도로 퍼지고 있었다. 사람들은 사제(司祭)를 둘러싸고 저마다 불안을 호소했다.

때는 로마제국 말기였다. 야만족의 침입이 '로마의 평화'에 친숙해져 있던 유럽 사람들을 공포의 밑바닥으로 처넣고 있었다. 그 중에서도 아틸라가 이끄는 훈족은 그 광포함으로 다른 어떤 야만족보다도 공포의 대상이 되고 있었다. 이탈리아의 북동쪽에 위치한 베네토 지방에 사는 사람들은 그들의 주교좌(主敎座) 교회가 있는 아퀼레이아가 이 무서운 아틸라에게 습격당했다는 말을 듣고 어쩔 줄 모르고 있었다.

"어디로 달아날까."

산지로 달아난다는 것은 아무도 생각하지 않았다. 그 일대는 바다로 흘러들어가는 몇 개의 하천에 의해서 생긴 평야지대로, 그보다 훨씬 먼 산으로 달아나려고 해도 그곳에 당도하기 전에 붙잡혀 죽음을 당할 것이 뻔했기 때문이다. 그렇다면 해안을 따라 남쪽으로 내려가 파도바나 훨씬 남쪽인 라벤나로 달아나면 어떨까.

그렇지만 그런 말을 한 사람은 금방 말을 삼켜야만 했다. 야만족은 제국의 수도 로마를 향하고 있었다. 그 진로 앞쪽으로 계속 달아난다는 것은 아녀자를 데리고 있지 않다 하더라도 불가능했다. 주민들로부터 어떤 지시라도 해달라고 요청을 받은 사제도 역시 뭐라고 할 수가 없었다. 사제는 신에게 빈다기보다도 어쩔 수 없는 절망을 호소하듯이 하늘을 향해서 두 팔을 벌렸다.

그때 하늘로부터 목소리가 들려왔다.

"탑으로 올라가라. 그리고 그곳에서 바다 쪽을 보라. 거기 보이는 땅이 지금부터 너희들이 살 곳이다."

사람들은 교회의 탑으로 올라갔다. 탑 위에서 마침 썰물 때라 군데군데가 노출되어 있는 소택지대(沼澤地帶)가 보였다. 갈대가 전면에 우거져 있을 뿐인 개펄에는 나무라고는 그림자조차 없었다.

그러나 신의 계시가 있었다. 부유한 자도 가난한 자도, 남자도 여자도, 어린이도, 사제를 선두로 그 땅으로 옮겨갔다. 지니고 있는 금은보화나 가구 일체를 가지고 이동한 다른 지방의 사람들과 사정이 달랐던 점은, 이들 베네치아인은 무엇보다도 먼저 주거를 만들 목재를 가지고 가지 않으면 안되었다. 그들의 신천지에는 물고기 외에는 아무것도 없었기 때문이다. 그러나 그들은 적어도 목숨만은 건질 수 있었다.

개펄지대로 도망친 사람들

지금까지 기술된 내용은, 사실은 베네치아 초기의 연대기에 씌어져 있는, 이를테면 전설이다. 실제로 신은 아무 말도 하지 않았을 것이다. 역사를 과학이라고 생각하고 있는 사람에게는 전설은 이야기할 가치가 없는 일인지도 모른다. 하지만 그 당시 민중의 심정을 상상하고 되도록 몸으로 느끼고 싶은 사람에게는 그것은 간단하게 무시할 수 없는 일이다.

오늘의 아름다운 도시 베네치아라면 그곳에서 살아도 좋다고 생각하는 사람이 있을 것이다. 그렇지만 지금으로부터 1,500년 전, 아직 갈대뿐인 늪지대로 옮겨야만 했던 사람들에게는, 특히 그들이 상당히 높은 문명을 가지고 있었던 만큼 아무리 그런 상황이라 하더라도 비상한 결의가 필요했을 것이다. 신의 계시가 있었으니까 하고 스스로를 납득시키지 않는 한, 실행할 수 있는 일이 아니었으리라. 사람이 살기에는 너무나도 불리한 조건만 갖추고 있다고 할 수밖에 없는 곳에서만 그들은 몸의 안전을 확보할 수가 있었다. 연대기에 의하면 452년에 일어난 사건이다. 그 23년 후에 서로마제국은 멸망했다.

그로부터 약 1세기 동안은 이탈리아말로 '라구나'라 부르는 개펄지대 또는 석호(潟湖)로 이주한 사람들에게는 비교적 평온한 세월이었다. 제국의 멸망 후에도 야만족의 침입은 끊이지 않았지만 사람이 생존하기에 너무나도 불리한 지역이었으므로 습격하기도 좀처럼 쉽지만은 않았다. 그러나 그것보다도 야만족의 침입욕을 북돋울 정도의 부(富)를 당시의 베네치아인은 가지고 있지 않았다. 고트족도 소택지대에 사는 이 한줌의 주민들에게는 손을 대지 않았다.

그 무렵 사람들의 생활을 아는 데 중요시되는 사료로는, 라벤나에 총독을 두고 있던 동로마제국 황제 밑에서 고관을 지낸 남이탈리아 출신의 카시오도루스라는 인물이 작성한 문서가 있다. 이것은 보통 문서가 아니라 일종의 지령문이지만, 통치자가 피통치자에게 주는 것과는 조금 다르다. 538년에 작성된 것이다. 다음과 같이 시작된다.

이미 지령을 내린 바처럼 올해에 풍작이었던 이스트리아의 포도주와 올리브유를 라벤나로 수송하도록 조치하기 바란다. 너희들은 해안 부근에 수많은 배를 가지고 있기 때문에 이스트리아의 주민이 인도하는 물건들을 지체 없이 수송하는 데 필요한 조치를 강구할 수 있을 것이다. 이 일의 이익은 그들과 반분해도 좋다. 왜냐하면 쌍방의 협력이 있어야만 일이 잘되기 때문이다.

베네치아 탄생

그럼 당장에라도 이 짧은 항해에 나가주기를 바란다. 너희들은 더 긴 항해에 익숙해 있기 때문에 이번 항해는 너희들의 나라 안을 가는 것과 같으며, 말하자면 집들 사이를 지나가는 것과 마찬가지일 것이다.

어느 해로로 가라고는 하지 않겠다. 바다가 거칠어지면 강이 있다. 너희들의 생각에 따라 보다 안전하고 확실하다고 여겨지는 방법을 택하면 된다.

너희들의 주거가 어떻게 되어 있을까 하고 생각하는 것이 나로서도 얼마나 즐거운 일인지 모르겠다.

과거(로마제국시대-주)에 이미 유능하고 고귀한 수많은 사람들을 배출한 것으로 알려져 있는 베네치아 지방은, 남쪽으로는 라벤나와 포강에 접하고, 동쪽으로는 이오니아해(아드리아해 남쪽의 바다-주)의 좋은 바닷가에 접하고 있다. 그곳에서는 조수 간만에 의해 바닷물이 때로는 땅을 닫고, 때로는 땅을 연다.

그곳에 있는 너희들의 주거는 물새를 닮아 때에 따라 수면에 떠도는 것 같기도 하고 땅 위에 날개를 펴고 쉬고 있는 것 같기도 하다.

이런 것들은 자연이 한 일이 아니라 사람이 노력한 결과인 것이다.

그곳에 사는 사람들이 풍부하게 가지고 있는 식량이라고는 물고기밖에 없다. 가난한 자도 부유한 자도 평등하게 그것을 나누어 갖는다. 그리고 거의 같은 구조의 집들은 다른 사람을 부러워하는 이 세상 악(惡)으로부터 너희들을 떨어져 있게 한다.

너희들의 주된 산업은 염전의 개발이며, 다른 지방 사람들이

밭에서 가래를 끌고 낫을 쓰는 대신 너희들은 소금을 잘게 만들기 위해 돌절구를 돌린다. 황금이란 없어도 살아갈 수 있다. 그러나 음식물을 더 맛있게 하는 소금은 누구나 갖고 싶어하는 법이다. 그 때문에 너희들은 소금을 팔아서 다른 필요한 물건들을 살 수가 있는 것이다.

그럼 배를 준비해두도록 하라. 그리고 가축을 집의 토방에 매어두듯이 그것을 너희들 집 옆에 매어두기 바란다. 이스트리아에는 이런 일에 숙달되어 있는 로렌초라는 사람을 파견했으므로, 그의 일이 끝나는 대로 너희들 일에 착수하기 바란다. 어떤 장애나 경비 관계로 수송이 늦어지는 일이 없도록 하라. 될 수 있는 대로 물건이 빨리 라벤나에 도착하도록 조치해주기 바란다.

이 평화스러운 상황도 30년이 계속되지 못했다. 랑고바르드족(롬바르드족)이 쳐들어온 것이다. 베네치아인은 아무리 몸의 안전을 지키기 위해 이주하기는 했지만, 개펄지대로의 이주 초기인 이 무렵에는 되도록 육지에 가까운 소택지대에서 살고 싶어했던 듯하다. 인간의 심리로 보아 이것은 충분히 이해할 수 있다. 그러나 랑고바르드족은 그들의 주교좌 교회가 있었던 그라도나 에라클레아를 철저하게 파괴하고 말았다. 소택지대로 와서 난을 피했다고 생각하고 안심하고 있던 사람들도 다시 위험을 느끼게 되었다. 더구나 랑고바르드족은 파도바로부터 이스트리아까지, 다시 말해서 아드리아해 연안과 그 부근의 도시들을 서쪽에서 동쪽에 이르기까지 반원형으로 완전히 파괴한 것이다. 개펄지대에는 지난번의 이주와는 비교도 할 수 없을 만큼 많은 사람들이 난을 피해서 옮겨왔다.

이번에는 신의 계시를 필요로 하지 않았을 것이다. 살 수 없다고 생각되던 장소가 그렇지 않다고 증명한 사람들이 있으니 말이다.

그렇지만 아무리 소택지대라도 육지에 가까운 곳은 반드시 안전하지만은 않다는 것을 사람들은 깨달아야 했다. 선주자(先住者)들과 마찬가지로 그들은 소택지대의 중앙으로, 다시 말해서 육지와는 되도록 멀리 떨어진 장소로 이주하기 시작했다. 그리하여 토르첼로나 부라노섬에는 북쪽으로부터 도망쳐 들어온 사람들이 자리잡고 살게 되었고, 베네치아의 소택지대를 외해(外海)로부터 차단하고 있는 듯한 팔레스트리나와 말라모코에는 서쪽으로부터 이주해 온 사람들이 자리잡고 살게 되었다. 하지만 오늘날의 베네치아 시가가 있는 리알토 부근이 중심이 되는 것은 250년 후에 일어나는 사건 이후다.

그동안 막 탄생한 이 작은 나라는 라벤나에 거점을 두고 이탈리아를 지배한 동로마제국의 형식적인 속국이 되어 지냈다. 베네치아가 실질적인 독립을 지킬 수 있었던 것은 물자의 수송을 맡겨도 좋을 정도의 배와 선원을 가지고 있었기 때문이다.

세월이 지남에 따라서 배는 커지고 그 숫자도 늘었을 것이다. 선원도 보다 숙련되고 그 숫자도 많아졌을 것이다. 소금과 생활필수품의 교환에서 시작된 그들의 상업도 자기들에게 반드시 필요하지는 않은 물건도 팔고 사는 방식으로 바뀌어갔을 것임에 틀림없다. 베네치아인은 조금씩 이탈리아 내부의 하천 교역에 중요한 위치를 차지하기 시작한다.

또 몇 차례에 걸친 본토로부터의 이주로 인구도 증대되었다. 사제를 중심으로 교구(敎區 : 바로카)마다 모여서 살고 있던 사람들도 그들을 통합할 공동체를 필요로 했으며, 또 그것을 이끌 우두머리를 필요로 하게 되었다.

697년에 베네치아인은 처음으로 주민투표에 의해서 국가원수(베네치아공화국의 국가원수는 통칭 도제[doge]라 불린다)를 선출했다. 이것은 1797년에 베네치아공화국이 붕괴될 때까지 끊기는 일 없이 계속되었다. 선거에 의한 선출방식과 종신 관리직의 성격을 갖춘 이 제도의 첫 출발이었다. 난민에 의해서 성립된 이 조그만 나라도 조금씩 국가로서의 형태를 갖추기 시작한 것이다. 그러나 베네치아는 그로부터 겨우 1세기가 지난 무렵에, 막 태어난 국가로서 그 존망이 걸린 중대사에 직면해야 한다.

첫 전투에서의 승리

800년에 프랑크족의 왕 샤를마뉴는 로마 교황에 의해 신성로마제국의 황제로서 대관(戴冠)했다. 고대로마제국의 후계자라고 자임하는 신성로마제국 황제의 영토에는 당연히 이탈리아 전역도 포함된다. 샤를마뉴의 아버지 피핀은 베네치아에게 비잔틴제국의 지배로부터 벗어나 자기의 지배 아래로 돌아오라고 요구해 왔다. 게다가 위협을 할 속셈인지 하천교역에 종사하고 있는 베네치아 상인을 축출하는 책략으로 나왔다. 그렇지만 베네치아는 피핀의 명령을 거절했다.

베네치아인이 의리를 존중했기 때문은 아니었다. 그보다 조금 전에 일어난 성상숭배(聖像崇拜) 문제 때도 비잔틴제국 내의 이런 움직임을 베네치아인은 완전히 무시하고 여전히 성상을 배례하고 있었을 정도였다. 베네치아가 그렇게 한 것은 바로 후세에 유명해지는 베네치아인의 상인적인 냉정한 타산의 결과였다. 그들에게는 통상의 자유를 침범하려고 하지 않는, 형식상의 지배로 만족하고 있는 비잔틴제국 쪽이 더 편리했던 것뿐이다.

그렇지만 피핀은 강경했다. 프랑크족은 라벤나 바로 근처에서 베네치아를 공격할 배를 만들기 시작했다. 고트족도, 랑고바르드족도, 또한 비잔틴제국조차도 침략하려고 하지 않았던 소택지대로 그들은 쳐들어올 작정인 것이다.

베네치아인도 방어전으로 대처해야 했다. 비잔틴으로부터 구원군이 파견된다 하더라도 콘스탄티노플은 너무나 멀었다. 여기보다 더 안전한 곳은 없다고 생각하고 도망쳐 온 곳이니 이곳 말고 달리 도망쳐 갈 수 있는 곳이 남아 있지도 않았다. 비로소 그들은 달아나는 것을 그만두고 자주방위를 위해 일어섰다.

누구 한 사람 쉬고 있는 사람이라고는 없었다. 베네치아의 중심이었던 말라모코는 부근의 섬으로부터 달려온 사람들로 북적거리고 있었다. 적이 이곳을 노릴 것은 뻔한 일이었다. 사람들은 방어전 준비에 필사적이었다. 본토의 키오자가 불길에 싸인 것이 오히려 사람들의 기세를 높이는 데 도움이 되었다.

그렇지만 키오자에 불길이 오른 것과, 팔레스트리나의 어느 바닷가 프랑크의 대형 선박이 바싹 대어진 것은 거의 동시였다. 프랑크의 병사가 속속 뭍으로 내려서는 것이 말라모코의 교회탑 위에서 손에 잡힐 듯했다.

그때 한 사나이가 쓸데없는 희생을 내지 말고 퇴각하자고 제안했다.

"어디로?"

사람들은 입을 모아 질문했다. 이 사나이는 뭔가 속셈이 있는 것 같았다. 주위에서 그에게 찬동한 사나이들도 자신이 있는 것처럼 보였다. 사람들은 이 사람의 제안에 따르기로 했다. 24시간 후 말라모코에는 베네치아인은 한 사람도 남아 있지 않았다. 프랑크의 병사는 그 무인(無人)의 마을을 파괴하고 잿더미로 만들었다.

이 시간 베네치아인은 무엇을 하고 있었을까. 배가 통행할 수 있게 바닷속 여기저기에 세워두었던 말뚝을 전부 뽑고 있었다. 소택지대이므로 밀물 때라도 어지간히 숙련된 뱃사람이 아니면 배는 금방 얕은 곳에 걸려버린다. 썰물 때에도 항로를 잘못 잡으면 작은 배까지도 위험할 정도였다.

베네치아인의 수도 말라모코를 간단히 파괴하고는 좋아하고 있던 프랑크인은 소택지대 안으로 도망쳐 들어간 베네치아인을 추격해서 완벽하게 승리하려고 개펄 중앙으로 선대(船隊)를 전진시켰다.

한편 이 일전(一戰)에 나라의 존망을 걸고 있는 베네치아인도 선대를 편성하여 치고 나왔다. 그러나 화살이 닿을 거리에 다가왔다고 생각한 순간에 베네치아의 선대는 후퇴했다. 프랑크의 배는 계속 그들을 쫓았다. 베네치아인은 좌로 우로 피하면서 도망쳐 다녔다. 그것을 몇 번인가 되풀이했을 때 베네치아의 배는 일제히 적의 배와 거리를 벌려가기 시작했다. 프랑크의 선대는 베네치아의 선대를 더욱 쫓으려고 했다.

"배가 움직이지 않는다!"

누군가의 비명 같은 소리가 울려퍼졌다. 배가 얕은 곳에 걸리고 만 것이다. 정말로 눈 깜짝할 사이의 일이었다. 바닷물이 빠지기 시작했다. 배 밑바닥이 개펄에 달라붙어서 물이 빠진 간석지(干潟地)의 여기저기 비참한 모습을 드러내고 있었다.

아연해져 있던 프랑크의 병사들은 다음 순간, 헤아릴 수도 없이 많은 거룻배를 타고 밀려오는 베네치아인들을 보았다. 그들은 썰물 때를 내다보고 거룻배 전법으로 바꾸었던 것이다. 베네치아인들은 얕은 바다 위를 마음대로 달리는 거룻배 위에서 꼼짝도 못 하는 프랑크족의 배를 향해 화전(火箭)을 잇달아 쏘아댔다. 금세 큰 배의 돛이 불길에 휩싸였다. 불길은 갑판 위를 핥듯이 달렸다. 그러나 불을 끌 수가 없었다. 물이 없었다.

프랑크 병사들은 완전히 전의를 잃었다. 불타는 배로부터 아래의 진흙 위로 뛰어내렸다. 하지만 늪지대의 진흙이니 몸의 자유를 잃고 비트적거릴 뿐이었다. 그런 적을 베네치아인들은 하나하나 마치 사격연습의 과녁처럼 화살로 쏘아 죽여 나갔다. 프랑크군 가운데서 살아남을 수 있었던 것은 선대의 맨 뒤를 따라가고 있던 덕분에, 썰물 때임을 알고 서둘러 외해(外海)로 되돌아갈 수 있었던 몇 척뿐이었다. 개펄에는 아직도 계속 연기만 내고 있는 배의 잔해와 진흙 속에 쓰러진 프랑크 병사 수천 명의 시체가 여기저기 남아 있을 뿐이었다. 하루만에는 무리겠지만 이것들도 며칠이 지나면 바닷물이 빠질 때마다 외해로 흘러가줄 것이다. 베네치아인으로서의 첫 번째 싸움은 이렇게 해서 그들에게 대승리를 가져다주고 끝났다.

진짜 승리는 그 후 1년이 지나서 베네치아인에게 주어진다. 서쪽의 신성로마제국의 황제 샤를마뉴와 동쪽의 비잔틴제국의 황제 사이에 조인된 조약에 의해서이다. 그 조약에서 샤를마뉴는 공식적으로 베네치아에 대한 영유권을 포기하고, 베네치아인이 비잔틴제국에 속하는 것을 인정했다. 또한 베네치아인에게는 신성로마제국 내에서의 교역의 자유까지 인정했다. 이것은 이미 인정되고 있던 비잔틴제국 영내에서의 교역의 자유와 함께 베네치아 상인에게, 그리고 이미 교역에 나라의 장래가 걸려 있다고 내다보고 있던 베네치아 국가에게 이만큼 큰 승리는 없다고 해도 좋을 일이었다.

포강을 거슬러 올라가 프랑크왕국의 수도인 파비아 거리에 열리는 시장에 모습을 나타내는 베네치아 상인들이 갑자기 많아졌다. 그곳에서 베네치아 상인들은 무엇이든지 팔았다. 콘스탄티노플의 황제 전용 공장에서 짜고 황제의 하사품이라 하여 유명했던 홍색의 비싼 피륙까지도 파비아의 시장에 가면 베네치아 상인으로부터 살 수가 있다고 할 정도였다.

베네치아인의 나라 만들기

외지에서의 동포의 활약이 한층 활발해지는 것과 때를 같이하여 본국의 베네치아인은 처음으로 본격적이고 항구적인 나라 만들기에 착수하고 있었다.

수도를 말라모코에서 리알토로 옮기기로 결정했다. 말라모코는 프랑크군의 내습이 실증했듯이, 국토방위에 결정적인 결함을 가지고 있었다.

우선 아드리아해에 직접 면하고 있는 점이 문제였다. 이것은 적이 함대를 편성하여 공격해 올 경우, 잠시도 지탱하지 못하고 함락

된다는 것을 의미했다.

 둘째는 적이 키오자를 함락시키기만 하면 육지를 따라 공격할 수도 있다는 점이다. 그 사이에는 밀물 때에만 생기는 수로가 통하고 있을 뿐이다. 배를 늘어놓아 연결하고 그 위에 널빤지를 까는 식의 고대 로마 이래의 급조(急造)다리만 만들면 상당한 수의 병사가 이동할 수 있었다.

 베네치아인은 프랑크라는 강대한 적에 대한 승리에도 눈이 흐려지지 않았다. 이기면서 그들은 달아났다. 개펄지대의 한가운데로, 육지로부터 될 수 있는 대로 먼 곳으로 말이다.

 이 무렵 리알토에는 어부만 살고 있었다. 개펄의 다른 섬에 비하면 훨씬 외진 곳이었다. 리알토는 밀물 때도 머리를 드러내고 있는 몇 개 섬의 결합체에 지나지 않았다. 완전히 처음부터 다시 시작하는 것이었다. 그렇지만 리알토는 두 가지 이점이 있었다.

 첫째는 개펄 한가운데에 위치하고 있기 때문에 육지로부터 가장 멀리 떨어져 있다는 것이다.

 둘째는 소택지대에 있으므로 외해와는 직접 접해 있지 않다는 점이다. 따라서 안전한 땅인 동시에 리도(베네치아 개펄 동부쪽 외곽에 있는 모래섬들-옮긴이)의 수로를 항구의 입구처럼 정비하기만 하면 장소에 따라서는 대형 선박도 바싹 댈 수가 있었다.

 그것은 다른 어느 나라의 해군보다도 강력한 해군만 가지고 있다면 적의 습격을 막을 수가 있으며, 동시에 그들의 발인 선박에 의한 교역의 장래가 열린다는 것이기도 했다. 안전한 곳만 찾아서 도망쳐 다녔던 조상들과 9세기 초의 베네치아인들은 달랐다.

 제10대 원수인 안젤로 파르티치파치오를 선두로 베네치아인들은 나라 전체를 몽땅 옮기는 마지막 이주를 했다. 배수진을 친다는 것은 바로 이를 두고 하는 말일 것이다. 이렇게 해서 베네치아는 오늘날 우리가 보는 장소에 건설되었다. 20세기로 들어와서 철도가 부설되어 본토와 연결될 때까지는 어디에 가더라도 배로 갈 수밖에 없는, 그야말로 바다 위에 떠 있는 도시로서 건설된 것이다.

나는 여기서 베네치아의 나라 만들기를 토목건축의 측면에서 알아보기로 하겠다. 보통 역사가가 쓴 책은 이런 것에 대해서는 아주 간단히 언급하고 있다. 정치경제나 사회구성, 전쟁의 해설 등이 더 중요하다는 것이겠지. 그러나 나는 그렇게만 생각하지 않는다. 고대 로마의 가도가 어떻게 만들어졌으며 어떻게 보강되었는가를 조사하면 고대 로마인의 성격을 잘 이해할 수 있다. 지금은 이스탄불이라고 불리지만, 그전에는 콘스탄티노플이라고 불렸던 도시가 터키에 점령당한 이후 어떻게 변했는가를 아는 것은, 15세기가 되어서 베네치아의 숙적이 되는 터키인의 성격을 아는 데 대단히 도움이 된다.

나라 만들기란 그 나라 민족의 성격을 반영한다. 또 그것은 한 시기에 완료되는 것이 아니기 때문에, 그것을 어떻게 진행시켜 나가느냐에 따라서 그 나라의 민족적 성격의 틀이 형성되기도 한다.

괴테는 다음과 같이 썼다.

베네치아에 사는 사람들은 필연적으로 독특한 인격으로 바뀌지 않을 수가 없었을 것이다. 베네치아가 다른 어떤 도시와도 비교할 수 없는 도시들이 말이다.

괴테는 1797년에 베네치아공화국이 나폴레옹의 공격을 받아서 붕괴하기 10년 전에 베네치아를 방문했다. 나라 만들기도 사람 만들기도 이미 훨씬 이전에 끝나고, 이제는 쇠망의 극에 이르려고 할 무렵이었다. 그래도 베네치아는 육체의 눈으로 볼 것이 아니라 지성의 눈으로 보아야 한다고 말한 그는 이런 말도 써 남겼다.

나를 둘러싸고 있는 것은 전부 고귀함에 가득 차 있다. 이것들은 하나로 통합된 인간의 노력에 의해서 생긴 위대하고 존경받을 가치가 있는 작품이다. 이 훌륭한 기념비는 어떤 한 사람의 군주를 위한 것이 아니다. 전 민족의 기념비인 것이다.

확실히 베네치아는 공화국의 국민 모두의 노력이 낳은 산물이다. 베네치아공화국만큼 반영웅(反英雄)으로 일관한 나라를 나는 알지 못한다.
그러나 서민들 한 사람 한 사람에 이르기까지 자기들이 놓여 있는 환경을 직시하고, 그것을 개선할 뿐만 아니라 활용하는 방법을 알고 행동했느냐 하면, 괴테도 그렇게는 생각하지 않을 것이다. 이해하는 것과 행동하는 것은 그렇게 간단하게 결합되지 않는 법이다. 서민에게는 어떤 계기라는 것이 필요하다. 행동하는 데서 계기를 필요로 하는 사람들을 경멸하는 사람이 있지만, 그 사람이 잘못된 것이다. 이것에 눈이 멀지 않은 사람 유능한 위정자일 것이다.
6세기에 아틸라로부터 도망쳐서 갈대가 나 있을 뿐인 소택지대에 정주했을 때도 신의 계시라는 계기가 있었다. 굉장한 노력을 해야 할, 항구적인 나라를 만들기 위해 무(無)에서 다시 시작하려고 하는 9세기의 베네치아인들에게는 도대체 어떤 계기가 있었을까.

돼지고기 속에 숨겨온 성 마르코 유골

연대기에 의하면 828년에 일어난 일이다. 트리부노와 루스티코라는 이름의 두 베네치아 상인의 배가 이집트의 알렉산드리아 항에 닻을 내렸다. 물론 장사를 하기 위해서였다. 그러나 당시는 이교도인 사라센인과의 교역을 로마 교황이 금하고 있었다. 이 두 사람의 베네치아인은 금제(禁制)를 어긴 것이다.

그들이 본 알렉산드리아의 거리는 소동으로 어수선했다. 특히 그곳에 사는 그리스도교도들은 집안에 숨어 있는지, 거리에는 저마다 아우성을 치며 무기를 휘두르는 사라센인의 모습밖에 보이지 않았다. 여느 때와 같이 칼리프(정치권력과 종교상의 권력을 아울러 가진 이슬람세계의 지배자에 대한 호칭—옮긴이)가 이따금 일으키는 반(反)그리스도교적 발작이었다. 이 발작이 일어나면, 묵인하는 형식으로 존재가 허용되고 있는 그리스도교 교회들도 폭도들의 습격을 받아서 망가지곤 했다.

이런 일에는 이미 익숙해져 있던 두 베네치아 상인은 조심스럽게 물건을 가지고 가기로 되어 있던 한 수도원의 문을 밀었다. 복음서의 저자인 성(聖) 마르코의 시체를 모시고 있다는 것으로 유명한 수도원이었다.

조심조심 문을 열어 두 사람을 맞아들인 수사(修士)는 완전히 겁에 질려 있었다. 다른 수사들도 벌벌 떨고 있었다. 이슬람교도들이 행패를 부릴 목표가 이번에는 자기들의 수도원인 것 같다는 말을 전해 들은 것이었다.

"성 마르코의 성체(聖體)에 만약의 일이라도 생기면 어떻게 하지."

두 베네치아 상인은, "우리가 베네치아로 옮기겠습니다. 그곳이라면 안전하니까요"라고 자청해서 말했다.

"당치도 않소."

수사들은 고개를 저었다. 그것이 이 수도원에 있기 때문에 그리스도교도들이 순례를 하기 위해 찾아오며, 새전(賽錢)의 수입도 좋은 것이었다.

그런 중에도 밖의 소란은 커져만갔다. 갑자기 문을 심하게 두드리는 소리가 났다. 문을 열기 위해 뛰어간 수사를 밀어젖힐 듯한 기세로 칼리프의 부하가 들어왔다. 수도원의 회랑을 받치고 있는 대리석 기둥을 칼리프가 자기의 욕실에 쓰고 싶다고 하니 저녁때 가지러 오겠다는 것이었다. 고압적인 이슬람교도가 떠난 후에도 수사들의 두려움은 사라지기는커녕 더 심해졌다. 칼리프가 빼앗겠다는 것은 서민들에게도 약탈해도 좋다는 허가가 났다는 것을 의미했다. 성 마르코 유골의 안전은 더욱더 위태로워졌다.

베네치아인은 이번에는 자기들에게 팔아달라고 제의했다. 한참 망설인 끝에 마침내 수사들은 머리를 끄덕였다.

두 사람은 당장 밖으로 나왔다. 그리고 곧 빵을 넣는 데 쓰는 큰 바구니 두 개에 돼지고기를 가득 채워서 손수레에 싣고 돌아왔다.

얼마를 지불했는지는 모른다. 그러나 상거래는 성립되었다. 성 마르코의 유골을 바구니 밑바닥에 넣고, 그 위에 돼지고기 덩어리를 빈틈이 없도록 채웠다. 두 상인은 손수레를 밀며 눈물을 흘리면서 배웅을 하는 수사들과 헤어져서 문을 나왔다.

마침 그때 원주(圓柱)를 나를 인부를 거느리고 조금 전에 다녀간 칼리프의 부하가 저쪽에서 오는 것이 보였다. 그 뒤에는 이미 약탈품을 상상하고는 흥분해 있는 한 떼의 사라센인들도 따라오고 있었다. 두 사람의 베네치아인은

"칸칠! 칸칠!"

하고 큰소리로 외쳤다. 아랍어로 돼지라는 의미이다. 이슬람교도들은 한결같이 언짢은 얼굴을 하고 수레 앞의 길을 열어주기까지 했다. 이슬람교도는 돼지라는 말만 들어도 두통이 나고 구역질을 한다. 특히 빵 바구니의 맨 위에는 돼지머리가 놓여 있었기 때문에 정말로 토하는 사람까지 있었다.

알렉산드리아의 넓은 거리를 두 베네치아 상인은 교대로 "칸칠! 칸칠!" 하고 외치면서 횡단하여, 그들의 배까지 안전하게 당도했다.

그러나 이것으로 모든 것이 끝난 것은 아니었다. 항구를 나가는 배는 모두 세관 관리의 검사를 받고 통과한 후에야 비로소 출범할 수 있다는 규칙이 있었기 때문이다. 베네치아인의 배에도 관리가 승선했다. 두 베네치아인은 이것이 최후의 난관이라는 것을 알고 있었다.

만약 관리가 성유물(聖遺物)을 발견한다면, 그리스도교도가 이렇게까지 해서라도 갖고 싶어하는 것이라면 하고 터무니없는 값을 요구하고, 그것을 거절한다면 몰수하겠다고 나올 것이다.

또다시 돼지고기와 동거하지 않을 수가 없게 된 성자의 유골은 빵 바구니에 넣어져서 창고로 되어 있는 배 밑바닥에 놓여지게 되었다. 아니나 다를까 이슬람교도인 관리는 두 베네치아인이

"뱃사람들의 식량입니다."

하는 설명도 끝까지 듣지 않고, 코를 누르고 갑판으로 올라가버렸다. 루스티코도 트리부노도 후유, 하고 한숨을 놓았을 것이다.

이집트의 항구를 무사히 출범한 배도 그리스 앞바다에 접근했을 때, 맹렬한 폭풍우를 만났다. 배는 나뭇잎처럼 파도에 떠밀려 다니고 돛대는 당장에라도 부러질 것처럼 소리를 냈다. 그러나 돼지고기와의 동거로부터 해방되고, 씻어서 향료까지 뿌려진 성 마르코의 유골은 이때 비로소 성자답게 기적을 가져다주었다.

이튿날 아침, 어젯밤의 폭풍우가 거짓말처럼 생각될 정도로 잠잠한 여름의 그리스 바다를 본 베네치아의 두 상인은 돈으로 샀다는 것 따위는 잊고 성자의 수호에 감사했을 것이다. 선실에 안치한 성유물의 가호인지 그들은 순풍에 돛을 단 채로 베네치아까지 항해했다.

두 상인이 가지고 온 성인의 유골은 연대기에 의하면 다음과 같이 맞아졌다.

온 거리가 미친 듯이 기뻐했다. 어느 길모퉁이에서나 사람들이 모이기만 하면 언제나, 성인이 베네치아의 번영과 영광을 보증해 줄 거라고 말했다.

성유물의 베네치아 상륙 행사는 국가원수를 비롯해 서민들 한 사람 한 사람에 이르기까지 베네치아 전국민이 부르는 찬송가의 합창에 따라서 거행되었다. 원수는 자기 재산의 큰 부분을 성유물을 모시게 된 산 마르코 대성당의 건설에 기부했다. 두 상인이 교황의 금지령을 어긴 죄로 문책당하지 않았음은 두말할 것도 없다. 트리부노와 루스티코는 공화국에 커다란 공적을 세운 사람으로 역사에 이름이 남게 되었다.

성 마르코, 베네치아의 수호성인이 되다

베네치아인이 같은 시대의 다른 나라 사람들에 비해서 특별히 신앙심이 깊었던 것은 아니다. 교황의 금지령을 태연히 어길 정도던 두 사람과 같은 베네치아 상인이 그밖에도 있었다는 것은 사료가 실증해준다. 다른 나라의 그리스도교도에 비해서 광신적인 신앙과는 가장 거리가 멀었던 것이 베네치아인이었다.

베네치아인도 다른 그리스도교도와 마찬가지로 그때까지 자기들의 수호성인을 이미 가지고 있었다. 성 테오도루스가 베네치아의 수호성인이었다. 다만 이 그리스 출신 성자는 성인의 위계상으로는 그다지 높은 지위에 있다고는 하기 어려웠다. 말하자면 삼류 정도였다.

그러나 성 마르코는 달랐다. 성인의 위계서열에서 가장 높은 지위는 그리스도의 제자였던 12사도다. 그 다음으로는 복음서를 쓴 네 명의 성인인 성 마태오, 성 루가, 성 마르코, 성 요한이다. 여기까지가 일류로, 세례자 성 요한도 이 그룹에 속한다. 피렌체의 수호성인은 세례자 성 요한이고, 로마는 당연하지만 성 베드로다. 베네치아도 이제는 일류 성자를 수호성인으로 갖게 되었다. 당시의 베네치아인이 얼마나 득의양양했을까 상상할 수 있을 것이다. 당장 성 테오도루스를 차석(次席)으로 물러나 앉게 하고, 성 마르코를 베네치아의 정통적인 수호성인으로 정했다.

베네치아공화국 국기

더구나 성 마르코를 우의(寓意)하는 것이 사자가 아니던가. 복음서 작가인 네 명의 성인에게는 각각 우의의 동물이 정해져 있었다. 「요한계시록」에 나오는 네 가지 동물이다.

성 마태오에게는 탄생을 나타내는 인간.
성 루가에게는 희생을 나타내는 암소.
성 마르코에게는 부활을 의미하는 사자.
성 요한에게는 승천(昇天)을 나타내는 독수리.

이들 동물은 모두 날개가 달려 있다.

날개를 단 성 마르코의 사자, 이쯤 되면 누구라도 기세가 오르게 마련이다. 베네치아인은 복음서를 쓴 지식인인 성인에게는, 그에게 바친 성당에서 편안히 안식하게 하고, 성서에 한쪽 다리를 걸친 날개가 있는 사자를 국기로 삼았다. 오늘날에도 남아 있는 진홍색 바탕에 금실로 수놓은 그 국기는 베네치아인이 가는 곳이라면 어디에서든지 펄럭이게 되었다. 상선은 물론이고 이 문장(紋章)은 금화에도 쓰인다. 성 마르코의 유골을 고국으로 가지고 돌아온 두 베네치아 상인은 일류의 수호성인을 가져왔을 뿐만 아니라 국기까지 가져다준 셈이 된다. 성자의 유골이 진짜냐 아니냐 따위를 따지거나, 그것을 돈으로 산 것이라는 것 따위를 문제삼는 사람은 아무도 없었다.

계기는 마련된 것이다. 지난한 나라 만들기에 서민들 한 사람 한 사람까지 기꺼이 참가하게끔 기세가 오른 것이다.

내 남편의 종조부는 이탈리아의 건설부로부터 지방에 파견되어 그 지방의 공공시설 전반을 계획하고 시행하는 책임자로 오래 근무한 사람이었다. 그 관명은 이탈리아어로,

프로베디토레 델라 오페라 푸블리카

요컨대 토목건설 부문의 장(長)이었다. 그는 파도바나 시칠리아나 제2차 세계대전 후에 유고슬라비아령이 된 이스트리아로 파견되어서 일하고 있을 때 이 관명으로 불렸다. 그러나 베네치아로 파견되어 있을 때만은 관명이 달랐다.

마지스트라토 알레 아쿠아

의역하면 '물의 행정장관'이라고나 할까. 일의 내용은 똑같았다.
이 관명이 씌어진 것은 16세기에 들어와서부터이지만, 9세기의 베네치아인이 리알토에 나라를 만들기 시작했을 때부터 비슷한 일을 관장하는 관직이 이미 존재했다. 그리고 이 관직에 취임하는 사

람은 매우 중요한 일의 책임자로 여겨졌기 때문에 막 취임한 행정관은 국가원수와 함께 민중 앞에 서서 일종의 독특한 의식을 행해야 했다. 국가원수는 모인 국민을 향해 말했다.

"이 사람의 공적을 칭송하라. 그것에 어울리는 보수를 주라. 그러나 이 책임이 무거운 지위의 공직자로서 직무를 게을리한다면 교수형에 처하라!"

이런 무시무시한 취임식을 하지 않게 된 것은 베네치아공화국이 붕괴된 후부터다. 그로부터 200년 정도밖에 지나지 않았는데 오늘날의 베네치아는 자주 물에 잠긴다.

물은 천연의 혜택이다. 베네치아인에게도 물은 자기 편이었다. 그러나 동시에 육지에 사는 사람은 상상도 할 수 없을 정도로 무서운 적이기도 했다.

베네치아인의 지상명령 '라구나 비바'

오늘날의 베네치아 거리를 걸으면서 건국 초기의 상황을 상상하기란 대단히 어렵다. 그래서 나는 어느 가을날에 모터보트를 빌려서 라구나(개펄, 석호)라고 불리는 소택지대를 구석구석까지 돌기로 했다. 곤돌라를 동원하고 싶었지만 비용과 시간이 너무 많이 들어 현대적인 배를 사용키로 한 것이었다. 그래도 밀물 때와 썰물 때를 합쳐서 7시간이나 걸렸다. 아무리 현대적인 교통수단을 쓴다 하더라도 외해가 아닌 소택지대를 가는 데는 자연히 속도가 느릿느릿할 수밖에 없었기 때문이다.

개펄지대 안이라고 해서 어디든지 마음내키 대로 지나가도 되는 것은 아니었다. 3개의 굵은 목재로 만든 말뚝이 여기저기에 서 있어서 통행이 가능한 항로를 표시하고 있었다. 어떤 거룻배라도 이 말뚝이 가리키는 길밖은 지나갈 수 없었다. 이 말뚝에는 수심도(水深度)도 표시되어 있었고, 해질녘부터는 전등이 켜졌다. 물론 이 설비는 현대의 산물이며, 옛날에는 야간항행이 불가능했을 것이 분명하다. 그러나 말뚝으로 항로를 가리키는 것은 그때부터 실시되고 있었다.

이 항로를 전진해 나가면 그 양쪽으로 썰물 때에는 간석지를 여기저기에서 볼 수 있다. 물새가 날개를 쉬고 있기도 한다. 그것이 밀물 때가 되면 전체가 바다로 바뀐다. 군데군데 밀물 때라도 얼굴을 내밀고 있는 곳이 있다. 갈대가 우거지고 수목도 드문드문 있다. 그런 곳에는 썩어서 금방이라도 쓰러질 것만 같은 오두막집이 남아 있곤 한다. 그런 곳의 바닷물은 거의 움직이지 않아, 마치 물까지 썩어버린 것 같다. 썰물 때는 끈적끈적한 늪지대가 되겠지.

개펄지대를 돌아보고 비로소 나는 '물의 행정관'에게, 그리고 전체 베네치아인에게도 지상명령이었던 '라구나 비바', 즉 '살아 있는 개펄'의 중요성을 이해할 수 있을 것 같은 기분이 들었다. 바닷물은 흐르고 있어야 한다. 일단 그것이 괴기 시작하면 부패물이 그곳에 침전되어 전염병의 근원이 된다. 건국 당시에는 리알토보다도 더 경제의 중심이라는 말을 들었을 정도로 번영했던 토르첼로섬이지만, 곧 쇠퇴했고 건국 당시의 베네치아를 보고 싶으면 토르첼로로 가보라고 하는 말이 오늘날에는 몹시 쓸쓸해져버린 것도 말라리아 때문이었다.

'라구나 모르타', 곧 '죽은 개펄'은 무섭다.

라구나에는 두 개의 하천이 흘러든다. 바닷물보다도 더 썩기 쉬운 냇물이 연중 내내 흘러든다는 말이 된다. 그리고 이 개펄지대와 아드리아해 사이에 가로놓인 것이 리도이다. 이 리도가 마치 좌우로부터 제방처럼 개펄을 감싸안고 있는 느낌이다. 하천은 상하기 쉬운 물과 함께 토사도 계속 실어나른다. 리도는 베네치아를 외해로부터 지켜주기도 하지만 물의 흐름을 침전시키는 위험도 안고 있다. 건국 초기인 811년에 벌써 하천과 바다의 물을 조정하는 관직이 설치되었다. 물의 행정관의 소관업무 중 중요부분이 바로 이에 해당한다.

베네치아인들은 개펄, 즉 라구나를 항상 '살아 있는 라구나'로 유지하기 위해 어떤 해결책을 찾아냈던 것일까?

여기서 베네치아의 운하에 대한 설명이 필요하다.

이 운하라는 말은 사전을 찾아보면 선박을 통과시키기 위해 육지를 파서 만든 수로라고 나와 있다. 수에즈 운하가 그 전형적인 예라고 할 수 있을 것이다.

그러나 베네치아에서는 말은 같은 운하라도 그 의미하는 바가 많이 달라진다. 베네치아의 운하가 어떤 것인가를 설명하면, 그것만으로도 베네치아의 모든 특이성이 설명될 수 있을 정도다.

요컨대 베네치아의 운하는 배를 통과시키기 위해서가 아니라 물을 통과시키기 위해 만들어졌다. 물론 배도 통과한다. 하지만 그것은 결과일 뿐, 목적은 어디까지나 물을 통과시키는 데 있었다.

'라구나 비바', 곧 '살아 있는 개펄'은 이 소택지대에 정주하려고 하는 한 베네치아인에게는 사활이 걸린 문제였다.

베네치아 운하의 또 하나의 특색은 육지를 파서 만든 수로가 아니라는 것이다. 그렇게 만든 것도 몇 개 있기는 하다. 대부분의 운하는 섬과 섬 사이, 간석지와 간석지 사이의 물이 흐르고 있는 부분을 가장 깊은 곳만 남기고 양안을 나무 말뚝이나 석재(石材)로 다져서 만든 것이다. 꼬불꼬불한 운하가 많은 것은 이 때문이다. 수로가 먼저 있었던 것이다.

여기서 사람들은 강의 흐름을 양 옆으로 휘게 하고, 그 사이에 몰려 있는 베네치아를 구성하고 있는 섬들을 전부 착 달라붙게 매립할 수는 없었을까 하고 질문할지도 모른다. 하지만 섬이라기보다도 간석지이기 때문에 살 수 있도록 하기 위해서는 말뚝이나 석재로 다진 안쪽을 매립할 수밖에 없었다. 그럴 바에는 하나하나 매립하기보다도 전역을 매립해버리는 편이 합리적이지 않겠냐는 질문도 있을 수 있다.

그러나 베네치아가 건설된 땅은 개펄 속에 있으며, 또 바닷물의 간만이라는 문제가 있다. 더구나 규칙적인 바닷물의 간만 이외에, 바람과 강으로 흘러들어가는 비에 의한 불규칙적인 수위 고려에 넣지 않으면 안된다. 만약 일대를 붙여서 매립해버린다면 불어난 강물과 밀물 때의 바닷물이 양쪽 다 힘을 감소시키는 일 없이 부딪혀서, 부근은 그때마다 물에 잠기고 말 것이다.

제방도 무적이 아니다. 홍수를 피하려고 강의 흐름과 바닷물의 간만 관계를 충분히 계산해서, 적당하다고 생각하는 곳에 빗살처럼 빽빽이 많은 수로를 만들 수밖에 없는 것이다. 물의 힘을 상쇄시키기 위해서다.

수로는 이미 있던 것이 적당하다면 그것을 보강하고, 방향이 나쁘면 구부리고, 없는 곳이라도 필요하다면 새로 만든다. 구부러져 있더라도 관계는 없다. 물이 항상 흐르고 있으면 목적은 이루는 것이다. 대운하라고 불리는 Z형 운하도 강의 하나가 바다로 흘러들어가는 수로의 연장인 것이다.

이렇게 해서 많은 섬들이 쪽모이 세공(細工)처럼 모이고, 그 사이를 그물코처럼 운하가 통하고, 수많은 다리가 그것들을 연결하여 베네치아 시가가 생긴 것이다.

다만, 베네치아에서는 우리가 운하라고 번역하는 말이 두 가지 있다.

하나는 '카날레'다. 그렇기 때문에 대운하도 '카날 그란데'라고 한다. 또 하나는 '리오'라고 불린다. 베네치아의 온 시가를 그물코처럼 지나가고 있는 것은 대부분 이 리오다. 카날레와 리오는 천연적인 수로를 다진 것과 인공적 수로의 차이를 나타내는 것이라고 생각했으나 아무래도 그렇게 분명하지는 않으며, 폭이 넓은 운하를 카날레, 좁은 운하를 리오라고 부르는 듯하다.

베네치아의 운하는 이렇게 해서 배를 통과시키기보다도 물을 통과시키는 목적으로 만들어진 것이다. 그렇기 때문에 베네치아와 외해 사이에 제방과 같은 모양으로 누워 있는 리도에도 몇 개나 되는 운하가 만들어진 것은 물론이다. '살아 있는 개펄'을 유지하기 위해서는 개펄지대의 조용한 바다를 손상하지 않으면서 외해와의 사이에 물의 교류가 유지되지 않으면 안되었던 것이다.

이러한 운하는 만들면 그것으로 끝나는 것이 아니다. 항상 정비를 게을리하면 안된다는 점에서, 육지의 도로보다도 성가신 존재였음에 틀림없다. 직무를 게을리하면 교수형에 처한다고 위협한 것도 베네치아인으로서는 사활이 걸린 문제이기 때문에 무리가 아니었다는 생각이 든다.

말뚝 위에 세워진 나라

물을 통과시키는 수로가 결정되면, 다음에는 지반 조성이 기다리고 있다. 이렇게 순서대로 일이 진행된 것은 아닐 것이다. 그러나 수로의 결정은 중앙에서 한 데 비해, 지반 조성은 그곳에 사는 주민 공동체에 맡겨지고 있었다는 것으로 보아, 수로의 결정이 더 중요시되고 있었다고 추측할 수 있다.

그렇다고 해도 지반 조성 역시 상당히 큰일이기는 했다. 베네치아인은 어디든지 자기가 좋아하는 곳에 제멋대로 집을 지을 수는 없었다. 개펄지대의 지반 조성은 개개의 가족이 간단히 할 수 있는 일이 아니었기 때문이다.

우선 될 수 있는 대로 단단한 재질의 목재를 골라서 20센티미터의 사각형이나 원통형으로 길이가 2미터에서 5미터 정도의 말뚝을 많이 만든다. 그리고 그 끝을 못처럼 뾰족하게 만들어둔다. 이렇게 해서 만든 말뚝을 개펄지대 속에 빈틈이 생기지 않도록 박아 나가는 것이다. 그렇기 때문에 베네치아의 거리 밑에는 마치 거목이 지하 전면에 뿌리를 둘러치고 있는 것처럼, 무수한 말뚝이 박혀 있다. 특히 건물의 벽이나 기둥 밑이라든가 운하를 끼고 있는 부분에는 집중적으로, 깊숙이 말뚝을 박았다.

말뚝 박기가 끝나면 바닷물에 강하다고 하는 이스트리아반도에서 나는 석재를 전면에 몇 겹으로 쌓는다. 돌과 돌 사이는 시멘트로 다졌다. 건물의 토대도, '폰다멘타'라고 불리는 하안(河岸)의 토대도 이렇게 만들어졌다. 폰다멘타란 사용 목적 때문에 하안이라고 번역했지만, 이 말 자체는 토대라는 의미이다.

수면으로부터 바로 서 있는 것처럼 보이는 베네치아의 운하를 따라 서 있는 집들도 이렇게 지반 조성을 했기 때문에 가능했던 것이다.

물론 9세기의 건국 당초부터 이렇게 견고한 지반 조성을 하고 있었던 것은 아니다. 석재의 층은 훨씬 얇았으리라. 지금도 개펄지대를 돌고 있으면 바닷속에 나무 말뚝이 빽빽하게 서 있고 그 위에 집이 세워져 있는 것을 조그만 섬에서 볼 수가 있다. 화재의 위험 때문에 목재를 사용하지 않고 대부분의 건물을 석재로 짓게 된 15세기 이후부터 완벽한 지반 조성을 하게 되었을 것이라고 생각된다.

그런데 이처럼 육지에 사는 사람으로서는 상상도 할 수 없는 노력에 의해서 간신히 형태가 잡혀가고 있던 베네치아로 사람들은 이주했을까.

아틸라로부터 도망치고, 이어서 랑고바르드족으로부터 도망쳐야만 했던 때와 같은 방법이었다. 개인이나 가족 단위의 자유로운 이주가 아니라, 사제를 중심으로 교구별로 한데 모여서 이주를 했던 것이다. 베네치아인뿐만 아니라, 중세의 거주구(居住區) 구성은 대부분 교회를 중심으로 성립되고 있었다.

'파로키아'라고 불리는 교구는 정신생활의 지주인 교회와 그것을 관장하는 사제를 중심으로, 물질면에서의 통솔자인 유력자와 그 가

베네치아 건축의 기초

족, 그리고 이 유력자와 직·간접적으로 관련을 맺고 있는 사람들과 그 가족으로 구성되어 있다. 베네치아를 하나의 생물체라고 한다면, 12세기까지는 그 생물체를 구성하는 세포가 이 교구였다고 할 수 있을 것이다. 교구의 수는 보통 70개를 넘고, 1교구의 구성원은 평균 1,500명이었다.

교구는 12세기까지는 상당히 강한 자주성을 유지하고 있었던 것 같다. 국가원수를 우두머리로 하는 공화국 정부는 이들 교구의 대표들로 구성되고 있었다. 운하를 어디로 통하게 하느냐 하는 것은 중앙정부가 결정하더라도, 지반 조성 등은 교구의 사업이었다. 시가를 조성하는 것도 교구에 맡겨지고 있었다.

교구마다의 거주구 만들기는 우선 교회를 세울 장소를 결정하는 것부터 시작되었다. 교회 앞에는 '캄포'라고 불리는 광장이 만들어졌다. 광장은 그 거주구에 사는 사람 전원이 기회가 있을 때마다 모이는 곳이었다. 미사 후의 모임뿐만 아니라 장이 서는 곳도 광장이었으며, 축제가 열리는 곳도 광장이었다.

이탈리아에서는 보통 광장을 의미하는 말이 '피아차'이지만, 베네치아에서 피아차라고 불리는 광장은 산 마르코 성당 앞의 광대한 산 마르코 광장밖에 없다. 다른 광장은 모두 피아차가 아니라 캄포라고 불린다. 그것은 아마 초기 교회 앞의 광장에는 수목을 심었거나 가축을 놓아 기르고 있었기 때문일 것이다. 캄포란 어원적으로 밭이나 전원을 의미한다. 그러나 이 캄포도 15세기에 들어와서는 대부분이 돌을 깔아 포장되었다.

광장이 맞바라보이는 한 면은 이런 까닭으로 교회가 차지했다. 그밖에 광장과 접하는 장소는 유력자의 집이나 조그마한 조선소로 메워졌다. 그렇지만 교회가 차지하는 면보다도 넓은 또 다른 한 면은, 베네치아가 아니면 볼 수 없는 일이지만 운하를 위해서 남겨둬야 했다. 오늘날에는 매립되어서 사라져버린 곳도 있지만, '살아 있는 개펄'을 사활 문제라고 생각하고 있던 공화국 시대였던 만큼 광장의 한면에 운하가 지나가고 있었던 것이다. 또 사람이든 물자든 모든 수송을 수상교통에 의존하던 베네치아에서는, 사람들의 정신생활의 중심인 교회만큼이나 운하 역시 우대받았다고 해도 당연한 일이었다. 광장에서 운하로 내려가는 곳에는 계단을 만들어 간단한 선착장으로 해놓았다.

광장에는 '칼레'라고 불리는 2개의 소로(小路)가 지나가고 있었다. 이 소로에 의해서 교구 중심에 있는 광장과, 광장 뒤에 있는 일반 시민의 거주구가 통하고 있었다. 그렇지만 광장과 연결되지 않는 구역에도 '캄피엘로'나 '코르테' 같은 조그만 광장이 도처에 있어 어린이들이나 여자들의 휴식장소가 되었다. 게다가 한정된 토지를 최대한으로 이용하기 위해 4, 5층이 보통인 주변의 높은 건물에 햇빛과 바람을 베푸는 역할도 하고 있었다. 이런 소광장은 보통 운하에 바로 면해 있지는 않았다.

그렇다고 해도 거기서 막다르지는 않았다. 그물코처럼 복잡하게 통하고 있는 운하라도 구불구불 돌아가면 반드시 대운하나 바다로 빠져나갈 수 있는 것처럼, 베네치아에서는 걸어가는 데도 반드시 샛길이 있어서, 막다른 골목이라는 것은 존재하지 않았다.

소광장(캄피엘로)이든 빈터(코르테)든 반드시 반대 방향으로 2개의 소로가 통하고 있었다. 광장의 공간이 좁으면 그곳으로 통하는 길의 폭도 좁아지는 것은 자연의 이치이다. 그렇기 때문에 이런 장소에서는 괴테가 쓴 것처럼, 양 팔꿈치를 버티면 버틴 팔꿈치가 좌우의 건물 벽에 붙어버릴 정도로 좁은 소로도 있는가 하면, 한술 더 떠서 아예 건물 아래를 도려낸 소로도 있고, '소토 포르티코'라고 불리는 소로도 있었다. 타향 사람이라면 처음 얼마 동안은 찾아내기조차 상당히 어렵다.

유쾌한 상상

이런 조그만 무인의 광장에 서서 주위의 높은 집들을 바라보고 있을 때, 문득 생각지도 않던 방향에서 사람이 나타나 소광장을 가로질러 다른 소로로 사라져가는 것을 마주치는 일이 종종 있다. 다음과 같은 공상을 하게 되는 것은 그런 때다.

사촌형제간임에도 피렌체의 대공을 죽여버린 젊은이가 베네치아로 도망쳐서 몸을 숨기고 있었다. 당연한 일이지만 메디치가는 자객을 베네치아로 보냈다. 어느 날 밤 젊은이는 오래간만에 외출을 했다가 돌아가려고 길을 서두르고 있었다. 곤돌라에서 내려 광장에서 소로로 들어섰을 때부터 그는 뒤에서 인기척을 느끼고 불안해했다. 종자는 젊은이의 조금 앞에서 양초로 발 밑을 비추며 가고 있었다. 뒤의 인기척이 점점 더 기분 나쁘게 다가왔다. 젊은이는 종자를 앞질러서 달리기 시작했다. 소광장 한 모퉁이에 있는 은신처까지는 얼마 남지 않았던 것이다.

소광장으로 들어섰을 때였다. 바로 뒤에서 달리고 있던 종자가 신음소리를 냈다. 뒤돌아본 젊은이의 눈에 한순간, 땅바닥에 떨어져서 타오르고 있는 양초의 불빛을 받아 피투성이가 되어 쓰러져 있는 종자가 보였다. 젊은이는 은신처의 문을 두드리려고 했다. 그렇지만 순식간에 검은 가면을 쓰고 망토로 몸을 감싼 세 명의 사나이가 그를 둘러쌌다.

젊은이는 도망쳤다. 어디로 어떻게 가는지 그 자신도 알 수 없을 정도로 마구 도망쳤다. 그러나 검은 망토의 사나이들은 여전히 쫓아왔다. 젊은이는 마침내 조그만 빈터로 도망쳐 들어갔다. 한가운데에 있는 우물가를 돌면서 젊은이는 거의 기진맥진했다. 쫓는 자도 쫓기는 자도 거기가 막다른 곳이라고 믿었던 것이다. 그 젊은이를 세 명의 자객이 말없이 덮쳤다. 비명소리조차 내지 못한 채 젊은이는 고꾸라지듯이 쓰러졌다.

주위의 집들은 창문을 굳게 닫고 있는지 한 줄기의 불빛도 새어

나오지 않았다. 아무도 살인 현장을 보지 않았음에 틀림없었다. 살인자들은 안심했는지 그제서야 비로소 검은 가면을 벗고 얼굴을 달빛에 드러냈다.

그때였다. 세 명의 살인자는 어떤 낌새를 느끼고 빈터의 한 모퉁이로 시선을 던졌다. 거기에는 한 선원이 너무나 놀라고 겁먹은 나머지 눈을 크게 뜨고, 우뚝 선 채로 꼼짝도 못 하고 서 있었다. 선원은 한잔 마시고 얼큰한 기분으로 집으로 돌아가던 도중, 소로를 막 빠져 나왔을 때 참극의 현장에 맞닥뜨렸던 것이다.

살인자들은 목격자를 이대로 내버려둘 수 없다는 것을 금방 알았다. 살해당한 젊은이는 정치망명자로서 베네치아공화국으로부터 인정을 받고 베네치아에 몸을 숨기고 있었다. 그것을 피렌체 사람이 죽였다는 것을 알면 공화국 정부가 가만히 있을 리가 없었다. 목격자는 없애야 했다.

세 명의 살인자는 선원을 쫓았다. 그렇지만 선원은 타향 사람과 달랐다. 그날 밤 그는 살인자들로부터 도망칠 수가 있었다. 그러나 그들은 분명 자기 얼굴을 보았다. 그날 밤부터 선원 안드레아에게는 무서운 나날이 시작되었던 것이다…….

이 사건은 역사상 사실이다. 그러나 살인하는 모양이나 추격자에 대한 것은 나의 상상이다. 격에 맞지 않게 토목건축에 대한 것만 조사하고 있노라면 아무래도 작가적 상상이 욕구불만에 빠지는 모양인지, 가끔은 이런 이야기도 상상하고 가능한 장면을 설정해보고 싶어진다.

이야기를 원래의 줄거리로 되돌리기로 하자.

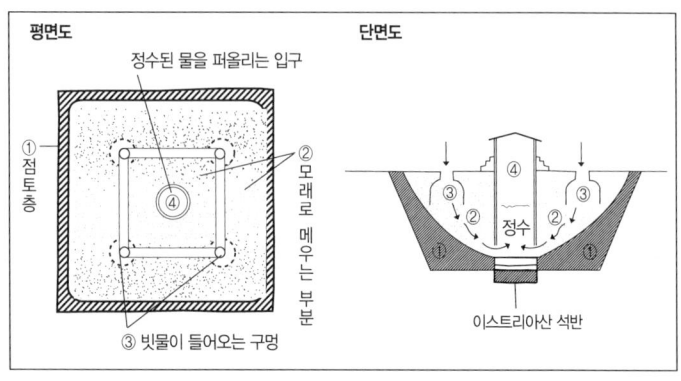

베네치아의 우물

교구에 사는 사람들에게 또 하나의 공동사업은 '포초'라고 불리는 우물이었다. 우물은 광장에도, 소광장에도, 빈터에도 그 중앙에 반드시 하나는 마련되어 있었다.

다만 포초를 우물이라고 번역하는 것은 다소 망설여진다. 사전에서는 우물을 땅을 파서 지하수를 퍼 올리도록 한 것이라고 설명하고 있다. 이 설명은 이탈리아의 다른 지방에서는 그대로 적용되지만 베네치아의 우물에 대해서는 적당치가 않다. 왜냐하면 베네치아의 우물은 지하수를 퍼 올리는 것이 아니라, 빗물을 저장했다가 그것을 퍼 올리는 것이기 때문이다. 저수조(貯水槽)라고 번역하는 것이 적당할지도 모르겠다. 그러나 베네치아에서는 해외 식민지의 성채(城砦) 등에서 사용한 지하수를 퍼 올리는 우물도, 자기 나라 안에서 빗물을 저장하던 이 저수조도 모두 포초라고 부르고 있었기 때문에 나도 우물이라는 말을 쓰기로 한다.

그럼 베네치아에는 지하수가 없었느냐 하면, 질이 좋은 물은 아닐지라도 없었던 것은 아니다. 다만 지하수를 퍼 올리는 것은 자연스레 지반의 침하로 이어지게 된다. 지반을 다지는 데 그만큼 고생하지 않으면 안 되었던 베네치아인으로서는, 아무리 마실 물의 확보가 우선적인 일이라 하더라도 지반 침하로 연결되는 일은 절대로 허용될 수 없다. 그래서 그들은 염전 개발에서 얻은 기술을 응용해서 베네치아의 독특한 우물을 생각해냈던 것이다.

우선 광장의 한가운데를 허용되는 한의 크기로 직사각형으로 깊이 팠다. 풀장을 만드는 것이었다. 그런 다음 이 풀장 안쪽을 중국 냄비의 밑바닥처럼 되도록 점토로 다졌다. 밑에서부터 스며드는 바닷물의 염분과 고이는 빗물을 접촉시키지 않기 위한 방벽의 구실을 하는 것이 이 점토층이었다. 이것이 끝나면 점토로 된 풀장 내부를 다량의 모래로 메웠다.

다음에는 천장에 네 군데 구멍이 뚫린, 밑바닥이 없는 상자형의 물건을 모래 속에 파묻었다. 천장의 구멍으로부터 흘러들어온 빗물은 모래층을 통과함으로써 여과되어, 중국냄비처럼 생긴 점토층을 통해서 중앙부에 고인다. 중앙부에는 물에 강한 이스트리아산 석반(石盤)이 가라앉혀져 있었다. 정수(淨水)가 된 빗물은 그 위에 고여서 우물 내부를 채워 나가, 퍼 올려지기를 기다린다는 장치였다.

오늘날에도 잘 주의해서 보면 광장 한가운데에 있는 우물을 중심으로 사방에 하나씩 뚫린, 빗물을 받는 구멍을 향해서 광장의 포석(鋪石)이 미묘하게 경사져 있는 것을 볼 수 있을 것이다. 이탈리아뿐만 아니라 유럽의 다른 지방에 비해서 베네치아 광장의 포장이 더 조기에 이루어진다는 것은 이런 절실한 이유가 있었기 때문이다.

베네치아는 건조한 기후가 지배적인 이탈리아에서도 비교적 습한 지방에 속한다. 마실 물에 한해서라면 아마 이 설비로도 충분했을 것이다. 그렇지만 다른 일에 사용하는 물도 필요했다. 세탁이라든가 몸을 씻기 위해서라든가 부엌에서 쓰는 물만 해도 만만치 않다. 그러나 이런 일에 필요한 물은, 건물 밖에서는 보이지 않는 홈통을 통해 지붕에 내리는 빗물을 집안으로 끌어서 쓰고 있었다. 이 물을 저장하는 통은 부엌 옆에 놓아두는 것이 보통이었다.

하수는 하수도로부터 계속 운하로 버려지고 있었다. 공화국이 존재한 1천여 년 동안 밀물 때에도 수면 아래로 가라앉지 않는 높이로 하수구를 설치하라고 명령한 고시(告示)가 몇 번이고 나왔다. 밀물 때에 하수도가 역류해서 집안에 진탕이 넘쳐흐르는 것은 그다지 즐거운 현상이 아니었을 것이다.

오늘날에도 운하로 계속 흘려 보내고 있는 하수에 대해서 생각하면 아름다운 베네치아의 매력도 사라지는 느낌이지만, 그것은 그것대로 아침저녁으로 바뀌는 조수의 흐름이라는 천연의 수세방식이었다. '살아 있는 개펄'을 지상명령으로 삼아 바닷물의 흐름이 원활해지는 것만을 생각하고 나라를 만들어 온 베네치아인이었다. 더러운 물도 조수가 빠지는 데 따라서 외해로 운반되어 나갔기 때문에, 며칠이나 계속해서 악취에 시달리는 일은 없었다. 공중위생 분야에서 베네치아는 동시대 유럽의 어느 지방에 대해 조금도 열등감을 느낄 필요가 없었다.

가진 거라고는 소금과 물고기뿐이다

베네치아에서 교구마다 모여서 사는 경향은 빈부의 차이에 의한 거주구의 분리를 사실상 불가능하게 했다. 부자가 자기 집 안에 중정(中庭)을 만들고 그 한가운데에 자가용 우물을 만들게 되는 12세기 이후까지는, 가장 중요한 마실 물까지도 공동으로 사용하고 있었다.

또 모두가 힘을 모아 소택지대를 집을 지을 수 있는 땅으로 만드는 일에서부터 시작된 베네치아에서는, 토지의 사유관념은 아주 초기 무렵에 이미 없어졌던 것으로 생각된다. 초기 베네치아의 유산계급은 다른 지방과 마찬가지로 부동산 소유에 의한 것이었다. 그러나 그 부동산이란 베네치아가 아닌 본토에 있는 토지 소유를 말했다. 12세기를 고비로 시행된 대담한 제2기 '나라 만들기'도 토지사유의 관념이 없는 곳에서 행해진 것이기 때문에 성공한 것인지도 모른다.

미로와도 같은 시가지는 바둑판처럼 정연한 도시계획을 좋다고 생각하는 사람들에게는 승복할 수 없는 일일 것이다. 그렇지만 싫증이 나는 일도 없다. 인간의 머릿속에서 도시란 이런 것이어야 한다고 생각해낸 도시계획에는 없는 인간적인 좋은 점을, 그런 도시에서는 볼 수가 있기 때문이다.

소금과 물고기밖에 없고, 토대를 다지기 위해 목재까지 수입해야 했던 베네치아인에게 자급자족의 개념은 애초부터 없었다. 그러나 이 자급자족 개념의 완전한 결여야말로 베네치아가 해양국가로서 대성하게 되는 가장 큰 원인이었다.

국가는 크게 육지형 국가와 해양형 국가로 구별된다고 누구나 말한다. 나는 이 유형의 차이는 자급자족 개념의 유무로 결정된다고 생각한다.

자급자족의 개념이 있는 곳에서는 부득이한 필요를 느끼지 않는 한 교환의 사상은 생기지 않으며 그것이 정착하지도 않는다. 이 유형의 국가가 침략형 국가가 되는 것은 당연한 귀결이다. 이들 국가들에게는 다른 나라를 침략한다는 것이 그저 단순히 자급자족의 폭을 넓히는 데 지나지 않기 때문이다.

이와 같은 이유로 자급자족의 개념이 없는 국가는 그런 상태를 지속하는 한 침략형이 될 수 없다. 그들로서는 필요한 것은 교환으로 손에 넣는 것이 당연한 이치이기 때문에, 영토를 확장해봤자 쓸데없이 에너지를 낭비할 뿐이다.

소금과 물고기밖에 가지고 있지 않았던 베네치아인에게 자급자족 개념의 결여는 극히 자연스러운 추세였다. 그렇지만 만약 교구제가 훨씬 후까지 베네치아 국가의 결정적인 요소로서 남아 있었더라면, 그들의 자급자족 개념의 결여도 그렇게까지 철저하지는 않았을지도 모른다. 왜냐하면 교구제란 어느 정도의 자급자족은 가능한 공동체였기 때문이다.

교구마다 교회가 있었다. 장사도 유력자의 집에서 했다. 축제도 열렸다. 일상생활에 필요한 것을 파는 가게도 갖추어져 있었다. 목수며 미장이며 교사(사제와 겸하더라도)며 조산사(助産師)까지 일단 갖추어져 있었다. 작긴 하지만 조선소가 있어서 배도 다른 데에 발주할 필요가 없었다. 요컨대 교구에서는 대부분의 일을 내부에

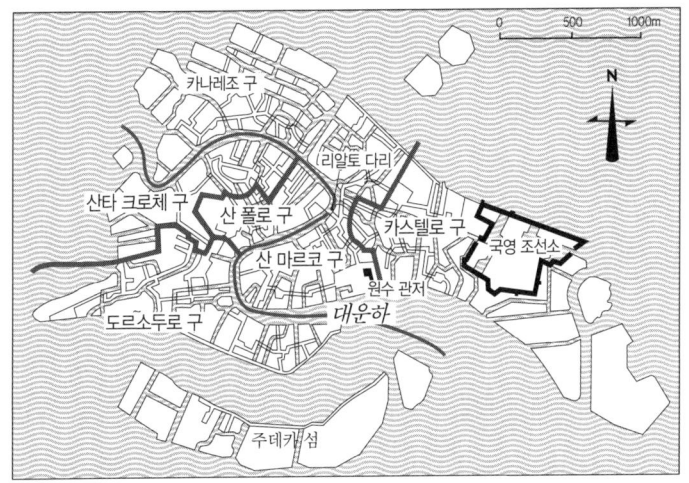

베네치아의 '세스티에레' (6구제)

서 처리할 수 있었던 것이다. 옛날 유럽의 마을이라고 할 수 있다.

그것이 12세기를 고비로 일변하게 된다. 주민공동체였던 교구의 역할은 훨씬 축소되고, 그 대신 행정조직으로서의 '세스티에레'라고 불리는 구제(區制)가 시행되었다.

물론 교구가 폐지된 것은 아니었다. 이것이 베네치아 행정의 특색이기도 한데 그들은 중앙집권화하는 과정에서 절대로 종전의 형태를 버리지 않았다. 교구에서는 종전과 마찬가지로 그들의 교회를 가지고, 저마다의 축제를 열고 교구마다 계속 장이 섰다. 다만 이전처럼 그 내부에서 대부분의 일을 처리할 수 있는 상태가 아니었을 뿐이다.

이것은 베네치아의 도시화였다. 나는 진보에 필요한 모든 에너지는 도시에서만 생긴다고 믿는다. 자급자족의 개념을 완전히 버린 곳에서만 생긴다고 말할 수도 있을 것이다.

교구제에서 6구제로

대운하가 Z형으로 흐르는 것을 경계로 해서 베네치아는 둘로 갈라진다. 이러한 체계는 대운하에 의해서 양분된 지역을 다시 각각 3개구로 갈라서 합계 6개구로 분류했다고 해서 6구제(세스티에레)라는 이름으로 불리게 되었다.

대운하의 북쪽 3개구는 서쪽에서부터 카나레조구, 리알토 다리에서 산 마르코 성당과 원수 관저(팔라초 두칼레) 뒤를 흐르는 운하를 경계로 대운하까지 이어지는 정치·경제의 중심이 되는 산마르코구, 거기서 동쪽으로 뻗는 조선소와 항구가 모여 있는 지역인 올리보로(또는 카스텔로)구이다.

대운하의 남쪽 3개구는 경제활동의 중심이 되는 리알토 다리 부근의 한 구역인 산폴로구, 그 북서쪽에 있는 산타 크로체구, 주데카 섬을 포함한 남부 일대가 도르소두로구이다.

1171년에 제정된 이 6구제는 오늘날에도 그대로 쓰이고 있다. 70개를 넘던 교구는 이름과 활동의 대부분을 남긴 채로 각 구에 편입되었다. 6구제의 특색은 교구제가 교회를 중심으로 해서 구성되고 있었던 것에 반해, 순수하게 행정상의 필요에 의해 생긴 것이라는 점이다.

같은 무렵에 산 마르코 성당 앞의 산 마르코 광장이 오늘날과 같은 모습이 되고, 원수 관저도 아름다운 장미색을 띤 지금의 모습으로 완성되었다. 정치의 중심이 뚜렷하게 확립된 것이다.

교역을 위한 항구가 리알토와 리바 델리 스키아보니 하안에 정비된 것은 이보다 조금 전의 일이었다. 해양국가로 일어서려고 하는 베네치아의 기둥이 되는 국영 조선소도 완성되었다. 교구가 지배적이었던 시대와는 다른 거주형태가 생긴 것도 이런 변화와 함께 일어났다.

오늘날에는 관광도시로서 살 수밖에 없는 베네치아에서 다른 어떤 관광도시에도 없는 명소를 꼽으라면 역시 대운하일 것이다. 베네치아를 정복한 나폴레옹이 이곳을 국보로 지정한 것도(이것은 분명히 법률로 남아 있다) 이 땅을 한 번이라도 찾아 대운하를 배로 지나간 일이 있는 사람이라면 분명 찬동할 것이다.

그렇지만 대부분의 사람들은 대운하의 양안에 늘어선 호화스러운 궁전을 바라보고, 베네치아의 중심가인 대운하를 따라서 부자들이 제각기 저택을 짓고 사치를 다투었을 것이라고 생각한다.

확실히 그들은 자기들의 저택을 아름답게 꾸미려고 했다. 대운하를 왕복하는 것만으로도 베네치아의 건축사를 한눈에 바라볼 수 있을 정도다. 하지만 이것이 처음부터 의도된 것은 아니었다. 그들이 대운하를 따라서 저택을 지은 것은 자기들의 부를 과시하려고 했기 때문이 아니라, 그들의 생존과 번영에 필요했기 때문이다. 베네치아에서는 거의 모든 일을 필요성과 연관시켜서 생각하면 이해하기 쉽다.

12세기에 시작되는 이 시기는 베네치아의 나라 만들기 제2기에 해당된다. 그것은 베네치아의 상업이 질적·양적으로 종전과는 다른 엄청난 변화를 시도하여 국가경제의 주력이 되었던 시기와 일치한다.

베네치아의 유산계급은 원래 본토에 소유하고 있는 부동산에서 얻는 수입에 의존하고 있었다. 그들이 자산의 일부를 교역에 투자하기 시작한 것은 아주 초기부터였다. 그러나 그것도 처음에는 극히 적은 액수에 지나지 않았다. 그러나 하천교역이 활발해짐에 따라 교역에 투자하는 액수가 전 재산에서 차지하는 비율이 점점 커져갔다. 이 비율이 역전된 것이 바로 12세기경이었다. 베네치아가 해양국가로서 탄생한 것이다.

배도 더 큰 것이 필요해지기 시작했다. 또한 장사하는 장소에 그대로 배를 바싹 댈 수 있다면 더 편리했을 것이다. 그때까지 운하를 따라서 모여 있던 조그만 조선소나 석공의 집들은 이전하라는 명령을 받았다. 그 대신 지주에서 교역상인으로 변신한 사람들이 교구의 광장에 면한 곳으로부터 대운하의 연안으로 집을 옮겼다. 대운하에는 200톤급의 배도 들어올 수 있었다.

산 마르코 광장의 종루도 훨씬 높아져야만 했다. 등대 역할을 겸해야 했기 때문이다. 외해로부터 리도 항구를 통과해서 개펄지대로 들어오는 배의 항행 안전을 위해 밤이 되면 종루에 불을 피웠다. 리알토에도 개폐식 나무 다리가 놓였다. 이 다리를 중심으로 대운하의 양쪽 둑 일대가 경제의 중심지로서 확립된 것도 이 무렵이었다. 그때까지 이 일대에 있었던 생선이나 채소를 매매하는 시장은 다른 곳으로 옮겨갔다. 생선장수나 여자들의 떠들썩한 소리 대신 그리스어, 아랍어, 독일어로 된 흥청거림이 뒤섞이는 국제적인 시장이 된 것이다(오늘날에는 원래 상태로 돌아가서 생선이나 채소를 팔고 있다).

교회를 중심으로 교구마다 모여 살고 있던 시대와 주거의 분포 상태도 바뀌었다.

교역에 종사하는 사람은 육지로 열린 입구를 가진 집만으로는 충분하지 않았다. 물자의 효율적인 수송을 위해서는 운하를 향해 열린 입구도 필요했다. 집의 구조가 '카사 폰다코'(주거 겸 창고)라고 불리듯이 사는 곳과 작업장이 하나로 된 형식을 취해야 했던 것도 이용할 수 있는 토지에 한계가 있었기 때문이다.

우선 운하를 향해서 열린 정면 입구로 들어가면 곧바로 중정으로 들어가게 되어 있다. 그 주위에 늘어선 방은 창고이기도 하고 상거래를 하는 자리이기도 했다. 중정으로부터는 뒤쪽 소로로 빠져나갈 수 있는 또 하나의 입구가 통하고 있다. 중정은 그다지 넓지는 않다. 1층은 주랑(柱廊)이 둘러싸고 있으며 그 주랑 안쪽에 손님 접대용인 큰 방이라든가 주인 가족들을 위한 거실과 식당 등이 빙 둘러싸고 있다. 그 위층은 가족들의 침실이다. 그리고 맨 위층은 고용인의 방으로 쓰이는 것이 보통이었다. 이것이 일반적인 대상인의 주거 구조다.

이런 구조를 마음내킬 때마다 견학시간에 구애받지 않고 볼 수 있는 장소는 베네치아 최고의 호텔인 다니엘리이다. 이 호텔의 로비에 앉아서, 지금은 유리천장으로 덮인 중정을 바라보고 있노라면, 베네치아에는 진짜 의미에서의 규중처녀(閨中處女)는 존재할 수 없었던 것이 아닐까 하는 생각이 든다. 1층의 주랑으로부터 아래 중정에서 일하는 남자들을 얼마든지 볼 수 있었으니 말이다. 또 중정에서 위층의 고딕식 레이스와 같은 주랑의 장식 사이로 살짝 엿본 아름다운 여인을 짝사랑하는 것이 현실로 있을 법도 한 일이 아니었던가 하는 생각이 든다.

이런 대상인들의 저택들이 대운하를 따라 늘어서는 것이 제1층이라고 한다면, 그 배후에 운하로 면해 있지 않아도 일에 지장이 없는 장인이나 일용품을 매매하는 상인들이 사는 제2층이 이어진다. 그 다음의 제3층은 조선공이나 그것과 비슷한 일을 하는 장인이 사는 일대가 된다. 이것은 사설 조선소가 많이 모여 있던, 대운하로부터는 반대쪽에 있는 하안, '폰다멘타 노보'(새 하안)라고 불리는 지역에 가깝기 때문이었다.

그럼에도 베네치아에서는 공화국이 존속한 마지막 날까지, 다른 지방에서 볼 수 있는 것 같은, 사는 장소에 따라서 부자와 서민이 분명하게 구별되는 현상은 일어나지 않았다. 그것은 그들 대부분이 사는 집의 지하실을 작업장으로 하지 않을 수가 없었기 때문에, 각자의 일에 적합한 장소에 사는 것이 당연하다고 생각했기 때문이다.

대운하의 연안이라고 해도 그곳에 세울 수 있는 집의 수는 한정되어 있었다. 한정된 토지이기 때문에 더욱더 어떤 부자의 저택보다도 국영인 밀 창고가 우선되었다. 그렇기 때문에 상인으로서는 짐을 실은 배가 들어올 수 있는 운하에 접해 있기만 하면 그것으로 족하다고 생각하게 되었을 것이다. 곤돌라로 운하에 들어가면 갑자기 눈앞에 호사스러운 저택이 나타나는 것도 이런 이유 때문이다.

그러나 교구제에서 6구제로 이행하며 베네치아에서는 꼭 필요한 부산물이 따랐다. 바로 다리이다. 교구마다 독립해 있을 때는 교구 내로 뻗은 운하에 간단한 다리가 놓여 있었을 뿐이었고, 교구 밖으로 가려면 배로 가는 방법밖에 없었다. 그러나 각 교구가 6개의 구로 편입되고부터는, 다시 말해서 베네치아가 도시국가로서의 성격을 분명히 하고부터는 당연한 일이지만 배만으로 전역을 연결할 수가 없게 되었다. 다리가, 그것도 무수한 다리가 꼭 필요하게 되었던 것이다.

처음 얼마 간은 목조 다리였다. 그것도 평평하게 놓은 다리가 아니라 배가 지나갈 수 있도록 지붕모양의 물매(경사면)를 가진 다리였다. 그러나 이것도 13세기 말에는 그 대부분이 석조로 된 홍예(虹霓)다리가 되었다. 대운하에 놓은 리알토 다리만이 그 후에도 중앙부가 개폐되는 목조 다리로 남았다가 석조가 된 것은 16세기에 들어온 다음이었다. 이 다리만은 좁은 운하에 놓은 다리와 달리 큰 배가 지나갈 수 있는 높이의 홍예다리여야만 했는데 그것을 가능하게 하는 기술상의 문제가 해결되지 않았기 때문이다.

다만 이렇게 많은 다리가 생겼다고 운하망의 중요성이 감소된 것은 아니었다. 사람의 이동도 물자의 수송도 땅 위에서 해결되는 비율이 많아진 것은 사실이었다. 하지만 운하의 역할은 '살아 있는 개펄'을 유지하는 일이었다. 12세기의 베네치아인은 운하를 메우는 것이 아니라, 운하 위에 무수한 다리를 놓음으로써 국토를 통일했던 것이다.

이렇게 해서 150개를 넘는 섬과 180개에 가까운 운하, 410개나 되는 다리로 이루어진 베네치아가 탄생했다.

다른 도시국가는 나라 주위를 성벽으로 둘러싸지만, 이곳 베네치아는 물로 둘러싸고 있었다.

"베네치아와 피렌체는 성격이 전혀 다른 두 사람과 같다."

라고 피렌체 사람인 마키아벨리가 썼다.

르네상스 문명의 담당자로 간주되는 이 두 공화국은 같은 이탈리아인의 손에 의해서 형성된 나라가 맞는지 의심스러울 정도로 전혀 다르다.

나는 마키아벨리의 말에 시사받아, 베네치아라는 국가를 하나의 인격으로서 취급할 생각이다. 지금까지 말해온 나라 만들기에 의해서 길러진 그 인격이, 이후의 여러 가지 사태에 어떻게 대응했는가를 하나하나의 '라 콘토'(스토리)로 엮어 나갈 작정이다.

그것만이, 영웅의 나라였으며 그렇기 때문에 개개의 영웅 전기를 쓰고 그것들을 연결해 나가면 완성되는 피렌체의 역사에 비해서, 반영웅의 나라로 일관한 베네치아공화국의 역사를 쓰는 유일한 방법이라고 믿기 때문이다.

제2장은 베네치아인이 바다로 나가는 이야기다. 그것은 서기 1000년 전후에 일어나는 일이다.

가장 불리한 조건하에서 몸의 안전을 찾지 않으면 안되었던 베네치아인들이 대단한 노력으로 그것을 극복했을 때, 오히려 그 불리함을 유리함으로 전화(轉化)할 것을 생각하게 되었다. 그것은 바다로 나가는 일이었다. 하천교역으로부터 위험은 더 많지만 이익도 많은 해양교역으로 전환하는 것이었다.

그리스도 탄생 1천 년 후에 덮친다고 예언한 계시록에 씌어져 있는, 세계의 종말이 당장에라도 오지 않을까 유럽 여러 나라의 사람들이 부들부들 떨면서 살고 있었던 것과 같은 시대의 이야기다.

2
바다로!

베네치아공화국에는 '처음에 말씀이 있었나니'가 아니라
'처음에 장사가 있었나니'였다.
그들은 그야말로 '이코노믹 애니멀'이었다.
그러나 그들은 조금도 열등감을 품지 않았다.
장사의 기술(아르테)이 작품을 남기는 아르테(예술)에 비해
재능으로서 뒤떨어지는 것이 아님을
그들은 알고 있었기 때문이다.

해적을 퇴치하라!

항해를 함으로써 풍요로워지는 길이 두 가지 있다. 하나는 교역에 종사하는 것이고, 다른 하나는 해적질을 일로 삼는 것이다.

막 태어난 해양국가인 베네치아공화국은 첫번째 길을 택했다. 그렇게 되면 그들에게 최초의 대결 상대가 베네치아 상선의 항해 안전을 위협하는 해적이 되는 것은 당연한 일이었다.

해적 퇴치. 이것이 바다로 나가기로 결정한 베네치아인에게는 나라 만들기에 다음가는 국가 규모의 사업이 되었다.

아드리아해의 동안(東岸)을 여행할 때 놀라게 되는 것은, 잇따라 눈앞에 나타났다가는 사라지는 후미(灣)의 수와 그 구조의 복잡함이다. 대안(對岸)의 장화처럼 생긴 이탈리아의 장딴지에 해당되는 부분이 베네치아로부터 남하해서 브린디시에 이르기까지 이렇다 할 후미도 없이 완만한 선을 긋듯 그릴 수 있는 것에 비해서 참으로 대조적인 인상을 준다.

이는 해적에게는 절호의 지형이었을 것이다. 후미에 숨어 척후가 상선이 다가온다는 것을 알리면 쾌속선을 몰아 덮쳤다. 숨을 장소도 얼마든지 있었다. 해적이 아드리아해의 서안이 아니라 동안에서 집중적으로 횡행했던 것도 이 때문이다. 10세기에 아드리아해에 출몰했던 해적은 로마제국 붕괴 이후 남하하기 시작했던 슬라브족이었다.

베네치아는 아드리아해의 가장 안쪽에 위치한다. 그런 베네치아가 오리엔트와 교역하기 위해서는 아드리아해를 빠져나가는 길밖에 없었다. 아드리아해의 동안에 해적들이 우글우글하고 있는데 왜 그것을 피해서 아드리아해의 서안을 따라서 항해하지 않았느냐고 묻는 사람이 있을지도 모른다.

하지만 이 항로는 당시 이탈리아의 정치 상태는 일단 접어두고 기후만 보더라도, 불가능한 일은 아니었지만 결코 유리한 항로라고는 할 수 없었다.

지중해와 그 일부인 아드리아해는 일정 방향의 무역풍이 장기간 부는 대양과 달라서, 바람이 자주 변화하는 것이 특징이다. 그런 해역에서는 순풍에 돛을 달고 며칠이나 항해를 계속한다는 것은 거의 있을 수 없다. 자주 기항해야 하는 것은 바로 순풍을 기다리기 위해서다. 그렇기 때문에 연안 항로를 할 수밖에 없다. 이런 상황에서는 서안보다도 섬이 몇 겹으로 겹치고 도처에 뒤얽힌 후미를 가지고 있는 동안 쪽이, 역풍을 피하면서 순풍을 기다릴 수가 있기 때문에 절대적으로 더 유리한 조건이었다. 연안 항로는 해적에게도 유리했지만 뱃사람들에게도 유리한 지형이었다.

그렇기 때문에 베네치아인에게 해적 퇴치는 단순히 해적을 퇴치해서 자기들 상선이 안전하게 항해할 수 있도록 하는 것으로 끝나는 것이 아니었다. 해적 퇴치는 기항지, 다시 말해서 기지를 확보하는 일로 이어졌다. 이것을 동시에 할 수 있는 적기가 서기 1000년 전후에 찾아왔다. 한 젊은이의 주도면밀한 준비와 과감한 행동이 그것을 가능하게 했다.

새 원수 피에트로 오르세올로 2세

피에트로 오르세올로가 15세였을 때 같은 이름을 가진 아버지가 베네치아의 국가원수로 뽑혔다. 그렇지만 원래 신앙심이 두터웠던 오르세올로 1세는 2년 후에 원수의 지위를 버리고 수도원으로 은둔하고 말았다. 아들이 원수로 뽑힌 것은 그로부터 13년 후의 일이다. 이례적으로 30세라는 젊은 원수가 출현한 것이다.

991년에 원수로 취임한 피에트로 오르세올로 2세는 국내외 정세가 안정된 나라를 인계받은 것이 아니었다. 당시의 유럽 세계는 고대 로마제국의 후계자라고 주장하며 사사건건 다투는 비잔틴제국과 신성로마제국의 두 세력에 시달리고 있는 상태였다.

특히 베네치아는 정치적으로는 비잔틴 쪽에 속하면서, 지리적으로는 신성로마제국에 가까운 특수한 처지에 있었다. 이 무렵의 베네치아는 오랜 세월에 걸쳐 제법 어엿한 해상전력을 보유하고 있었으므로, 이런 베네치아를 두 세력이 모두 자기 편으로 끌어들이려고 획책하는 것은 당연했다. 비잔틴제국도 신성로마제국도 베네치아 국내의 동조자들에게 적극적인 공작을 시작했다.

지리적인 이유와 정치·경제적인 이유로 베네치아 국내에서는 애당초 친비잔틴파와 친신성로마제국파가 공존하고 있었다. 그러니 외부로부터의 선동에 고무되어 내부 항쟁에 불이 붙는 것은 간단했다. 피에트로 오르세올로 2세가 취임하기 전의 반세기는 이 양파 사이에서 피비린내 나는 항쟁이 끊이지 않았다. 추방당한 원수가 있는가 하면 살해당한 원수도 있었다. 오르세올로 1세가 원수 지위를 버리고 수도원으로 들어가버린 데에는 이런 항쟁으로부터 도

원수 피에트로 오르세올로 2세

피하고 싶다는 생각이 있었을 것이다.

젊은 원수는 아버지와는 달랐다. 그는 도피하려고 하지 않았다. 어쩌면 이때의 베네치아는 1천여 년이나 계속되는 공화국의 역사상에서 가장 큰 위기에 직면하고 있었다고도 할 수 있다. 외부 세력과 내부 반대세력간의 끊임없는 항쟁은 이탈리아 도시국가들의 특색이었다. 만약 베네치아가 이 시기에 내분의 씨를 제거하지 않았더라면, 베네치아 역시 다른 나라와 같은 고민을 갖게 되었을 것이고, 그것 때문에 후년의 성공을 이루어내지 못했을 것이다. 젊은 원수는 이후 베네치아공화국이 나아갈 길까지도 제시했던 것이다.

피에트로는 젊은 혈기로 즉각 행동으로 옮기는 일은 하지 않았다. 해적 퇴치는 단지 해적을 쫓아버리면 끝나는 것이 아니었다. 금화의 앞면과 뒷면의 관계처럼 상선의 기지를 확보하는 문제와 관련이 있었다. 이 기지를 완성해야만 비로소 해적들도 발본색원할 수가 있는 것이었다.

이전에도 몇 명의 원수가 스스로 군선을 이끌고 해적 퇴치에 출진한 적이 있지만, 이기고 지고를 되풀이했을 뿐 결정적인 성과를 얻지는 못했다. 퇴치는커녕 아드리아해 연안의 다른 도시와 마찬가지로 상선의 안전한 항해를 제일로 생각하고, 해적에게 연공금(年貢金)을 지불함으로써 상선의 안전항해를 인정받는 것이 통례였다.

이 방법은 약자가 스스로 약자임을 인정하는 것이기 때문에 보증으로서는 가장 불안정했다. 조만간에 끝장을 내야 하는 과제였다. 취임한 지 얼마 안되는 젊은 원수는 우선 연공금 지불을 중단했다. 그는 물론 결단력 있는 행동으로 옮기기 전에 빈틈없는 준비를 시작했다.

취임 1년 후인 992년 5월, 비잔틴제국과 베네치아공화국 사이에 하나의 조약이 맺어졌다. 그것은 지금까지와 마찬가지로 베네치아공화국은 그 자주성을 완전히 인정받는 대신 비잔틴제국에 속한다는 것을 재확인하는 내용으로, 경제면에서는 비잔틴제국 영내에서 베네치아 상인은 자유롭게 상업활동을 할 수 있음을 재확인하는 것이었다.

이것만이라면 오르세올로 2세의 외교적 승리라고 할 수 없다. 그것 외에 또 다른 중요한 것이 있었다. 비잔틴제국의 수도 콘스탄티노플의 항구에 입항하는 베네치아 상선은 입항할 때 2솔리더스 금화(이탈리아의 옛 금화. 20분의 1리라)를, 출항할 때는 15솔리더스 금화를 기항요금(寄港料金)으로 지불하면 된다는 항목이었다. 한 번 출입항할 때 도합 17솔리더스 금화를 지불하면 되었다. 제노바를 비롯한 다른 나라의 상선들은 베네치아도 종전에 물어왔던 그대로 30솔리더스 금화의 기항요금을 그대로 물어야 했다. 베네치아 상선만이 13솔리더스 금화를 절약할 수 있게 된 셈이다. 당시의 '외화'였던 솔리더스 금화의 가치로 보더라도, 혹은 콘스탄티노플이 오리엔트 교역의 중심지였던 점으로 보더라도, 절반에 가까운 기항요금의 절약으로 베네치아 상인이 받는 이익은 대단했다. 베네치아 상인과 다른 나라 상인 사이에 생긴 이 대우의 차이는, 베네치아 상인이 오리엔트로부터 가지고 돌아오는 상품의 가격과 다른 나라 상인들이 가지고 온 상품의 가격 차이로 이어졌다. 결과는 뻔했다. 베네치아의 해양교역이 비약적으로 발전하는 기반의 하나가 이렇게 마련된 것이었다.

매우 유리한 이 조항에 대한 베네치아 측의 의무는 베네치아로서는 은근히 바라고 있던 일이었다. 비잔틴제국은 서쪽의 방위에 베네치아의 해군을 이용하려고 했다. 광대한 영토를 가지고 있으면서도 동쪽은 셀주크제국의 침략, 남쪽은 사라센의 침략에 시달리고 있었기 때문이다. 베네치아로서는 슬라브와 사라센의 해적을 쫓아버리고 아드리아해의 제해권을 확립하는 것이 나라의 발전에 필요불가결한 일이었다. 그런 판에 아드리아해의 경찰 역할을 하라는 의무를 부여받았기 때문에 베네치아로서는 안성맞춤의 대의명분을 얻은 것이 되었다.

대의명분이 유효한 것은 행동을 할 때 정신적 기둥이 필요하기 때문이 아니다. 행동의 진짜 목적을 교묘하게 숨기고 조금이라도 의심스러운 일이 있으면 즉각 개입하려고 하는 주변 강국들의 항의하는 입을 미리 봉하는 데 도움이 되기 때문이었다.

오르세올로 2세는 젊은 나이인데도 자기 편이란 그것이 강국이면 강국일수록 먼 데 있는 것이 바람직하다는 것을 잘 알고 있었다. 자기 편이 되면 설사 약한 나라라도 이것저것 견제하고 싶어하게 마련이다. 하물며 강대한 나라라면 더욱 성가신 존재가 된다. 가까운 데 있는 자기 편은 종종 먼 데 있는 적보다도 처치가 곤란하다.

먼 곳에 자기 편을 갖는다는 그의 외교는 베네치아를 지키는 데도 도움이 되었다. 만약 베네치아가 신성로마제국 편에 붙어 있었더라면 이후 서유럽을 동란의 땅으로 만들었던 황제파와 교황파의 싸움에 말려들었을 것이 분명하기 때문이다.

그러나 신성로마제국은 지리적으로 베네치아에 가까웠다. 그뿐 아니라 오리엔트로부터 가지고 들어온 상품을 많이 사주는 단골손님이었다. 자기 편으로 만들지 않아도 좋지만 적으로 돌릴 수도 없었다.

오르세올로 2세는 비잔틴제국과 조약을 맺은 지 2개월 후에 국내의 친서유럽파의 어깨 너머로 신성로마제국 황제에게 사절을 파견하여 신성로마제국 내에서의, 다시 말해서 서유럽에서의 베네치아 상인들의 자유로운 상업활동을 보장해줄 것을 요청했다. 샤를마뉴 이래 이따금 단기적으로 중단되는 일은 있었다 하더라도 쭉 받아오고 있었던 자유 보장을 재확인한 것에 지나지 않았지만, 이것에는 의무가 따르지 않았다. 그러나 그렇기 때문에 오히려 베네치아를 필요로 하는 비잔틴제국과의 조약에 비해서 불안정한 협정이기도 했다.

오르세올로 2세는 그로부터 4년 후에 황제 오토 3세가 이탈리아로 오는 호기를 놓치지 않았다. 그는 어린 장남의 대부가 되어달라고 부탁하는 편지와 함께 아들을 황제에게로 보냈다. 아들은 이미 피에트로라는 이름을 가지고 있었지만 대부인 황제의 배려에 감사하는 뜻에서 황제의 이름을 이탈리아식으로 읽은 오토네로 바꾸었다. 그리스도교 세계에서의 대부와 아들의 관계는 친부자 관계에 못지 않을 정도의 정신적 유대를 의미했다.

빈틈없는 준비도 갖출 만큼 갖추어졌다. 남은 것은 호기를 포착해서 결단있게 행동하는 것이었다. 그 호기는 조금씩 무르익고 있었다. 연공금을 바치지 않는 것도 모자라 비잔틴 황제의 승인을 구실로 강경한 태도로 나오는 베네치아 상선과의 대결을 피하면서, 연안을 털고 다니는 것으로 전술을 바꾼 슬라브 해적의 행패에 연안의 소도시들이 비명을 지르고 있었다. 그들은 정치적으로 비잔틴령에 속하고 있었다. 게다가 남하해 온 슬라브족과는 달라서 자기들을 라틴족이라고 생각하고 있었다. 비잔틴제국의 보호가 미치지 않는다면 같은 라틴족인 베네치아에게 보호를 요청하는 것이 당연한 일이었다. 더구나 베네치아공화국은 비잔틴의 황제로부터 서방의 방위를 위임받고 있었기 때문에 정치적으로도 문제가 없었다.

아드리아해의 경찰

998년 5월, 그리스도 승천제의 날을 기하여 37세가 된 원수 피에트로 오르세올로 2세는 다수의 군선을 이끌고 베네치아만을 출범했다. 행선지는 차라(오늘날의 자다르)였다. 그곳에는 베네치아공화국의 보호를 요청해온 20개 이상의 아드리아해 동안의 도시 대표들이 기다리고 있었다. 그들은 자기들을 보호해주는 대가로 공순과 복종을 맹세하기 위해 모여 기다리고 있었다.

의식은 장엄하게 거행되었다. 다만 레시나(오늘날의 흐바르)와 쿠르촐라 두 섬의 대표는 참석하지 않았다. 의식을 마친 원수의 행동은 재빨랐다. 두 섬은 베네치아군의 맹공을 받고 굴복했다. 그들에게 다행이었던 것은 베네치아군이 당시의 싸움 풍습과는 달리 인명은 건드리지 않았던 일이었다.

해적 퇴치를 철저히 하게 된 것은 두말할 것도 없었다. 강가를 거슬러 올라가서 도망치는 해적을 궁지에 몰아넣을 정도의 일소작전(一掃作戰)을 펴기에 앞서 슬라브족 해적들을 완벽할 만큼 때려눕혔던 것이다. 그다음부터 오랫동안 아드리아해 연안 사람들은 해적의 습격에 떨지 않아도 되었다. 이 승리에 만족한 비잔틴제국 황제는 오르세올로 2세에게 '달마티아 공작'이라는 칭호를 주어서 그 노고를 치하했다.

이와 같은 좋은 조건이 갖추어지면 유럽의 다른 지방이라면 곧 정복으로 이어진다. 완전하게 영유하기 위해서다. 그러나 베네치아공화국은 그렇게 하지 않았다. 아니, 인구가 10만 명 미만에 불과했기 때문에 하고 싶어도 할 수 없는 상태였다고 해야 옳을지도 모른다. 베네치아공화국은 상대방으로부터 제의가 있었든, 혹은 군사력으로 굴복시켰든 간에 획득한 아드리아해 동안의 여러 도시들이 표시한 공순과 복종서약에 대해 거의 완전한 자치권을 허용하는 것으로써 답했다.

베네치아의 의무는 해군의 힘으로 이들 도시를 지키는 일이고, 그에 대한 여러 도시의 의무는 베네치아에게 상업기지를 제공하는 것과 뱃사람의 조달을 허락하는 것이었다. 스키아보니라고 불리는 이 지방 출신의 뱃사람은 수가 많았다. 베네치아 시가의 한 부두는 오늘날에도 리바 델리 스키아보니(스키아보니의 강가)라고 불리고 있다.

여러 도시는 그 정체(政體)까지 거의 그대로 두었다. 법률도 풍습도 모두 그대로 존속시켰다. 이 지배 방식이 잘 굴러간 것은 지배자도 피지배자도 고대 로마, 비잔틴이라는 같은 문화권에 속해 있었기 때문일 것이다.

남의 나라를 지킨다지만 결국 자위(自衛)를 위한 것이었다. 베네치아공화국에게 아드리아해의 '경찰' 역할을 하는 것은 큰일이었음에 틀림없다.

우선 북쪽으로부터 폴라(오늘날의 풀라), 돠라, 세베니코(오늘날의 시베니크), 스팔라토(오늘날의 스플리트) 등의 도시들, 레시나, 쿠르촐라의 두 섬, 라구사(오늘날의 두브로브니크), 카타로(오늘날의 코토르), 스쿠타리(오늘날의 슈코더르), 그리고 아드리아해의 출구인 발로나(오늘날의 블로러)와 갤리선(船)으로 하룻낮의 항해거리에 해당되는 지점에 있는 도시에 견고한 진지가 구축되었다. 항구 근처에는 반드시 배를 수리할 수 있는 조선소와 짐을 둘 수 있는 창고가 있었다. 그 밖의 장소에도 들쭉날쭉한 후미나 만안이 복잡하고 수가 많으면 많을수록, 그것을 눈 아래 볼 수 있는 전략적 요지에 수없이 많은 요새와 탑을 세울 필요가 있었다.

오늘날에도 그 부근을 여행하고 있노라면 전략적 요지라고 생각되는 장소에는 영락없이 옛날에 베네치아인이 쌓은 요새의 유적이

서기 1000년 당시의 아드리아해

남아 있다. 이탈리아로 가까워질 무렵에는 요새를 발견해도 또 있구나 할 정도다. 더구나 그 구조는 상당히 잘 되어 있어서, 베네치아인은 상인으로서만 뛰어난 것이 아니라 성채 건축에도 상당한 기술을 보유하고 있다는 생각이 든다.

이처럼 육지에 쌓은 요새와 해상을 초계하는 군선에 의해서 베네치아는 아드리아해의 '경찰' 역할을 완수했다. '경찰'의 역할을 한다는 것은 대국이 되었다는 뜻이다. 아드리아해는 그 후 베네치아공화국이 붕괴되는 18세기까지 '골포 디 베네치아'(베네치아의 만)라고 불리게 되었다. 그렇기 때문에 오래된 지도에는 아드리아해라고는 적혀 있지 않다.

명저 『지중해: 펠리페 2세 시대의 지중해 세계』의 저자 페르낭 브로델은, 베네치아는 아드리아해를 베네치아의 만으로 유지하는 일을 상인답지 않게 황금이 아니라, 스스로의 피를 흘림으로써 이룩했다고 쓰고 있다. 이것을 학자답지 않은 정서적인 표현이라고 비웃는 사람은, 아마도 아드리아해의 역사에 무지한 사람일 것이다.

고대 로마의 전통을 이어받고 비잔틴 문명에 속하는 라틴족이라고 생각하고 있었던 스키아보니들은 베네치아의 지배에 정말로 불만이 없었을지도 모른다. 그러나 얼마쯤 지나자, 헝가리 왕이 이 지방을 영유하게 되었다. 게다가 남이탈리아로부터 시칠리아에 걸쳐서는 처음에는 사라센인이 지배하다가 이어서 노르만인이 지배하게 되었다. 영토지배형인 이들 민족과는 달리 베네치아의 기점지배(基點支配) 방식은 피지배국의 국민을 전투 요원으로 징병할 수 없기 때문에 상대적으로 불리했으리라는 것은 충분히 추측할 수 있는 일이다. 그러므로 제해권의 사수란 결코 과장된 말이 아니다.

그렇지만 제해권의 사수라는 말은 머릿속에서는 이해할 수 있어도 뭔가 가슴에 와닿는 것이 없어서 나는 난처했다. 군사적인 의미로밖에 생각할 수 없었기 때문이다. 그러나 아드리아해 동안에 있는 여러 도시를 방문하고, 그곳에 베네치아인이 쌓아 올려놓은 것들을 하나하나 조사해 나가는 동안에 나는 온몸으로 그것을 납득할 수 있게 되었다.

원수 피에트로 오르세올로 2세는, 다시 말해서 베네치아공화국은 '고속도로'를 건설하려고 했던 것이다. 고속도로에는 일정한 거리를 두고 휘발유를 공급하는 주유소가 있다. 고장난 차를 위한 부품까지 갖춘 간단한 수리공장까지 있다. 굳이 샌드위치나 음료수를 많이 준비할 필요도 없다. 레스토랑도 있고 마실 것을 파는 술집도 있고, 나아가면 모텔에서부터 간이진료소까지 있어서 고속도로에서 밖으로 나가지 않더라도 필요한 것은 대개 충족되도록 되어 있다. 여행의 안전을 기하고 시간의 낭비를 없애도록 배려한 이 방식을 베네치아인들은 해상에서 실현했다.

오늘날 고속도로에서 사고라도 일어날 경우, SOS라고 씌어진 박스에서 가까운 급유소로 전화를 걸면 구조차가 와준다. 베네치아의 '고속도로'의 경우에는 일정한 항로대로 항해하고 있다면, 배에서 보내는 신호를 절벽 위에 있는 요새에서 포착하여 구조선이 달려가도록 배려되어 있다. 또 고속도로 입구에 '아펜니노산맥은 눈이 심하므로 체인이 필요하다'는 식으로 적힌 게시판이 있듯이, 베네치아 상선의 기항지에서는 상선 행선지의 정치 상황을 알리고, 무장을 단단히 하고 주의할 것을 지시하는 일까지 하고 있었다. 기항지는 정보를 수집하여 그것을 각 선박에 전하는 일도 했다. 아니, 이것이야말로 우호국에 주재하는 베네치아인 관리로서 가장 중요한 업무의 하나였다고 할 수 있을지도 모른다. 정보는 본국으로부터 전해지는 것 외에 항구로 들어오는 배의 선장에 의한 보고도 중요한 부분을 차지하고 있었다. 그것이 선장에게 부여된 의무였다. 기상에 관한 정보는 이에 포함되어 있지 않았다. 그 이유는 아마도 숙련된 뱃사람이라면 하늘을 살피고 대기의 냄새를 맡기만 해도, 내일부터 3일간 '시로코'(시리아 방향에서 남유럽으로 몰아치는 열풍)가 분다는 것 정도는 내다볼 수 있었기 때문일 것이다.

베네치아의 고속도로와 동일한 정신적 기반에 입각한 건설사업으로는 오직 하나 고대 로마인이 건설한 로마 가도가 생각난다. 양쪽 다 실리적인 계산에 의거해서 만들어졌다는 점에서는 똑같다. 차이점이라고 하면, 로마 가도의 대부분은 미개지에 건설되었기 때문에 마차의 1일 행정(行程)마다 숙박이나 그밖의 서비스를 제공하는 지점을 새로 건설해야 했으나 베네치아의 '고속도로'의 경우에는 미리 존재했던 도시를 선택해서 그곳을 정비하기만 하면 되었다. 그렇다고 베네치아 쪽이 간단했다고 일률적으로 말할 수는 없다. 참고로, 우리가 오늘날 흔히 쓰는 맨션이라는 말은 로마 가도의 숙박소를 의미하는 라틴어 만시오네스(mansiones)가 그 어원이다. 오늘날 유럽의 도시는 종종 로마 시대의 가도를 따라 있었던 역참이 그 기원이다. 새로 도시를 건설하든, 오래된 도시를 정비하든, 현실적인 민족이라면 같은 발상을 하게 마련인 모양이다.

바다와의 결혼식

생선과 소금을 파는 장사만으로 만족한다면 이런 고생을 하지 않아도 된다. 그렇지만 바다를, 지중해를 무대로 장사를 하려고 한다면 항로를 고속도로화할 필요가 있었다. 그리고 그것을 사수할 필요도 있었다. 베네치아인에게 아드리아해를 '베네치아의 만'으로 만들어두는 것은 그들의 사활 문제였다.

이 기초를 30대의 젊은 사나이가 고안하고 실현한 것은 어쩌면 당연할 것이다. 젊은 사람이라면 내일 죽을지도 모른다는 생각 따위는 하지 않는 법이다. 30세라면 앞으로 20년은 더 산다고 예상하고 주도면밀한 계획을 세울 수가 있다. 피에트로 오르세올로 2세는 국가원수에 취임한 지 17년 후에 죽었지만, 그가 제시한 방향은 그

후 베네치아공화국이 붕괴될 때까지 800년 간 베네치아인들의 기본방침으로 계속 살아 있었다.

'고속도로'의 건설은 그 후 200년이 지나서 일어난 제4차 십자군에 의해서, 그리스를 통과해서 콘스탄티노플까지 연장되어 완성되었다. 이 이야기는 제3장에서 하게 될 테지만, 유럽 전체가 성전사상(聖戰思想)에 휘말려 있던 시대에도 베네치아인은 현실적인 시각을 잃지 않았다는 증거이기도 하다.

그렇지만 현실주의는 인간의 이성에 호소할 수밖에 없는 것이고 이성에 의해서 판단을 내릴 수 있는 사람은 항상 소수인 까닭에 대중을 동원하는 데는 그다지 적당한 사상이라고는 할 수 없다. 마키아벨리의 말 중 이런 것이 있다.

어떤 사업이 성공하느냐 못 하느냐는, 첫째로 사람들을 그 사업으로 몰아넣는 무엇인가가 있느냐 없느냐에 달려 있다.

다시 말해서 감성에 호소하는 것이 중요하다는 것이다. 아드리아 해를 '베네치아의 만'으로 만들어기 위해서 베네치아인은 엄청난 희생을 치러야 했다. 그러기 위해서는 이성적으로 판단하고 스스로 선두에 서서 희생을 감수하는 엘리트 계급만으로는 충분하지 않다. 베네치아는 공화국이다. 민중의 지지가 반드시 필요하다. 그 민중은 눈앞의 필요성이 없는 한, 감성에 호소하지 않으면 움직이지 않는다. 12세기에 공식으로 제정된 베네치아의 축제 '바다와의 결혼식'은 국민의 축제로서 해마다 되풀이함으로써 그런 효과를 노렸으며 또한 실제로 효과가 있었다.

부첸타우르(19세기의 회화에서)

축제의 날은 피에트로 오르세올로 2세가 출진한 날, 즉 그리스도가 승천한 날로 정해졌다. 해마다 이날에는 원수가 진홍색과 금색으로 장식된 의식용 전용선(專用船)인 부첸타우르(이탈리아어로는 부친토로)에 정부 고관들을 거느리고 올라탄다. 이 의식용 갤리선은 노까지 금색으로 칠한 호화선으로, 많은 배와 곤돌라를 거느리고 베네치아의 외항인 리도 항구로 향한다. 이곳 교회에서 대주교가 올리는 미사에 참석한 후에 원수는 다시 부첸타우르에 탄다. 해상으로 나온 전용선 위에서 원수는 많은 사람들이 지켜보는 가운데 바다를 향해서 말한다.

"너와 결혼한다, 바다여, 영원히 내 것이어라."

그런 다음에 원수는 준비된 금반지를 바닷속으로 떨어뜨리는 것이다. 의식은 이것으로 끝난다. 시내로 돌아오는 원수를 항구에서 맞은 후, 그날 하루 종일 베네치아의 서민들은 일을 쉬고 떠든다. 기세를 북돋우는 데는 으레 건배가 따르게 마련이다.

어떤 사람은 이 의식의 의미를, 베네치아라는 여자가 바다라는 남자와 결혼하는 데 있다고 쓰고 있지만 나는 이것은 어쩐지 우습다고 생각한다. 확실히 이 학자가 말하는 것처럼 이탈리아에서 공화국은 여성명사이고, 바다는 남성명사로 표시된다. 바다의 수호신은 가장 남성적인 신인 포세이돈이다.

그렇지만 여자 쪽에서 당신을 영원히 내 것으로 만들기 위해 결혼하고 싶다고 선언한다는 것은, 어쩐지 싫어하는 남자를 억지로 붙잡아두려고 하는 여자 같아서 기세를 북돋우기 위한 말로서는 그다지 어울리지 않는 해석인 듯하다. 역시 이것은 한 프랑스인이 내린 해석처럼 문법상의 규칙 따위는 제쳐놓고 원수로 체현화(體現化)된 베네치아를 남자, 바다를 여자라고 생각해야 하지 않을까. 베네치아의 남자들도 그렇게 생각하고 있었을 것임에 틀림없다.

이성적으로 납득하고서 하는 것이든, 기세를 북돋우는 바람에 하는 것이든 간에 교역으로 살아가려는 것은 여간 엄청난 사업이 아니다. 차라리 해적을 업으로 삼는 편이 훨씬 마음 편한 노릇이 아니었겠나 하는 생각이 든다.

베네치아의 2대 상품 '노예'와 '목재'

중세의 지중해 교역에서 취급한 상품이라고 하면 향료를 중심으로 한 사치품일 것이라고 생각하는 사람이 많다. 확실히 이런 물건들은 베네치아 상인이 매매한 전형적인 상품이기는 했다. 그렇지만 사치품은 반드시 필요한 물건이 아니다. 장사란 우선 살 사람이 반드시 필요로 하는 물건을 팔아야 한다. 살 사람에게 사고 싶은 마음이 생기게 하여 억지로 물건을 파는 것은 그 다음 이야기다.

하천교역이 지배적이었던 9세기까지 베네치아 상인이 취급하고 있던 중요한 상품은 소금과 소금에 절인 생선이었다. 그러나 그 후의 해양교역 시대로 들어서자 주요상품은 노예와 목재로 바뀌었다. 모두 베네치아 상인들의 단골손님인 아프리카의 이슬람교도들이 꼭 갖고 싶어하는 것들이었다.

노예제가 그리스도교에 의해서 완전히 폐지된 것은 아니었다. 그리스도교도를 노예로서 사고파는 것은 금지되었지만, 그리스도교도 쪽에서 보았을 때 이교도나 신앙심이 없다고 지목된 사람들, 다시 말해서 아직도 그리스도교도가 되지 않은 사람의 경우는 매매가 인정되고 있었다.

가톨릭 교회가 그것을 정당화하기 위해 든 이유란, 육체를 속박하는 것은 정신을 구제하는 데 도움이 된다는 것이었다. 그러므로 노예로서 사고팔아도 상관없는 사람들에는 이교도인 이슬람교도는 물론이고 가톨릭교도 이외의 그리스도교도까지 포함되었다. 로마 가톨릭으로부터 이단이라고 지목되고 있던 그리스정교를 믿는 그리스도교도도 이 부류에 들어갔다. 그렇지만 최대의 노예 '자원'의 산지는 아직 그리스도교화되지 않은 지방이었다. 6세기경에는 앵글로색슨이, 9~10세기에는 동유럽의 슬라브족이 노예시장에서 주로 매매된 민족이었다.

그러나 유럽의 그리스도교화가 진행됨에 따라서 노예의 공급원이 감소되었다. 11세기 이후 베네치아 상인들은 노예의 공급원을 찾아서 흑해까지 나가지 않으면 안 되었다. 어쨌든 중세의 노예는 유럽으로부터 아프리카로 흐르고 있었던 것이다.

노예를 사는 주요 고객은 아프리카의 사라센인이었다. 하렘에도 팔렸지만 대부분 이슬람교도의 군대를 보강하는 데 쓰였다. 로마 교황이나 신성로마제국 황제는 노예를 이교도에게 파는 것을 금지하는 포고를 냈지만, 그것은 도덕적 견지에서라기보다도 군사적 배려에 의한 것이었다. 더구나 포고가 자주 나온 것으로 보아 금지령의 효력은 별로 없었던 것 같다.

노예에 버금가는 베네치아의 2대 상품 중의 하나는 목재였다. 이것 역시 단골손님은 아프리카의 이슬람교도였다. 지중해 지방은 오랫동안 관리를 하지 않았기 때문에 목재가 몹시 부족했다. 베네치아는 배후에 목재의 대량공급지를 끼고 있었다. 베네치아가 조선업의 선진국이 될 수 있었던 것은 근처에 값이 싸고 질이 좋은 목재 공급지를 가지고 있었기 때문이라고 할 정도였다. 노예와 함께 다량의 목재를 실은 베네치아의 상선이 아드리아해, 아니 '베네치아의 만'을 통과하여 아프리카를 향해 남하해 갔다.

중세의 목재는 또한 군수물자이기도 했다. 교황이나 황제는 이교도에게 목재를 판매하는 것을 금지하는 포고를 잇달아 냈지만, 이 포고 역시 베네치아 상인들은 들은 척도 하지 않은 듯하다.

북아프리카의 이슬람교도에게 노예와 목재를 팔아 금이나 은으로 지불을 받은 베네치아 상인들은 그 '외화'를 가지고 콘스탄티노플로 갔다. 그들은 거기서 필요불가결한 물건은 아니지만 서유럽 사람들이 가장 갖고 싶어하는 사치품을 샀다. 향료라든가 옷감이라든가 금은세공품과 보석도 샀다. 이런 것들을 싣고 콘스탄티노플을 떠나 베네치아로 돌아오는 것이 베네치아 상인들의 주된 교역로였다. 상품을 갖고 베네치아에 도착하면 유럽 각지로부터 모인 상인들이 기다리고 있다가 짐을 푸는 시간도 아깝다는 듯이 순식간에 사가곤 했다.

적어도 14세기까지는 단연 동쪽이 문화의 정도가 앞서 있었다. 베네치아에 있는 산 마르코 성당의 제단에는 '파라 도로'(황금의 후광)라고 명명된, 금판에 보석을 아로새긴 여러 성인의 부조(浮彫)가 있다. 피에트로 오르세올로 1세가 주문했다고 전해지고 있으므로 10세기 말의 작품임이 분명한데, 이것은 일부러 콘스탄티노플의 금속세공장(金屬細工匠)에게 주문해서 만들게 한 물건이다.

베네치아의 범선

베네치아인은 그들의 힘의 기반이 배라는 것을 잘 알고 있었다. 모든 베네치아인에게 노후선 이외에는 외국인에게 배를 파는 것은 금지되어 있었다. 베네치아인이 배를 살 때는 베네치아 국내에서 만든 배만 사야 한다고 법률로 정해져 있었다.

실제로 베네치아의 조선기술은 9세기부터 시작되어 17세기까지는 확실히 다른 나라의 조선기술보다 압도적으로 뛰어났다. 그래서 외국인에게 배를 팔지 못하게 하는 금지령을 지키게 하는 데는 별 어려움이 없었고, 만약 외국인에게 배를 판 사실이 드러나면 엄벌에 처해졌다. 재료는 팔아도 완성품은 팔지 않았던 것이다.

13세기부터 14세기에 걸쳐서 일어난 배의 구조와 항해기술의 변혁에 대해서는 제4장에서 말하기로 하고, 여기서는 그때까지의 이야기만을 하기로 한다. 당시 베네치아의 배는 크게 기능상 두 가지로 구별할 수가 있다. 범선과 갤리선이다.

범선은 각 시대의 전형적인 상선이었지만, 구조상 다음과 같은 특색을 가지고 있었다. 우선 돛이 주력이기 때문에 노를 갖추지 않았다. 해상에서 갑자기 바람이 멎었을 때는 오직 바람이 불어오기를 참을성 있게 기다릴 수밖에 없었다. 항구로 출입할 때는 선상에 갖추고 있는 거룻배를 내려 그것이 끌도록 했다.

모양은 옆에서 보면 둥근 형이었다. 길이는 너비의 약 3배밖에 되지 않기 때문에 땅딸막한 느낌이 있었다. 짐을 싣는 것이 주목적이기 때문에 당연했다.

두세 개의 돛을 갖추고 있었다. 돛의 모양은 흔히 '라틴 돛'이라고 불리는 삼각형의 돛이었다.

배 위에는 뱃머리와 선미에 2개의 선교(船橋)가 있었다. 선미에 있는 선교는 조타실(操舵室)이 있는 장소이다. 대형 범선이 되면 선미에 있는 선교를 몇 층으로 올리고 맨 위층의 조타실 이하는 선실로 썼다. 물론 고급 손님용이었다.

돛대 위에는 망루가 있었다. 망을 보기 위해서만이 아니라, 싸움이 벌어졌을 때는 공격 장소로서의 효용도 지니고 있었다. 갑판은 보통 상갑판과 하갑판으로 나뉘어 있었다. 상갑판은 선객과 선원용이고, 하갑판은 짐을 싣는 장소였다.

상인과 십자군 병사, 성지 순례자가 늘어남에 따라서 베네치아는 성지 순례의 '관광사업'에서도 선진국이 되었으며, 따라서 이런 종류의 범선도 점점 대형화되어갔다. 연대기에 '떠 있는 성채'라고 씌어질 정도의 대형선도 나타났다. 베네치아가 가지고 있던 이런 종류의 대형 범선은 바로 '로카포르테', 다시 말해서 성채라는 이름의 범선이었으며 500톤급이었다.

오늘날에는 보통 상선이라도 1만 톤, 유조선쯤 되면 10만 톤급의 배도 흔하기 때문에 매우 작은 것처럼 느껴지지만, 19세기까지는 500톤급의 배라면 대형선이었다. 18세기에 활약한 영국 동인도회사의 배도 이것보다 조금 더 컸을 뿐이다. 메이플라워호가 180톤, 콜럼버스가 탄 산타마리아호도 100톤밖에 되지 않았다.

중세에는 베네치아나 제노바 같은 활발한 해양도시 국가만이 200톤급의 대형선을 소유할 수 있었다. '로카포르테'급의 배는 지중해 전체에서 단 6척밖에 없었다고 하며 1260년의 기록에는 베네치아와 제노바가 각각 2척씩 소유하고 있었다고 되어 있다. 그러니 보통 상선이라고 하면 200톤급의 배였다.

이런 종류의 대형 범선이라도 키는 2개였으며 카누의 모양과 비슷한 노가 선미의 양쪽에 붙어 있었다. 그것을 조종하는 장치는 조타실로 연결되어 있었다.

닻은 한 척에 10개에서 20개나 되는 크고 작은 것이 있었으며, 각기 용도에 따라 알맞은 길이의 쇠사슬에 연결되어 있었다. 이 닻은 중요한 재산이지만 그것에 대해서는 제4장에서 말하기로 한다.

돛대는 대형 상선은 3개, 그외의 배는 2개를 갖추고 있었는데, 똑바로 서 있다기보다 앞쪽으로 조금 기울어져 있었다. 그리고 그것과 비스듬하게 활대가 붙어 있었다. 활대의 길이는 거의 배의 길이와 같을 정도였다. 활대에 붙여지는 돛은 앞에서 말한 것처럼 삼각형의 라틴 돛이었다.

돛은 많이 준비되어 있었다. 그렇지만 우리가 마음속에 그리는 넬슨 제독 시대의 범선처럼, 한 개의 돛대에 활대가 몇 개나 붙어 있고 그 하나하나에 하나씩 돛을 매고, 그것들이 일제히 바람을 안고 나아가는 광경은 이 시대에는 볼 수 없었다. 한 개의 돛대에는 한 개의 활대밖에 붙어 있지 않았으며, 한 개의 활대에는 한 개의 돛밖에 치지 않았다.

많이 준비된 돛은 파손되었을 경우의 교체용이며, 또한 용도에 따라서 교대로 쓰기 위해서였다. 예를 들면 미풍인 경우에는 앞쪽 돛대의 활대에 '알티모네'라고 불리는 엷고 큰 천의 돛을 쳤다. 또 폭풍우가 올 것 같다고 생각될 때에는 활대를 내리고 작지만 두꺼운 천의 돛을 쳤다. 이 시대의 활대는 후대와 달라서 고정되어 있지 않았다. 정박 중에는 돛을 활대에 휘감았다.

고대에 사용되고 있던 사각돛이 중세에 와서 왜 삼각돛으로 바뀌었을까.

고대에도 중세에도 지중해라는 자연조건은 같았으니까, 이것은 기술 개량에 의한 결과라고 생각할 수밖에 없다. 사각돛에도, 또한 삼각돛에도 각기 이점과 결점이 있다.

우선 사각돛은 순풍을 만났을 경우에는 절대로 강하다. '순풍에 돛을 달고'라는 형용대로 빨리 나아간다. 그렇지만 일단 역풍이 불게 되면 앞으로 나아가기는커녕 자칫하면 뒤로 떠밀리게 된다. 무역풍이라 불리는, 일정 기간 같은 방향으로 부는 바람이 휘몰아치는 대양을 항해할 경우에는 사각돛이 더 유리하다. 순풍이 부는 계절을 가늠해서 항해하면 되는 것이다.

한편 삼각돛은 순풍을 만나면 사각돛보다 속도는 느리지만, 역풍이 불어도 45도의 각도를 취하는 지그재그 항해법으로 전진할 수 있다는 이점을 가지고 있다. 지중해는 바람의 방향이 자주 바뀌는 것으로 이름나 있다. 이 바다를 항해하는 데는 순풍이 불어주지 않으면 항구에서 움직일 수 없는 사각돛보다도 삼각돛이 훨씬 자유롭다.

물론 사각돛이 완전히 자취를 감춰버린 것은 아니다. 조그만 배에는 사각돛밖에 없는 것도 있었다. 1300년 이후에는 한 배에 사각돛과 삼각돛을 둘 다 갖춘 배도 만들게 된다. 순풍을 만난 경우에 바람의 힘을 온전히 활용하기 위해서였고, 또한 지브롤터 해협을 넘어서 대서양으로 나가는 교역로가 개발되었기 때문이기도 했다.

바람의 이름은 오늘날 사용되고 있는 동풍, 서풍, 남풍, 북풍보다도 훨씬 멋있는 이름으로 불리고 있었다(아드리아해를 나와서 지중해 한복판까지 온 부근을 기점으로 하고 있는 것 같다).

북풍은 트라몬타나. 트란스 몬타나의 약칭으로 산 저쪽에서 불어오는 바람이라는 의미이다.

북동풍은 그레코. 물론 그리스를 말한다.

동풍은 레반트. 태양이 뜨는 방향을 의미하고 있다. 동지중해는 레반트의 바다라고 부르는 것이 보통이다.

남동풍은 시로코. 시리아 방향에서 불어오는 바람을 의미한다.

남풍은 아우스트로. 오스트레일리아라는 국명이 여기서 왔다.

남서풍은 리베치오. 리비아 방향에서 부는 바람이라는 의미이다.

서풍은 태양이 지는 방향이라는 의미로 포넨테라고 불렸다.

북서풍은 마에스트랄레. 오늘날 프랑스의 파리-니스간의 특급은 미스트랄이라는 이름이지만, 원래는 로마가 있는 방향으로부터

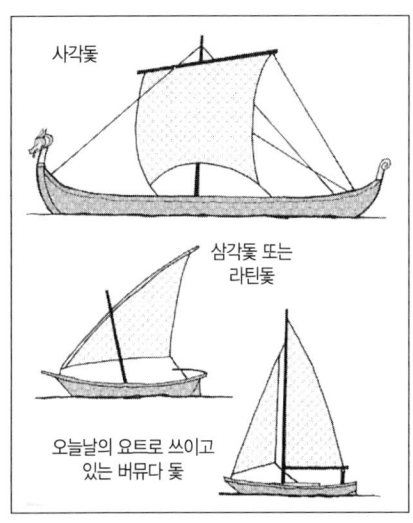

부는 바람이라는 의미이다. '전 민족의 스승'이라고 하면 고대 로마인을 가리키는 것이 상식이었다. 그렇기 때문에 '마에스트로 디 포폴리'를 줄여서 스승이 있던 방향으로부터 부는 바람이라는 뜻으로 마에스트랄레가 된 것이다. 오늘날에도 어부들은 물론 보통 사람들의 대화에서 문학에 이르기까지 이 명칭이 사용되고 있다.

다시 범선 이야기로 돌아가자. 아무리 삼각돛을 쓰면서 역풍이 불 때도 비교적 행동의 자유를 유지할 수 있게 되었다 하더라도 '로카포르테'급의 대형선이 되면 역시 바람의 저항이 강했다. 역풍이 불면 실질적으로 항구에서 움직이지 못하는 경우가 많았을 것이 틀림없다. 크다고 해서 좋은 것만은 아닌 것이다. 그래서 '탈레테'라고 불리는 소형 범선을 만들었다. 100톤급의 범선이라면 역풍이 불 때라도 마음대로 움직일 수 있었다.

그런 형의 배는 선교가 선미에 하나밖에 없고, 갑판은 1층이었다. 흘수선(吃水線)으로부터 높이가 낮기 때문에 전투에는 적합하지 않았지만 수송선으로 많이 사용되었다. 특히 이 형의 배를 조금 크게 한 '우시에레'는 말을 운반하는 배로 만들었던 만큼, 말을 뭍으로부터 배의 바닥으로 끌고 갈 수 있도록 설계되어 있었다. 이 말의 운반선이 십자군 수송에 대활약을 한 배였다.

군선으로 활약한 갤리선

중세 지중해 세계에서 활약한 배가 무엇이냐고 물으면 즉각 갤리선이라고 대답할 만큼 갤리선은 유명하지만, 배는 전부 갤리선이고, 갤리선은 노를 저어 전진하는 배이며 쇠사슬에 묶인 노예들이 노를 저었다고 하는 상식은 완전히 잘못된 것이다.

베네치아의 배가 전부 갤리선이 아니었다는 것은 범선의 설명에서 이미 이해가 되었을 것이다. 범선의 중요성이 줄어든 일은 한 번도 없었다.

둥근 형의 배라는 의미로 '코카'라고도 불렸던 범선은 길이가 너비의 약 3배인 데 비해서, 갤리선의 길이는 너비의 8배나 되었다. 그렇기 때문에 '나베 룽가'(긴 배)나, '나베 소틸레'(가느다란 배)로 불린다. 갤리선의 너비는 5미터가 보통이었기 때문에 길이는 40미터가 되는 셈이다. 선교는 선미에 하나밖에 없었다.

돛대는 한 개가 보통이었다. 활대는 배 길이와 같았기 때문에 이것 역시 40미터나 되었다. 돛은 물론 삼각돛이다. 범선과 다른 점은 비치된 돛은 파손되었을 때의 교체용뿐이고, 범선처럼 날씨 형편에 따라 바꾸기 위한 몇 종류나 되는 돛을 준비하지 않아도 된다는 것이다. 갤리선의 경우 악천후가 되면 돛을 내리고 노를 저으면 되었다.

역풍이더라도 바람이 불지 않으면 어쩔 수가 없는 범선과 달리 바람에 좌우되지 않아도 되는 행동의 자유가 있다는 것이 갤리선의 이점이었다. 게다가 조타를 매우 간단히 할 수 있었다. 배의 구조가 낮고 홀쭉하기 때문에 바람의 저항도 약하고 속도도 빨랐다. 4노트에서 6노트의 속도를 낼 수 있었다고 한다.

다만 갤리선에도 결점은 있었다. 짐을 많이 실을 수 없다는 점과 인건비가 너무 많이 들기 때문에 상선으로서는 그다지 적합하지 않다는 점이다. 범선에 비해서 노를 젓는 사람이 많기 때문이다. 노를 젓는 사람은 노예가 아닌 뱃사람으로서 급료를 지불할 필요가 있었다.

당시의 갤리선은 '비레메'라고 불리는 것이 많았다. 이 경우에는 한 의자에 두 사람이 나란히 앉아 각자 노를 하나씩 가지고 젓도록 되어 있었다. 나중에 와서 '트리레메'가 사용되지만, 그 경우에도 한 의자에 3명이 나란히 앉는 것이기에 삼단노(三段櫓)라는 번역은 썩 맞지 않는다. 한 사람 한 사람이 한 개씩 갖는 노는 뱃전에서 해상으로 조금 튀어나온 곳에 고정되어 있으며, 그것을 지레로 해서 움직이도록 되어 있었다. 뱃전에 고정시키지 않고 해상으로 튀어나온 곳에 막대를 걸치고 그것에 고정시킨 것은, 지레의 원리로도 알 수 있듯이 손에서 되도록 떨어진 곳을 지레로 삼으면 노를 젓는 사람의 노력이 더 절감되기 때문이다. 이 방법은 그리스 시대부터 있었으며 베네치아인은 그것을 개량했을 뿐이다.

보통의 갤리선에서는 두 사람씩 나란히 앉아 젓는 노는 27열이고, 그것이 배 양쪽에 있기 때문에 젓는 사람만 108명이었다. '로카포르테'급의 대형 범선에서는 승무원이 100명을 넘었다고 한다. 갤리선에서는 젓는 사람만으로도 그 수에 달하고 마는 것이다. 하물며 500톤급의 '로카포르테'가 아니라 보통 대형 범선으로 치던 200톤급의 범선이라면 승무원의 수는 절반 가까이면 해결되었을 것이다. 갤리선에서는 젓는 사람만 100명을 넘는데다가 20명에서 40명의 승무원을 필요로 했다. 간단히 계산해도 150명과 50명의 인건비는 그 차이가 크다.

또 노를 저어서 전진하는 갤리선이지만, 10시간 이상이나 계속해서 그 중노동을 한다는 것은 보통 불가능한 일이다. 갤리선의 기록에는 '바람이 잘 불어서'라는 표현이 자주 나오는데, 노라는 것은 오늘날의 요트에 장치된 모터 같은 존재가 아니었을까 하는 생각이 든다. 돛으로 갈 수 있는 동안은 그것을 이용하고, 이때 노를 젓는 사람은 노를 수평보다 조금 위로 올려서 고정시킨 다음에 휴식을 취한다.

항구를 드나드는 데도 노를 젓는 편이 돛을 조작하기보다 간단하다. 또 해상에서는 자주 일어나는, 갑자기 바람이 멎어버리는 사태에도 갤리선은 강했을 것이다. 바람이 딱 멎고 며칠 동안이나 산들바람 한 점 불어오는 일 없는 때는 의외로 많았다. 범선의 항해일지 등에서 그런 경우 어쩔 수 없이 며칠이고 해상에 표류했다고 적힌 것을 자주 볼 수 있다. 바다에서 지낸 일이 있는 사람이라면 이만큼 심하지는 않더라도 이른 아침이나 일몰 전에 바람이 멎는 것을 누구나 경험했을 것이다.

이런 이점과 결점을 대조해 생각하더라도 갤리선은 그 확실성에서 범선보다 뛰어났다. 베네치아 상인은 교역 상대와 지속적인 관계를 유지하는 것을 첫째로 삼고 있었기 때문에 항해 예정을 세울 수 있는 갤리선이 상선으로서도 존재 가치가 있었다. 무엇보다도 바람과 지세가 복잡한 지중해를 항해하는 데 적합한 배였다. 보급을 위해 자주 기항할 필요가 있다는 결점도, 간단한 컴퍼스와 사람의 눈에 의지할 수밖에 없었던 당시로서는 대형 범선이라도 야간 항해는 되도록 피했으므로 그다지 결정적인 핸디캡은 아니었으리라. 나침반이 쓰이기 시작한 것은 14세기가 되고부터다.

갤리선이 그 존재 가치를 발휘하는 것은 무엇보다도 군선으로서였다. 높은 인건비나 적은 적재량 같은 결점은 문제가 되지 않는다. 본래가 군선으로서 개발되었던 것이다. 적을 만나면 돛을 내리고 노를 완전 가동시킨다. 바람에 좌우되지 않고 조타도 쉽다는 이점이 살아난다. 상대가 같은 갤리선이 아니라면 적선과 전투를 벌이느냐 마느냐 하는 것은 이쪽 마음대로였다.

싸움이 붙으면 날카롭게 뻗은 뱃머리는 무기로 바뀌어 적선의 중간 허리를 들이받아 파괴시킬 수도 있었다. 대포가 없던 시대였으므로 해전은 배와 배가 부딪치고 적과 아군의 전투원이 갑판 위에서 얼크러져 싸우는 백병전이었다. 그렇게 되면 수가 많은 쪽이 유리하다. 베네치아의 갤리선의 경우 노를 젓는 사람도 전투원이기 때문에 그 점에서도 이점이 있었다. 그렇기 때문에 노를 젓는 사람으로 노예를 쓸 수가 없었다.

군선인 갤리선에서 노를 저을 사람은 다음과 같이 모집했다.

베네치아에는 60여 개 교구별로 20세부터 60세까지의 남자 전원의 명부가 작성되어 있었다. 이것을 다시 12명씩 한 그룹으로 나누어두었다. 이 그룹 속에서 누가 그때의 군무에 복무하느냐 하는 것을 그 그룹 전원이 모여 결정한다. 군무에 복무하기로 결정된 사람에게는 나머지 11명이 1리라씩 모두 11리라를 지불하고, 그밖에 국가에서 5리라를 보태서 합계 16리라를 급료로서 지불하기로 되어 있었다. 그렇지만 복무가 결정된 사람이라도 어떤 사유가 있을 경우에는 6리라를 지불하고 다른 사람에게 대신해달라고 할 수도 있었다. 요컨대 병역이었던 것이다.

그러나 이것은 군선의 경우다. 상선의 경우는 급료를 받는 완전한 직업인이었다. 인구가 적은 탓에 베네치아인만으로는 도저히 부족하여 상선에는 우호국이나 속국의 사람들이 많았다. 갤리선의 노 젓는 사람이 자유민이었던 것은 베네치아에서만 그랬던 것이 아니다. 제노바도 피사도 이탈리아의 해양도시국가들은 베네치아와 같은 이유로 노예를 쓰지 않았다. 노예나 포로들을 쇠사슬에 묶어서 노를 젓게 한 것은 이슬람교도의 배나 해적선뿐이었다.

베네치아공화국은 배의 승무원들에게 무장하는 것을 의무화하고 있었기 때문에 전문으로 싸우는 기사(騎士)들뿐만 아니라 하급 선원도 노 젓는 사람도 가볍게 무기와 무구(武具)를 지참하고 배에 올랐다. 노 젓는 사람들이 앉는 의자가 비바람을 피할 수 있는 하갑판에 있지 않고 상갑판에 있었던 것은, 전투를 하게 될 때 전투요원으로서 당장 활용할 수 있도록 하기 위해서였다. 적선에 접근할 때까지는 노를 젓고, 접근하면 노를 붙잡아 매고 도끼나 검을 들고 돌격하는 것이었다. 다만 노를 저으면서 접근하는 동안에 적선에서 쏘는 화살에 맞을 위험성이 많았기 때문에, 전투태세로 들어간 갤리선은 뱃전을 따라 방패를 빙 둘러쳐서 노 젓는 사람들을 적으로부터 지키는 것이 보통이었다.

무기로는 도끼와 검, 활과 화살 외에 못끝이 많이 튀어나와 있는 각재(角材)를 적을 향해 던지는 것도 있었다. 그밖에 비누를 녹인 물도 중요한 무기가 되었다. 비눗물을 적선을 향해서 끼얹으면 갑판 위가 미끌미끌해져서 몸의 중심을 잃게 된다. 무장한 사나이가 비눗물을 뒤집어쓰고 미끄러졌다 넘어졌다 하는 꼴은 상상만 해도 웃음이 절로 나오지만, 이것은 농담이 아니라 틀림없는 사실(史實)이었다.

베네치아공화국에서는 10세기에서 13세기뿐만이 아니라 18세기 말의 공화국 붕괴까지도 군선과 상선을 엄밀히 따로 분류할 수가 없었다.

갤리선은 군선이고 범선은 상선이라고 대별할 수 없었던 것은 아니지만, 그것은 갤리선이 군선으로 더 적합하고 범선은 상선으로 더 적합했기 때문이었다. 갤리선도 상선으로 사용되었으며, 전투에 부적합한 범선이라도 수송선으로 사용될 때는 훌륭한 군용선이었다. 상품을 싣고 목적지를 향해 가고 있는 배만이 상선이었다고 말하는 것이 좋을지도 모른다.

이것은 베네치아가 직면하고 있던 현실에 비추어 보면 당연한 일이었다. 돌발 사태가 일어나면 베네치아나 다른 기지로부터 함대가 즉각 출동했다. 부근을 순찰하고 있던 함대에게 출동 명령을 내리는 일도 있었다. 부근을 항해중인 베네치아 상선에게도 지정한 항구로 출두하라는 명령이 내려졌다. 상선도 자위를 위해 무장할 필요가 있는 시대였다. 언뜻 벼락치기로 만든 것처럼 보이지만 절대로 그렇지 않은 함대가 편성되는 것이었다.

베네치아공화국은 이런 사태를 미리 예상하고 군선뿐만 아니라 상선도, 배의 크기에서부터 무장의 정도, 승무원의 수, 적하량, 항해 기간, 대강의 항로에 이르기까지 공화국 정부가 지정하고 있었다. 그리고 통제는 극히 엄격했다.

물론 주로 군사 목적에만 쓰였던 배도 없지는 않았다. 이러한 순수한 군선이 다른 갤리선과 비교해 구조상 차이가 있는 것은 아니었다. 또 승무원 전원이 베네치아 해군에 속해 있었기 때문도 아니었다. 오직 승무원의 수가 상선보다 많다는 이유에서 그렇게 되었다. 해전이라 하더라도 백병전이 되는 상황에서는 전투원의 수가 전황을 지배하기 때문에, 군선은 노 젓는 사람까지 포함한 전투원을 되도록 많이 승선시킬 필요가 있었다. 승무원이 60명 이하밖에 안 되는 배는 갤리선이라고 하더라도 군선으로 간주되지 않았다. 그렇기 때문에 대포가 사용되기 전까지의 군선은 승무원의 수에 의해서 결정되었다. 상선인 갤리선과 범선까지 넣어서 편성된 함대는 군선대의 지휘관인 제독의 지휘에 복종해야 한다.

제1장에서 언급한 '나라 만들기'에서도 볼 수 있듯이, 베네치아공화국에서는 국가가 내리는 결정이 매우 큰 힘을 가지고 있었다. 국가의 '행정지도'는 다른 나라에서는 유례를 찾을 수 없을 만큼 강력했다. 베네치아인들이 용케도 이를 참고 견디며 불만을 갖지 않았다는 것은 다른 나라 사람들에게는 이상하게 생각될 정도다.

그러나 이는 대부분의 베네치아인들이 자기의 이해와 국가의 이해가 일치하고 있다는 것을 알고 있었고, 베네치아의 통치계급인 대상인들이 법의 평등한 실시와 이익의 공정한 분배에 유념하며 실행했기 때문이다. 단순한 힘에 의한 위로부터의 억압이었더라면 1천여 년 동안 두 번밖에 반정부운동이 일어나지 않은 보기 드문 국내 정세의 안정을 누릴 수 없었을 것이다.

'처음에 장사가 있었나니'

국가원수인 피에트로 오르세올로 2세가 기초를 닦은 정책을 정리하면 세 가지로 나눌 수 있다.

첫째는 해상의 '고속도로' 건설이고, 둘째는 동방의 강국에도 서방의 강국에도 종속하지 않고 독립을 유지한 것이고, 셋째는 동방의 강국인 비잔틴제국의 방위를 대신 떠맡음으로써 아드리아해의 '경찰' 역할을 한 것이다.

이런 정책은 서기 1000년 전후에 오르세올로 2세가 시작한 후 제4차 십자군에서 세 번째 방침을 전부 바꾸게 될 때까지 약 200년간 베네치아공화국 정치·외교의 기본방침이었다. 이런 기본방침을 끝까지 지키느냐, 또는 전환하느냐 하는 것은 모두 경제 발전이라는 근본원칙에 도움이 되느냐 손실이 되느냐에 따라서 결정되었다.

'처음에 말씀이 있었나니'가 아니라, 베네치아공화국에서는 '처음에 장사가 있었나니'였다. 그들은 중세의 '이코노믹 애니멀'이었다. 그러나 이 '이코노믹 애니멀'은 그렇게 되는 것에 조금도 열등감을 품고 있지 않았던 것 같다. 장사를 효율적으로 잘해 나가기 위해서는 정치·외교·군사 모든 면에서 매우 섬세한 기술을 구사하지 않으면 안 되며, 그런 '아르테'(기술)는 작품을 남기는 '아르테'

(예술)에 비해 재능으로서도 조금도 뒤떨어지지 않음을 그들은 알고 있었다. 베네치아공화국은 '처음에 장사가 있었나니'로 1천 년 동안 살아남은 것이다.

해상의 '고속도로'는 우선 베네치아의 상업에 안정성과 확실성, 그리고 시간의 절약에 의한 빠른 속도라는 이점을 가져다주었다. '고속도로'의 건설과 운용에 드는 인적·물적 희생은 베네치아 상업의 발전을 위한, 다시 말해서 공화국 전체의 이익을 위한 '필요경비'로 생각되었다. 다른 해양국가도 기지를 확보하는 일에 열을 올리지 않았던 것은 아니지만, 베네치아공화국처럼 일관된 계획하에 집요하게 추진한 나라는 없었다.

베네치아인은 나라의 독립과 자유를 스스로 피를 흘리면서 지켜냈다라는 찬사는 베네치아공화국의 방법에 찬동하지 않는 사람들도 입에 올리는 말이다. 특히 현대의 서유럽 역사가들 중에 이런 말을 하는 사람이 많다. 하지만 역사가들이 칭찬하는 것을 중세의 베네치아인이 들으면 그들은 어떤 얼굴을 할까. 이들이 독립과 자유라는 말을 입에 올릴 때 그것은 흔히 이데올로기로서 해석되는 데 반해서, 중세의 베네치아인이 독립과 자유를 끝까지 지켜낸 것은 그것이 자기들의 이익과 밀접하게 관련되어 있었기 때문에 그랬던 것에 지나지 않는다. 베네치아인이 쓴 문헌들을 읽으면서 독립과 자유라는 두 단어가 다른 말에 비해서 극단적으로 적다는 것을 알게 되었다. 그들은 큰 목소리로 독립과 자유를 외치는 타입이 아니었다. 그렇지만 실제로는 독립과 자유를 끝까지 지키기 위해 고생하고, 또한 끝까지 지켰다.

이데올로기를 내세우는 사람이 일단 곤경에 빠지면 간단히 그 고상한 이데올로기를 버리고 전향해버리는 것을 역사에서 쉽게 찾을 수 있다. 이를 생각하면 베네치아인의 집요함은 흥미롭다. 직접 자기에게 득이 된다고 생각하는 편이 당위로서 생각해낸 이데올로기보다 더 강인할지도 모른다. 서쪽과 동쪽의 두 강국 어느 쪽에도 확실하게 붙지 않고 독립과 자유를 끝까지 지킴으로써 베네치아인은 많은 득을 보았다.

지리적으로 서유럽에 가깝지만, 형식적으로는 비잔틴제국 아래 있었기 때문에 신성로마제국 황제라 할지라도 베네치아가 자기 영토라고 생각할 수는 없었다. 또 로마가톨릭 교회도 베네치아가 가톨릭교도라는 것을 좋은 핑계로 삼아 교회의 말에 전부 복종하라고 강요할 수 없었다. 베네치아인은 그리스정교도는 아니지만 정치적으로 동쪽에 속해 있었기 때문이다. 덕분에 베네치아는 중세를 무섭게 휘몰아쳤던 교황과 황제의 싸움에 말려들지 않고 넘어갈 수 있다.

아무튼 당초에는 두 개의 이데올로기간의 싸움으로 시작된 이 소동도 순식간에 사람끼리의 싸움으로 바뀌었다. 황제의 주장이 옳다고 생각하기 때문에 황제파, 교황의 주장이 옳다고 생각하기 때문에 교황파가 되는 것이 아니라 평소부터 사이가 나쁜 상대가 황제파이니 나는 교황파가 된다는 것이 그 진상이었다. 그런 현상은 나라와 나라 사이뿐만 아니라 나라 내부에서도 생겼기 때문에 싸움은 더욱더 해결하기 어렵게 되었다. 피렌체는 그 싸움의 영향을 정면으로 뒤집어썼다고 할 수 있다. 이탈리아에서는 오직 베네치아만이 이 소동에 말려들지 않았다. 국력의 효율적인 활용이라는 점에서 본다면 참으로 다행스러운 일이었다.

그렇지만 지리적으로 가깝다는 이유로도, 종교적으로 같다는 이유로도 황제와 교황의 싸움을 수수방관하고 있을 수만은 없었다. 베네치아공화국은 중재자 역할을 맡고 나섰다. 교역은 싸움이 있는 곳보다도 없는 곳에서 하는 것이 훨씬 쉽기 때문이었다.

1177년에 베네치아는 당시의 신성로마제국 황제 프리드리히 바르바로사와 교황 알렉산데르 3세를 초청하여 원수 세바스티아노 치아니의 조정으로 화평협정이 조인되었다. 물론 이데올로기로 포장된 이해의 충돌이기 때문에 이것으로 싸움의 불이 완전히 꺼진 것은 아니었지만, 어느 쪽에도 악의를 가지고 있지 않은 베네치아의 입장을 양국이 인정하게 하는 효과는 있었다. 이것은 베네치아 상인의 통상의 자유가 침범당할 우려가 없다는 것을 의미했다.

한편 베네치아 상업의 주력이 오리엔트에 있었기 때문에 비잔틴제국과의 관계는 목숨을 건 승부였다. 비잔틴이 베네치아 상인에게 특권을 부여하는 대신 베네치아공화국은 비잔틴령의 서방 방위를 떠맡았다. 이 관계는 11세기부터 시작되어서 약 200년 동안 계속되었다.

베네치아 상업의 근거지가 된 콘스탄티노플

1000년경에 베네치아인이 싸워야 했던 상대는 슬라브와 사라센의 해적들이었으나 1081년의 상대는 남이탈리아에서 시칠리아를 정복한 노르만인이었다.

멀리 노르망디 지방에서 와 남이탈리아를 정복한 사람들은 잇따라 고향에서 일족들을 불러들였지만 그 수는 많지 않았다. 그러나 그들은 군사능력이 뛰어날 뿐만 아니라 통치능력도 상당했다. 이들의 친척들은 영국으로 건너가 그곳을 정복했다. 시칠리아의 노르만인은 남이탈리아를 정복한 것만으로는 만족하지 않고 비잔틴제국까지 정복하겠다는 대망을 품었다.

비잔틴제국령의 서쪽 국경은 그리스의 서안이다. 노르만인은 지배지였던 아드리아해 서안의 바리에서 출발해 아드리아해의 출구에 가까운 좁은 바다를 건너, 오늘날에는 알바니아령인 대안의 두라초에 상륙했다. 두라초에서 콘스탄티노플까지는 고대 로마 시대에 만들어진 에그나티아 가도가 그리스를 횡단해 거의 일직선으로 이어지고 있다. 일찍이 율리우스 카이사르가 폼페이우스를 쫓아갔던 길과, 옥타비아누스와 안토니우스의 연합군이 브루투스와 회전(會戰)한 필리피의 들판도 이 가도를 따라 있다. 중세에는 오랜 세월 방치되어서 옛날 만큼의 길은 아니었지만 뛰어난 무장이 이끄는 용감한 군대의 진로를 막는 것이 아무것도 없다는 것은 역시 위협이었다. 두라초에 상륙한 노르만군의 진로를 끊으라는 요청이 황제로부터 원수에게 전해졌다.

베네치아공화국은 비잔틴제국으로부터 부탁을 받지 않았더라도 군대를 출동시켰을 것이다. 왜냐하면 노르만의 움직임은 베네치아로서도 중대한 일이었기 때문이다. 아드리아해 출구의 좁은 곳 양안을 모두 한 나라가 점유해버린다면, 베네치아는 독 안에 든 쥐가 되고 만다. 베네치아 스스로 양안을 모두 영유하려고 한 적도 있었을 정도였다.

황제의 요청을 받은 공화국 정부는 그런 상황은 내색 하지 않았다. 그러면서 베네치아 해군 출동에 대해 비잔틴측의 대가를 요구했다. 베네치아 상업의 근거지를 콘스탄티노플에 두는 것에 대한 허가와, 베네치아 상인에게 비잔틴 상인과 같은 대우를 해달라는 2개 항목이었다. 가도 멀리서 적군이 쳐들어오며 일으키는 흙먼지를 보는 것 같은 기분으로 지내고 있던 비잔틴제국의 황제는 이 요구조건을 수락했다.

베네치아의 항구로부터 함대가 출진했다. 두라초의 공방전은 베네치아가 처음으로 해본 본격적인 싸움이었다. 전투는 격전 끝에 베네치아군의 승리로 끝났다. 콘스탄티노플의 황제는 우선 후유, 하고 안도의 한숨을 쉬었으리라.

1000년에 해적을 상대하는 '경찰'을 맡았을 때의 대가는 출입항 세금을 반액에 가깝게 해준다는 우대책이었으나, 이번에 노르만인을 상대로 싸운 대가는 말 그대로 특권이었다.

비잔틴제국 황제는 베네치아 상인이 비잔틴령 전역에서 완전한 자유통상을 하는 것을 허용한 것이다. 그것은 트라키아, 마케도니아, 그리스, 소아시아로부터 시리아를 포함한 지중해 지방의 거의 전역을 의미했다. 그리고 이들 지방에서 비잔틴의 상인과 완전히 동등한 관세의 전액면제라는 혜택을 주었다.

그것만으로 끝나지 않았다. 콘스탄티노플의 중심지인 금각만(金角灣)을 따라서 베네치아 거주구를 두는 것이 허용되었다. 베네치아는 그곳에 가게와 창고, 영사관뿐만 아니라 베네치아 선박 전용의 선착장까지 두게 되었다. 물론 거주구는 치외법권이었다. 콘스탄티노플에는 1082년의 이 변화를 고비로 속속 베네치아 '상사'(商

社)가 지점을 두기 시작했다.

전처럼 베네치아에서 오리엔트로, 오리엔트에서 베네치아로 같은 판에 박은 듯한 항로만 있는 것이 아니었다. 당시 상선의 항해를 조사해보면 콘스탄티노플을 기지로 삼아 흑해 지방으로부터 시리아를 통과하여 이집트로 가고, 다시 그 길을 돌아오는 항로를 취하는 상선이 매우 많았다. 이는 본국으로 일일이 귀항할 필요가 없어졌다는 것을 잘 보여준다. 베네치아 상업의 비약적인 발전 기틀이 잡힌 것이다.

당시 콘스탄티노플에는 약 1만 명의 베네치아인이 있었다고 한다. 본국의 인구가 아녀자를 합해도 10만 명 전후였음을 생각하면, 베네치아의 약 3분의 1에 해당하는 성인 남자가 콘스탄티노플을 근거지로 삼아 열심히 장사를 하고 있었다고 말할 수 있다. 그 후 베네치아 정부는 콘스탄티노플의 동향에 특별히 신경을 곤두세우게 되는데 콘스탄티노플을 베네치아 상업의 근거지로 삼는 일의 중요성을 생각한다면 당연한 일이었다.

그렇기 때문에 베네치아공화국은 11세기 말에 시작되는 서쪽으로부터의 물결, 즉 십자군에 대해 처음에는 정관(靜觀)하는 태도를 취했다. 비잔틴제국이 이 움직임을 의혹의 눈으로 보고 있었기 때문이다. 베네치아가 비잔틴으로부터 받고 있던 특권에 비한다면, 십자군에 참가해서 얻을 수 있는 이익 따위는 문제가 되지 않았다. 요컨대 채산이 맞지 않았던 것이다.

누군가가 득을 보면 다른 사람이 손해를 보게 되는 것은 어쩔 수 없는 일이다. 가능한 모두가 이익을 볼 수 있는 타협책을 생각해내는 시대가 아니었다. 힘이 그대로 통용되는 시대였다. 상대를 죽이지 않으면 상대에게 죽음을 당하는 시대이기도 했다.

베네치아 상인의 활약으로 직접 가장 많은 피해를 입은 것은 콘스탄티노플을 본거지로 하는 비잔틴의 상인이었다. 그때까지는 대우에 차이가 있고 파는 사람과 사는 사람의 관계에 있었기 때문에 문제가 생기지 않았지만, 이제부터는 달랐다. 베네치아 상인은 그들의 강력한 경쟁 상대자로 바뀐 것이다. 하물며 베네치아의 상업은 일관된 방침을 기반으로 한 '행정지도'에 의해서 국가의 강력한 뒷받침을 받는 입장이었다. 이렇게 되면 베네치아 상인들이 한 덩어리가 되어서 공격해 오는 거나 마찬가지여서 비잔틴의 상인들로서는 도저히 당해낼 수가 없었다.

이들 상인의 불만은 너무 비싼 대가를 치렀음을 후회하고 있던 황제의 생각과 합치했다. 게다가 베네치아에게 선수를 뺏겨 뒤처진 것을 만회하려고 하던 라이벌 제노바와 피사 두 해양도시국가도 여기에 얽혀든다. 비잔틴의 황제는 앞서 준 특권을 재승인하지 않으려는 움직임을 보이기 시작했다. 재승인은커녕 베네치아가 누리고 있던 지위를 이탈리아 해양국가 중에서도 가장 약체였던 피사에게 주려고 했다.

1099년에 십자군 함대라고 이름을 붙인 베네치아 함대가 아드리아해를 내려가서 오리엔트로 향했다. 그러나 로도스섬에 닻을 내린 후에도 팔레스티나로 향할 기색이 보이지 않았다. 부근의 섬을 찾아가서 성자의 유골 등을 수집하면서 시간을 보낼 뿐, 도무지 움직이려고 하지 않았다. 팔레스티나에서는 제1차 십자군이 고전중이었다. 그럭저럭하는 사이에 에게해에 피사의 함대가 집결 중이라는 정보가 들어왔다.

십자군의 해상보급을 담당하고 있던 피사 함대의 주력이 모국으로부터의 원군과 합류하는 것이었다. 베네치아 함대는 그제서야 움직이기 시작했다. 팔레스티나와는 반대 방향인 에게해를 향해서 움직이기 시작했던 것이다.

　베네치아 함대가 팔레스티나로 향한 것은 피사 함대를 격멸한 후, 놀란 비잔틴의 황제가 황급히 베네치아의 기득권을 재승인했음을 확인한 다음이었다.

　베네치아 함대가 야파(오늘날의 텔아비브) 앞의 해상에 모습을 나타냈을 때, 그곳에는 이미 피사와 제노바의 함대가 있었다. 십자군 병사들은 고전 중이었다. 십자군의 대장 고드프루아 드 부용은 베네치아 함대에게도 전선에 참가할 것을 요청했다. 베네치아 군선에는 최신식 공성기(攻城器)가 실려 있었기 때문이다. 조건은 그리스도교도가 점령한 팔레스티나 전역에서 베네치아 상업의 완전한 자유를 인정한다는 것이었다. 베네치아 함대는 야파 공격뿐만 아니라 그것에 성공한 후에는 하이파 공격에도 참가했다.

　1년 반 후에 베네치아로 귀항한 함대가 가지고 돌아온 '선물'은 시리아와 팔레스티나의 각 도시에 상대국의 법에 의해서 인정된 베네치아의 상업기지를 개설해도 좋다는 허가였다. 이렇게 됨으로써 베네치아는 이 지방에서도 라이벌인 제노바나 피사와 동일선상에 서게 되었다. 제노바와 피사는 처음부터 십자군의 해상보급을 담당했으며, 그 대가로 팔레스티나 지방에 상업기지를 개척하고 있었다.

동지중해의 여왕

 베네치아공화국은 일단 실마리만 잡으면 시간을 두지 않고 보강하여 그것을 완전히 자기 것으로 만들어버린다. 그러나 중근동에 발판을 확보하고서도 그로부터 20년이나 베네치아 함대는 그쪽으로 발길을 돌리지 않았다. 돌리지 않은 것이 아니라 돌릴 수가 없었다. 아드리아해 동안에 헝가리 왕이 정복욕을 내보이기 시작했기 때문에, 그것을 꼼짝 못 하게 누르는 데 20년을 필요로 했던 것이다.

 비잔틴 황제와 친척관계가 되고 그리스도교의 세례를 받아서 로마 교회와도 좋은 관계를 유지하고 있던 헝가리는 해적과는 다른 강적이었다. 그런 헝가리를 적으로 삼고는 '고속도로'를 끝까지 지키기 위해 고생했던 것이다. 헝가리 왕뿐만 아니었다. 아드리아해 출구까지 진출해온 노르만의 왕과도 전쟁과 우호조약 체결을 번갈아가며 고생했다. 이 두 강적을 꼼짝 못 하게 누르는 데 성공한 후에야 비로소 베네치아인은 팔레스타나로 눈을 돌릴 수 있는 여유가 생겼다.

 1123년 40척의 갤리선과 28척의 범선, 4척의 대형 갤리 상선으로 구성된 베네치아 함대는 국가원수 도메니코 미키엘의 지휘하에 베네치아에서 출범했다. 아드리아해를 빠져나가 에게해를 통과하고, 야파 앞의 해상에 도착했을 때는 이미 여름이다. 그때 야파는 공세로 전환한 이집트의 이슬람교도군에 의해서 바다와 육지 쌍방으로부터 공격을 받고 있었다.

 그러나 베네치아 함대가 도착하기 직전에 포위는 풀려 있었다. 베네치아 해군은 어느 때 다시 공격해 올지도 모르는 적에 대해 경

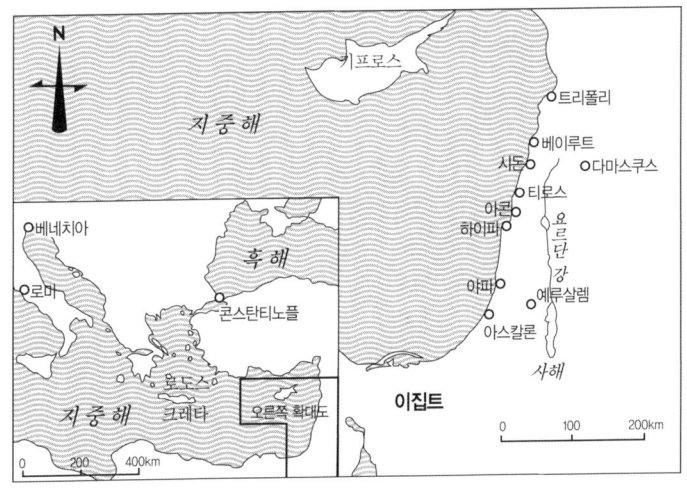

팔레스티나 주변

비만 하고 있으면 되었다. 그러나 국가원수는 기세가 올라 있는 병사들에게 휴식 따위는 주지 않았다. 그는 당장 이집트 함대를 추격하기로 결정했다. 이집트 함대는 그들이 점령하고 있는 아스칼론(오늘날의 아슈켈론) 항구로 향하고 있을 것이 틀림없었다.

함대가 추적하고 있는 것을 알면 달아날 위험이 있었기 때문에, 수송선단으로 생각하도록 위장까지 했다. 전위에 4척의 대형 갤리선을 배치했다. 이렇게 해두면 적은 성지 순례자를 태운 상선단으로 착각할 것이었다. 순례선에는 부자도 많이 타고 있으므로 이슬람교도들은 이를 알맞은 노획물로 간주하고 있었다.

아니나 다를까, 아스칼론 항구가 가까워졌을 때 항구로 들어가려고 하던 이집트 함대가 되돌아오기 시작했다. 새벽녘의 안개가 자욱한 저쪽에서 4척의 대형 갤리 상선을 확인했던 것이다. 그러나 되돌아온 이집트 함대는 안개가 개었을 때 대형 갤리선 뒤에 40척이나 되는 갤리 군선이 대기하고 있는 것을 발견했다. 허를 찔린 이집트 함대는 달아날 사이도 없이 이 해전에 끌려들고 말았다. 이 해전은 베네치아측의 대승리로 끝났다.

국가원수가 타고 있던 기함은 갤리선 특유의 날카로운 뱃머리로 적의 기함 중간 허리를 들이받아 작을 가라앉혔다. 2마일 사방의 해상이 피로 붉게 물들었다고 할 정도로 그 승리는 완벽했다.

그렇지만 이것으로 끝난 것은 아니었다. 이집트 함대를 완패시킨 베네치아 함대는 다시 남하했다. 그 도중에 아스칼론 항구를 향해 항해 중인 이집트의 상선대와 맞닥뜨렸던 것이다. 베네치아 함대는 그들을 간단히 포획했다. 금은·후추 등 많은 선하물을 뺏은 것은 물론이다.

많은 포획으로 물질적으로 넉넉해지고 기분이 좋아진 베네치아 함대는 이번에는 북상하여 십자군과 짝이 되어서 티루스 섬 공략에 참가했다. 이듬해인 1124년에 티루스가 함락됨으로써, 아스칼론 이북에 이슬람교도가 영유하는 항구는 하나도 없게 되었다. 예루살렘왕국의 항구는 모두 안전항이 된 것이다.

베네치아는 '아드리아해의 여왕'에서 '동지중해의 여왕'이 되어가고 있었다. 베네치아 해군에 대항할 수 있는 해군은 겨우 제노바 해군밖에 없다고 할 정도였다.

그래도 베네치아공화국은 비잔틴제국으로부터 완전히 떨어지려고는 하지 않았다. 서방의 방위를 대신 떠맡기기만 할 생각이었던 베네치아가 너무 강대해진 것은 비잔틴의 황제로서는 그다지 즐거운 현상이 아니었으리라. 그렇지만 비잔틴도 베네치아의 해군 없이는 이젠 해 나갈 수 없는 상태에 이르렀다. 제노바도 피사도 코르시카섬의 영유를 둘러싸고 싸우고 있었기 때문에 베네치아의 대역을 맡을 여유가 없었다.

비잔틴의 황제는 마지못해 베네치아인에게 주었던 특권을 계속 재승인했다. 베네치아인들도 실리가 따르지 않는 패권사상(覇權思想) 따위와는 인연이 없는 국민이었다.

다만 비잔틴 영내에서 베네치아인은 완전히 자유로웠지만, 크레타섬과 키프로스섬만은 제외되고 있었다. 그것은 이 두 섬이 동지중해의 전략요지로서 월등한 중요성을 지니고 있었기 때문일 것이다. 베네치아인도 동지중해를 완전히 자기 것으로 만들려고 할 때가 되면 이 두 섬을 우선 노려야 했다. 그리고 그것을 획득한 후에는 어떠한 희생을 지불해서라도 끝까지 지키려고 할 것이다.

비잔틴제국과 베네치아공화국의 이런 미묘한 관계도 1170년 무렵에 이르러 마침내 깨어지고 말았다. 베네치아의 힘이 정치적으로나 경제적으로, 또 군사적으로도 너무 강대해졌기 때문이다.

1168년에 특권의 재승인을 꺼리는 황제에 대항하여, 국가원수 비탈레 미키엘 2세는 모든 베네치아인에게 콘스탄티노플에서 교역하는 것을 금지했다. 그러나 2년 후인 1170년에 다시 황제와 원수 사이에 화해가 성립되어, 콘스탄티노플에는 다시 베네치아인의 모습이 보이기 시작했다.

그런데 이듬해인 1171년 황제가 바뀌며 콘스탄티노플에서 격렬한 베네치아 배격운동이 발발했다. 황제의 은밀한 선동으로 불이 붙은 천민들의 폭동은 순식간에 퍼져 나가 베네치아 거주구를 파괴하고, 항구에 정박 중인 베네치아 상선에 불을 질러 태워버렸다. 불행하게도 그때 콘스탄티노플에 있었던 베네치아인은 대부분 황제의 부하들에게 끌려가 인질로 구금되었다. 더러는 살해당하기도 했다. 다행히 배로 콘스탄티노플에서 달아날 수 있었던 사람도 시리아의 여러 도시로 일단 피난했다가 본국으로 도망쳐 돌아갈 수밖에 없었다. 물론 국교는 단절되었다.

그때부터 20년 동안 콘스탄티노플에서 베네치아 상인의 모습을 볼 수 없었다. 베네치아는 그 교역의 주력을 시리아와 팔레스티나, 이집트로 옮겼다. 그리고 그곳을 기점으로 삼아 장사를 하면서 참을성 있는 외교력을 발휘해 비잔틴제국과의 관계 개선에 힘썼다. 그 보람으로 1190년에 다시 베네치아 상인은 콘스탄티노플에서 상업에 종사할 수 있게 되었다. 그러나 베네치아공화국은 이미 비잔틴제국과의 사이에 전과 같은 우호관계를 영속할 수가 없다고 생각하고 있었다. 베네치아는 비잔틴과 완전한 절교를 생각했다. 현재의 애매하고 불안정한 관계를 단숨에 해결할 필요가 있었다.

한편 서유럽도 기세가 오르지 못하는 상태였다. 1147년의 제2차 십자군도 실패로 끝나고, 1187년에는 살라딘(이집트의 군주, 제3차 십자군과의 항쟁으로 유명하다-옮긴이)에 의해 예루살렘도 점령당하고 말았다. 1189년에 요란스러운 선전을 하면서 보낸 제3차 십자군도 리처드 사자심왕(獅子心王)의 영웅다운 모습만이 화제 되었을 정도이고, 그 결과로 십자군 따위는 있으나 마나 하다는 말을 듣게 되었다. 유럽 기사들의 체면은 엉망이 되었다. 그들로서는 여기서 무엇이든 해야 한다는 기분이 들었을 것이다.

두 개의 조류는 때를 맞춰 부딪쳤다. 1202년에 일어난 제4차 십자군이 그 합류점이었다. 이것은 베네치아가 각본을 쓰고 연출하고 주연한 드라마였다. 이 역시 '처음에 장사가 있었나니'의 원칙에 따라서 이루어졌다.

3
제4차 십자군

처음에 세운 계획을 착실히 실행하는 것뿐이라면
특별한 재능이 필요없다.
그러나 예정하지 않고 있던 사태에 직면했을 때
그것을 충분히 활용하는 데는
특별히 뛰어난 능력을 필요로 한다.

몇 년 전에 어떤 사람으로부터 다음의 질문을 받은 일이 있다.

"현실주의자는 그것이 개인이든 국가이든, 왜 항상 미움을 받아 왔을까?"

물론 그와 나 사이에서 현실주의에 대한 정의를 미리 내릴 필요는 없었다. 우리 두 사람에게는 현실주의란 현실과 타협하는 것이 아니라, 현실과 싸움으로써 그것을 개척해 나가는 생활방식을 의미하고 있었기 때문이다. 그때의 나는 그의 질문에 대답할 수 없었다. 그렇지만 지금이라면 대답할 수 있을 것 같다.

"현실주의자가 미움을 받는 것은 그들이 입 밖에 내서 말하지 않더라도, 그들 자신이 그렇게 행동함으로써 이상주의가 실제로는 우스꽝스러운 존재이며, 이상주의자들이 생각하고 행동하는 것이 그들의 이상을 실현하기에는 가장 부적당하다는 사실을 백일하에 드러내기 때문이다.

이상주의자라고 자인하고 있는 사람들은 방법의 잘못을 깨달을 만큼 현명하지는 않지만, 그들 자체가 우스꽝스러운 존재가 되었다는 것이나 그들이 최선이라고 생각했던 방법이 예상했던 효과를 조금도 낳지 않았다는 것을 느끼지 못할 정도로 어리석지는 않다. 그렇기 때문에 자기들처럼 하지 않는 현실주의자를 미워하게 되는 것이다. 따라서 현실주의자가 미움을 받는 것은 숙명이라고 할 수밖에 없다. 이상주의자는 종종 자기 편인 현실주의자보다도 적인 이상주의자를 사랑하게 마련이다."

제4차 십자군의 악역이 베네치아공화국이라는 관점은 세계사 교과서에서부터 십자군 역사의 세계적 권위자인 란시만에 이르기까지 일치한다. 진짜 이상주의는 현실주의에서밖에 나올 수 없다는 사실을 알고 있는 사람 이외는 모두 그렇게 생각하고 있다.

십자군 원정 결의

이야기는 1198년에 시작된다. 그해에 프랑스 기사도의 중심인 샹파뉴 지방의 성에서 마상 창 시합이 열리고 있었다.

주인은 22세의 샹파뉴 백작 티보였다. 주빈은 역시 젊은 27세의 블루아 백작 루이였다. 이 두 귀공자는 모두 프랑스의 필리프 오귀스트의 조카이자, 영국의 리처드 사자심왕의 조카이기도 했다. 필리프 오귀스트도 리처드 사자심왕도 10년 전 제3차 십자군의 총대장이었다. 귀족의 혈통에서도 십자군의 혈통에서도 명문 중의 명문에 속하는 두 젊은 무사를 중심으로 해서 열린 이 마상 창 시합에 프랑스 기사도의 꽃이라 할 존재들이 모두 참가하고 있었으리라는 것은 상상하기에 어렵지 않다.

시합이 끝나고 고조되었던 분위기가 미처 가라앉지도 않은 기사들 앞에 한 설교자가 모습을 나타냈다. 지난해 로마의 교황인 인노켄티우스 3세로부터 십자군 궐기를 촉구하기 위한 포교를 위임받은 신부였다. 신부의 열변이 무술시합을 막 끝내고 아직 그 흥분이 가라앉지 않고 있는 기사들의 마음에 불을 댕기는 것은 간단했다.

우선 샹파뉴 백작이 십자군 원정을 선서했다. 동시에 블루아 백작도 선서하기 위해 일어섰다. 그리고 30명이나 되는 봉건 제후와 기사들도 잇따라 그 예를 따랐다. 급히 심부름꾼이 브뤼헤로 보내졌다. 브뤼헤에 있는 샹파뉴 백작의 처남 플랑드르 백작 보두앵에게 권유하기 위해서였다. 권유를 받은 플랑드르 백작은 동생인 앙리와 함께 십자군의 원정에 참가할 것을 맹세했다. 플랑드르 백작도 27세라는 젊은 나이였다. 백작과 함께 40명 가까운 기사들도 선서했다.

이들 70명이 넘는 봉건 제후와 기사들을 조프루아 드 빌라르두앵의 연대기에 따라서 한 사람 한 사람 그 이름을 거론하자면 중세 프랑스사(史)에 밝은 사람이라면 서유럽 기사도의 꽃들이 한자리에 모였다고 생각할 것이다. 조프루아 드 빌라르두앵은 샹파뉴 백작 휘하의 한 부하로서 제4차 십자군을 처음부터 끝까지 지켜본 현장증인이며, 소박한 필치이면서도 생동감 있는 기록을 남긴 연대기 작가이다. 어쨌든 이름 있는 프랑스의 기사 중 샹파뉴 백작의 권유에 응하지 않은 사람은 없다고 할 정도였다.

몇 개월 뒤에 십자군 참가를 맹세한 이 사람들이 수아송에 집합했다. 언제 출발해 어느 길을 지나가느냐를 결정하기 위해서였다.

그러나 기사들은 이런 현실적인 문제가 되면 의론백출(議論百出)로 좀처럼 결론을 내리지 못했다. 그래서 그들 중에서 6명의 대표자를 뽑아, 이 6명이 결정한 것을 전원의 의사로 하기로 했다. 기사들 전원이 이에 동의했다. 6명의 대표란 2명의 샹파뉴 백작, 2명의 블루아 백작, 2명의 플랑드르 백작이었다. 샹파뉴 백작 밑의 2명의 대표 중 1명은 앞에서 말한 빌라르두앵이었다. 이 6명이 전권을 위임받은 셈이다. 수아송에 모인 기사들은 자기들의 이 '쾌거'를 빨리 로마의 교황에게 보고하는 것에 대해서도 의견이 일치했다.

교황 인노켄티우스 3세는 매우 만족스럽게 이 통지를 받았다. 후세의 역사가들에 의해 30대의 어린 나이에 교황의 권력을 최고로 높인 사람이라고 평가되는 인노켄티우스 3세는 로마가톨릭의 권위를 높이는 데 십자군 운동이 대단히 도움이 된다는 것을 알고 있었다. 그리고 제1차 십자군 원정이 성공한 후에 제2차, 제3차 십자군 원정이 실패로 끝난 원인에 대해서도 그는 장님이 아니었다. 제후의 참가는 한 사람도 없고 쓸모없고 성가신 존재로 취급되어서 힘을 주체하지 못하고 있던 기사나 서민들로 구성된 제1차 십자군은 성공했는데, 황제와 왕이 기라성처럼 참가한 제2차, 제3차 십자군은 왜 실패했을까. 교황은 그 원인의 하나가 황제나 왕이기 때문에 생긴 욕심이나 질투심에 있다고 보았다. 황제나 왕은 참가하지 않는 편이 좋다고 생각하고 있던 교황이 보기에는 프랑스 기사들의 십자군이 가장 적합했다. 황제도 왕도 없었다. 그렇지만 그것에 다음가는 유력한 제후나 기사들로 구성된 십자군은 권위면에서도 조금도 뒤떨어지지 않았다. 이민족의 집합이 또 하나의 실패의 원인이라고 보고 있던 교황으로서, 독일이나 이탈리아로부터의 참가자가 있다 하더라도 주체는 어디까지나 프랑스인인 이 십자군 계획이 가장 이상적이라고 생각되었던 것이다. 교황은 이 십자군에 1년간 종군한 사람에게는 어떤 죄도 면죄해준다는 포고를 설교 신부를 통해서 유럽 전역에 널리 알렸다. 중세의 그리스도교는 사랑의 종교라기보다는 공포로 묶은 종교였다. 중세 사람들에게 면죄만큼 구원을 가져오는 것은 없었다.

한편 현실적인 문제 해결을 일임받은 6명의 대표들은 신중한 의논을 거듭한 끝에 다음과 같은 결론을 내렸다.
1. 십자군 원정의 목적지는 이집트의 카이로로 할 것.
이것은 예루살렘을 이슬람교도의 손으로부터 영원히 탈환하기 위해서는 이슬람교의 본거지인 이집트를 공격할 수밖에 없다는 리처드 사자심왕의 인식에 따랐다.

2. 원정로는 해로를 취할 것.

육로는 너무나도 멀고 위험했기 때문에 이것에는 아무도 이의가 없었다.

3. 십자군 전군의 수송은 베네치아공화국에 의뢰할 것.

그때까지의 십자군 원정에서는 주로 제노바와 피사가 해상수송을 맡고 있었지만 그것은 규모가 작았기 때문이다. 이번과 같은 대군을 전부 한 나라에 의뢰한다고 하면 해운력으로 봐서 역시 베네치아에 부탁할 수밖에 없다는 것이 대표들의 일치된 의견이었다.

당장 6명의 사절들이 베네치아로 향했다. 1201년 5월의 일이었다.

베네치아의 심리 작전

그때 베네치아의 국가원수는 엔리코 단돌로였다. 6명의 사절들을 접견한 원수는 80세를 넘긴 고령이었고 시력도 매우 떨어져 있었지만, 사절들의 눈에는 사려가 깊고 대담한 행동력의 소유자로 비쳤다.

"사절 여러분, 당신들을 나에게 파견하신 왕관을 쓰지 않은 사람들 중에서도 가장 지위가 높은 군후(君侯)들로부터의 신임장을 읽었습니다. 거기에는 당신들이 이야기하고 결정하는 것은 모두 군후들의 의향이나 결의와 같다고 생각해달라고 씌어 있었습니다. 그런데 당신들은 무엇을 바라십니까."

"각하, 귀국의 각의를 소집해주시기를 부탁드립니다. 만약 좋으

시다면 내일이라도 소집해주십시오. 그 자리에서 우리 주인들의 의향을 전하겠습니다."

원수는 내일은 무리지만 4일 후에는 소집할 수 있을 거라고 대답했다.

이때부터 베네치아측의 심리 작전이 시작된 것이 아닌가 하는 생각을 나는 떨쳐버릴 수가 없다. 왜냐하면 중대한 일일 때는 각의는 내일은커녕 그날 밤에라도 소집되는 것이 보통이었으니 말이다. 프랑스인들은 그 4일 동안을 일각이 여삼추라는 느낌으로 기다렸다.

약속한 당일에 사절들은 아름답고 호화스러운 원수 관저로 안내되었다. 각의실에는 원수 이하 공화국의 내·외정을 관장하는 전원이 기다리고 있다가 사절들 일행을 맞았다.

"각하, 우리는 프랑스의 가장 권위있는 제후로부터 파견되어 온 사람들입니다. 우리 주군들은 만약 신이 바라신다면 예수 그리스도가 받은 굴욕을 씻고 예루살렘을 회복하려고 십자가에 맹세하셨습니다. 그리고 당신들과 당신들의 국민들만큼 해상의 힘을 가지고 있는 사람은 없다는 것을 알고, 당신들에게 바다 저쪽의 땅과 그리스도가 받은 오욕을 씻는 일에 자비를 베풀어주시기를 바라는 것입니다."

여기서 원수가 질문했다.

"어떤 방법으로?"

사절들은 대답했다.

"어떤 방법으로든지요."

대답은 이러했지만, 프랑스 사절들은 십자군 수송용의 선박을 바라고 있었다. 물론 배를 움직이는 데 필요한 선원이라는 기술자와,

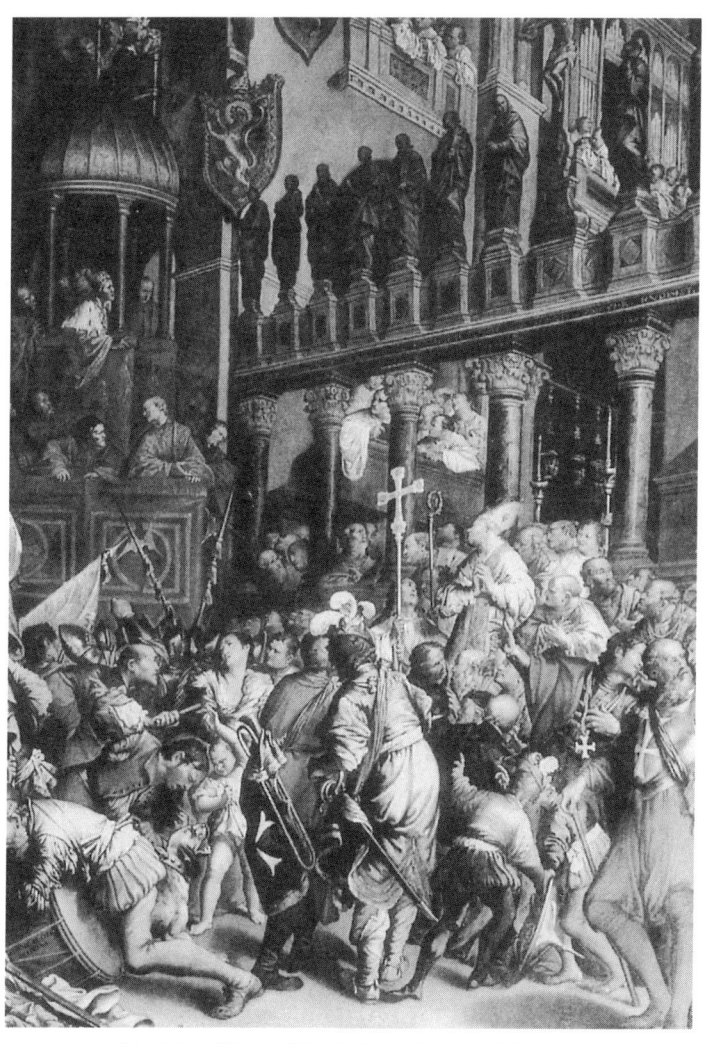

원수 엔리코 단돌로를 알현중인 십자군 병사(1600년경의 회화)

항해중의 식량까지 포함하여 필요한 것 전부를 요청했다. 이야기를 들은 국가원수는 말했다.

"허허, 참으로 고귀한 사업이라고 할지라도 당신들은 우리에게 대단히 큰일을 의뢰해 오셨소. 회답은 이 장소에서 8일 후에 하기로 합시다."

약속한 8일 후에 사절들은 다시 원수 관저를 방문했다.

"사절 여러분, 당신들의 의뢰를 받아들이기로 결정했습니다. 그러나 우리가 내릴 결정은 대심의회와 민회가 인정한 후의 일입니다."

국가원수는 말을 계속했다.

"우리는 당신들이 제시한 숫자에 따라서 4,500명의 기사와 2만 명의 보병을 수송하는 데 필요한 배와 4,500마리의 말과 종자, 마부를 운반할 수 있는 평저선(平底船)을 제공하겠습니다. 계약에는 물론 이들 사람과 말이 필요로 하는 군량도 포함되어 있습니다.

이것을 싼값으로 제공하겠습니다. 말은 마리당 4마르크, 사람은 1인당 2마르크가 됩니다. 계약상의 우리의 의무는 십자군이 베네치아의 항구를 출발한 후 향후 1년 간 이것들을 보증한다는 것입니다. 비용의 합계는 8만 5천 마르크가 됩니다."

먼저 중세에도 오늘날과 마찬가지로 독일 마르크가 강했으리라 생각한다면 곤란하기 때문에 설명하자면, 이 경우의 마르크는 독일 신성로마제국의 화폐인 마르크 은화이고, 이것이 당시 가장 강했던 것은 아니다. 프랑스와 이탈리아의 베네치아라는 두 나라가 거래할 경우 프랑스 화폐로 지불해도 베네치아의 화폐로 지불해도, 또 다른 어느 나라의 화폐로 지불해도 상관없지만, 단지 그 경우의 가치

표준을 정하기 위해 마르크 은화를 쓴 것뿐이다.

이 계약에서 베네치아의 요구액이 너무 비싸다고 하는 역사가가 있지만, 이것은 상인이란 악랄하게 버는 인종이라는 편견에 사로잡혀 있는 데 지나지 않는다. 이보다 10년 전에 제노바와 프랑스의 필리프 오귀스트 사이에 주고받은 계약서에는, 2마리의 말과 사람 3명을 나르고 8개월 동안 양육하는 데 드는 비용으로 9마르크가 계상되어 있었다. 필리프 오귀스트의 경우는 650명의 기사와 1,300명의 종자, 마부만이었던 데 비해서, 베네치아의 경우는 기간도 1년으로 긴데다가 프랑스의 기사들은 엄청나게 많은 인마(人馬)의 수송을 의뢰해 왔던 것이다.

4,500명의 기사 - 650명의 기사
9천 명의 종자, 마부 - 1,300명의 종자, 마부
2만 명의 보병 - 0
4,500마리의 말 - 1,200마리의 말

대충 보아도 분명하다. 제노바는 배를 새로 만들 필요가 없었겠지만, 베네치아는 상선을 총동원할 뿐만 아니라, 특별히 말을 수송하기 위해 만들어진 평저선의 경우는 대량으로 새로 만들 필요가 있었을 것이다.

그렇기 때문에 베네치아가 제시한 가격이 결코 터무니없이 비싼 값은 아니다. 화폐가치의 변동이 적었던 시대라고 하더라도 베네치아가 제시한 액수가 당시의 '시세'였다고 말하는 학자가 많은 것도 이 때문이다.

계약에 의하면 군량은 말 1마리당 3모조(8부셸)의 귀리이고 사람은 빵과 밀가루, 야채, 암포라(양쪽에 손잡이가 달린 항아리) 절반의 포도주가 1인당 지급되는 양이었다.

기사도 마부도 2마르크로 같은 취급을 한 것을 어떤 역사학자도 문제로 삼지 않은 것은, 아마도 기사쯤 되면 자비로 식량을 사서 별도로 식사를 하는 것이 풍습이었기 때문일 것이다.

8만 5천 마르크는 4회에 걸쳐 분할 지불하기로 정해졌다. 1만 5천 마르크는 8월 중에, 1만 마르크는 11월 1일까지, 1만 마르크는 이듬해인 1202년 2월 중에, 나머지 5만 마르크는 4월 중에 지불한다는 조건이었다.

베네치아의 의무는 모든 배와 승무원을 1년 후인 1202년 6월 24일까지 준비하는 것이었다. 프랑스의 사절들은 만족한 얼굴을 하고 계약의 세목 검토를 마쳤다.

출범 준비 완료!

그러나 여기서 베네치아는 제노바가 하지 않았던 것을 제안했다. 50척의 무장 갤리선과 그것에 필요한 승무원 전투원 6천 명을 국가원수가 친히 이끌고 참가하겠으니, 그 대신 십자군이 정복한 땅의 절반을 받고 싶다는 것이었다. 요컨대 수송을 청부받을 뿐만 아니라 공동 출자자가 되고 싶다는 것이었다.

사절들은 회답하는 데 잠시의 여유를 달라고 했다. 그날 밤 6명의 사절들이 의논했을 때 결론은 간단히 나왔다. 예상도 하지 않았던 유력한 동맹을 얻은 프랑스의 기사들은 감격으로 흥분했다. 국가원수에게는 이튿날 당장 쾌락한다고 전했다.

베네치아측에서도 국가원수가 당장 40인 위원회를 소집했다. 위원들과 원수 이하의 각료들 사이에서 어떤 토의가 있었는지는 알 수 없다. 기록에 남아 있지 않기 때문이다. 그러나 원수 엔리코 단돌로를 포함해 그들은 모두 상인이었다. 젊을 때는 지중해를 두루 돌아다니면서 교역에 종사한 경험을 가지고 있는 사람들뿐이었다. 8만 5천 마르크라는 금액이 당시 프랑스 왕의 연수입의 2배에 상당하는 거액이라는 것을 모를 리가 없었다.

아무리 왕 다음간다고 하는 샹파뉴 백작이나 플랑드르 백작이라 하더라도 과연 실제로 지불할 수 있는 액수라고 믿고 있었을까. 아무튼 베네치아공화국의 국회는 국가원수가 제의한 프랑스와의 계약을 승인했다.

사절 빌라르두앵의 말을 빌리자면, 며칠 후에 세상에서 가장 아름다운 교회인 산 마르코 대성당에 1만 명이나 되는 베네치아 시민들을 모아서 장엄하게 미사를 올렸다. 미사가 끝났을 때 원수는 숙소에 대기하고 있던 사절들에게 사자를 보냈다. 그리고 그들 스스로 나와서 시민들에게 계약의 승인을 부탁하라는 전갈이 있었다. 사절들은 사람들이 지켜보는 가운데 성당으로 들어갔다.

샹파뉴 백작의 휘하 부하인 빌라르두앵은 사절단을 대표해서 다음과 같이 말했다.

"시민 여러분, 가장 고귀하시고, 권력을 가지신 프랑스의 제후께서 우리 6명을 이곳으로 파견했습니다. 당신들에게 이교도의 노예로 변한 예루살렘에 자비를 베풀어주십사 하고 부탁하기 위해서입니다.

당신들을 택한 것은 다름이 아닙니다. 당신들처럼 강력한 백성이 다른 어느 해양국가에도 없기 때문입니다. 제후께서는 우리들에게 명령했습니다. 당신들 앞에 무릎을 꿇고 빌라고 말입니다. 그리고 당신들이 바다 저쪽 땅에 자비를 보이실 때까지는 일어나면 안 된다고도 말했습니다."

프랑스 기사 여섯 사람은 모두 감동의 눈물을 흘리면서 일제히 무릎을 꿇었다. 영국인답게 냉소적인 기번이 쓴 바로는 당시의 기사들은 터무니없이 감동의 눈물을 쉽게 흘리는 버릇이 있었다지만, 국가원수 단돌로는 감루 따위는 흘리지 않았다. 프랑스 기사들이 무릎을 꿇고 있는 숙연한 성당 안의 적막을 깨고 다음 순간 단돌로의 굵은 목소리가 울렸다.

"동의합시다, 여러분!"

이것이 도화선이 되었다. 그렇게 넓은 성당이 '동의하자', '동의하자' 하고 외치는 군중들의 환성으로 터져 나갈 듯 했다. 빌라르두앵의 평가에 의하면 선량하면서도 사려 깊고 용감한 국가원수 엔리코 단돌로는 군중을 향해서 다음과 같이 이야기하기 시작했다.

"시민 여러분, 신이 얼마만큼의 명예를 여러분에게 주었는가를 생각합시다. 세계의 가장 훌륭한 국민이 다른 누구도 택하지 않고 바로 여러분과의 동맹을 희망해 왔습니다. 주 예수의 해방이라는 비길 데 없는 고귀한 사업을 함께하자는 것입니다."

베네치아 국민의 승인은 이렇게 해서 얻어냈다. 남은 것은 계약의 조인을 끝내는 일뿐이었다. 십자군의 베네치아 출발은 이듬해인 1202년 6월 24일, 성 요한의 제일(祭日)을 기해 하기로 결정되었다. 그날까지 순례자라고 불리는 십자군 참가자는 전원이 베네치아로 집합할 것과, 베네치아측은 선대를 출범할 수 있도록 준비를 완료해두는 것도 확인되었다.

봉인된 계약서를 앞에 두고 사절고 국가원수 모두 성서에 손을 얹고, 계약서는 세목에 이르기까지 신께 맹세하고 수행하겠다고 서로 선언했다. 여기서도 역시 프랑스에서 온 사절들은 흐느끼며 감격의 눈물을 흘렸다. 곧바로 쌍방이 함께 계약이 조인되었음을 로마의 교황에게 알리는 사절을 보냈다. 교황은 즉시 그것을 만족스럽게 생각한다는 뜻을 전해 왔다.

그런데 군량보급의 세목에 이르기까지 명기하고 있는 계약서 그 어디에도 중요한 목적지를 적은 부분을 찾아볼 수가 없었다. 빌라르두앵에 의하면, 이집트의 카이로라는 것은 비밀로 해두고 그저 단순히 바다 저쪽이라고만 공표했다고 하지만, 왜 비밀로 했는지는 그의 글에서도 알 수 없다. 비밀로 해두는 것은 아마도 적에게 방위 준비를 할 시간을 주지 않도록 하기 위해서였을 것이다. 이것은 나중에 큰 의미를 갖게 된다.

조인을 마친 사절들은 베네치아의 은행으로부터 2천 마르크를 빌려 분할 지불의 제1회분의 일부를 지불했다. 그리고 프랑스로 떠났다. 밀라노 근처까지 와서 6명은 두 패로 갈라졌다. 프랑스로 직행한 것은 두 사람이었고, 다른 네 사람은 제노바와 피사에 들르기로 했다. 그들이 '바다 저쪽'에 도착한 단계에서 십자군에게 어떤 협력을 할 수 있는가를 타진하기 위해서였다. 제노바와 피사로 간 사람들은 아무런 수확도 얻지 못하고 떠났다.

프랑스로 직행한 두 사람 가운데 한 사람이었던 빌라르두앵은 도중에서 부리엔 백작 일행과 만났다. 백작도 샹파뉴 백작들과 함께 십자군 원정을 선서한 사람 중 하나였다. 그는 풀리아 왕 탄크레디의 딸과 결혼했기 때문에, 그 결혼으로 얻은 영지권을 확립하기 위해 부하들을 거느리고 남이탈리아로 가는 도중이었다. 부하인 기사들도 십자군 참가를 맹세한 몸이었다.

빌라르두앵은 베네치아와의 경위를 백작에게 이야기했다. 부리엔 백작은 매우 기뻐하면서 말했다.

"보시다시피 우리는 이미 걷기 시작하고 있습니다. 당신들이 베네치아로부터 출진할 때는 우리도 달려갈 태세가 완료되어 있을 것입니다."

그렇지만 부리엔 백작과 그 부하 기사들은 풀리아 지방의 주인이 된 다음에는 동료들의 선대가 눈앞의 좁은 해협을 통과하는 것을 알면서도 끝내 나타나지 않았다.

한편 사절들이 프랑스로 떠난 후 베네치아에서는 거국적으로 준비를 시작했다. 3만 명 이상의 사람과 4,500마리의 말, 그리고 여러 가지 공성기와 군량까지 운반할 수 있는 배를 준비하는 것은 엄청난 대사업이었다. 지중해를 항해중인 모든 상선에게는 기일까지 베네치아로 돌아오도록 명령이 내려졌으며, 아드리아해 동안의 각 도시에는 뱃사람을 대량 모집한다는 것이 포고되었다. 조선소는 완전 가동되기 시작했다. 특히 말을 수송하는 평저선을 대량으로 새로 만들 필요가 있었다. 적어도 400척의 배를 준비해야 했다. 아무리 해군력에서는 첫째라고 하는 베네치아공화국이라도 이번 사업은 국력을 총동원하지 않으면 불가능한 사업이었다. 제4차 십자군은 베네치아인에게는 거국적인 '투자'를 의미했다. 바로 그러한 까닭에 그들은 계약의 세목에 이르기까지 완벽하게 수행했다.

이반자

낭보를 한시라도 빨리 전하려고 말을 갈아타면서 프랑스에 도착한 빌라르두앵은 중병으로 병상에 누워 있는 샹파뉴 백작을 발견하고 깜짝 놀랐다. 샹파뉴 백작은 그 몸으로도 베네치아에서의 경위를 듣고 매우 기뻐하면서, 오랫동안 말을 타지 않았으므로 말을 타는 연습을 해야 한다고 말을 끌고 오라고 시켰다. 그러나 말을 탈 수 있는 상태가 아니었다. 아주 잠깐 말에 걸터앉았을 뿐인데도 백작은 다시 병석에 눕고 말았다.

샹파뉴 백작의 증상은 날이 갈수록 악화되어갔다. 백작도 이제 끝장이라고 생각했던지 유언장을 썼다. 자기가 원정을 갈 때 가지고 가려고 생각하고 있던 재산을 십자군 참가를 맹세한 부하 기사들에게 나누어주었다. 그렇지만 그것에는 신께 맹세하고 기일까지 베네치아로 가야 한다는 조건이 붙어 있었다.

그는 유산의 일부는 십자군이 필요로 할 때 쓰라고 빌라르두앵에게 맡겼다. 그리고 모든 사람들이 그의 젊음을 아까워하는 가운데 죽었다. 그렇지만 돈을 받은 기사들은 대부분 그것을 호주머니에 넣은 채 베네치아에는 끝내 모습을 나타내지 않았다.

총대장을 잃은 십자군 기사들은 누군가 대리를 맡아줄 사람을 찾을 필요가 있었다. 의논한 끝에 부르고뉴 공작에게 부탁하기로 했다. 그러나 사자를 맞은 부르고뉴 공작은 총대장이 되는 것은 고사하고 십자군에 참가하는 것조차 거절했다. 기사들은 그렇다면 할 수 없다고 생각하고 죽은 샹파뉴 백작의 사촌형제인 발 르 뒤크 백작에게 이야기를 했으나 그것도 실패로 끝났다. 샹파뉴 백작이 죽은 후 십자군의 중요인물인 플랑드르 백작과 블루아 백작, 생 폴 백작 등이 수아송에 모여서 협의한 결과, 총대장을 이탈리아인인 몬페라토 후작 보니파초에게 부탁하기로 결정되었다. 용감한 무장이며 프랑스 왕의 사촌형제이기도 하다는 이유에서였다. 몬페라토 후작은 흔쾌히 승낙했다.

프랑스를 방문한 몬페라토 후작은 사촌형제인 필리프 오귀스트의 궁전에서 대환영을 받은 후 수아송에 도착했다. 시내의 노트르담 대성당에서 십자군 원정에 참가할 것을 맹세한 제후나 기사들과 함께 검과 십자가를 걸고 선서하기 위해서였다. 후작에게 총지휘를 부탁하고 무릎 꿇은 기사들은 또다시 감격의 눈물을 흐느꼈다. 의식은 끝났다. 전원은 약속한 날에 베네치아에서 만날 것을 맹세하고 흩어졌다. 프랑스 각지에서는 아직 십자가에 맹세하지 않았던 기사들도 수아송의 선서에 관한 이야기를 전해듣고 앞다투어 십자군에 참가하겠다고 밝혔다. 프랑스 기사도의 꽃들이 모두 바다를 건너는 것 같다는 말이 돌 정도였다.

해가 바뀌어 1202년이 되었다. 그해의 부활절은 4월 14일이었다. 성미가 급한 사람은 벌써 그 무렵부터 친척들과 눈물의 이별을 하기 시작했다. 느긋한 사람도 6월 2일의 펜테코스테의 제일(오순절. 성령 강림을 기념하는 날-옮긴이)에는 여행을 떠날 준비를 갖추었다. 집합지인 베네치아를 향해서 프랑스를 통과하고 북이탈리아를 횡단해서 가는 행정(行程)이었다.

같은 무렵에 자체 선대를 가지고 있던 플랑드르 지방의 기사들 중의 몇 사람은 지브롤터 해협을 넘어서 지중해로 들어가, 바다로 베네치아에 도착하는 길을 택하기 위해 출발했다. 브뤼헤에서까지 참가한 이 일행은 주군인 플랑드르 백작 앞에서 성서에 손을 얹고 베네치아에서 합류할 것을 맹세했다. 백작과 그의 동생인 앙리도 짐의 대부분을 해로로 가는 이 기사들에게 맡겼다. 플랑드르 백작 자신은 많은 기사들을 거느리고 육로를 택해 베네치아로 향했다.

그러나 해로를 택한 플랑드르 부대는 언제까지 기다려도 베네치아에는 나타나지 않았다. 그 후 펠로폰네소스반도의 남단 모도네에서 만나기로 했다는 연락이 있었으나 거기에도 모습을 나타내지 않았다. 어떻게 된 까닭인지 시리아로 직행했던 것이다. 시리아에서는 이슬람교도와 겨우 조금 싸웠을 뿐, 어떤 사람은 살해당하고 살아남은 사람도 간신히 고향에 당도했다는 것이 십자군의 결말이었다.

프랑스 기사들 중에는 베네치아로 가지 않고 마르세유로부터 해로를 택하여 모도네에서 합류하겠다고 맹세하고 출발한 사람도 있었다. 이런 사람들도 모도네에 나타나지 않았다. 그들의 운명도 플랑드르 부대와 비슷한 결말로 끝났다.

동료들의 이반(離反)을 기술하는 빌라르두앵의 필치는 슬픔으로 가득 찼으며, 이젠 이런 사람들의 이야기는 그만두고 베네치아에 도착한 십자군 전사들의 이야기를 하자는 문장으로 끝나고 있다. 그가 선량하다고 평했던 베네치아의 국가원수 엔리코 단돌로와는 달리, 에누리 없이 선량한 신사였던 이 샹파뉴 백작의 부하는, 결혼해서 영지를 획득한 후 그곳에 눌러앉은 사람, 유산을 분배받고도 그것을 제 호주머니에 넣은 채 약속을 지키지 않았던 사람 등 제멋대로 단독행동을 한 기사들에게 절망했던 모양이다. 그는 사람은 신이 정한 각기 다른 길을 걷게 마련이라는 문장으로 기술을 끝맺고 있다.

베네치아에는 약속한 날보다 훨씬 전에 또 한 사람의 선량한 신사가 이미 도착해 있었다. 플랑드르 백작 보두앵이었다. 순례자라고 불리는 십자군 병사들도 기일이 닥쳐오며 속속 도착하고 있었다. 그렇다 치더라도 숫자가 너무나 적었다. 이미 도착해 있던 사람 중에서 사자를 뽑아 베네치아로 오고 있을 것이 확실한 지참자(遲參者)를 재촉하러 보내야 할 정도였다.

몬페라토 후작은 볼일 때문에 늦게 도착한다는 통지가 있었지만, 블루아 백작도 모습을 나타내지 않았다. 파비아까지 직접 간 사자가 그곳에 느긋하게 체재하고 있는 백작을 발견하고, 눈물을 흘리면서 설득한 끝에 겨우 베네치아로 데리고 오는 형편이었다. 블루아 백작쯤 되면 사자로 가는 사람도 그에 상응하는 지위의 사람이 아니면 설득할 수가 없다. 빌라르두앵과 생 폴 백작이 그 임무를 맡았던 것이다.

게다가 피아첸차로부터는 많은 기사들이 길을 북쪽이 아닌 남쪽으로 향했다. 어떤 사람은 베네치아인을 신용하지 않는다고 말하고, 다른 사람은 풀리아 지방에 영토를 획득한 동료처럼 가까운 곳에서 한밑천 잡으려고 생각했다. 물론 그들 가운데 나중에 십자군에 합류한 사람은 한 사람도 없었다.

이렇게 이반자가 많이 생긴 탓도 있어서 베네치아에 집합한 십자군 병사의 수는 매우 적었다. 프랑스의 제후가 베네치아측에 통보한 수의 3분의 1에도 미치지 못하는 숫자였다. 어림잡아 1만 명 정도였다고 한다.

베네치아의 외항 리도에 있는 산니콜라섬에 마련된 숙소에 자리 잡은 십자군 병사들은 눈앞에 펼쳐지는 경관에 숨을 삼켰다. 빌라르두앵의 말을 빌리면, 이만큼 훌륭한 함대를 본 그리스도교도는 아무도 없을 것이라고 할 정도로 많은 범선과 갤리선, 그리고 평저선으로 항구가 꽉 메워져 있었기 때문이다. 선량한 빌라르두앵은 탄성을 질렀다.

"아, 다른 곳으로 가버린 기사들을 생각하면 정말로 애석하구나! 그리스도교도는 이교도들을 완전히 때려눕힐 수 있었을 텐데, 지금 여기에 있는 것은 이 함대로 운반할 수 있는 수의 3분의 1밖에 되지 않으니!"

베네치아인은 계약을 완벽하게 완수했다. 이스트리아나 달마티아에서 뱃사람들을 모집한 것은 물론 베네치아 전국의 성년 남자의 반이 1년 간의 십자군 원정에 종군한다는 거국적 체제를 펴면서까지 계약을 지켰던 것이다.

지키지 않았던 것은 기사들 쪽이었다. 아무리 이상에 불타고 있었다 하더라도 왕의 연 수입의 2배에 해당하는 8만 5천 마르크라는 금액과 3만 3,500명이라는 종군병사의 수는 무엇을 기준으로 정한 것일까. 프랑스 왕이 국내의 전투에 징용할 수 있는 병사의 수가 1만 명 내외이며, 그 왕이 십자군으로 원정할 때 거느리고 간 병사의 수가 2천 명이라는 게 그때의 실정이었다. 왕에 다음가는 지위인 봉건 제후 몇 사람이 이끈다고는 하지만 3만 명을 넘는 숫자란 너무나도 낙관적인 예상이었다.

아니나 다를까 실제로 온 숫자는 1만 명이었다. 4회로 분할 지불한다는 것도 처음 2회분인 2만 5천 마르크의 지불이 끝났을 뿐 남은 6만 마르크는 아직 지불하지 않았다. 더구나 1인당 2마르크의 비용도 안 가지고 베네치아로 온 사람도 많았다. 여유가 있는 제후와 기사가 대신 지불해주는 형편이었다.

그래도 역시 부족했다. 베네치아측은 계약대로 전액 지불이 끝나기 전에는 배를 내지 않겠다고 통보했다.

여기서 후세의 역사가들 중에는 인원수가 3분의 1이기 때문에 깎아주어야 했다고 쓴 사람이 있지만, 그것은 상업계약을 모르고 하는 말이다. 지불하지 못해 난처해하고 있는 제후들 중 아무도 베네치아에게 깎아달라면서 교섭하지는 않았다. 빌라르두앵도 베네치아는 계약을 지켰는데 지키지 않은 것은 우리 쪽이라고 쓰고 있다.

그래서 가진 돈이 있는 사람은 그것을 전부 제공하기로 결정했다. 그래도 부족했다. 마침내 플랑드르 백작은 가지고 온 금은 그릇을 내놓겠다고 말했다. 다른 제후들과 기사들도 백작을 따르기로 했다. 산더미처럼 쌓인 금은 그릇이 베네치아인에게 넘겨졌다. 이것으로 빚이 많이 줄었지만, 그래도 4천 마르크가 부족했다. 그렇다고 일반 순례병사는 물론 제후에 이르기까지 더 지불할 만한 것이 남아 있는 것도 아니었다.

그렇지만 프랑스 기사도의 꽃이라고도 할 수 있는 사람이 빚을 갚지 못했다고 이대로 십자군을 해산하고 고국으로 돌아간다면 체면이 말이 아닐 터였다. 베네치아의 은행으로부터 빌리려고 해도 이런 상태를 보여준 후이므로 신용해주지 않았다. 빌려줄 사람은 아무도 없었다. 베네치아 정부는 그저 조용히 지불을 기다리고 있을 뿐이었다. 6월 24일에 출발한다는 것은 말도 안되는 일이었다.

차라 공략

리도의 산니콜라섬에 갇힌 꼴이 된 십자군 참가자들 사이에는 초조와 불안이 퍼지기 시작했다. 제후나 기사는 베네치아 시내를 방문할 수 있었지만, 일반 병사에게는 그것조차 허용되지 않았다. 대군을 시내에 들여놓지 않는 것은 보안과 전염병 예방대책으로서 당시에는 일반적인 일이었기 때문에 불평을 할 수도 없었다. 당장 출범할 수 있을 만큼 준비가 갖추어져 있는 함대를 눈앞에 보면서도 앞으로 나가지 못하고, 그렇다고 해서 뒤로 물러설 수도 없는 딱한 상태인 채로 7월이 지나갔다. 그리고 8월도 며칠밖에 남지 않은 어느 날, 국가원수 엔리코 단돌로가 십자군의 제후들에게 그들이 미처 생각해보지도 않았던 제안을 해왔다.

오리엔트로 가는 도중에 차라를 공략하는 것을 거들어준다면, 빚을 갚을 기한을 갚을 수 있을 때까지 연기해주겠다는 것이었다. 차라는 아드리아해의 연안을 따라서 베네치아인이 건설한 '고속도로'의 요지에 해당하는 도시였다. 그 차라가 헝가리 왕의 선동에 의해서 베네치아에 반기를 들었던 것이다. 차라를 잃는다는 것은 베네치아공화국으로서는 '고속도로'가 한복판에서 절단되는 것을 의미했다. 어떻게 해서든지 되찾아야 했다.

이 제안을 받은 십자군은 적잖이 곤혹스러웠다. 차라의 백성도 그리스도교도이고, 그 배후에 있는 헝가리 왕도 그리스도교도이다. 이교도를 공격하는 것이 목적인 십자군이 같은 그리스도교도를 공격한다면 뭐라고 변명할 수가 없을 것이다. 로마 교황은 또 어떻게 생각할까. 그야말로 진퇴양난이었다.

하지만 탈출구가 없는 현재의 상태를 어떻게 해서든지 타개할 필요가 있었다. 며칠 동안이나 협의한 결과 플랑드르 백작, 블루아 백작, 생 폴 백작 등 유력한 제후가 찬성 쪽으로 돌아서 베네치아의 제안을 받아들이기로 결정되었다. 그래도 일부 기사들은 따로 행동하기로 결정하고 어느 항구에서든 배를 찾아 시리아로 가겠다고 하면서 떠났다. 고향으로 돌아가는 사람도 있었다. 1만 명 중에서 또 숫자가 줄었다.

십자군측의 의견이 조정된 것을 안 국가원수는 베네치아측의 종군자 전원과 함께 십자가에 맹세를 했다. 그들도 십자군 병사가 된 것이다. 베네치아의 명문 자손들이 기라성처럼 참가하고 있기 때문에 프랑스측에 못지 않은 장관이었다. 범선과 평저선의 승무원까지 합하면 베네치아측의 참가자 수는 프랑스측의 참가자와 거의 맞먹었다.

각 제후와 각 기사에게 승선할 배가 할당되었다. 프랑스측의 총대장 몬페라토 후작은 엔리코 단돌로가 타는 기함인 갤리선에 승선하게 되었다.

사람들의 움직임이 갑자기 분주해졌다. 공성기를 싣는다든가 신변의 일용품을 정리한다든가 말을 승선시킨다든가 하는 일로 9월은 순식간에 지나갔다.

1202년 10월 8일, 기다리고 기다렸던 출진의 날이었다. 항구 전체를 메운 대함대의 장관은 프랑스 기사들에게 출진이 3개월 이상이나 늦어졌다는 것을 잊게 하는 데 충분했다.

  각 선박의 갑판 위에 늘어놓은 300개가 넘는 공성기의 위용, 돛대 위에 가을바람을 받아 펄럭이는 제후와 기사들의 가지각색의 깃발, 뱃전에 늘어놓아 햇빛을 받고 빛나는 방패. 그 뒤에 창을 손에 들고 서 있는 기사들의 씩씩한 모습. 국가원수와 몬페라토 후작이 타고 있는 기함인 갤리선에는 선체도 노도 다 진홍색으로 칠하고, 돛대에는 진홍색 바탕에 금빛으로 성 마르코의 사자를 수놓은 베네치아공화국의 국기가 펄럭펄럭 나부끼고 있었다.

  기함의 선교에 나란히 선 4명의 나팔수가 부는 은나팔 소리가 드높이 울린 것이 신호였다. 갤리선의 중간허리로부터 지네발처럼 나와 있는 노가 일제히 물을 가르기 시작했다. 그 뒤를 갤리선이 끄는 범선이 미끄러져 나갔다. 항구 밖으로 나온 배부터 잇따라 돛이 올라가 금세 바람을 가득 안았다. 갤리선과 범선을 잇고 있는 밧줄이 잘렸다. 갤리선도 노를 수평으로 고정시키고 바람이 부는 대로 맡길 태세를 취했다. 대함대는 이렇게 해서 항구에서 지켜보고 있는 군중들 앞에서 수평선 저쪽으로 사라져갔다.

  이 함대를 편성한 배의 수는 여러 가지 설이 뒤섞여서 분명한 것은 알 수 없다. 목격자인 빌라르두앵은 그저 대단하다, 전대미문이다라고 쓰고 있을 뿐이지 숫자는 밝히지 않고 있다. 영국의 역사가 기번이 인용한 라눈치오의 기록에 의하면,

갤리선-50척

범선-240척

평저선-120척

화물선-70척

합계-480척

으로 되지만, 이것은 각 선박의 수용인원수를 가지고 따져 계산하더라도 너무 많다. 아마도 이 숫자는 3만 3,500명의 십자군에 베네치아측의 6천 명을 예정하고, 6월 24일의 약속 기일까지 베네치아가 준비한 배의 전체 숫자일 것이다. 이 시대 직후의 각 연대기에 나타난 숫자를 검토해보면 실제로는,

갤리선-50척

범선-갤리선과 거의 같은 숫자

평저선-80척

화물선-20척

합계-200척

내외가 될 것이다. 어쨌든 베네치아측의 인원은 변동이 없었지만, 프랑스측은 3분의 1로 줄어들었으니까.

그렇다손 치더라도 13세기 초두에 200척의 배가 한자리에 모인다는 것은 전례 없는 일이었다. 1571년에 일어나게 될 레판토 해전에서도 그리스도교측과 이슬람교측이 각각 준비한 배의 수가 쌍방이 모두 200척을 조금 웃돌았을 뿐이다.

베네치아를 나온 함대는 항로를 동남쪽으로 잡고 이스트리아 반도의 폴라로 향했다. 폴라는 오리엔트 항로의 베네치아 함대가 긴 항해에 앞서서 물이나 식량을 싣는 것이 관례이던 항구였다. 함대는 거기서 하루 정박했다.

그러나 이날부터 11월 10일까지의 약 1개월 간 함대의 행동을 적은 기록이 없다. 빌라르두앵의 연대기는 베네치아 출범에서부터 바로 차라 도착으로 건너뛰고 있다. 함대는 그 1개월 간 도대체 무엇을 하고 있었던 것일까.

여기서 베네치아에 호의를 가지고 있지 않은 역사학자들은 다음과 같이 추론하고 있다.

"아드리아해에 생소한 프랑스인을 이용하여 베네치아인이 시간을 벌기 위해 사정을 잘 아는 아드리아해를 이리저리 끌고 다녔던 것이다."

한편 베네치아에 악의를 가지고 있지 않은 역사학자들은 다음과 같이 반박한다.

"이스트리아나 달마티아 지방에서 식량을 싣는다든가 노 젓는 사람 등 뱃사람을 승선시키는 것은 베네치아선의 관례이다."

확실히 후자의 말에는 일리가 있다. 특히 6월 말에 출범할 예정으로 소집한 뱃사람들 중 출범이 3개월 이상이나 지연된 사이에 집으로 돌아가버린 사람도 많았을 것이다. 그들을 다시 불러서 승선시키기 위해 평소보다 시간이 걸렸다고 해도 무리가 아니다. 아무튼 평소 오리엔트로 항해하는 것과는 달랐던 것이다. 근무 기간도 1년으로 긴데다가 싸움을 하러 가는 것이었다. 인선(人選)도 엄밀하게 하지 않을 수가 없었을 것이다.

11월 10일에 함대는 차라 앞 해상에 모습을 나타냈다. 배에서 바라보는 차라 시가지를 둘러싼 성벽은 매우 높고 견고해 보였다. 바다로 면한 도시를 모르는 프랑스인들은,

"신이 손수 하시지 않는 한, 이렇게 수비가 견고한 도시를 어떻게 공략할 수 있단 말인가."

하고 불안에 빠졌다. 베네치아도 바다로 면한 도시이지만, 제1장에서 쓴 것처럼 바닷물이 성벽이기 때문에 중세 도시의 성벽과 같은 것은 없었다. 그렇기 때문에 육로로 베네치아까지 온 프랑스인들이 최초로 본 바다를 면한 도시가 차라였던 것이다.

프랑스인들의 탄성에는 아랑곳하지 않고 국가원수는 우선 항구의 입구를 막고 있는 쇠사슬을 자르게 하고, 차라의 주민들에게 항복을 요구했다. 그러나 주민들은 성벽 위에 십자가와 교회의 깃발 등을 내걸고, 같은 그리스도교도를 공격하는 십자군 따위는 듣지도 보지도 못했다면서 굴복하지 않았다.

십자가를 보고 기가 꺾인 프랑스인들을 재촉하듯 평저선에서 말을 끌어내고 병사들이 천막을 쳤다. 이렇게 해서 육지에서 공성 준비가 완료되었다. 바다 쪽은 항구로 들어온 갤리선대가 완전히 봉쇄했다.

이튿날인 11일에 시작된 싸움은 3일 후에 전세가 결판나고, 5일째에 차라는 함락되었다. 원수는 바다로 면한 쪽의 성벽을 파괴시켰으며, 차라의 주민들은 지금까지와 마찬가지로 베네치아에 순종할 것을 맹세했다.

그렇지만 이 차라 공략의 소식을 들은 로마 교황은 격노해 십자군 전원을 파문에 처한다고 통고해 왔다. 당황한 프랑스인들은 로

마로 특사를 보내어 지금까지의 경위를 교황에게 설명하고 파문의 해제를 빌었다. 교황도 프랑스 기사들의 부득이한 사정을 양해하고 그들의 파문만은 풀어주기로 했다. 그렇지만 베네치아인에 대한 파문 조치는 그대로 두었다. 베네치아인들은 파문을 당해도 태연했으며 교황에게 변명을 위한 사자도 보내려고 하지 않았다.

무릇 그리스도교도는 파문당한 사람과는 사귀면 안 된다는 점에 파문의 효과가 있는 것인데, 파문당한 사람과 당하지 않은 사람이 함께한다는 기묘한 십자군이 되어버린 것이다.

그러나 드디어 이교도를 정벌하러 갈 수 있다고 생각하고 있던 프랑스인들의 기세에 원수의 조용한 어조가 찬물을 끼얹고 말았다. 겨울철의 항해는 위험하니 내년 부활절까지는 이 차라에 머무르는 편이 안전하다는 것이었다. 지중해역을 교역하는 상선들도 겨울의 항해는 피하고 11월부터 이듬해 2월까지는 배를 수리한다든가 하면서 지내는 것이 보통이었다. 프랑스인들도 바다의 전문가가 하는 말이니 따를 수밖에 없었다. 이교도를 정벌하러 가는 것은 이듬해 봄까지 미루기로 결정되었다.

알렉시우스의 제안

12월 중반 가까이 된 어느 날, 프랑스인의 눈에는 매우 이국적으로 비치는 인물이 차라에서 월동하고 있던 십자군을 찾아왔다. 동로마제국, 다시 말해서 비잔틴제국의 알렉시우스 황자가 온 것이었다. 독일 왕, 슈바벤의 필리프의 소개장을 지참하고 독일인 수행원을 거느리고 있었다.

알렉시우스 황자의 아버지는 황제였으나 그 자리를 뺏은 동생이 두 눈을 도려내고 감옥에 가두어놓고 있었다. 알렉시우스도 잡혀서 감옥에 갇혀 있었으나 탈옥에 성공, 상선에 잠입해서 이탈리아의 안코나항으로 도망칠 수가 있었다. 거기서부터 알프스를 넘어서 독일의 필리프왕을 의지하여 갔던 것이다. 황자의 누이는 처음에 시칠리아의 노르만 왕에게로 시집을 갔다가 노르만 왕조가 붕괴한 후 독일의 필리프왕의 왕비가 되어 있었다. 필리프왕과 황녀의 결혼은 정략결혼이 많았던 당시의 왕후(王侯)들로서는 보기 드물게 사랑으로 맺어진 것이었기 때문에, 필리프왕은 왕비가 기뻐하는 일이라면 무엇이든지 할 생각이다. 망명한 젊은 황자를 이 자형은 따뜻하게 맞았다. 그뿐만 아니라 필리프왕은 처남의 소원이 실현되도록 온갖 노력을 아끼지 않겠다고 약속했다.

알렉시우스 황자는 십자군의 수뇌부 앞에서 눈물을 흘리면서 탄원했다. 행선지를 콘스탄티노플로 바꾸고 비잔틴제국의 수도를 공략하여 무도한 삼촌을 파멸시키고 정통적인 제위계승자인 자기가 제위에 오를 수 있도록 도와달라고 부탁했다. 그리고 그것이 성공하는 날에 대한 대가로서 황자는 다음과 같은 조건을 제시했다.

첫째로 20만 마르크를 지불한다.

둘째로 이집트 공략을 위해 1년 간 1만 명의 병력과 그에 소요되는 비용을 전액 부담한다.

셋째로 황자가 제위에 있는 한, 500명의 기사를 성지 경호를 위해 제공한다.

넷째로 그리스정교회를 로마가톨릭교회 아래로 통합한다.

일동은 꿀먹은 벙어리처럼 할 말을 잊었다. 정말 아닌 밤중에 홍두깨라고 생각한 것은 프랑스인이었을 것이다. 황자가 나타날 때까지는 빌라르두앵은 그런 낌새가 있었다고 쓰지 않은 것으로 보아, 그는 이 일을 전혀 모르고 있었던 듯하다. 빌라르두앵과 같은 처지에 있는 사람이 모르고 있었다는 것은 프랑스의 제후나 기사들은 아무도 모르고 있었다는 이야기다.

그렇지만 황자의 제안을 아닌밤중에 홍두깨로 여기지 않았던 것이 거의 확실한 사람이 한 사람 있었다. 십자군의 총대장인 몬페라토 후작이었다. 후작은 샹파뉴 백작이 죽은 후에 총대장으로 뽑혔을 때, 수아송에서 십자가에 맹세를 한 다음 독일의 필리프왕에게 들렀었다. 같은 시기에 알렉시우스 황자도 그곳에 있었다. 이 세 사람 사이에서 밀의가 있었으리라는 것은 충분히 상상할 수 있다. 그때 몬페라토 후작이 이끄는 십자군의 행선지를 이집트의 카이로에서 비잔틴제국의 콘스탄티노플로 바꿀 가능성이 토의되었을 것이다.

실제로 황자의 제안에 맨 먼저 찬성한 것은 몬페라토 후작이었다. 그것도 그저 단순히 찬성의 뜻을 표하는 것이 아니라, 제안을 받아들였을 경우의 이점을 조목조목 들면서, 깜짝 놀라 어리둥절해 있는 프랑스 제후들의 설득까지 적극적으로 맡고 나섰다.

20만 마르크가 있으면 베네치아에 진 빚도 갚을 수 있는데다가, 그것을 지불하느라고 가난해진 십자군 자체도 풍족해질 수 있었다.

콘스탄티노플을 공략한 후에 이집트로 원정할 때도 비용을 자기가 부담하는 1만 명의 병사가 참가한다면, 현재 병력과 합쳐서 병력은 현저하게 증가되는 셈이 된다.

성지 경호에 제공되는 500명의 기사는 종졸(從卒)들까지 합치면 실제 전력은 1,500명이 되기에 팔레스타인의 그리스도교도들에게는 큰 측면지원이 된다. 게다가 역대 로마 교황들이 바라면서도 이루지 못했던 로마가톨릭교회와 그리스정교회의 통합이 이루어진다면 교황 인노켄티우스 3세에게는 다시없는 공헌을 하는 셈이 될 것이다.

프랑스의 기사들은 매우 망설였다. 차라를 공략한 것만으로도 마음의 가책을 받고 있는데다가, 콘스탄티노플은 비잔틴제국의 수도이며, 그리스정교회이기는 해도 그리스도교도의 도시였다. 더구나 당시 세계에서 가장 큰 도시였다.

그러나 그들을 가장 크게 매혹시킨 것은 알렉시우스 황자가 제시한 조건 중 끝의 항목이었다. 물론 첫째도 둘째도 셋째 조건도 충분히 매력적이었지만, 무엇보다 역대 교황이 이루지 못했던 동서 교회의 통합을 자기들이 성취한다는 생각은 신앙심에서는 남에게 뒤지지 않는다고 자부하는 프랑스인들의 마음을 강하게 흔들었다. 프랑스의 제후나 기사들은 옆에서 보기가 딱할 정도로 고민했다.

고민하지 않은 것은 베네치아공화국의 국가원수 엔리코 단돌로였다. 원수는 명확하게 찬성의 뜻을 표했다. 현실주의자인 단돌로는 알렉시우스 황자가 제시한 조건의 실현 가능성을 크게 믿고 있지는 않았을 것이다. 실현되면 좋고, 실현되지 않더라도 좋다고 생각하고 있었음에 틀림없다. 원수의 관심은 오로지 콘스탄티노플을 공략하여 베네치아에게 호의를 갖고 있는 인물을 비잔틴제국의 제위에 앉히는 것에 있었다.

실제로 이집트를 공격해서 베네치아가 얻을 수 있는 이익은 거의 없었다. 이집트와 베네치아는 상업을 통해서 항상 관계가 좋았다. 특히 비잔틴의 황제가 베네치아의 상인들을 배격하고, 피사의 상인들을 대신 삼으려고 획책하기 시작했을 때부터 베네치아는 오리엔트의 교역 중심지를 콘스탄티노플로부터 이집트의 알렉산드리아로 옮기고 있을 정도였다.

교황 인노켄티우스 3세가 이탈리아의 해양국가에 대해 이교도와의 교역을 금지한 일이 있었다. 그때 베네치아는 자기들은 통상을 함으로써 살고 있기 때문에 이 금지령은 베네치아인에게 죽으라는 것이나 다름없다고 말하면서 항의했다. 교황도 그것은 인정했으므로 목재, 철, 아마, 타르 이외의 물건, 다시 말해서 군수물자 이외의 물건이라면 교역을 해도 좋다고 했다. 5년 전의 일이었다.

제3차 십자군 당시 이집트에서 출발한 살라딘이 이끄는 이슬람교도군과, 서유럽에서 원정해 온 그리스도교도군이 팔레스티나에서 한창 격전을 벌이고 있을 때도 알렉산드리아와 베네치아 사이에는 상선대의 왕래가 끊이지 않았다.

베네치아공화국은 정경 분리를 인정하고 그것을 받아들여주는 나라와는 가능한 한 그 방식을 계속하도록 노력했다. 그렇지만 그것을 인정하지 않는 나라에 대해서는 경제를 지키기 위해 정치를 이용하는 것을 조금도 망설이지 않았다. 베네치아로서는 시리아도 이집트와 같은 관계를 가질 수 있는 나라였다.

그러나 차라가 베네치아로부터 이반하는 것을 후원한 헝가리 왕국과, 지금까지의 친베네치아 정책을 최근 20~30년 바꾸기 시작한 비잔틴제국은 달랐다. 더구나 이 두 나라 사이는 헝가리의 왕녀가 비잔틴 황제에게 시집을 가는 등 인척관계로서도 가까워져 있었다.

양국은 국경도 접하고 있었다. 당시의 베네치아인은 같은 그리스도교도와의 관계보다 이교도와의 관계가 더 잘 되어가는 얄궂은 상태에 있었다. 그러나 '베네치아 사람이 먼저, 그리스도교도는 그 다음'이라는 모토를 남겼던 베네치아인이었다. 통상관계만 좋으면 그것으로 좋았기 때문에 상대가 이교도라 하더라도 그런 것을 고민하는 '양심'은 가지고 있지 않았다.

차라는 다시 그들의 것이 되었다. 콘스탄티노플도 그렇게 된다면 그들의 투자는 그야말로 완전히 성공하게 되는 것이었다.

처음에 세운 계획을 착실히 실행하는 것뿐이라면 특별한 재능이 필요없다. 그러나 예정하지 않고 있던 사태에 직면했을 때 그것을 충분히 활용하는 데는 특별히 뛰어난 능력이 필요하다. 원수 엔리코 단돌로는 이때뿐만 아니라 그 후에도 시종일관 통치자로서 꼭 필요한 이 재능을 타고난 인물이라는 것을 잘 보여주었다.

양심적으로 고민하는 프랑스인들 사이에서는 목적지를 콘스탄티노플로 바꾸느냐 아니냐로 생긴 대립이 험악한 양상을 띠고 있었다. 제후나 기사들만 분열된 것이 아니었다. 동행하고 있던 성직자들 사이에서도 이 문제를 둘러싸고 격론이 벌어졌다. 같은 시토파의 수도원에서 온 신부들끼리 서로 다른 입장에 서서 말싸움을 하는 광경도 볼 수 있었다.

그러나 십자군의 수뇌부인 몬페라토 후작, 플랑드르 백작, 블루아 백작, 생 폴 백작이 찬성 쪽으로 돌아섰기 때문에 대세는 결정되었다. 대부분의 사람들은 콘스탄티노플 공략에 나서기로 한 것이다.

하지만 아무리 해도 이 이상 그리스도교도를 공격하는 일은 참을 수 없는 사람들이 있었다. 그들 중 500명 정도는 항구에 정박하고 있는 베네치아의 배를 빼앗아 자기들끼리 이집트로 건너가려고 시도했다. 그렇지만 배를 움직여 온 것은 베네치아인이었다. 그들은 차라를 나와서 얼마 가기도 전에 사나운 겨울바다에 희롱당해 마침내 침몰하고 한 사람도 살아남지 못했다.

육로로 성지까지 가려고 한 사람들도 있었다. 이들도 차라를 나와서 헝가리 왕의 영내로 들어간 순간, 헝가리 병사들에게 쫓기게 되었으며, 다행히 살아남은 자들도 차라로 돌아올 수밖에 없었다.

물론 베네치아 쪽에서는 한 사람의 이반자도 나오지 않았다.

십자군과 황자 알렉시우스는 독일 왕 필리프의 특사를 증인으로 계약의 조인을 마쳤다. 그렇지만 십자군 쪽에서는 아무리 해도 12명 이상의 서명을 얻을 수가 없었다. 몬페라토 후작, 플랑드르 백작, 블루아 백작, 생 폴 백작에 원수 단돌로가 서명한 다음 뒤따른 것은 6명뿐이었다. 나머지 사람들은 콘스탄티노플 공격에 동의는 했지만 서명까지는 할 기분이 나지 않았던 것이다.

목적지를 변경한다는 통지를 받은 로마 교황은 이번에도 역시 격노했다. 그렇지만 역대 교황 중 최고의 권력을 가졌다고 하는 인노켄티우스 3세도 이 제4차 십자군으로부터는 사실이 정해진 후 승인을 강요당하는 꼴이 되어 있었다. 야심적인 교황으로서는 자기가 치세하는 동안에 로마 교황을 중심으로 하는 동서 교회의 통합이 실현될지도 모른다는 생각은 결코 나쁜 꿈이 아니었다. 교황의 태도는 차라 공략 때보다도 더 불명확했다.

콘스탄티노플 공성전

이듬해인 1203년 4월 6일, 부활절을 기해서 함대는 차라를 출발했다. 우선 범선과 평저선이 잇따라 항구를 떠났다. 그리고 이튿날 바람에 좌우되는 일이 적어서 항해 예정을 세우기 쉬운 갤리선단이 출항해 나갔다. 다음 집합지는 코르푸섬의 항구였다. 이처럼 각종 배로 구성된 함대는 배의 속력의 차이를 고려 항해 중 몇 군데에 집합지를 정해놓았다. 그 집합지에서 배 전체가 도착하는 것을 기다렸다가 다시 다음 집합지를 향해서 각 선단 출항하는 것이 보통이었다.

원수 엔리코 단돌로와 몬페라토 후작, 황자 알렉시우스를 태운 갤리선단은 바람이 잘 불어주어서 아드리아해를 순조롭게 남하했다. 앞으로 2일 후면 코르푸섬에 도착하게 되었을 때 두라초에 들렀다. 두라초는 베네치아에 우호적인 항구이기는 했지만, 비잔틴제국이 시작되는 곳이었다. 주민들이 황자 알렉시우스를 정통적인 황위계승자로서 따르도록 하기 위해서였다. 그것을 마친 다음에 갤리선단은 코르푸로 향했다.

코르푸 항구에는 선발 선단이 이미 도착해 있었다. 평저선에서 말을 끌어내고, 기사들도 각자 천막을 치고 휴식하고 있었다. 기후는 온난하고 토지는 풍요로워서 바닷가까지 우거져 있는 사이프러스의 짙은 초록색이 유럽 북쪽에서 온 프랑스인들의 마음을 한가롭고 편안하게 해주고 있었다.

십자군은 이 그리스 최초의 섬에 3주일 간 체재했다. 황자에게 주민들이 순종을 맹세하도록 하기 위해서라는 것은 표면적인 이유였고, 실제로는 엎드려 코 닿을 거리에 있는 풀리아 지방으로 향한 이 반조(離反組)가 합류해 오기를 바랐던 것이다. 대안에 있는 프랑스인들은 영지를 획득하는 데 열중해버렸는지, 코르푸에 있는 동료들에게 아무런 연락도 보내 오지 않았다. 이젠 할 수 없다고 생각했는지 프랑스의 기사들도 코르푸를 출발하는 데 동의했다.

5월 24일 여느 때와 같이 범선을 앞세운 전 함대는 코르푸를 출발했다. 날씨는 썩 좋았다. 공기는 끝없이 맑고 바람은 달콤하고 경쾌해서 모든 배는 돛을 한껏 치고 물을 가르며 오로지 달리기만 했다. 육안으로 보는 한 해상은 수평선까지 돛으로 뒤덮였다. 프랑스인들은 이만큼 아름다운 광경은 본 적이 없다고 감격했다. 그들은 침울했던 마음도 잊고 쾌활해졌다.

함대는 펠로폰네소스반도를 따라서 남하했다. 반도의 남단인 모도네 항구에 들른 후에 이번에는 항로를 동쪽으로 잡았다. 그리고 펠로폰네소스반도 남쪽을 돌아서 에게해로 들어가려 했을 때, 마르세유에서 승선하여 제멋대로 시리아로 향했던 2척의 배와 마주 스쳐 지나갔다. 시리아에서 아무것도 하지 못하고 돌아가는 기사들을 태운 배였다. 쌍방이 접근했을 때 플랑드르 백작이 그쪽 배에는 누가 건재한가를 묻는 사자를 보냈으나, 이쪽 선단의 위용 앞에 부끄러웠던지 회답은 돌아오지 않았다. 다만 그쪽 배에 타고 있던 한 기사가 꼭 이쪽 배로 갈아타고 싶다고 희망했다. 그 기사가 이쪽 배 위로 올라왔을 때는 다들 큰 환호성으로 맞아주었다. 2척의 배는 서쪽으로 향해서 사라져갔다.

마침 밀의 수확기여서 십자군 함대는 도중의 여러 섬에 들러 군량을 조달하고, 맑은 물로 유명한 안드로스섬에서는 물을 저장했다.

그리고 다르다넬스 해협을 지나고 마르마라해로 나아가서 콘스탄티노플을 눈앞에 보게 된 것은 6월 중반을 지나서였다.

처음 눈으로 본 콘스탄티노플의 장관은 지금까지 이 도시를 한 번도 방문한 적이 없는 프랑스인들을 압도했다. 도시를 빙 둘러싸고 있는 성벽의 높이, 그 군데군데에 솟은 견고한 탑의 위용, 성벽 너머로 보이는 헤아릴 수도 없을 만큼 많은 궁전과 교회의 호화로움. 프랑스인들은 지위의 고하를 막론하고 한나같이 눈앞에 벌어진 장관을 보고, 세계에서 가장 큰 이 도시를 공격하려고 나선 자기들의 간 큰 행동에 스스로 겁을 먹고 부들부들 몸을 떨었다.

근처 섬에 상륙한 십자군 수뇌부는 거기서 작전회의를 열었다. 원수 엔리코 단돌로는 말했다.

"제후 여러분, 나는 이 수도를 당신들보다는 잘 알고 있습니다. 이곳을 몇 번인가 방문한 적이 있기 때문입니다. 당신들은 지금까지 어느 민족도 시도하려고 하지 않았던 대사업을 하려고 하고 있습니다. 그러니 더욱더 현명하게 능률적으로 하지 않으면 안됩니다.

만약 육지에서 공격한다면 국토는 넓고 주민도 많기 때문에 숫자도 적고 군량도 부족한 우리들은 식량을 찾아서 여기저기로 흩어지게 될 것이고, 인원수가 적어졌을 때를 노려 적이 공격해 오면 멸망하고 말 것입니다. 우리 군은 이미 병사의 수가 적습니다. 어떤 이유로도 이 이상 한 사람의 병사도 잃을 수는 없습니다. 이 근처에는 많은 섬이 있습니다. 물산이 풍부해서 군량을 확보하는 데 적합합니다. 여기서 충분히 군량을 저장한 후에 신이 우리에게 하라고 명하는 행위를 하지 않겠습니까. 군량이 풍부한 무사는 부유하지 않은 무사보다 더 용감하게 싸우는 법입니다."

작전회의는 일단 이것으로 해산하고 제후들은 자기들 배로 돌아갔다.

6월 24일에 십자군측은 일개 병사에 이르기까지 가지고 온 무기의 손질로 바빴다. 남풍을 이용해 함대가 콘스탄티노플의 성벽 앞에서 시위했을 때 전날의 공포는 사라졌고, 성벽 위로 몰려들어서 함대를 구경하는 주민들의 수에 놀라면서도 전대미문의 대사업을 한다는 기분이 전군에 널리 퍼져서 모두가 용감해졌다.

그러나 프랑스인들은 국가원수의 충고를 들을 생각이 없었던지 여세를 몰아서 보스포루스 해협의 동쪽 해안으로 상륙해버렸다. 그리고 그곳에 있는 궁전을 점거하고 눌러앉아버렸다. 식량을 걱정하는 것 따위는 무사가 하는 일이 아니라고 생각했는지도 몰랐다. 그들이 궁전에서 동로마제국 황제의 호사스러움을 만끽하고 있는 동안, 베네치아인들은 예정대로 군량의 확보에 바빴다. 9일이 지났다.

한편 비잔틴제국은 어떤 방위책을 강구하고 있었을까. 자기들의 수도가 공격의 대상으로 정해진 지 이미 반년 이상이 지나고 있었다. 방위책을 강구할 시간적 여유는 충분히 있었을 것이다.

비잔틴제국은 그러나 정말로 이상하게도 제대로 된 대책을 아무것도 세우지 않고 있었다. 비잔틴측의 연대기에 의하면 배는 20척이 모이면 좋은 편이고, 병력도 영국인을 주체로 하는 용병에만 의지하고 있었다. 몇 세기 동안에 몇 번이나 공격당하면서도 한 번도 함락된 일이 없었던 수도였기에 완전히 안심하고 있었던 것이다. 하물며 빈말으로도 대군이라고는 할 수 없는 십자군 따위쯤이야 하고 경멸하는 것이 고작이고, 그것에 대한 방위를 진지하게 생각할 기분은 나지 않았던 것이다. 황제가 한 일이라고는 베네치아인 거주구를 몽땅 태워버리고 거주민을 살해한 것뿐이었다.

스쿠타리의 궁전에 있는 십자군 수뇌부에, 조카인 황자와 같은 이름의 황제 알렉시우스 3세는 사절을 파견했다. 십자군을 그리스어도 라틴어도 모르는 야만인의 무리라고 보았는지 프랑스어를 할 줄 아는 사절을 보내, 고압적인 어조로 십자군이 같은 그리스도교도인 비잔틴제국령을 침입한 것을 비난하게 했다.

프랑스인도 이렇게 되면 지고 있을 수는 없었다. 우리는 무도한 방법으로 제왕의 자리를 뺏은 현재의 황제를 배제하고 정통적인 황제가 자리에 오르는 것을 돕기 위해 왔다고 되받았다. 그리고 이젠 두 번 다시 올 필요가 없다고 하면서 사자를 쫓아버렸다. 이제는 싸움이 기다리고 있을 뿐이었다. 그렇지만 원수의 제언에 따라 한 번 정도 평화롭게 해결할 방책을 강구해보기로 했다.

기함인 갤리선에 십자군 수뇌들에게 둘러싸여 황제의 옷을 입은 황자 알렉시우스가 승선하여, 성벽에 떼지어 모인 콘스탄티노폴 시민들 앞에 모습을 나타냈다. 자색 옷을 입은 황자를 보고, 황제에 반대하는 시민들이 어떤 반응을 보일 것을 기대하고 한 일이었다. 그러나 황자를 보여주고 정통적인 황위계승자라고 전해도 시민들의 반응은 의외로 냉담했으며, 성문은 닫힌 채였다.

7월 11일은 보스포루스 해협의 서안에 위치한 갈라타를 공격하는 날이었다. 하늘은 맑게 개어 갈라타의 해안을 따라서 진을 친 비잔틴군의 상황은 그 한복판에 꾸며진 황제의 거처까지 대안에서도 손에 잡힐 듯이 바라볼 수 있었다.

배 위에 정렬한 프랑스의 기마대도 머리에서 발끝까지 완전무장을 했다. 투구에는 가지각색의 깃털이 때마침 불어오는 미풍을 받아서 산들산들 흔들렸다. 말들도 땅바닥까지 닿는 호화스러운 마의를 걸치고 금방에라도 끌어낼 수 있도록 마부가 한 명씩 옆에 따랐다.

 선대는 갤리선 사이에 범선과 평저선이 끼는 형태가 되도록 짜여 있었다. 배와 배 사이는 굵은 밧줄로 연결되었다. 이렇게 해서 배가 따로따로 떨어지지 않도록 하고 보스포루스 해협을 건너는 것이었다. 보스포루스 해협은 흑해에서 들어오는 조수의 흐름이 빠른 것으로 유명하다. 바람이 없더라도 흰 파도가 일 정도였다.

 선대가 갈라타 해변에 닿는 것을 기다리지 못하고 기사들은 허리까지 차는 물 속으로 뛰어들었다. 평저선에서 말을 끌어냈다. 기사들은 큰 창을 손에 들고 말에 올라탔다.

 역시 기사도의 본가를 자인하는 프랑스인이었다. 요격하러 나온 그리스군을 순식간에 쫓아버렸다. 십자군의 보병들도 활을 들고 달아나는 적병을 겨냥해서 쏘아댔다. 비잔틴군은 벌써부터 꽁무니를 빼기 시작했다. 황제도 밀리는 자기 군대를 보자 거처의 천막도 그대로 둔 채 갈라타의 언덕을 내려와서 금각만을 건너 콘스탄티노플 안으로 도망쳐 들어가버렸다.

 갈라타는 콘스탄티노플과 달라서 보스포루스 해협 쪽과 금각만의 양쪽으로부터 언덕으로 올라가는 경사로 되어 있었다. 그 가장 높은 전략요지에 지금은 '제노바인의 탑'이라고 불리는 성채가 있었다. 평탄한 지형에 익숙한 프랑스의 기사들에게는 그다지 유리한 환경이 아니었다. 프랑스인들도 오랜만에 대지에 서서 말을 몰 수가 있어서 용기백배하는 기분이었겠지만 사실 비잔틴군 쪽이 저항다운 저항을 하지 않았던 것이다.

비교적 벅찬 저항을 시도한 것은 갈라타의 탑에서 농성한 방위군이었다. 그들은 그리스군이 아니라 영국과 피사, 제노바로부터 온 용병들이었다. 그러나 그것조차 이튿날 아침에 전원 포로가 되는 것으로 결말이 났다.

한편 기사와 보병을 갈라타로 상륙시킨 후 베네치아군은 금각만 입구를 막고 있는 굵은 쇠사슬을 자르는 작업에 착수하고 있었다. 순풍을 기다렸다가 평저선 중에서 가장 큰 '아퀼라호'(독수리호)가 돛을 한껏 펼치고 쇠사슬로 돌진했다. '아퀼라호' 뒤에는 갤리선과 범선, 화물선이 밀집해서 뒤따랐다. 쇠사슬은 잘리고 금각만 안에 있던 그리스의 배는 한 덩어리로 돌입해 온 베네치아 선단에 의해 중간허리가 부서져 침몰하고 말았다. 금각만도 갈라타와 마찬가지로 십자군의 손에 떨어졌다. 이것으로 드디어 콘스탄티노플 공성전을 시작할 수 있게 되었다.

십자군측에서는 당장 작전회의가 열렸다. 베네치아는 금각만 쪽으로부터의 공격을 주장했다. 이유는 다음의 세 가지였다.

1. 금각만 쪽의 성벽은 다른 두 쪽에 비해서 낮고 탑도 견고하지 않다.

2. 바다 쪽에서부터 공격하는 것은 통상적인 방법이 아니기 때문에 방위군도 이에 따라 허술한 방위밖에 하지 않고 있다.

3. 바람과 조류로부터 배를 지킬 수가 있어, 갤리선의 기동력을 충분히 발휘할 수 있다.

사실 바다로 면한 도시의 공격은 육지 쪽에서부터 하는 것이 보통이며, 공격군의 선대는 병사들을 육지에 상륙시킨 후 항구의 입구를 확보하고 해상봉쇄를 하는 것이 주된 임무였다. 그렇기 때문에 도시를 둘러싸고 있는 성벽은 육지 쪽이 가장 견고하게 되어 있으며, 바다로 면하는 부분은 성벽의 높이도 더 낮고 두께도 더 얇은 것이 보통이었다.

바다 쪽의 성벽이 거의 바닷가에 바싹 다가선 곳에 솟아오르다시피 직립하고 있거나, 그렇지 않으면 금각만의 경우처럼 선착장으로 사용되는 안벽에 서 있는 데 비해서, 육지 쪽은 당연하게도 평평한 지표에 서 있다. 화약을 채운 포탄이 실용화되지 않고 있던 당시에는 성벽의 파괴는 오로지 돌 탄환을 쏘아서 파괴하든가, 그렇지 않으면 성벽 밑에 구덩이를 파고 화약을 채워 그것을 폭파시켜서 파괴하는 수밖에 없었다. 그렇기 때문에 성벽 밑에 구덩이를 파는 작업이 곤란한 바다 쪽과 쉬운 육지 쪽은 성벽의 구조에서도 차이를 둘 필요가 있었던 것이다. 콘스탄티노플도 이 점에서는 예외가 아니었다.

그러나 프랑스인들은 바다 쪽으로부터의 공격을 강하게 반대했다. 프랑스인들은 육지로부터 공격하기를 원했다. 이유는 자기들은 베네치아인과 같은 '뱃사람의 다리'를 가지고 있지 않기 때문에 배 위에서 싸우는 것은 딱 질색이라는 것이다. 원수 단돌로도 프랑스인들의 이런 기분을 모르는 바가 아니었기 때문에, 여기서는 굳이 바다 쪽으로부터의 공격론을 관철하려고는 하지 않았다.

이리하여 콘스탄티노플의 제1차 공성전은 베네치아군은 금각만

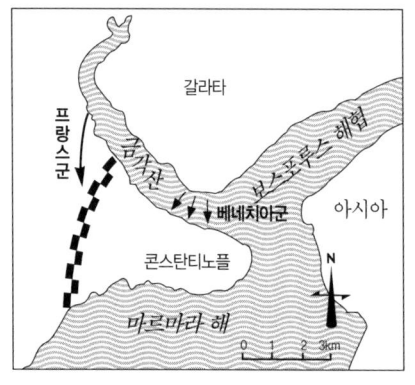

콘스탄티노플 부근 약도

에서, 프랑스군은 육지 쪽에서 두 패로 갈라져서 하기로 결정되었다.

'움직이는 다리'

며칠 후 금각만 안쪽까지 베네치아의 배로 운반되어 그곳에 상륙한 프랑스군은, 우선 그리스인에 의해서 파괴된 강에 놓인 다리를 하루 밤낮이 걸려서 복구한 후에 미리 결정해두었던 전열에 따라 성벽 앞에 포진했다.

전위는 플랑드르 백작, 제2대는 플랑드르 백작의 동생인 앙리 공작, 제3대는 생 폴 백작이 각기 이끌었다. 제4대는 블루아 백작, 제5대는 몽모랑시 공작, 제6대는 부르고뉴 지방의 기사들로 구성되고, 후위는 이탈리아인과 독일인, 그리고 프랑스인들로는 리옹에서 로다노에 이르는 지방의 참가자가 섞인 혼성부대로 몬페라토 후작이 지휘하기로 되어 있었다.

프랑스군이 진을 친 것은 황제의 궁전에 가까운 곳의 성벽이었고, 공격하는 성문은 수많은 것 중 단 한 개였다. 포진을 끝낼 때까지 성내로부터는 단 한 명의 병사도 치고 나오지 않았다. 이것은 공격하는 쪽으로서는 큰 다행이었다. 아무튼 십자군에 한 명의 병사가 있다면 성내에는 그 200배의 인력이 있었으니까 말이다.

그렇지만 숙영지를 만들기 시작할 때가 되니 그리스인이 공격해 오기 시작했다. 프랑스인들에게는 그날부터 무장을 풀 겨를도 잠잘 시간도 없는 나날이 시작된 것이다. 군량을 조달하러 나갈 판국이 아니었다. 프랑스인들은 베네치아인이 가져다주는 식량이 적다고 불평을 하기 시작했다. 베네치아인이 인색했을까, 아니면 프랑스인이 너무 대식가였을까 하고 기번이 비꼬았을 정도였다. 전의는 떨어지기만 했다.

한편 베네치아군은 꽤 합리적으로 싸움을 진행하고 있었다. 성벽 위에서 던져오는 '그리스 불꽃 화약'에 의해서 배가 타오르지 않도록 선교도 갑판 위도 돛대 위에 꾸며놓은 장루(檣樓)까지 물로 적신 두꺼운 천이나 동물 가죽으로 덮었다.

돛은 범선의 돛도 접어서 하갑판에 치워두었다. 범선이나 평저선은 노를 저어서 전진하는 갤리선 사이에 끼는 것 같은 진형인 채로 키를 갤리선에 맞추어서 잡으면 되었다. 그러나 이런 경우 키잡이의 숙련도가 필요했다. 아주 작은 방심이 선대를 성벽 밑의 안벽에 부딪치게 만들기 때문이었다. 배와 배 사이는 굵은 밧줄로 연결되어 있었기 때문에 한 척의 키잡이가 저지른 잘못은 가로로 일렬로 늘어선 배 전부의 생명과 관련되어 있었다.

베네치아군은 신무기도 끼고 있었다. 2개의 돛대 장루를 따라서 한 장의 널빤지가 특히 뱃머리 방향으로 배와 같거나 그 이상의 길

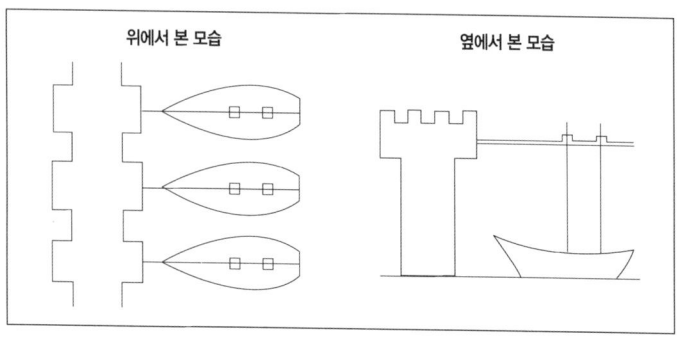

'움직이는 다리'

이로 뻗어 있는 것이었다. 이것은 '움직이는 다리'라고 불리며 두 사람은 나란히 서서 싸울 수 있는 폭을 가지고 있었다. 이 '움직이는 다리'를 따라서 같은 정도의 높이로 눈앞으로 다가오는 탑으로 뛰어 옮아갈 목적으로 만들어진 무기였다.

물론 끝에 손잡이가 붙은 줄사다리와 성문을 큰 망치로 부수는 파괴차, 투석기와 모든 면에 못이 붙은 네모난 나무덩어리를 던지는 노궁(弩弓) 등 전통적인 공성기도 충분한 기능을 하고 있었지만, '움직이는 다리'는 '뱃사람의 다리'를 가지고 있는 베네치아인이 아니고는 쓸 수 없는 무기였다. 선상에서 엄호 사격을 하고 있는 사이에 성벽으로 뛰어 옮겨가는 이 '무기'는 콘스탄티노플을 공격하고 있는 동안 싸움의 양상을 결정짓는 작용을 종종 해냈다.

원래 인구가 적은 나라인 베네치아의 군대는 합리적인 사고방식을 가지고 있어서 기계화가 발전했다. 한편 큰소리로 자기 이름을 대고 상대를 자극하는 투의 방식을 좋아하고 무사와 무사가 전력을 다해서 싸우는 것이야말로 기사도라고 믿고 있는 프랑스인 쪽은 통상적인 공성기는 가지고 있었지만 콘스탄티노플에 적합한 기계화에는 아무런 열의가 없었다. 그런 탓도 있어서 프랑스군은 상당히 고전하고 있었다.

성벽 밑에 구덩이를 파려고 해도 그리스군의 끊임없는 간섭에 그것도 좀처럼 진척되지 않았다. 식량도 밀가루와 소시지뿐이었다. 날고기는 죽은 말의 고기밖에 없었다. 물론 포도주 따위는 꿈도 못 꾸었다. 공성기를 조립하는 것조차도 우선 울타리를 만들고 그 주위에 24시간 파수꾼을 붙이고서야 겨우 그 안에서 작업할 수 있는 형편이었다. 그리스군 중에서는 특히 황실친위대인 영국 용병이 가장 힘든 적이었다.

금각만에서는 베네치아선이 안벽에 부딪치지 않도록 조심해 키를 잡으면서, 그래도 가능한 성벽에 가까이 접근시키려고 노력하고 있었다. 성벽 위에 진을 친 적으로부터는 화살이 빗발치듯 쏟아지고 있었다. 아군은 장루나 '움직이는 다리'로 대꾸했다.

그동안 원수 엔리코 단돌로는 전신을 완전히 무장하고 기함인 갤리선의 뱃머리에 진홍색인 성 마르코의 사자기를 옆에서 들게 하고 꼼짝도 하지 않고 내내 서 있었다.

갤리선이 안벽에 닿을까 말까 할 때였다. 그는 큰소리로, "나를 물가에 내려놓아라, 내려놓지 않는 자는 엄벌에 처하겠다"라고 명령했다. 기함에 있던 사람들은 원수의 명령에 따를 수밖에 없었다. 80세가 넘어 시력이 장님에 가까운 원수가 국기를 옆에 들게 하고 안벽에 내려서는 것을 보고는, 베네치아인들은 너나 할 것 없이 자기의 용기가 모자람을 부끄러워하고 앞다투어 상륙하기 시작했다. 마침 그때 '움직이는 다리'로부터 성벽으로 뛰어오르는 데 성공한 자에 의해서 성벽 위에도 진홍색의 베네치아기가 드높이 펄럭였다.

싸움은 그것으로 고비를 넘겼다. 패색이 짙어지는 방위군을 깔아 뭉갤 기세로 베네치아군이 쇄도했다. 순식간에 25개의 탑을 베네치아군이 점거했다. 금각만 연안의 성벽의 주요부분이 베네치아군의 손에 떨어진 셈이었다. 단돌로 원수는 이 소식을 즉각 프랑스 진영으로 알렸다. 그러나 프랑스인은 그 말을 쉽게 믿지 않았다. 그렇다면 할 수 없다고 생각한 원수는 포획한 말에 그리스의 마의를 걸쳐 프랑스 진영으로 보냈고, 그제서야 프랑스인도 이 길보를 믿을 생각을 했다.

황제 알렉시우스 3세는 금각만 쪽의 성벽이 부수어져 베네치아군이 시내로 한꺼번에 밀어닥쳤다는 것을 알고 그 부근의 집들에 불을 지르라고 명령했다. 때마침 불어오는 북풍이 부추기는 바람에 불은 순식간에 퍼졌고 연기는 베네치아군과 그리스군 사이에 연막을 쳤다.

그후 황제는 시내에 있는 전군에게 육지 방향 33개의 성문을 통해 성밖으로 나가라고 명령했다. 황제 자신도 출진했다.

프랑스군에서 그날의 파수꾼 담당은 플랑드르 백작의 동생인 앙리 공작이 이끄는 제2대였다. 앙리 공작은 잇따라 성 밖으로 나오는 적의 대군을 보고 급히 본영에 알렸다. 연락을 받은 프랑스군은 무기를 잡고 말을 끌어내 미리 정해두었던 전열로 방위책(防衛柵) 앞에 포진했다. 각대 모두 앞줄에 활과 석궁을 겨눈 보병, 그 바로 뒤에 기마대, 맨 뒷줄에 종졸과 마부로 된 보병의 배열로 포진했다.

전군 중 말을 잃은 200명 정도의 기사들로 구성된 돌격대는 중앙에 배치되었다. 이 배열이 7대로 되기 때문에 프랑스군의 포진은 옆으로 넓다기보다는 세로로 긴 진형이 되었다. 한편 비잔틴군은 옆으로 상당히 넓은데다가 세로로도 프랑스군의 10배나 되었다. 프랑스군은 이것으로는 정면에서 공격할 수밖에 없었다.

이 진형 그대로 양군은 서로 노려보았다. 황제는 백마를 타고 포진한 자기 부대 앞을 지나갔다. 프랑스병이 화살을 쏘면 닿을지도 모른다고 생각될 정도로 가까운 거리였다. 비잔틴군은 천천히 전진을 시작했다.

프랑스군이 그리스의 대군과 대치하고 있다는 통지를 받은 국가원수 단돌로는 망설이지 않았다. 즉각 전체 베네치아병에게 점거지를 포기할 것을 명령했다. 금각만 쪽의 공격에 참가하고 있던 전군을 이끌고 달려갔다.

전진하기 시작하고 있던 비잔틴군은 땅에서 솟은 것처럼 프랑스군의 좌우에 나타난 베네치아군에 한순간 주춤하는 것 같았다. 아주 잠깐 사이에 적이 2배가 되었기 때문이다. 그들은 전과 마찬가지로 천천히 마치 위엄으로 제압하려는 듯 움직임을 오른쪽으로 바꾸었다. 퇴각이었다. 프랑스인에게는 도저히 믿을 수 없는 광경이었다. 수적으로는 압도적으로 우세한 적이 열린 성문 안으로 사라져갔기 때문이다. 제정신으로 돌아온 기사들 몇 명이 물러가는 황제에게 다가가려고 했으나, 황제를 둘러싸듯이 퇴각해 가던 친위대에 의해 아주 간단히 격퇴당했다.

그날 밤 프랑스인들은 일전도 나누지 않았는데도 몹시 피로하여 정신없이 잠들어 있었다. 그러나 그동안 또 믿을 수 없는 일이 일어나고 있었다.

「콘스탄티노플의 점령」(1500년경의 작품)

 황제가 가장 사랑하는 황녀 한 명을 데리고 가져갈 수 있는 만큼의 보석을 챙겨 소아시아로 달아나고 말았던 것이다. 총대장이 없어졌으니 비잔틴군 쪽으로서도 어떻게 할 수가 없었다. 병사들은 싸울 의욕을 잃고 장수들의 명령을 들으려고도 하지 않았다. 대신들은 장님이 된 종전의 황제를 감옥으로부터 끌어내어서 옥좌에 앉히자는 데 의견이 일치했다. 이렇게 하면 십자군도 공격할 이유가 없어진다고 생각한 것이다.

 '기적'에 미친 듯이 기뻐한 프랑스인들은 당장 진을 풀었다. 베네치아군도 숙영지로 철수했다. 황자 알렉시우스도 십자군의 요구대로 십자군의 모든 제후가 열석한 가운데서 아버지와 동격인 황제로서 대관했다.

알렉시우스의 계약 불이행

즉위한 후에도 신황제 알렉시우스 4세는 갈라타에 숙영하는 프랑스의 제후들을 자주 방문했다. 프랑스인들은 단순한 우호적 방문이라고 생각하고 있었으나, 방문 몇 번째 만에 신황제는 다음과 같은 말을 꺼냈다.

황제의 자리를 확실하게 하기 위해서 십자군이 좀더 콘스탄티노플에 머물러 있어줄 수 없겠는가. 9월 30일로 끝나는 베네치아와의 1년 계약을 1년 더 연장하고, 그것에 소요되는 비용은 제국이 지불하기로 한다. 콘스탄티노플에 머무르는 것은 이듬해 부활절까지만으로 해도 좋다. 그 다음에는 이집트든 시리아든 십자군이 결정한 곳으로 원정을 출발해도 좋다.

십자군의 진영은 대단한 혼란에 빠져 있었다. 기사도 정신에 충실하겠다고 생각했는지 일찌감치 이집트의 술탄에게 도전장을 보낸 기사도 있었기 때문에, 또다시 반년이나 원정이 연기되는 것은 참을 수 없었다. 그들은 제각기 항의했다.

"우리에게 약속한 것처럼 배를 달라. 시리아로 갈 배를 우리에게 주는 것은 당신들의 의무다."

그렇지만 황제의 제안을 받아들이는 데 찬성하는 사람도 있었다. 황제가 아직 약속한 돈을 지불하지 않고 있기 때문에, 베네치아와의 계약이 끝난 다음에 새로이 선대를 고용할 비용이 없다. 게다가 이제부터 출발한다면 시리아도 이집트도 도착할 때는 겨울에 돌입해버린다. 겨울에 낯선 땅에 원정하는 것은 위험하다 등등의 이유였다. 몬페라토 후작 이하 십자군의 수뇌부는 전원이 같은 생각이었다.

원수 엔리코 단돌로는 물론 찬성이었다. 오히려 수뇌부에게 설득당해서 생각을 바꾼 기사들이 베네치아에게 돈으로 매수당했다는 소문이 퍼졌다.

이렇게 해서까지 십자군은 약속을 이행했는데도, 황제 알렉시우스 4세는 차라에서 조인한 계약 중 하나도 이행하지 않았다. 이행하려고 노력은 했지만 사정이 좀처럼 그것을 허락하지 않았다고 말해야 할지도 모른다. 특히 계약 중의 제1항과 제4항은 더할 나위 없이 곤란했다.

황제로 즉위하는 날에는 20만 마르크를 지불한다는 것은 비잔틴 제국의 국고가 역대 황제들의 방만한 재정운영에 의해서 거의 바닥이 난 상태에서 도저히 낼 수 있는 액수가 아니었다. 신황제는 국민에게 신세(新稅)를 부과하기로 했다. 이것은 당연히 국민들의 불만을 고조시키는 원인이 되었다.

더욱이 제4항인 동서 교회의 통합은 처음부터 아예 불가능한 일이었다. 그리스정교회가 로마가톨릭교회 밑에서의 통합을 단호하게 거절했던 것이다. 그리스정교도는 '정'(正, 오서독스)이라는 글자를 붙일 정도로 서쪽 교회에 대한 우월감을 가지고 있었다. 그들로서 본다면 로마 교회 쪽이 이단인 것이다. 그 밑으로 들어가서 하나가 된다는 것은 당치도 않은 일이었다.

일반 서민과 성직계급은 이렇게 라틴인에 대한 적의를 공유했다. 황제 알렉시우스 4세도 전처럼 자주 라틴인의 진영을 방문하지 않게 되었다.

어영부영하는 동안 겨울을 맞았다. 할 일이 아무것도 없는 프랑스인들은 갈라타의 숙영지를 나와서 금각만을 건너 콘스탄티노플 시내구경을 가기도 했다. 그들은 성당이나 궁전의 호화스러움에 눈이 휘둥그레지고, 시내에 넘치는 부의 막대함에 놀랐다. 바자(시장)에 진열된 풍부한 물건들은 처음 보는 사람들을 흥분시켰다.

그렇지만 프랑스인 중에는 광신적인 그리스도교도도 있었다. 그리고 당시의 프랑스인은 콘스탄티노플과 같은 국제도시에는 익숙하지 못했다. 그리스도교 국가이기는 했지만 콘스탄티노플은 국제도시였기에 교역하러 오는 베네치아나 제노바 사람들을 위한 가톨릭교회가 있었다. 같은 이유로, 이슬람교도를 위한 이슬람교 사원도 있었는데, 이 이슬람교 사원에 프랑스인이 불을 질렀다.

불을 지른 것은 이슬람교 사원만이 아니었다. 유대교회도 방화 공격을 면할 수 없었다. 순식간에 퍼진 불길은 '라틴구'라고 불렸던 서유럽인의 거주구까지 깡그리 태우고, 손을 쓸 수도 없이 8일 간이나 계속 탔다.

이 화재가 있은 후 주민과 십자군 사이는 화재의 책임을 서로 전가함으로써 더욱더 험악해져, '라틴구'에 살고 있던 사람들은 이젠 콘스탄티노플 안에 살 수 없는 상태가 되었다. 그들은 갈라타의 십자군으로 피난했다. 여자나 어린아이까지 합쳐 그 수가 1만 5천 명이나 되었다.

십자군 쪽도 황제가 도무지 약속을 지키려고 하지 않아 화를 내고 있었다. 몇 번이나 지불을 재촉하기 위한 사자가 가도, 말을 이랬다저랬다 하고 소액의 반제금(返濟金)을 줄 뿐이었다. 급기야 그것도 주지 않게 되고, 오히려 어떤 자도 비잔틴 황제 앞에서 이렇게 무례한 태도를 취하지는 않았다고 호통을 치고 쫓아내는 형편이었다. 여기저기서 십자군과 그리스군 병사와의 충돌이 일어났다. 쌍방의 적의가 점점 더해가는 상태 속에서 1204년을 맞았다.

콘스탄티노플 함락

1월의 어느 날 밤 모두 깊이 잠든 심야, 금각만의 갈라타 가까이에 정박하고 있던 베네치아 함대의 파수꾼이 갑자기 큰 소리를 질렀다. 금각만 안쪽에서 불에 휩싸인 배가 몇 척이나 함대를 향해서 흘러오는 것이었다. 이것이 정박지에 돌입한다면 한군데에서 정박하고 있는 배들은 단번에 불타게 된다.

벌떡 일어난 베네치아인들은 당장 배로 뛰어올라 갈고리가 달린 긴 막대로 불을 내뿜으면서 다가오는 배를 멀리 밀어내는 작업을 시작했다. 불타오르는 배로부터 불티가 날아왔다. 그래도 누구나 말없이 이 힘든 작업을 계속했다. 불길에 비쳐진 그들은 얼굴에도 가슴에도 땀이 비처럼 흘러내리고 있었다.

이미 불덩어리인 배를 조류에 실어 그것이 항구 밖으로 흘러가는 것을 확인한 후에야 작업은 겨우 끝났다. 불에 타 내려앉으며 흘러가는 배는 17척이나 되었다.

황제의 명령이었는지 아닌지는 알 수 없었다. 그러나 비잔틴제국의 누군가가, 그것도 많은 사람들이 불타기 쉬운 물건을 배에 가득 싣고 불을 질러 돛까지 치고는 십자군 함대가 머여 정박하고 있는 방향으로 떠내려 보냈던 것이다. 함대에 대한 화공을 노리고 말이다. 다행히도 베네치아인의 기민한 조치에 의해서 손해는 3척에 그쳤다. 그 중의 1척은 짐을 가득 실은 상선이었다.

　십자군측도 비잔틴측도 이 사고 후에 싸움은 피할 수 없다고 생각했다. 그리스인들은 벌써 공공연하게 방위 준비를 시작했다. 한편 십자군의 병사들도 종군한 성직자들까지도 그리스인의 배신에 분노하고 싸우는 데 의견이 일치하고 있었다.
　그렇지만 십자군인 이상 계약을 이행하지 않는다든가 적대행위를 걸어온다든가 하는 이유만으로는 그렇게 간단히 같은 그리스도교인 비잔틴제국의 황제를 공격할 수는 없었다. 어영부영하는 동안에 비잔틴군이 십자군에게는 참으로 좋은 대의명분을 제공해주었다.
　2월에 항전파의 수령이며 선제의 사위인 무르추플루스가 심야에 자고 있는 황제를 덮쳐 목을 졸라 죽이고, 자신이 황제로 즉위하겠다고 선언을 했던 것이다. 아버지인 황제도 며칠 후에 원인불명으로 죽었다.
　살인을 범한 자라고 한다면 설사 그리스도교도라 하더라도 용서할 수가 없었다. 콘스탄티노플을 공략할 훌륭한 이유가 생긴 셈이다. 로마 교황도 이것은 인정하고 용서할 것이라는 신부들의 말로 프랑스인 기사들은 마지막 망설임까지도 떨쳐버렸다.

　3월, 전쟁으로 들어가기 전에 미리 정복 후의 조치를 결정해두기 위해 수뇌회의가 열렸다. 그리고 다음과 같은 것을 결정했다.
　1. 신황제는 십자군측 6명과 베네치아측 6명의 선거인에 의해서 뽑는 것으로 한다. 총주교는 황제를 내지 않은 쪽에서 임명한다.

2. 영토는 콘스탄티노플의 4분의 1과 제국령의 4분의 1이 신황제의 것으로 되고, 나머지는 십자군과 베네치아가 반분한다.

3. 전리품도 4분의 1을 황제가 될 사람을 위해 떼어놓고, 나머지를 십자군과 베네치아가 반분한다.

원수는 이것에다가 제국의 영내에서는 베네치아가 적대관계에 있다고 인정하는 나라의 상인은 상업에 종사하는 것을 허락하지 않는다는 항목을 첨가할 것을 요구했다. 원수의 요구는 받아들여졌다.

4월 6일에 제2차 콘스탄티노플 공성전이 시작되었다.

제1차 때에 육지 쪽으로부터 공격해서 고전했기 때문에 프랑스인도 이번에는 베네치아인의 충고를 받아들이고 금각만 쪽으로부터 공격하는 데 주력을 쏟기로 동의했다. 육지 쪽은 앙리 공작이 이끄는 제2대를 감시부대로 배치하는 정도로만 했다.

그렇지만 이번에는 그리스 쪽도 익숙해져 있었다. 금각만 쪽의 성벽을 한층 높이고 보강하여 '움직이는 다리'가 접근해도 그것이 평행이 되는 것이 아니라 한층 낮은 곳에 오도록 해버렸다. 이렇게 되면 뛰어 옮아가는 것도 어려워진다. 게다가 탑 위를 방위하는 병사의 수도 늘렸다.

투석기로 석탄을 탕탕 쏘아 적의 기를 죽여놓고 그 틈에 '움직이는 다리'에서 탑으로 뛰어 옮아가서 탑을 점거하는 베네치아의 전법도 이렇게 되면 상당히 효과가 줄어든다. 십자군은 고전을 면할 수가 없었다. 희생자도 그리스측보다 많았다. 방위군의 사기가 높아지는 것에 반비례해서 공격측의 사기는 떨어질 뿐이었다.

일단 후퇴해서 갈라타의 진영으로 돌아온 십자군측은 작전회의를 열었다.

다시 육지 쪽 공격으로 전법을 바꾸는 것은 병사의 수로 보아서 말도 안 됐다. 그래서 프랑스인들은 같은 바다 쪽으로부터 공격한다면 마르마라해 쪽으로부터 공격하면 어떨까, 그곳이라면 성벽도 낮고 방위도 허술하다고 밀었다.

그러나 이것을 원수가 일축했다. 당치도 않다. 마르마라해 쪽은 보스포루스 해협으로부터 들어오는 조류와 바람을 정면으로 받는 곳이다. 배와 배를 연결하는 밧줄도 금세 끊어져 배는 뭉쳐서 공격을 하기는커녕 따로따로 떨어져서 떠내려가버릴 것이다. 소수의 병사로 콘스탄티노플을 공격할 수 있는 곳은 금각만 쪽밖에 없다. 이것이 원수의 반대 이유였다.

프랑스인들도 그 이유는 납득할 수밖에 없었으므로 다시 금각만 쪽에서 공격을 시도하기로 했다.

그렇지만 베네치아인은 전법을 바꾸었다. 그때까지는 하나의 탑에 한 척의 배를 할당하고 있었던 것을 두 척으로 했던 것이다. 이렇게 하면 '움직이는 다리'와 탑 사이의 높이의 차는 그대로 남더라도 탑을 지키는 병사에 대해서 공격하는 쪽의 인원수는 배로 느는 셈이 된다. 그리고 가능한 한 배를 성벽에 접근시키기 위해서는 그렇게 하기에 편리한 바람이 강하게 불어주어야 했다.

12월에 기다리고 기다렸던 트라몬타나(북풍)가 불기 시작했다.

갤리선으로 대형 평저선을 끼듯이 하고 밧줄로 연결한 선열(船列)은 성벽으로 접근했다. 방위군도 필사적이었다. 성벽 위에서 빗발치듯이 화살을 쏘아댔다. 배 위의 공격군은 투석기로 석탄을 끊

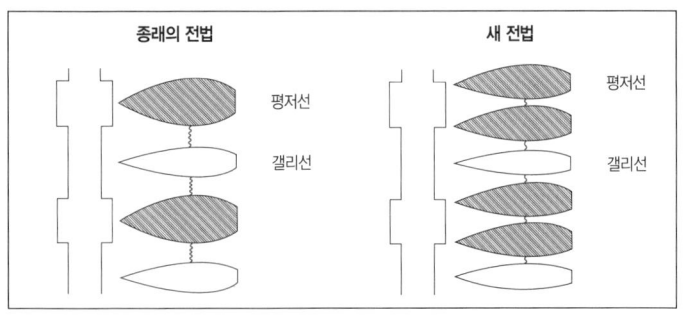

임없이 쏘아댔고, 이쪽도 역시 화살로 응수했다. 격전이 한참 계속되었다.

정오 가까이 되어 가장 큰 평저선인 '순례호'와 '천국호'가 성벽에 닿을락 말락하게 접근했을 때, 프랑스병 1명과 베네치아병 1명이 마침내 탑으로 뛰어 옮아가는 데 성공했다. 십자군기와 베네치아 국기가 탑 위에 펄럭였다. 배 위의 공격군으로부터 함성이 터져 나왔다. 두 사람의 선봉에 뒤질세라 공격진은 앞다투어 '움직이는 다리'에서 탑으로 우르르 한꺼번에 쇄도했다. 순식간에 4개의 탑이 공격군의 수중에 떨어졌다.

이것을 본 다른 병사들은 배에서 안벽으로 뛰어내려 줄사다리를 성벽에 걸고 올라가기 시작했다. 성벽 안쪽의 수비병을 쫓아내는 일은 간단했다. 성문이 안쪽으로부터 열렸다. 말에 탄 기사들이 시내로 우르르 몰려들어갔다. 성벽 근처에 보랏빛 천막을 치고 방위군을 지휘하고 있던 황제는 그것을 보고, 부근에 불을 지르라는 명령을 하고 궁전 안으로 퇴각하고 말았다.

밤의 장막이 내려왔다. 피로로 쓰러질 것 같은 병사들을 보고 본격적인 시가전은 내일 아침에 하기로 결정했다. 베네치아군은 배로 돌아오고 프랑스군은 점령한 성벽 근처에서 야영하기로 했다. 성벽 위에는 물론 수비병을 배치했다. 플랑드르 백작은 주인이 달아나고 없는 황제의 천막에서 쉬기로 했다.

그러나 그날 밤 늦게 황제 무르추플루스는 황후를 데리고 성문을 빠져 나가 장인이 달아난 곳으로 도망쳐버렸다. 그리스군은 동요했다. 선제의 사위인 라스카리스가 아무리 열변을 토해도 이미 싸움을 계속할 의욕을 잃고 있었다. 라스카리스도 이런 상태에서는 속수무책이었다. 그리스정교회의 총주교마저 아내와 함께 콘스탄티노플을 버리고 망명했다.

이튿날 아침에 본격적인 시가전을 할 작정으로 성내로 난입한 십자군은 저항다운 저항도 받지 않았다. 황제의 궁전 안에는 선제의 황비들과 그들을 따르는 여관(女官)들이 있을 뿐이었다.

십자군은 당시 전쟁의 관례에 따라서 부하 병사들에게 3일 간의 약탈을 허락했다.

콘스탄티노플이 낙성한 후의 광경은 다른 도시의 광경과 별로 다를 것이 없었다. 달랐던 것은 콘스탄티노플의 부가 그 질과 양에서 같은 시대의 다른 도시와는 비교할 수도 없다는 것뿐이었다. 그것은 이교도를 치기 위해 이집트로 가겠다느니 시리아로 가겠다느니 우겨대던 기사들의 양심을 마비시키기에 충분했다.

교회도 궁전도 약탈자의 흙 묻은 발에 짓밟히지 않은 것이 없었다. 성 소피아 대성당의 호화스러운 벽걸이는 그 테두리가 금이었다는 것만으로 갈기갈기 찢겼다. 교회의 성구실은 폭풍이라도 지나간 것처럼 난장판이 되었으며, 미사에 쓰는 금은 술잔은 주정꾼의 손에서 손으로 포도주를 흘리면서 돌려졌다. 이미 3회의 큰 불로 그 대부분이 소실된 귀중한 고대의 사본은 가치도 모르는 프랑스인이나 플랑드르인에 의해 불 속으로 던져졌다. 고대 그리스나 고대 로마 시대의 훌륭한 조상은 가지고 갈 수 없다는 이유만으로 파괴되었다.

외관이 조금 반듯한 집은 약탈자의 침입을 막을 길이 없었다. 금화·은화는 물론 은그릇에서 융단, 비로드나 비싼 양단 옷, 비단이나 나사의 천에서 온갖 모피류까지. 뺏긴 물건이나 예술품에 대한 기록은 자칫하면 붓이 무디어지는 승리자측인 빌라르두앵보다도 패자측인 니케타스의 기록에 따를 수밖에 없다.

이 혼란 속에서 황제의 대신이며 이 공성전의 그리스측 증인인 니케타스 자신이 단순한 관찰자로 있을 턱이 없었다.

그는 자택이 두 번째 화재로 타버린 후 가족이나 친구들과 함께 성 소피아 대성당 근처에 있는 또 하나의 자기 소유의 집으로 피난했다. 그곳이 비교적 안전했던 것은 친분이 있는 베네치아 상인이 십자군의 무장으로 지켜주고 있었기 때문이다. 하지만 상황은 긴박해져 있었다. 그에게는 혼기를 맞은 딸이 있었다. 하인도 달아났기 때문에 대신과 그 일가는 스스로 짐을 싸서 베네치아인 친구가 지켜주는 가운데 추위가 혹독한 늦은 밤 콘스탄티노플을 떠났다.

난공불락이라고 하며 9세기 동안이나 그리스도교 세계의 수도였던 콘스탄티노플은 함락되었다. 파괴를 면한 예술품은 그것을 보는 안목을 가지고 있던 베네치아인에게 뺏겨 베네치아로 옮겨졌기 때문에 남을 수가 있었다. 지금도 베네치아의 산 마르코 성당의 정면을 장식하고 있는 청동의 4마리 말은, 처음에는 로마의 네로 황제의 개선문 위를 장식하고 있다가 콘스탄티노플로 옮겨져 그곳 경기장의 문을 장식하고 있었던 것이다. 오늘날 비잔틴 문화를 아는 데 가장 적합한 장소는 세계의 다른 어느 곳도 아닌 바로 베네치아이다.

성유물이라고 하는 수많은 성자의 유골, 그리스도가 못 박혔던 십자가의 나무토막, 누군가를 매었던 쇠사슬의 토막 등도 성유물 신앙이 강한 베네치아인이나 프랑스인들에게는 상당히 매력 있는 전리품이었다. 물론 몽땅 뺏겼다. 사실 이것들은 진위가 의심스러운 것들이었지만 말이다.

그밖에 폭행당한 사람, 살해당하고 상처입은 사람의 수는 대충의 수조차 아무도 알 수가 없었다. 집이 타고 가지고 있던 것을 몽땅 털리고 교회의 돌마루에 웅크리고 있는 사람들은, 제단에 앉아서 알몸에 가까운 꼴로 음란한 프랑스 속요를 노래하는 창녀와 그 주위를 곤드레만드레가 되어서 떠드는 서유럽 사람들을 어떤 기분으로 바라보았을까. 성이 적의 수중에 떨어진 후의 참상이란 언제 어디서나 비슷한 것이라고 하지만 말이다.

라틴제국의 초대 황제 선출

4일째 되는 날 아침에 십자군 총대장 몬페라토 후작의 이름으로 "누구든지 전리품의 사유는 금한다. 전리품은 함께 모아서 나중에 각자의 주군을 통해서 분배하겠으니 전부 공출하라"라는 명령이 내려졌다. "명령에 따르지 않는 자는 사형에 처한다"라고 했다. 실제로 생 폴 백작은 약탈품을 숨기려고 한 부하 기사를 교수형에 처했을 정도이지만, 아마도 틀림없이 많은 병사들이 숨기는 데 성공했을 것이다. 그래도 병사들이 추렴한 물건과 금화는 지정된 3개의 교회 안을 가득 채우기에 충분했다.

우선 현금인데, 규정대로 전체의 4분의 1에 해당하는 금액을 신황제를 위해 떼어놓고, 그 잔액을 십자군측과 베네치아측에서 2분의 1씩 분배했다. 십자군측은 분배된 것 중에서 베네치아에 5만 마르크를 지불했다. 베네치아를 출항할 당시의 빚 3만 4천 마르크에 콘스탄티노플에 도착한 후에 알렉시우스 4세가 약속을 이행하지 않았기 때문에 그동안 십자군을 먹여살리기 위해 베네치아가 대신 부담한 금액을 보태서 5만 마르크가 되는 것이었다. 이렇게 베네치아에게 빚을 전부 지불해도 아직 십자군의 제후들에게는 10만 마르크가 남아 있었다. 그밖에 금은 그릇과 보석, 모피와 비싼 천 등을 합해서 전리품의 총액은 40만 마르크에 달했다고 한다.

값을 매길 수 없는 예술품이나 성유물은 이 속에 포함되어 있지 않다. 이런 물건들은 가치를 아는 사람이 가지고 돌아가는 결과가 되었다. 가치를 아는 사람에게 발견되는 행운을 만나지 못한 물건들은 파괴하는 기쁨을 맛보고 싶어하는 자의 손에 의해 때려부수어졌다.

그런데 비잔틴제국이 아니라 라틴제국이라고 이름을 바꾼 이상, 라틴인 황제를 선출할 필요가 있었다. 미리 협정해두었던 것처럼 십자군측의 6명과 베네치아측의 6명이 모여서 투표로 황제를 선출했다.

당초 가장 평판이 높았던 것은 그 침착성과 대담함으로 해서 모든 병사들의 존경을 한몸에 모으고 있던 국가원수 엔리코 단돌로였다. 그러나 원수는 고령을 이유로 후보로 올려지는 것조차도 거절했다. 그렇지만 원수가 사퇴한 진짜 이유는 다른 데 있었다. 이 노인은 베네치아의 일개 시민인 자기가 황제가 됨으로써 모국 베네치아의 공화국제도에 금이 가는 것을 우려했다. 그가 한 일은 전부 모국 베네치아를 위해서 한 일이었다. 그런 베네치아를 뿌리로부터 뒤흔드는 것이 될지도 모르는, 공화국제도에 말뚝을 박는 것 같은 행위를 그는 할 이유가 없었던 것이다.

원수 엔리코 단돌로를 제외하면 라틴제국의 초대 황제로서 가장 자연스러운 후보는 십자군의 총대장이었다는 몬페라토 후작이었다. 후작 자신도 자기가 뽑힐 것을 예상하고 선거인들의 심리에 영향을 주자고 생각했던 모양인지, 낙성 직후에 황제 이자키누스의 비이며 헝가리 왕의 누이동생이기도 한 여성과 일찌감치 결혼까지 한 바 있었다.

그러나 베네치아측이 후작이 황제가 되는 것을 바라지 않았다. 북이탈리아의 몬페라토의 영주로서 바로 이웃인 제노바와는 친밀한 관계에 있다는 것이 알려져 있었으며, 또 아드리아해에 야심을 품고 있는 헝가리 왕과 인척관계가 생긴 사람을 콘스탄티노플의 주인으로 만드는 것은 베네치아로서는 기뻐할 수 있는 일이 아니었다. 베네치아측은 은밀히 플랑드르 백작을 점찍었다.

후보가 될 것 같은 사람은 선거인에서 빠졌기 때문에 프랑스측의 6명은 모두 성직자이고, 베네치아측의 6명은 단돌로가(家) 이외의 유력자계급에서 나오기로 되었다.

신황제는 예상과 달리 별로 시간도 걸리지 않고 선출되었다. 플랑드르 백작 보두앵이었다. 베네치아측의 6명이 일치해서 백작에게 표를 던지고 십자군측에서도 플랑드르 대표가 자기에게 표를 던졌기 때문에 과반수에 달하는 것은 간단했다.

라틴제국 초대 황제는 성 소피아 대성당에서 대관했다. 황제의 머리 위에 관을 얹어준 것은, 이 또한 새로 뽑힌 총주교인 베네치아인 톰마소 모로시니였다. 몬페라토 후작 이하 프랑스의 제후와 기사들이 신하로서 황제에게 충성을 맹세했다.

라틴제국령의 8분의 3을 받고, 이것을 다시 각 제후, 각 기사로 분할했지만, 봉건제도에 익숙한 그들은 4분의 1의 영토밖에 가지고 있지 않은 황제를 주권자로 인정하고 그에게 충성을 맹세하는 데 아무런 저항도 느끼지 않았다.

하지만 베네치아공화국은 저항의 문제보다도 유리하다고 생각하지 않았기 때문에, 같은 8분의 3의 영토권을 얻은 원수 엔리코 단돌로는 황제에게 충성을 맹세하지 않았다. 그리고 프랑스인들도 베네치아인의 그런 처사에 크게 항의하지 않았기 때문에, 베네치아는 획득한 영토에 대해 실질적으로도 형식적으로도 주권자가 되었다.

원수는, 다시 말해 베네치아공화국의 수장(首長)은 이후 지금까지의 '베네치아공화국 원수', '달마티아 공작' 이외에 '동로마제국의 8분의 3의 주권자'(Signore di un quarto e mezzo dell'impero romano di oriente)라는 명칭도 갖게 되었다. 게다가 황제의 보좌에 반드시 베네치아인도 참가하는 것으로 결정되었다.

이것만이 아니었다. 베네치아가 적대관계에 있는 것으로 간주하는 나라의 상인은 제국 내에서 상업에 종사할 수 없다는 항목을 콘스탄티노플 공격 개시 이전의 협약에 넣도록 했기 때문에, 사실상 제노바를 비롯한 라이벌을 몰아내는 데도 성공했다.

이런 일들을 끝내고 이듬해인 1205년에 원수 엔리코 단돌로는 고국으로 돌아가지도 못하고 콘스탄티노플에서 죽었다.

프랑스측의 기록에서도 총대장은 몬페라토 후작이었으나 군의 두뇌는 원수였다고 씌어졌을 정도의 이 사나이는 성 소피아 대성당 안의 아무런 장식도 없는 석관에 매장되었다. 석관에는 단지 엔리코라고만 라틴문자로 새겨져 있었다. 오늘날도 볼 수가 있다.

동지중해의 '고속도로'

단돌로의 무덤은 1453년에 콘스탄티노플이 영원히 터키인의 손에 떨어진 후에도 같은 장소에 있었다. 유골이 고국으로 돌아온 것은 다음과 같은 사정에 의해서였다.

1479년에 술탄 무하마드 2세는 베네치아로 사자를 보내 우수한 초상화가를 보내달라고 베네치아공화국 정부에 의뢰했다. 베네치아공화국은 젠틸레 벨리니를 뽑아 그를 공화국 공용화가로서 콘스탄티노플로 보냈다. 1480년 11월 25일이라고 적은 무하마드 2세의 유명한 초상화는 그때에 그렸던 것이다. 지금은 런던의 내셔널 갤러리에 있다.

콘스탄티노플에 체재하면서 벨리니는 공화국 정부의 뜻을 받았는지 단돌로의 유골을 베네치아로 가지고 돌아가게 해달라고 무하마드 2세에게 부탁했다. 벨리니가 그린 초상화에 몹시 감탄하고 있던 술탄은 화가의 부탁을 기꺼이 들어주었다. 그리고 유골뿐만 아니라 관 속에 있던 투구, 가슴에 대는 갑옷, 검, 박차까지 고국으로 가지고 돌아가도록 해주었다.

엔리코 단돌로의 이름은 베네치아뿐만 아니라 서유럽 사람들의 마음속에 훗날까지 남아 있었던 모양이다. 알렉상드르 뒤마는 『삼총사』 속에서 아토스의 혈통을 나타내는 데 아토스를 단돌로의 혈통을 이어받은 사람이라고 했다.

그렇지만 엔리코 단돌로의 가장 빛나는 기념비는 베네치아와 동지중해의 상업요지 전부를 연쇄식으로 연결한 '고속도로'를 완성시킨 일일 것이다. 그것은 너무나도 현명하고 견실하게 유지되었기 때문에 베네치아의 최고 라이벌이었던 제노바조차도 50년이 지난 다음에야 겨우 잃어버린 세력의 만회에 나설 수가 있었을 정도였다.

베네치아는 제국령의 8분의 3을 획득할 수 있는 권리를 얻었지만, 영토의 영유는 봉건제후인 프랑스인에게 맡기고 자기들은 상업적으로도 군사적으로도 중요하다고 생각한 기점만을 소유하는 것으로 만족했다. 이것은 인구가 적은 베네치아로서는 현명한 방법이었다. 그들은 자기들의 힘으로 가능한 일 외에는 시도하지 않았다. 기지 이외 내륙을 영유하는 일에 아무런 흥미도 보이지 않았다. 그들은 콘스탄티노플에서마저도 금각만 연안에 있고 궁성에 가까우며 선착장으로서 적합한 일대와, 성 소피아 대성당 주위만을 베네치아인의 거주구로서 소유했다. 자연히 베네치아령은 면도 아니고 선도 아니고 흩어진 점이었다. 더구나 그 점조차도 유지하기에 힘이 모자란다는 것을 알면 깨끗이 그 영유권을 포기했다. 베네치아에게 우호적인 도시로 남을 것이라는 보증만 받을 수 있다면 그렇게 하는 것이 그들로서는 합리적이었기 때문이다. 이런 것들을

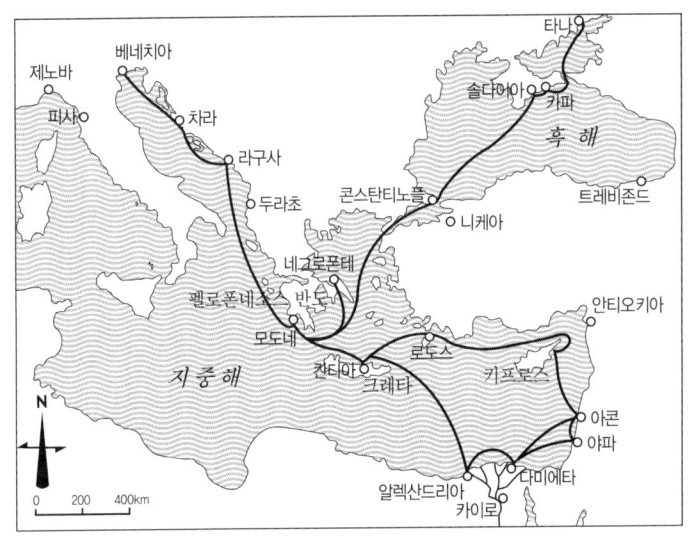

동지중해의 베네치아 '고속도로'

쭈욱 열거하면 다음과 같이 된다.

아드리아해의 중앙에 있는 차라, 이것은 원정 도중에 이미 베네치아의 것이 되었다.

아드리아해의 출구를 감시하는 장소에 있는 두라초.

이오니아해로 들어가서 최초의 섬인 코르푸는 일단 베네치아령으로 되었지만, 몇 년 후에 포기했으며, 최종적으로 베네치아가 영유하게 되는 것은 1386년부터였다.

그렇지만 케팔로니아섬은 코르푸 대신이라 생각했는지 그대로 보유했다.

그리고 펠로폰네소스반도 끝에 있는 모도네와 코로네의 곶. 이 두 기지는 '베네치아공화국의 두 눈'이라고 불리게 된다.

남쪽 끝이고 크레타에 가까운 체리고트의 섬들도 마찬가지.

펠로폰네소스반도를 돌아서 에게해로 들어갈 수 있는 입구인 테르미시오네. 그렇지만 이것도 1386년에 전략상의 이유로 만안의 나브플리온과 아르고스를 영유하는 것으로 바꾸었다.

에게해에서는 밀로스, 파로스, 낙소스, 미코노스, 스탐팔리아, 티노스, 안드로스 등의 섬들. 그렇지만 이들 전부를 베네치아 직할령으로 하는 것은 공화국의 힘에 부쳤기 때문에 베네치아의 유력한 가족들에게 나누어주었다. 그들이 본국의 방침에 충실했음은 두말할 것도 없다.

사누도가(家)는 낙소스, 밀로스, 파로스의 섬을 영유하고, 기지가는 미코노스와 티노스를 영유하고, 주스티니안가는 시포스와 제아의 섬, 퀴리노가는 스탐팔리아섬, 단돌로가는 안드로스를 영유했다.

이들 가족은 둘째, 셋째 아들이 가족을 데리고 이주하여, 섬을 영유한다기보다 경영했다. 이들 섬이 가지고 있는 해군력은 상당히 우수해서 종종 본국의 요청에 응해서 본국 해군과 합류한다든가, 또는 늘 독자적으로 군사행동을 수행한다든가 해서 모국에 공헌하게 된다.

그렇지만 에게해를 손에 넣기 위해서는 가장 중요한 기지인 네그로폰테(에비아)는 베네치아공화국이 직접, 더욱이 섬 전체를 영유했다. 여기를 장악하는 것은 콘스탄티노플로 가는 길을 장악하는 것과 다름없기 때문이었다.

그리고 끝으로 크레타섬이다. 지중해에서는 가장 큰 섬인 크레타는 오늘날도 동지중해에 떠 있는 항공모함이라고 불리며, 제2차세계대전에서도 영국군과 독일군이 사투를 벌였던 곳으로, 전략기지로서의 중요성은 이루 헤아릴 수 없다. 더구나 베네치아로서는 전략기지로서뿐만 아니라 이집트를 비롯한 북아프리카 연안의 도시와의 교역중계지로서 어떻게 해서든지 확보하고 싶은 섬이었다.

그렇지만 영토를 분할할 때 몬페라토 후작의 영유지에 포함되어 있었다. 그것을 베네치아는 그들의 영지였던 테살리아 지방에 1만 마르크를 더해 후작에게 제공하고 크레타섬과 교환해달라고 했던 것이다. 물론 이만큼 집착을 보였을 정도이니 직할령이 되었다.

그리고 이 크레타를 베네치아인은 문자 그대로 사수한다. 독일인에게 항전한 영국인 이상으로 끈덕지게 그 이상의 희생을 지불하면서 끝까지 사수했던 것이다.

이렇게 베네치아의 '고속도로'는 완성되었다. 10만 명 내외의 인구밖에 가지고 있지 않은 나라가 동지중해 전역을 완전히 장악하고 상업제국이 되기 위해서는 합리적이고 현실적인 준비가 필요했다. 베네치아인은 제4차 십자군이라는 호기를 충분히 활용해서 그것을 완성시켰다.

그렇지만 제4차 십자군은 첫머리에서 말한 것처럼 대단히 평판이 나쁘다. 란시만을 비롯한 역사학자들이 이 제4차 십자군을 심판하는 이유는 대강 세 가지로 대별할 수 있다고 생각한다.

첫째로 콘스탄티노플을 함락할 때의 문명 파괴와 주민에 대한 설명할 수 없는 포학행위.

둘째로 십자군 정신이 더럽혀짐으로써 그 후의 십자군 운동의 기세를 꺾고 약화시켜버렸다는 것.

셋째는 이슬람교도에 대한 방벽의 역할을 하고 있던 비잔틴제국의 힘을 약하게 만든 이 사건은 그 후의 이슬람교도의 공세를 막는 데 있어서, 그리스도교 세계를 매우 불리한 처지에 두는 결과가 되었다는 것.

나는 개인적으로 학자들의 조사연구의 폭넓음과 깊이에 진심으로 경의를 표하는 사람이다. 그렇지만 이런 이유로 제4차 십자군을 심판하는 것은 아무래도 납득이 가지 않는다.

우선 첫째 이유인데, 파괴와 포학행위는 제1차 십자군의 예루살렘 정복이나 제3차 십자군의 리처드 사자심왕의 행위를 보아도 크게 다르지 않다. 이것은 당시에서는 보통의 행위라고 판단할 수밖에 없을 듯하다.

나 개인으로서는 확실히 그 시대까지는 남아 있었다고 하는 고대 그리스·로마의 많은 서적들이 상실된 것이 참으로 애석하다. 역사는 로마제국이 붕괴할 때 소실된 알렉산드리아 도서관을 비롯해 그 얼마나 많은 문명의 파괴를 우리에게 상기시켜주는가. 더구나 대부분의 경우 그리스도교도는 다른 교도에 비해서 그 철저함에서는 결코 뒤떨어지지 않았다.

우리들에게 유일한 행운은 승리자가 그런 것들의 가치를 아는 분별을 가지고 있었을 경우다. 귀중한 인류의 재산으로 대영박물관을 채우든, 산 마르코 성당을 비롯한 베네치아를 장식하든 나는 거기에 아무런 차이도 두지 않는다.

둘째 이유에 대해서는, 이들 학자들이 말하는 바로 그대로다. 제4차 십자군은 성지 회복이란 결국 영토욕에 지나지 않았다는 것을 백일하에 드러냈고, 영토욕을 만족시키기 위해 일부러 고생을 하면서 외진 팔레스타나까지 갈 필요가 없다는 것도 보여주었다. 이미 팔레스타나에 가 있던 사람까지 라틴제국이 창립되었다는 소식을 듣고, 그곳을 버리고 콘스탄티노플로 오는 경우가 많았던 것이다. 십자군 정신은 땅에 떨어졌다. 십자군 운동은 제4차 십자군을 계기로 하강선을 그리다가 곧 소멸되었다.

그렇지만 십자군사 연구를 떠나서 생각한다면 제4차 십자군이 흔히 말하는 정도의 해악을 가져왔던 것일까.

신이 우리들과 함께 있다는 확신은 종종 자기들과 같은 생각을 하지 않는 사람은 악마와 함께 있는 것이기 때문에 적이라는 광신으로 이어지기 쉽다. 그것이 물욕이 따르지 않는 고상한 것이라 하더라도 절대로 동의할 수 없다. 이슬람교도가 시작했고, 그리고 그리스도교도가 이어받은 성전사상(聖戰思想)이 적어도 십자군 운동에서 소멸되었다는 것은 대단히 다행스럽다고 생각할 정도다.

십자군사 중에서 평판이 나쁜 십자군이 하나 더 있다. 프리드리히 2세가 이끈 제5차 십자군이다. 모든 것을 객관적으로 판단할 수 있었던 이 황제는 한 번도 싸우지 않고 예루살렘에 입성하여 외교교섭으로 그리스도교도의 성지순례 권리를 이슬람교도측이 인정하도록 했다. 그러나 이슬람교도를 한 사람도 죽이지 않았기 때문에 서유럽에서는 호되게 비난을 받았다. 교황은 그를 파문하고 그리스도교의 적이라고 낙인 찍었다. 그보다 후에 십자군을 이끌고 이슬람교도에게 싸움을 걸었다가 패하여 예루살렘에 다가가지도 못하고 죽은 프랑스의 루이 왕은 성인의 반열에 올랐다.

셋째 이유인데, 이것은 역사를 현대로부터 뒤돌아보고 그것에 의해서 판단을 내리느냐, 아니면 그렇게 하지 않느냐의 사관의 차이다. 그 차이에 의해서 역사적 사실이 어떻게 심판되는가를 보여주는 적절한 예가 아닌가 생각된다.

아무리 심모원려(深謀遠慮)에 뛰어난 사람이라도 사건의 와중에 있을 때 그 시점에서 예측이 가능한 사태와 예측이 불가능한 사태가 있는 법이다. 100년 후의 오스만제국 창립을 예측하고 그것이 250년 후에 비잔틴제국을 최종적으로 붕괴시킬 정도의 세력이 되어 서유럽 세계를 깜짝 놀라게 한다는 것까지 예측할 수 있었던 사람이 있었다고 한다면 그것은 이미 사람이 아니라 신일 것이다. 신과 동등한 능력을 요구하고 그것이 없었다고 해서 심판하는 것은 역사가가 취할 태도라고 볼 수 없다.

베네치아사에 관한 서적 중에서 참고할 만한 많은 서적들이 영국인에 의해서 씌어졌다. 아무래도 영국인은 해양국가라는 친근감 때문인지 베네치아를 좋아하는 것 같다. 그러나 그러한 속에서도 도덕가인 양 굴기도 한다. 자기 나라를 첫째라고 생각하는 영국인의 버릇이다. 아무리 좋아하더라도 베네치아의 역사는 남의 나라의 역사이기 때문인지도 모른다. 그렇지만 영국의 역사를 조금은 알고 있는 사람에게는 도덕가처럼 구는 영국인만큼 가소로운 것은 없다.

아일랜드에 다음과 같은 우스갯소리가 있다.

"왜 대영제국에는 해 지는 날이 없는 것일까?"

"신은 해가 진 후의 영국인이 하는 짓을 믿지 않기 때문이야."

도덕가가 아니었던 때의 영국인은 얼마나 근사했던가. 『로마제국 쇠망사』를 쓴 기번은 그런 시대의 영국인이었다.

베네치아인도 도덕가의 껍질을 쓰는 편이 유리하다고 판단했을 경우 외에는 한번도 도덕가이고자 한 일이 없는 민족이었다.

4
베니스의 상인

내가 쓰고 싶었던 '베니스의 상인'은
셰익스피어의 주인공과 같은 것도 아니며,
그렇다고 해서 마르코 폴로와 같은 모험가도 아니다.
그들은 그저 아주 평범한 상인들인 것이다.

'베네치아 주식회사'

셰익스피어의 희곡에서 베네치아를 무대로 한 것이 두 작품 있다. 누구든지 알고 있는 『오셀로』와 『베니스의 상인』이 그것이다.

명인 셰익스피어의 손에 의해 이루어진 이 두 작품이 베네치아를 세계적으로 유명하게 만드는 데 크게 공헌한 것은 확실하지만, 실제가 어땠는가를 알고 싶어하는 사람에게는 오히려 적잖이 장애가 되었다는 것도 부정할 수 없다.

예술가는 사실(史實)에 충실해야 한다고 말하려는 것은 아니다. 작품만 훌륭하다면 그것으로 충분하다.

우선 『오셀로』를 보자. 해군을 국가의 존망을 결정하는 근본이라고 생각하고 있던 베네치아에서는 상선의 선원에 이르기까지도 자기 나라 사람 일색으로 충원하고 있었다. 그렇기 때문에 해군의 요직이나 해외기지의 사령관에 흑인뿐만 아니라 다른 나라 사람을 앉힌다는 것은 절대로 있을 수 없는 일이었다. 역사적 사실로서는 있을 수 없다는 것을 알고 있으면서도 질투에 괴로워하는 위장부(偉丈夫)를 흑인으로 한 것은, 당시의 베네치아의 국제성을 표현하고 있을 뿐만 아니라 무대효과로서도 훌륭하다고 혀를 내두를 수밖에 없다.

『베니스의 상인』의 안토니오는 궁한 친구를 대신해서 고리대금업자인 샤일록으로부터 큰돈을 빌려다 준다. 담보는 그 자신의 살 1파운드다. 그러나 자기 소유의 배가 침몰해서 지불할 수 없게 되었고, 이야기는 그렇게 시작된다. 베네치아 상인의 손해 분산방식은 참으로 철저한 것이었으니 자기 소유의 배 몇 척이 침몰해버렸다 해서 무일푼이 된다는 것은 아무래도 비현실적이다. 우선 1척의 배 전부를 소유하고 있었다는 것도 (원거리용의 배라면) 베네치아 유수의 재산가가 아니면 있을 수 없는 일이다. 설사 소유하고 있었다고 하더라도 그 배에 자기 상품만을 만재하고 항해에 내보내는 사태는 거의 일어날 수 없다.

또 샤일록으로부터 빌린 돈은 3천 두카토라는 큰돈이다. 고리대금업자로부터 빌렸다 하더라도 이런 큰돈을 단 한 사람에게서 빌렸다는 것도 수긍이 가지 않는다. 베네치아인이라면 반드시 몇 사람으로 분산해서, 다시 말해서 담보를 되도록 소액으로 하고 빌렸을 것이다.

많은 베네치아 상인들 중에는 반편이도 있었을 것이니까 『오셀로』의 경우처럼 절대로 있을 수 없다고 쓸 수는 없다. 그러나 설사 있었다고 하더라도 셰익스피어가 그린 베네치아의 상인을, 만약 베네치아의 상인들이 알았다면 동료로서는 상인 축에도 낄 수 없는 부류라고 생각했을 것이 틀림없다. 인간의 살을 담보로 하다니 사업을 함께 하는 상대치고 이만큼 위험한 사나이는 없다고 조심했을 것이다. 그렇지만 담보가 인간의 살 1파운드이기 때문에 연극이 되는 것이지, 그것이 국채나 토지라면 도대체 모양새가 그려지지 않으니 곤란한 것이다.

이런저런 까닭에 연극이 되기 어려운 것이 사실(史實)로서의 혹은 사실에 가까운 베네치아 상인의 모습인데, 그런 베네치아 상인의 모습을 써 나갈 작정이다. 희곡의 등장인물로는 어떨지 몰라도 제목을 '베네치아 주식회사'라고 해도 좋다는 생각이 들 만큼 합리적이고 근대적이었던 사나이들의 군상이다.

이야기는 12세기 후반부터 15세기로 접어들었을 때까지로 한정해 약 300년 간의 현상을 다음의 네 시기로 나누어서 이야기를 진행해 나갈까 한다.

제1기 - 1100년대 후반~1204년
제2기 - 1205년~1260년
제3기 - 1261년~1300년
제4기 - 1300년대~1400년대 중반

이 구분은 편리하게 이야기를 진행하기 위한 방식일 뿐이다. 역사는 몇 갈래의 흐름이 각각 독자적으로 앞으로 유동(流動)할 뿐만 아니라 종종 뒤로 되돌아가는 일도 있는 복잡한 양상을 나타내는 것이 보통이기 때문에, 분명하고 간단하게 구분한다는 것은 어차피 무리한 시도이다.

그럼에도 이렇게 나눈 것은 다음과 같은 이유 때문이다.

제1기는 제4차 십자군에 의한 콘스탄티노플 정복까지.

제2기는 그것에 의해서 생긴 라틴제국이 팔라이올로구스조(朝)의 비잔틴 제위 복귀로 붕괴될 때까지다. 이 시기의 동지중해는 베네치아의 독점체제 아래 있었다.

제3기는 그것이 허물어지고, 또 1291년에 아콘이 함락됨으로써 동지중해의 십자군 세력이 일소될 때까지의 시기에 해당된다. 마르코 폴로는 베네치아로서는 쉽지 않던 이 시대에 산 사나이였다.

제4기는 그것을 극복한 베네치아 경제가 모든 의미에서 최고조에 달하는 시기에 해당된다.

상인 로마노 마일라노

제1기를 산 베네치아 상인의 한 사람으로 로마노 마일라노라는 사나이가 있었다. 역사학자들에 의하면 이 시기의 베네치아 상인의 전형이다.

마일라노라는 성만 보아도 그는 베네치아의 상류계급에 속하는 사람은 아니다. 또 그의 아내가 결혼할 때 가지고 온 지참금의 액수로 보아도 유산계급의 사람이 아니라는 것을 알 수 있다. 아마도 장사의 자금도 없었을 것이다.

태어난 해는 분명치 않다. 그러나 사망한 해로부터 역산해보면 그가 오리엔트 무역에 나선 것은 나이 25세 전후의 일이었을 거라고 생각된다.

1155년에 마일라노는 해상융자로 얻은 자금을 밑천으로 상품의 구입자금과 수송대금을 합자하는 한정합자회사에 참가해서 베네치아로부터 콘스탄티노플까지의 항해에 나갔다.

그가 맡은 상품은 목재였다. 무사히 콘스탄티노플에 도착한 젊은이는 목재를 팔고 그것으로 얻은 수익 중에서 해상융자와 한정합자회사에 대한 지불을 끝냈다.

그러나 그는 베네치아로는 돌아가지 않았다. 당시의 많은 동료들이 그러했듯이 콘스탄티노플을 근거지로 삼아 소아시아 연안의 스미르나, 팔레스티나의 아콘, 이집트의 알렉산드리아 사이를 왕복하면서 장사를 열심히 했다. 자금의 조달도 역시 동료들과 마찬가지로 해상융자와 한정합자회사를 활용해서 했다.

그렇지만 그는 상인 겸 여행자, 다시 말해서 행상인 노릇만 하고 있었던 것이 아니다. 1156년에는 스미르나로부터 알렉산드리아까지 항해하는 배의 선장까지 맡은 일이 있다. 물론 동종업자들이 하는 방식을 따라 그도 역시 선장 노릇을 할 뿐만 아니라 그 두 가지 융자금으로 상품을 사들여, 그것을 알렉산드리아에서 팔아 넘기곤 했다.

상인 겸 여행자 또는 선원. 이것이 1200년대 베네치아를 비롯한 이탈리아 해양도시국가 상인들의 지배적인 모습이었다.

마일라노가 베네치아로 돌아온 것은 그가 모국을 떠나 오리엔트로 향한 지 9년째인 1164년이 되어서였다. 그해에 그의 아내가 죽었다.

그러나 그는 바로 그 이듬해에 오리엔트를 향한 항해에 나섰다. 그가 주된 출자자가 된 배의 선장을 하면서 베네치아로부터 콘스탄티노플, 그리고 알렉산드리아로 향하는 항로였다. 물론 이 배에는 자기의 상품도 싣고 있었다. 그렇지만 상인 경력이 10년쯤 되면 이젠 그것만으로는 만족하지 않는다. 상인으로서 신용이 커지면 해상융자도 받기 쉬워졌을 것이다.

그는 사업을 확장했다. 다른 목적지로 가는 상선의 공동출자자의 일원이 되어 그 지방에서 팔기 좋은 상품을 맡기고 팔아달라고 했던 것이다. 그 배의 선장도 마일라노와 같은 상인이었음에 틀림없다. 아마 그의 상품도 마일라노가 선장을 하는 배에 실려 있었으리라.

그러나 3년 후인 1168년에 베네치아공화국과 비잔틴제국 사이의 관계가 심상치 않게 돌아갔고, 국가원수는 전체 베네치아 상인들에게 콘스탄티노플에서의 장사를 금지했다. 마일라노도 다른 많은 상인들과 마찬가지로 베네치아로 돌아갈 수밖에 없었다.

그해에 그는 재혼했다. 그렇지만 2년 후에 콘스탄티노플에서의 장사가 재개되자마자 자기가 가지고 있는 돈에다 새 신부의 지참금을 보태고 앞에서 말한 두 가지 융자로 얻은 자금을 밑천으로 배와 상품을 구입하여 콘스탄티노플로 떠나고 말았다.

그 시기부터 1204년까지 베네치아와 비잔틴의 관계는 사실은 해마다 바뀔 정도로 미묘했었지만, 이것에 대해서는 제2장에서 썼기 때문에 여기서는 되풀이하지 않겠다. 다만 말하고 싶은 건 베네치아 정부도 자기 나라의 상업을 보호하기 위해 고생했지만, 상인들 쪽도 결사적이었다는 사실이다. 그 가장 극단적인 예는 마일라노가 용감하게 오리엔트로 향한 이듬해에 일어났다.

1171년에 콘스탄티노플에서 베네치아인을 배척하는 폭동이 일어났다. 베네치아 상인들이 콘스탄티노플에서 마치 자기 집처럼 활약하는 것을 보고 세 든 사람에게 가게를 뺏긴 집주인과 같은 꼴이었던 콘스탄티노플 주민들의 불만이 황제의 선동으로 불이 붙었던 것이다. 거주구는 습격당하고, 창고는 불 공격을 받았다. 운 나쁘게 그때 콘스탄티노플에 있던 베네치아인은 대부분이 폭행을 당한 다음에 황제의 명령으로 사로잡히는 몸이 되고 말았다. 항구에 정박 중인 베네치아 상선도 폭도들의 습격으로 불타고 말았다. 하다못해 상품만이라도 지키려고 물에 젖은 천으로 갑판 위의 상품을 덮었으나 그런 것으로는 도저히 지켜낼 수가 없었다.

마일라노의 배도 그 중의 하나였다. 그래도 그는 다른 많은 동료보다는 운이 좋았다. 구사일생이기는 했지만 우선 아콘으로 달아났다가 거기서 베네치아로 가는 배를 타고 모국으로 도망쳐 돌아올 수가 있었기 때문이다. 그렇지만 이 사건으로 그가 입은 손해는 컸으며, 빚을 전부 갚는 데 무려 12년이나 걸리게 된다. 베네치아의 상인들 전체의 피해는 그야말로 헤아릴 수 없는 액수에 달했을 것이다.

40세는 넘었을 터인 마일라노의 기세는 그러나 모국 베네치아의 기세가 떨어지지 않았던 것처럼 이 불행으로 조금도 꺾이지 않았다. 콘스탄티노플을 사용할 수 없게 된 베네치아 정부는 그 대신 알렉산드리아 항로로 중점을 바꾸었다. 마일라노도 정부의 방침에 따라 알렉산드리아를 근거지로 삼기로 결심했다. 자본금은 국가원수 세바스티아노 치아니의 아들로, 원수로 뽑힌 아버지 대신 일가의 재산을 관리하게 된 피에트로가 출자해주기로 되었다. 어쩌면 이것은 콘스탄티노플에서 있었던 사건으로 타격을 받은 중소 상인들을 다시 일어서게 하기 위해, 큰 부자들이 실시한 구제대책이었는지도 모른다. 치아니 일가는 당시의 베네치아에서는 으뜸가는 부자로서도 평판이 나 있었다.

마일라노는 이리하여 다시 오리엔트를 향해서 여행길에 올랐다. 그가 맡은 상품은 목재, 목적지는 이집트의 알렉산드리아였다. 이미 구면인 알렉산드리아에서 그는 가지고 간 목재를 팔고 그것으로 후추를 샀다. 그리고 치아니가 빌려준 돈을 돈이 아니라 후추로, 알렉산드리아에 있는 치아니의 대리인에게 지불을 끝냈다.

그는 모국으로 돌아오지는 않았다. 후추를 베네치아로 돌아가는 상인에게 팔아서 얻은 돈으로 북아프리카 연안과 시리아, 팔레스티나 간의 교역을 시작했다. 물론 해상융자나 한정합자회사를 활용해서 자금을 늘렸다. 북아프리카 항로에서 그는 출자해서 배를 새로 만들고 그와 마찬가지로 상인 겸 선원인 다른 사람에게 선장이 되어달라고 하여 상품을 팔아치우도록 하는, 베네치아 상인에게는 매우 친숙한 방식을 취했다. 그리고 그 자신은 시리아, 팔레스타인, 이집트 항로의 배의 선장이 되어 다른 사람의 상품까지 포함해 장사하는 것이었다. 이렇게 해서 모국으로 돌아가지 않은 채 20년 가까운 세월이 흘렀다. 이 사이에 콘스탄티노플에서 입은 손해를 전액 만회했다.

1190년에 해군력과 외교술을 병용한 베네치아 정부의 인내심 있는 정치에 의해서 베네치아공화국과 비잔틴제국의 관계가 개선되었다. 20년 만에 베네치아 상인들은 콘스탄티노플에서 장사를 할 수 있게 되었다.

로마노 마일라노는 같은 해에 제1선에서 은퇴할 것을 결심했다. 60세 가까운 나이 때문이었을 것이다. 그때까지는 거뜬히 선장 일을 해냈는데도 말이다.

은퇴하고 모국으로 돌아간 그해에 두 번째 아내를 잃었다. 그의 사업은 아들이 이어받았다. 그가 죽은 것은 그로부터 10년 후인 1201년이었다. 베네치아 전체가 일치단결하여 거국적인 대사업인 제4차 십자군 원정에 나서기 불과 1년 전의 일이었다. 로마노 마일라노는 베네치아가 동지중해의 여왕이라고 불리게 되는 시대를 모르고 죽은 상인이었다.

이처럼 상용여행만 하고 거의 모국으로 돌아가지 않는 유형의 상인은 마일라노와 같은 중소 상인에 한정되어 있었던 것은 아니다. 12세기부터 13세기를 통해서 상인 겸 선원인 이 타입은 상층계급까지 포함해서 일반적인 현상이었다. 이것은 자본을 가지고 있지 않은 사람이라도 그럴 생각만 있으면 해외무역에 참가할 수 있으며, 그것에 의해 재산을 이루는 것도 가능했다는 점에서 베네치아 공화국의 경제발전에 대단한 공헌을 한 셈이 된다. 이것을 도운 것이 해상융자와 한정합자회사의 제도였다.

융자제도 콜레간차

'프레스티토 마리티모'를 해상융자라고 번역했는데, 이것은 보통 단기간의 융자를 위한 제도이며 이자는 연 20퍼센트였다. 지독하게 비싼 이자라고 생각하지만 당시 유럽에서는 이것이 보통이었다. 그래도 무사히 항해를 마치고 화물을 만재하고 귀향하여 그것을 처분한 돈으로 이자와 함께 원금을 다 갚으면 나머지는 전부 자기 것이 되었다. 높은 이자는 뼈아프지만 장사 방법에 따라 이익도 컸던 것이다.

또 하나의 융자제도는 내가 한정합자회사라고 의역한 '콜레간차'라는 제도다.

미술사 이외에 베네치아사에 관한 책이 전혀 없는 일본에서는 선례를 참고로 할 수가 없기 때문에 말의 번역 하나부터 내가 시작해야 한다. 그렇더라도 한정합자회사라는 번역은 내가 생각해도 서투른 번역이기에, 지금부터는 '콜레간차'라는 원어를 그대로 쓰기로 한다. 말의 의미 자체는 '연대'(連帶)이다. 같은 제도를 제노바에서는 '코멘다'(소개·추천)라는 말로 썼다.

이 제도는 베네치아나 제노바 같은 이탈리아의 해양국가가 처음 만들어낸 것은 아니다. 오래 전부터 유대나 그리스, 아라비아의 상인들 사이에서 쓰여온 제도다. 다만 이 사람들의 제도는 가족이나 친척간에서만 통용되었다. 같은 나라 사람이라면 혈연관계가 없더라도 참가할 수 있도록 한 것은 이탈리아의 해양국가가 시작한 일이었다.

'콜레간차'는 베네치아뿐만 아니라 말을 바꾸어서 제노바와 피사에서도 14세기 중반에 이르기까지 지배적으로 사용되었던 융자제도이며, 계약 방법에 따라 두 가지로 분류된다. 어느 방식이건 배를 만드는 데도, 국유선을 빌리는 경우의 입찰에서도, 상품의 구입에서도 적용되었다.

첫 번째 방식에서는 자본가가 전 자본의 3분의 2를 출자한다. 경영자는, 다시 말해서 선원 겸 상인은 나머지 3분의 1을 출자한다. 이익은 필요경비를 공제한 다음 자본가와 경영자가 반분하는 규칙으로 되어 있었다.

두 번째 방식은 자본가가 자본의 전액을 출자하는 케이스다. 이 경우 경영자는 자금이 없어도 상관없다. 그리고 항해가 끝나고 짐을 팔아치워서 얻은 이익은 자본가가 4분의 3, 경영자가 4분의 1의 비율로 나누는 것으로 되어 있었다.

여기서 위험한 항해를 하고 게다가 외지에서 상품을 판 돈으로 본국으로 가지고 돌아갈 상품을 사는, 즉 장사가 되도록 사고팔기를 반복하는 어려운 일을 실제로 담당하는 사람이 아무리 출자금이 없더라도 이익의 4분의 1밖에 받지 못한다는 것은 아무래도 불공평하지 않느냐고 생각하는 사람이 있을지도 모른다.

그렇지만 4개의 사탕을 자기 몫으로서는 1개만 떼어놓고 아이에게는 3개를 주는 것을 10명의 아이들에게 똑같이 하는 경우를 생각하기 바란다. 10명의 아이들은 각각 3개씩 사탕을 받을 것이다. 그러나 어머니는 10개의 사탕을 자기 것으로 만드는 셈이 된다.

'콜레간차'는 이와 같은 이치에 의해서 존재했다. 경영자는 단 한 사람의 자본가하고만 '연대'하는 것이 아니었다. 한 항해에서 이익의 4분의 1밖에 얻지 못하더라도 10명의 자본가와 '연대'하면 4분의 10의 이익을 얻는 셈이 된다. 항해와 장사에 필요한 정신적·육체적 노동량은 같기 때문에 이것으로 충분히 성립되는 계약이었다. '콜레간차'는 보통 한 척의 배를 건조한다든가, 한 항해에 한해서만 '연대'가 성립되었다. 항해가 끝나면 해산하고 다시 다른 목적으로 '콜레간차'가 결성되는 것이 보통이었다.

이 방식은 자본을 가지고 있지 않은 사람에게 편리했을 뿐만 아니라, 자본을 내는 쪽으로서도 항해상·상업상의 위험을 분산한다는 의미로 환영받았다. 보험제도가 확립되어 있지 않았던 당시에는 이것이 될 수 있는 대로 손해를 적게 하는 유일한 방법이기도 했던 것이다.

'콜레간차'를 베네치아인들이 오래 활용한 것은, 이 제도가 모든 면에서 유리한 제도였기 때문이다.

우선 자본가로서는 위험을 분산할 수 있는데다가 제각기의 목적지로 향하는 경영자와 '연대'함으로써 다각경영도 가능하게 되었다. 같은 목재를 제각기의 항로를 취하는 배에 실음으로써 알렉산드리아로부터의 향신료, 시리아로부터의 견직물이 같은 시기에 손에 들어오게 되기 때문이다. 그가 하는 일은 돈을 내는 것과 오리엔트로부터 도착한 상품을 베네치아의 시장에서 유럽의 상인들에게 파는 것뿐이었다.

경영자 쪽도 이점은 충분히 있었다. 무자본이라도 사업을 시작할 수 있다는 것과 복수의 자본가와 '연대'함으로써 이익을 보다 많이 늘릴 수가 있었기 때문이다.

자본가로서도 경영자로서도 무시할 수 없는 또 한 가지 이점이 있었다. 그것은 이렇게 잘게 분산된 투자형식이었기 때문에, 해외에서도 국내에서도 여러 가지 사정에 의해서 해외무역에 직접 종사할 수 없는 사람들, 특히 약간의 돈밖에 가지고 있지 않은 사람들에게도 투자의 기회를 주었다는 점이다. 이런 일반 사람들로부터 모이는 자금은 한 사람 한 사람으로는 대단한 액수가 아니었지만 전체적으로 보면 상당했기에 베네치아의 경제 발전에 대단한 공헌을 했다.

'콜레간차'(연대)라고 베네치아인이 부른 이 융자방식이 12세기, 13세기, 그리고 14세기 중반까지 베네치아 경제에서 얼마나 중요한 지위를 차지하고 있었느냐 하는 것은 1268년에 죽은 국가원수 레니에로 체노의 유산 명세서를 보아도 알 수 있다.

부동산 - 1만 리라
현금 - 3,388리라
귀금속 - 3,868리라
여러 가지 채권 - 2,264리라
국채 - 6,500리라
콜레간차(132종) - 2만 2,935리라

베네치아에서는 이 정도로 부유한 사람들은 유산의 큰 부분을 병원과 양로원, 고아원 등의 복지시설을 담당하고 있는 수도원 등의 종교단체에 기부하는 것이 보통이었다. 그렇기 때문에 '콜레간차'나 국채는 복지시설 운영의 중요한 기반이 되기도 했다. 베네치아에서는 이렇게 해서 자본가와 경영자뿐만 아니라 복지시설의 혜택을 입지 않으면 안 되는 사람들까지도, 베네치아인의 장사가 잘되면 잘될수록 득을 보도록 되어 있었던 것이다.

여기까지는 이야기를 알기 쉽게 하기 위해 자본가와 경영자라는 말을 써왔지만, 자본가 계급과 경영자 계급이 분명히 갈라져 존재하고 있었느냐고 묻는다면 아니라고 대답할 수밖에 없다.

마일라노의 예로도 알 수 있듯이 적어도 14세기 중반까지는, A라는 상인이 알렉산드리아로 가는 배에 타는 B에게 출자해두면서 자기는 콘스탄티노플로 가는 배를 타고, 그 배에 B가 출자한 상품을 싣고 항해하는 것 같은 현상은 아주 흔한 일이었다. 베네치아에 있으면서 움직이지 않는 자본가라는 것은 장년이 되어서 정부에 속한 사람들이나 일반 투자가밖에 없는 셈이었다. 정부에 속할 정도의 명문에 속해 있어도 40세 전에는 대부분을 바다에서 지내는 것이 보통이었기 때문에 장사를 하는 한은 육지 위든 바다 위든 간에 계급의 구별은 없었다.

그럼 이 상인들은 어떻게 항해했을까. 배에 대해서는 제2장에서 말했기 때문에 여기서는 되풀이하지 않겠다. 항해의 기법도 12~13세기에는 경험과 육감에 의지하는 것이 유일한 방법이었다. 오늘날 남아 있는 가장 오래된 항해도는 13세기 후반의 것이다. 그것도 베네치아인이 아닌 피사인이 만들었다.

오늘날처럼 항해술이 발달한 시대에도 요트나 모터보트의 항해용으로 '포르톨라노'라고 부르는 항로안내서가 매년 출판되고 있다. 그 주요 내용은 해상으로부터 바라보았을 때, 어떤 항구로 들어가기 전에 있는 곳은 어떤 외관을 하고 있는가 등 항해상의 길잡이가 되는 표지를 적은 것이다. 항해에는 눈으로 보는 것이 얼마나 중요한가를 알 수 있다. 하물며 13세기에는 경험이 보다 큰 비중을 차지하고 있었다는 것은 당연했을 것이다. 마일라노처럼 시종 같은 항로를 왕복하고 있던 상인들의 머릿속에는 정확한 항해도가 새겨져 있었다.

이처럼 항해의 프로이기도 한 상인들이 선장을 맡기도 하고 선객으로서 승선하기도 하는 것이 당시의 상선이었다. 그렇기 때문에 선장만이 항해기술에 뛰어났던 것은 아니다. 선장에 뒤떨어지지 않는 기능을 가지고 있는 사람이 같은 배에 몇 사람이나 있었던 셈이다. 이런 상태에서는 자연스럽게 선장이 독단적으로 선상에서의 결정을 할 수 없다. 폭풍 때문에 기항지를 변경하는 것부터 시작되는 여러 가지 결정은 선장과 배의 소유자 1명, 그리고 그 배에 타고 있는 상인들 중에서 대표를 2명 뽑아, 이 4명의 합의에 의해 이루어졌다. 아무리 유력한 가문의 자제라도 경험이 적다면 이 합의제에 참가하는 것이 허용되지 않았다.

또 견습 선원에 이르기까지 승무원은 그 배에서의 지위에 상응하는 만큼의 상품을 가지고 들어오는 것이 허용되고 있었다. 그리고 승무원의 상품은 적하 대금을 지불하지 않아도 되었다. 선장이 되는 묘미는 이 점에도 있었던 것이다. 이렇게 해서 선장에서부터 선객인 상인들은 물론 견습 선원의 말단에 이르기까지 승무원 전원의 이해가 완전히 일치하게 된다.

지휘 결정은 한 사람의 독단을 허용하지 않도록 하면서 그 분야의 프로들에게 맡기고, 다른 사람들도 각자의 위치를 지키고 전력을 다했다. 이 방법은 공동체의 이익을 끌어올리는 데 도움이 되었을 뿐만 아니라, 결국은 각 개인에게도 이익이 되었다. 베네치아공화국의 정치·경제·외교를 통해서 전개되는 이 베네치아 정신은 어쩌면 상선의 항해 행정에서 배양된 것인지도 모른다.

라이벌들

1204년의 제4차 십자군에 의한 콘스탄티노플 정복으로부터 시작되는 반세기를 베네치아가 동지중해를 그들의 독점체제하에 두었던 시대라고 쓰는 것은 주저하게 된다.

확실히 제4차 십자군에 대한 투자는 충분히 본전을 뽑았다. 베네치아로부터 콘스탄티노플, 시리아, 팔레스티나, 이집트를 잇는 '고속도로'가 완성되었고, 베네치아 상인은 자기 나라 영토나 아니면 우호국에 설치한 기지를 징검돌을 밟듯이 기항하면서 항해하는 것이 가능해졌다. 그렇지만 베네치아는 1천 년을 넘는 역사 속에서 고대 로마가 누렸던 '팍스 로마나'와 같은 평화는 단 한번도 맛본 일이 없었다.

고대 로마제국은 육지형의 국가다. 천연자원이 풍부한 것은 말할 것도 없고 인적 자원에서도 부족했던 적은 말기를 제외하면 한번도 없었다.

한편 베네치아는 법의 공정과 국가에 대한 애정으로 종종 중세의 로마라는 말을 듣지만, 뭐니 뭐니 해도 해양도시국가다. 천연자원은 소금밖에 없고 인적 자원도 라이벌인 제노바보다는 많았다지만 이 시기에 10만 명을 넘을까 말까 하는 상태였다. 1330년에 13만 3천 명에 달했지만 8년 후의 페스트로 인해 3분의 2로 줄었다. 가장 인구가 많았다는 1438년에도 겨우 19만 명에 불과했다. 14세기 전반에 베네치아는 서유럽에서 파리, 나폴리에 이어 세번째로 인구가 많은 도시라는 말을 들었지만, 도시국가가 아닌 파리나 나폴리는 주변의 인적 자원을 기대할 수 있는 데 반해, 베네치아는 도시의 인구가 곧 나라의 인구였다. 아무리 아드리아해 동안으로부터 뱃사람을 징집했다 하더라도 그들은 어디까지나 하급선원이지 군사력의 주축은 베네치아 시민이 맡을 수밖에 없었다.

더구나 징검돌처럼 흩어진 영토일지라도 지중해 최대의 섬인 크레타를 비롯해서 네그로폰테 등 전부를 합치면, 베네치아의 해외영토는 본토보다 훨씬 광대해졌다. 그것을 지켜내는 것만으로도 대단한 정치적·군사적 에너지가 필요했다.

게다가 라틴제국은 통치의 무능도 겹쳐서 성립 당시부터 약체였다. 그들은 베네치아의 해군에 의한 지원 없이는 방위조차 위험한 상태에 있었다. 그래도 해안지방은 그럭저럭 베네치아 해군의 덕택으로 유지할 수 있었지만 내륙은 허술했다. 그것을 노리고 북쪽으로부터는 신흥 불가리아제국, 동쪽으로부터는 비잔틴제국의 잔존 세력인 니케아제국, 서쪽으로부터는 에페이로스의 참주가 라틴제국을 바짝바짝 죄어 오고 있었다. 남쪽이 평온했던 것은 베네치아가 지배하고 있는 에게해에 면해 있었기 때문이다.

인적 자원이 빈약함을 인정할 수밖에 없었던 베네치아는 이들 육지형 국가에 쓸데없는 싸움을 걸지는 않았다. 그리고 서유럽인으로부터 지조가 없다는 비난을 받는 것도 개의치 않고, 라틴제국이 창설된 지 12년 후에 에페이로스의 참주와 우호통상조약을 맺고, 다시 그 3년 후에는 니케아제국 황제와 같은 조약을 맺었다. 에페이로스의 참주는 두라초로부터 파트라스에 이르는 지역, 다시 말해서 아드리아해의 출구를 장악하고 있었기 때문이고, 니케아 황제는 소아시아 연안과 흑해 연안을 장악하고 있었기 때문이다.

그럼 바다 위에서는 안전할 수 있었을까? 이것도 역시 '비교적'이라는 형용사를 붙일 필요가 있다. 바다 위의 강적은 베네치아와 마찬가지로 이탈리아의 해양도시국가인 제노바였다.

제노바에 대해서는 제6장에서 집중적으로 다루게 될 것이므로 여기서는 아주 간략히 말하자면, 그들의 특질은 다음의 몇 줄로 충분하다.

우선 베네치아인과 달리 개인주의적 경향이 강하고, 그 때문에 공동체의 이익 따위는 그다지 생각하지 않는다. 국가와의 관계가 긴밀하지 않은 까닭에 개인적인 행동을 하는 독불장군이 많으며, 한판 승부에 거는 경향이 눈에 띈다. 상인으로서뿐만 아니라 선원으로서도 천재적으로 보인다. 이것은 굳이 콜럼버스를 배출했기 때문에 하는 말은 아니다. 그런 그들이 베네치아의 독점체제에 도전했던 것이다. 물론 본격적인 반격은 13세기 중반부터 시작되지만 그 이전에도 베네치아를 괴롭혀 온 존재로서 첫째로 꼽을 상대였다.

아무튼 선원으로서는 천재적 소질을 갖추고 있는 독불장군들이 개별적이기는 했지만 한판 승부의 싸움을 걸어오니 버틸 재간이 없었다. 다른 말로 바꿔 하면 해적 행위를 했다는 것이다.

베네치아 상인도 다른 나라 상인들처럼 역시 교전 중인 적국의 상선대를 만나면 싸웠고, 이기면 배와 배에 실린 화물과 선원들까지 수중에 넣고, 선원이나 선객은 몸값을 받고야 풀어주곤 했다. 그렇지만 사냥감을 찾아서 해상을 범주하는 순수한 해적 행위를 거의 하지 않게 된 지는 오래되었다. 우선 본국 정부가 용서하지 않았다.

한편 제노바 상인은 장사가 잘되는 상태에서는 상인이었지만 일단 장애에 맞닥뜨리면 그 순간 해적으로 변신하는 것을 아무렇지도 않게 생각했다. 보카치오의 『데카메론』 속에도, 장사에서는 시원치 않았는데 해적으로 직업을 바꾸어 성공하는 제노바인의 이야기가 나온다.

당시의 풍습으로는 이런 제노바가 더 일반적이고, 베네치아가 특수했던 것이다. 가느다란 쾌속 갤리선으로 이루어진 선단이 항상 해상을 순찰하도록 해도, 이런 외톨이 늑대 같은 독불장군의 출몰에는 역시 애를 먹었다.

하물며 베네치아는 라틴제국 창립 당시의 협약에, 베네치아가 적국으로 간주하는 나라의 상인들은 라틴제국에서 상업에 종사하는 것을 허용하지 않는다는 항목을 넣게 했다. 사실상 이것에 의해 베네치아의 라이벌인 제노바와 피사의 상인들은 축출당하게 되었다. 라틴제국이 아무리 약체라 하더라도 콘스탄티노플과 거기서 흑해로 통하는 보스포루스 해협을 장악하고 있었다. 오리엔트 교역의 주축 가운데 하나에서 제노바 상인들은 장사를 할 수 없게 되고 말았던 것이다. 그들이 게릴라작전에 열을 올리는 것도 이해할 만했다.

베네치아도 콘스탄티노플에서의 독점체제가 주는 실속과, 시리아나 팔레스티나에서 받는 손해를 비교·검토한 결과 라이벌 축출을 이 이상 계속하는 것은 유리하지 않다고 판단했다. 1206년에 우선 피사의 상인을 받아들였고, 마침내 1218년에는 제노바인에게도 통상을 허가했다. 피사인에게 먼저 허가한 것은 그들에게 호감을 가지고 있었기 때문이 아니었다. 피사 상인이 제노바 상인보다는 베네치아 상인에게 만만한 라이벌이었기 때문이다.

마르코 폴로의 행운

제4차 십자군의 결과 콘스탄티노플을 서유럽인이 손에 넣음으로써 일어난 가장 획기적인 상업상의 변화는, 흑해 연안에 처음으로 서유럽 상인들이 진출한 일일 것이다. 그때까지 비잔틴제국은 아무리 베네치아 상인에게 특권을 주더라도, 아무리 서유럽의 상인에게 콘스탄티노플 거리에서의 통상을 허하더라도, 그들이 보스포루스 해협을 통과해서 흑해 연안의 여러 도시와 직접 교역하는 것만은 절대 허락하지 않았다.

할 수 없이 서유럽 상인들은 그리스 상인들이 콘스탄티노플까지 실어 온 상품을 그들로부터 사서, 그것을 이집트나 서유럽으로 가지고 가서 장사를 해야 했다. 그런 제한이 해금된 것이다. 보스포루스 해협에는 이탈리아 해양도시국가의 깃발이 나부끼는 상선대가 북적거렸을 것이다. 흑해 연안과의 직접 교역은 당시의 상인들로서는 대단히 매력있는 장사였다.

우선 밀가루와 소금, 게다가 소금에 절인 생선, 모피, 노예 등이 풍부했다. 이들 상품 중에서도 노예는 향신료의 집산지인 이집트나 시리아 사람들이 탐내는 상품이었다. 이런 것들을 팔아서 향신료나 비싼 피륙을 구해 그것을 서유럽으로 가지고 가서 파는 과정에서 그리스 상인을 중간에 세우지 않아도 되게 되었다는 것은 그만큼 싸게 구입할 수 있다는 것을 의미한다. 이탈리아 상인들의 기세가 오른 것도 무리가 아니었다.

또 흑해 연안 여러 도시와의 교역은 그 주변의 산물뿐만 아니라 페르시아의 비단, 향신료, 진주, 양단, 남색 염료 등 서유럽 사람들이 탐내는 물건들도 직접 살 수 있다는 점에서도 큰 의미가 있었다. 비잔틴제국의 수도였던 때보다는 상업의 중심지로서의 화려함이 약간 가신 느낌이 있었던 콘스탄티노플도, 흑해로 가는 중계지만으로서도 상업기지의 가치가 있다는 말을 들었을 정도였다.

특히 타나를 비롯한 흑해 지방의 여러 도시로 모여 오는 노예는, 황색인종 중에서는 중앙아시아의 타타르인, 백인종으로는 러시아인과 캅카스인들이었다. 캅카스의 여자들은 그 미모로 유명하며 이슬람교도의 하렘에서는 유달리 소중히 여겨졌다. 돛배로 보스포루스 해협을 남하하여 동지중해역으로 팔려 나가는 노예들은 키프로스나 크레타에서는 농노로서, 이집트에서는 병사로서, 또 그밖의 이슬람 국가에서는 병사 이외에 군사노동이나 첩으로서 수요가 끝이 없었다. 이슬람교도들 사이에서는 이집트의 맘루크 왕조의 예로도 알 수 있듯이 노예의 신분은 그리스도교 국가 사람들이 생각하는 정도로 불명예스러운 것이 아니었고, 또한 노예이면서도 출세의 길까지 열려 있었던 것이다.

베네치아나 피렌체에서는 부자의 장식이나 가사노동에 조금 활용하는 정도였기 때문에 이국적인 흑인 노예가 인기가 있었으나, 이슬람 국가에서는 백인 쪽이 값이 비쌌다. 유럽 지방에 공급원이 없어져버린 탓도 있어서, 흑해를 새로운 시장으로 얻게 된 것은 이 면에서도 서유럽 상인들에게는 큰 수확이었다.

특히 콘스탄티노플이라는 알맞은 중계기지에 치외법권인 거주구와 베네치아인 전용의 선착장을 가져, 그것을 충분히 활용해 상업에 전념할 수 있었던 베네치아 상인들은 다른 나라 상인들에 비해 월등하게 유리했다.

베네치아와 같은 해양형 국가로서는 상황이 유리한 시기라도 비교적이라는 형용사를 붙일 필요가 있는 것과 마찬가지로, 상황이 불리하게 바뀌어도 역시 비교적이라는 형용사를 붙일 필요가 있는 듯하다.

비교적이라는 것은 그 시기의 전후에 비해서라는 의미와, 같은 시기의 다른 나라들과 비교해서라는 양쪽의 의미가 있다.

내가 편의상 제3기로 한 1261년부터 1300년까지의 시기는,

1261년의 라틴제국의 멸망
1268년의 안티오키아 몰락
1291년의 아콘 함락

이라는 정치상의 3대 사건에 나타나듯이 서유럽 상인들, 특히 베네치아에게는 교역을 계속해 나가는 것만 생각한다 하더라도 상당히 파란만장한 시기였다. 경제와 정치를 분리하려야 할 수 없는 것

은 비단 오늘날에 국한된 현상이 아니다.

1261년의 팔라이올로구스에 의한 비잔틴제국의 재건, 라틴제국의 멸망은 베네치아에게는 큰 타격이었다. 그것도 은밀히 제노바와 밀약을 맺은 팔라이올로구스가 콘스탄티노플에 가장 가까운 위치를 활용해서, 베네치아 함대가 멀리 외해를 항행 중인 틈을 타 콘스탄티노플을 점거해버렸기 때문이다. 서둘러 되돌아온 베네치아 함대도 이렇게 완전히 기정사실화된 일은 어떻게 할 수가 없었다. 시내 거주구의 동포를 배로 피난시켜 네그로폰테의 기지까지 데리고 올 수 있었을 뿐이었다.

팔라이올로구스 황제와 제노바 상인들 사이에 맺어진 밀약이란, 제노바가 베네치아 해군과의 대결을 떠맡아 베네치아 함대를 콘스탄티노플로 접근시키지 않도록 하는 대신, 황제는 그때까지 베네치아 상인들이 차지하고 있던 지위를 제노바 상인들에게 준다는 내용이었다. 콘스탄티노플의 시내뿐만 아니라 금각만을 사이에 두고 보스포루스 해협을 낀 갈라타(페라라고도 불렸다)도 제노바인에게 주어졌다. 베네치아인은 시내는 물론이고 비잔틴제국 영내 전역에서 배제되게 된다.

여전히 베네치아는 에게해의 대부분을 장악하고 있었지만, 흑해 연안과의 교역에서 배제된 것은 뼈아픈 일이었다. 더구나 1258년의 바그다드 약탈 후 초기에는 파괴를 일삼다가 이후 평화적으로 바뀌어 서유럽 상인들을 환영하기 시작하고 있던 몽골족이 진출한 시기였기에 더욱 그랬다.

하지만 이것도 조금 지나면 '비교적'으로 바뀐다. 비잔틴제국 재건이 약속된 제노바의 원조도 필요없을 정도로 너무나도 간단히 성공했기 때문에, 팔라이올로구스 황제가 제노바의 은혜를 그다지 느끼지 않았고, 그래서 제노바 상인만 우대한 것을 후회하기 시작했기 때문이다. 물론 베네치아 정부의 기민하고도 유연한 외교의 효과도 있었다.

7년 후인 1268년에 베네치아인은 다시 콘스탄티노플에서 장사를 할 수 있게 되었다. 그러나 전과 같은 유리한 입장은 이젠 누릴 수 없게 되었다. 페라에는 라이벌인 제노바가 버티고 있었다. 게다가 1255년부터 제노바와 베네치아의 전쟁이 진행되고 있었다. 이 전쟁은 그 후 100년이나 계속되었다. 교전중인 나라 사람들의 코앞에서 장사를 한다는 것도 꽤나 신경이 쓰이는 일이었을 것이다. 하긴 그런 일은 당시의 상인들에게는 일상다반사였겠지만 말이다.

제노바가 흑해와의 교역을 얼마나 중시했는가는, 보스포루스 해협을 끼고 지금도 남아 있는 수많은 성채 가운데 후세에 터키가 쌓은 2개를 제외하고 나머지는 전부 제노바인이 만든 것이라는 것으로도 알 수가 있다.

마르코 폴로의 아버지와 백부가 가진 첫 번째 중국 여행은 팔라이올로구스에 의한 라틴제국의 멸망 직전이었지만, 흑해를 출발점으로 하면서 귀로는 페르시아를 통과하여 지중해로 빠져, 거기서부터 베네치아로 돌아오는 항로였다. 흑해로는 빠지지 않았다.

또 마르코가 참가한 두 번째 여행은 1271년에 베네치아를 출발한 다음, 흑해로는 향하지 않고 지중해 동안으로부터 페르시아로 들어가는 루트였다. 돌아오는 것 20년이나 후의 이야기이지만 페르시아를 통과해서 흑해 연안의 트레비존드로 나와서, 거기서부터 콘스탄티노플을 경유해서 베네치아로 돌아왔다. 흑해 연안의 여러 도시와의 교역을 둘러싼 제노바와 베네치아 사이의 항쟁의 여파를 피하면서 통상하는 상인들 모습이 눈에 선하다.

마르코 폴로에 대해서는 잘 알려져 있으니까 상세하게 말할 필요도 없을 것이다. 개척자는 항상 위대하다는 것을 제외하면 오랫동안 고국을 비웠다는 것도 당시의 동종업자들과 비교하면 그다지 특필할 만한 일도 아니다. 마일라노의 예로도 알 수 있듯이 20년쯤 해외로 나간 채 귀국하지 않는 일은 그다지 보기 드문 예도 아니었다.

아마도 폴로 일가의 남자들은, 특히 마르코는 다른 동종업자에 비해 호기심이 강하고, 다소 여행을 좋아했으며 조금쯤 다른 민족과의 교류에 관심이 많았던 것이 확실하다. 물론 북경까지 간 것은 마르코의 아버지와 백부가 서유럽인으로서는 처음이었으며, 그 궁정의 관리가 된 것도 마르코가 처음이었다. 그렇지만 폴로 형제 이후로 북경까지 간 베네치아나 제노바의 상인은 몇 사람이나 있었다.

마르코 폴로의 행운은 대여행을 끝낸 후에 그의 이야기를 듣고 그것을 적어둘 생각이 든 사람을 만난 일이다. 그 시기에 자주 일어나고 있었던 베네치아와 제노바의 싸움에 말려들어 제노바의 포로가 되었을 때, 감옥 안에서 시간을 주체 못하고 있던 마르코가 여행에 대한 이야기를 했던 것이다.

미지의 땅에 대한 상용여행이 당시의 사람들에게는 그다지 특별한 관심사가 아니었다는 증거가 있다. 폴로 일가의 여행으로부터 반세기 후의 이야기지만 베네치아에서는 모르는 사람이 없는 명문 집안 사람들의 여행이다.

1338년에 조반니 로레단은 그와 마찬가지로 명문 출신이며 상인이기도 한 다른 5명의 남자들과 함께 인도의 델리로 여행을 떠났다. 그는 중국에서 막 돌아온 참이었다. 중국으로는 폴로 일가 이래 몇 사람이나 여행하고 왔기 때문에 흑해의 타나로부터 육로를 통해 사라이로 갈 때까지는 순탄했다.

  그러나 볼가강의 하구까지 내려와서 카스피해를 따라 남하하여 파미르고원을 따라 힌두쿠시산맥을 통과해서 인도로 가는 것은 아직 서유럽 상인에게는 알려진 길이 아니었다.

  로레단과 그 일행은 인도 왕과의 거래에 도움이 되도록 하기 위해 당시의 신공업제품이었던 시계와 분수기를 다섯 명이 공동출자하여 사들였다. 로레단은 도중에 팔아 여비로 하려고 피렌체산 모직물도 가지고 갔다.

  무사히 델리에 도착한 일행은 인도 왕으로부터 대환영을 받았다. 아마도 처음 만나는 서유럽인이었기 때문이라고 생각된다. 당장 가지고 온 시계와 분수기를 선물로 내밀었다. 왕은 대단히 기뻐하고 가치로 치면 몇십 배나 될 것이 틀림없는 인도산의 귀중한 물건들을 답례품으로 주었다. 그밖에 가지고 있던 상품도 눈 깜짝할 사이에 다 팔리는 형편으로, 이 제1차 인도 상용여행은 대성공으로 끝날 듯했다. 로레단과 그 일행은 귀로에 페르시아를 통과했을 때 인도 왕으로부터 답례품으로 받은 물건을 팔고 그것으로 페르시아 특산인 진주를 샀다.

  이대로 무사히 고국으로 돌아와 의복 자락에 넣고 꿰맨 다량의 진주를 탁자 위에 흩뜨렸다면 마르코 폴로와 같았겠지만, 로레단 일행은 폴로 일가만큼 운이 좋지 않았다. 귀로에 로레단과 다른 두 사람의 동료가 병 때문에 죽어버린 것이었다. 베네치아로 돌아온 것은 나머지 세 명뿐이었다. 물론 이런 경우 유족이나 투자자 권리 보호 차원에서, 베네치아 정부는 법을 지키는 차원에서 엄격하게 눈을 번뜩이고 있었기 때문에 죽은 사람들의 권리가 유족에게 인계되었고, 죽은 사람들에게 투자하고 있던 사람의 권리도 손상되지 않고 돌아왔다.

그렇지만 마르코 폴로나 조반니 로레단과 같은 상인은 소수였고, 다른 많은 동종업자들과는 달랐다. 제노바였다면 소수지만 남다른 사람들에게 전폭적인 신뢰를 보내고 그들의 대담함 쪽에 국가의 진로를 맞추었을 것이다. 그러나 베네치아는 그렇게 하지 않았다.

베네치아가 자기 나라 상인들의 용기 있는 모험을 인정하지 않았거나 그것을 억압하려고 한 것은 아니다. 다만 마일라노와 같은 다른 사람과 조금도 다르지 않은 보통 상인들 쪽에 국가 진로의 기반을 두었던 것뿐이다. 그것은 베네치아인이, 특히 정부를 장악하고 있던 대상인계급이 나라의 통치라는 것을 다른 나라들과는 다르게 생각하고 있었기 때문일 것이다.

사전에서 풀이해놓은 것을 보면 다음과 같다.

> 통치-국가와 그 국민을 다스리는 것
> 경영-사업을 경제적으로 하는 것

베네치아인이 국가의 통치를 어떻게 생각하고 있었느냐가 문제인데, 그들에게는 통치라는 말보다도 경영이라는 말이 어울렸다.

중세경제사의 권위자인 예일대학의 로페츠 교수가 말하듯이 베네치아공화국은 현대의 사기업인 회사와 마찬가지로 경영되었던 것이다.

이렇게 되면 경제적인 성립이 제1목적이 된다. 베네치아가 제노바뿐만 아니라 피렌체에 비해서도 안정적 성장의 경향이 강했던 것은, 그것이 보다 경제적이었기 때문일 뿐이다. 그리고 그 목적을 달성하기 위해 그들은 강력한 '행정지도'를 행사하는 것을 조금도 망설이지 않았다. 특히 이 시기처럼 해외의 정정불안이 현저한 시기에는 한층 그 경향이 강해졌다.

정기상선로 '무다'

'무다'라고 불리는 정기상선로 제도가 창설된 것은 1255년이었다. 동지중해 지역에서 비교적이나마 누리고 있던 베네치아의 독점체제가 흔들리기 시작하여, 라이벌인 제노바와의 대결이 표면화되기 시작한 시기였다. '무다'와 비슷한 것은 다른 해양국가에도 있었지만, 그것은 해전이나 적대국 배의 공격으로부터 지키는 수단으로서, 같은 방향으로 가는 상선이 모여서 한 덩어리가 되어 행동하는 것만을 목적으로 한 것이었다. 베네치아의 무다도 이것을 목적으로 하고는 있었지만, 뿐만 아니라 해외무역을 경제적으로 운영하기 위한 매우 베네치아적인 사고방식의 결정이기도 했다.

'무다'라는 말의 원래 의미는 벌레 등이 봄이 되면 껍질을 벗고 탈바꿈하는 것을 뜻한다. 의역하면 '항해의 해금'이 되어, 해금 중에 출항하는 정기상선로를 가리켜서 '무다'라고 부르게 된 것이다.

우선 초기에는 보통 사유 갤리선 얼마 뒤에는 국유 갤리선이 되지만 5척, 때로는 10척으로 선단을 편성했다. 선단의 우두머리는 선단장이라고 불리며 정부가 임명했다. 사유 갤리선으로 편성되던 시기에도 이 점은 마찬가지였다. 전시 중의 항해에는 호위 갤리선대가 경호를 맡는 일이 종종 있었다. 그렇지만 갤리선은 설사 상선이라도 노 젓는 사람을 포함하기에 전투원의 수는 많았으며 그것 자체로 방위력은 충분히 있었다.

항로에 관해서는 목적지도 도중의 기항지도 정부가 결정했다. 그때그때 정치적 상황을 감안하여 각 선단마다 결정하는 것이었다. 선단은 봄에 출항해서 가을에 귀항하기로 되어 있었다. 8월에 출항한 선단의 경우는 해외에서 겨울을 넘기고 이듬해 봄에 귀항했다. 이것은 13세기 말까지 바뀌지 않았다.

항로는 그때그때의 해외 정세에 따라서 중단되거나 또 목적지를 바꾸거나 하는 일도 있었지만, 다음 네 개의 항로로 나눌 수 있었다.

1. 그리스 항로 - 콘스탄티노플에서 흑해로, 선단의 일부가 본대와 갈라져서 가는 일이 많았다.
2. 키프로스, 시리아, 팔레스타나 항로.
3. 알렉산드리아 항로.
4. 플랑드르 항로 - 영국의 사우샘프턴에 들르는 일이 많았다.

이런 '무다', 다시 말해서 몇 척으로 구성된 갤리상선단이 항해의 해금을 기다렸다가 잇따라 베네치아의 항구를 떠났다. 한 계절에 내보낸 선단의 수는 30에서 50이었다고 한다. 선단은 플랑드르 항로 이외의 것은 전부 펠로폰네소스반도 남단인 마타판곶을 통과할 때까지는 모두 같은 항로를 취했다.

마타판곶 부근의 바다는 바람의 방향 전환이 특히 심해서 항해가 어려운 곳이었기 때문이다. 그것을 통과한 후 무다별로 북, 동, 남으로 갈라졌다. 어느 항로나 '고속도로'가 완성되어 있었기 때문에 영사관이나 상관(商館), 배 수리공장 등이 완비되어 항해와 통상에 지장이 생기지 않았다.

그렇다면 이런 '무다'들이 왜 이렇게 정해졌느냐 하는 것인데, 이를 이해하기 위해서는 먼저 항로별로 베네치아의 수출품과 수입품을 열거해야 한다.

우선 그리스 항로에서의 수출품은 플랑드르의 모직물과 피렌체산의 직물, 독일의 금속제품과 베네치아의 유리공예품이다. 수입품은 포도주, 올리브유, 과일 그리고 스파르타와 테베에서 생산되는 비단, 설탕, 벌꿀, 납, 염료 등이었다. 흑해 지방의 산물로서 밀, 모피, 가죽이 있었지만 노예는 갤리선에 싣는 것이 금지되어 있었기 때문에 콘스탄티노플과 알렉산드리아 사이를 왕복하는 범선이 사용되었다.

키프로스, 시리아, 팔레스티나 항로의 경우도 목재를 추가할 뿐 수출품은 대체로 같은 물건이었다. 수입품은 향신료를 비롯해서 다마스쿠스산 견직물, 과일, 염료 등이어서 오리엔트를 느끼게 한다.

알렉산드리아 항로에 이르러서는 완전히 동양의 특산물인 향신료의 독점시장 같은 느낌을 준다. 베네치아의 수출품은 금속제품과 모직물에 목재와 노예였다.

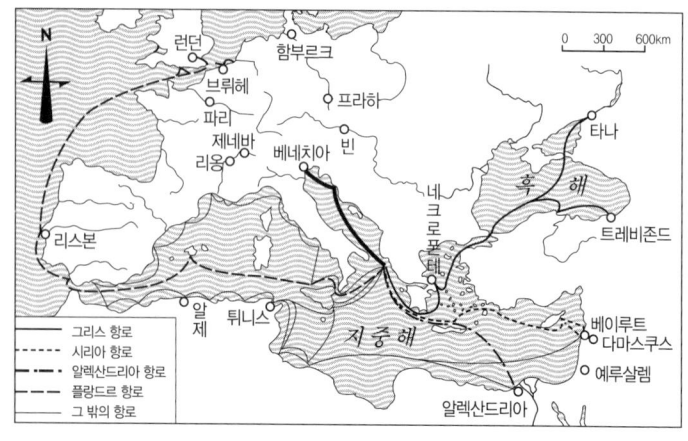

15세기 베네치아의 정기항로(Frederic C. Lane, Storia di Venezia)

플랑드르 항로는 가장 늦은 1300년대 초기에 개설된 항로이지만, 수출품은 향신료, 설탕, 그리스산 포도주(영국인은 특히 이것을 소중히 여겼다)와 고급 직물이고, 수입품은 주로 양모와 모직물이었다. 이것을 보아도 베네치아 상업이 얼마나 중개무역에 치중했는가를 알 수 있다.

하지만 이 '무다'를 따라서만 배가 왕래하고 있었던 것은 아니다. 앞에서 '무다'를 강에 비유했지만 몇 개의 지류가 강으로 흘러들어가듯이 정기항로의 선단 기항지마다 기항하지 않는 지방으로부터 짐을 운반하는 작은 범선이 많이 왕래하고 있었다. 그밖에도 대형 범선이 소금이니 밀, 목재, 소금에 절인 생선, 노예 등을 주로 운반하기 위해 정기항로를 따라서 항해하는 것이 보통이었다.

'무다'는 확실성과 안전성에서 뛰어난 갤리선으로 구성되고 있었지만, 갤리선은 노를 젓는 사람을 많이 필요로 하기 때문에 수송 비용이 비싸다. 그래서 향신료나 염료, 비싼 직물 등의 가볍고 값이 비싼 상품을 우선적으로 갤리선에 싣고, 가벼워도 값이 싼 면 등은 갤리선에 여유가 있을 때는 정기항로에 싣고, 그렇지 않을 때는 범선에 실었다. 가장 무거운 상품인 소금과 목재의 운반은 범선 전문이었다. 정기항로를 항행하더라도 범선으로 항행하는 사람들과 또 지류를 항행하는 배는 상품을 실을 때 이외는 정부의 '행정지도'로부터 자유로울 수 있었다.

요컨대 지중해 전역을 머릿속에 그려보면 4개의 굵은 선이 베네치아를 기점으로 하여 동쪽과 서쪽으로 지나가고, 그 선의 여기저기에 본선에 합류하는 가늘고 짧은 선이 종횡으로 통하고 있다. 이처럼 지중해에는 혈관의 분포도를 보는 것처럼 많은 항로가 있었을 것이다.

향신료의 길

냉장고가 없었던 시대에 고기를 보존하는 방법은 소금에 절여서 말리는 방법밖에 없었다. 냄새가 나지 않는 날고기를 먹는 것은 대단히 복 많은 일이었다. 고기의 냄새를 없애고 맛을 좋게 하려면 향신료를 쓰는 수밖에 없었으며, 그것을 한 번 시험해본 서유럽인은 그 후 향신료 없이는 먹을 수 없게 되었다. 다시 말해서 향신료는 일종의 양념이었다. 파나 생강, 와사비가 생선 요리를 살리는 것과 같은 원리로, 후추와 육계(肉桂)와 정향나무와 육두구(肉荳蔲)와 생강이 고기를 맛있게 해주는 것이었다. 그밖에 월계수 잎도 있지만 이것은 서유럽에서 생산되었다.

후추에 대해서는 설명할 필요도 없을 것이다. 육계는 후추와 마찬가지로 으깨어서 사용했다. 정향이란 그 봉오리를 말린 것으로 그대로 쓴다. 육두구는 눈깔사탕 정도 크기의 나무 열매로, 이것은 강판에 갈아서 쓴다. 생강은 바싹 말라서 언뜻 보기에 골편 같은 작은 것을 일단 물에 녹인 다음에 쓴다.

향신료라는 이름으로 총칭되는 이들 '양념'은 중세 지중해 무역의 인기상품이었다. 서유럽의 고기요리에는 빠뜨릴 수 없는 향신료는 오늘날 이탈리아에서도 손쉽게 구할 수 있다. 이국적인 귀중품 취급은 받지 않아도 조그만 자루에 넣어서 팔리는 그것을 콘스탄티노플(오늘날의 이스탄불)의 '향신료 바자'라고 불리는 시장에서 팔고 있는 광경은 장관이었다. 이 '향신료 바자'는 16세기까지는 같은 장소에서 베네치아 상인이 한데 모여 장사를 하고 있었던 까닭에 '베네치아인의 바자'라고도 불렸다.

중세의 그림이나 양각한 조각품에서 볼 수 있는 것처럼 향신료 바자의 풍경은 향신료가 가득 든 마대를 가게 앞에 가득 쌓아놓고 아무렇게나 떠서 파는 것이었다. 마대 입은 내용물이 줄어드는 데 따라서 바깥쪽으로 젖혀질 뿐이기 때문에 물건은 항상 두두룩했고, 주위는 강렬한 향기로 가득 차 있어서 머리가 아플 정도였다. 서유럽에서의 향신료 집산지였던 베네치아에서도 전에는 이와 같은 광경을 볼 수 있었을 것이다.

인도와 실론산 향신료가 인도양을 건너서 베네치아의 정기선단이 도착하는 오리엔트의 항구까지 운반되는 데는 네 개의 통상로가 있었다.

1. 흑해 통상로 - 인도양을 지나 페르시아만 입구로부터 상륙하여, 페르시아를 통과하여 카스피해 부근의 타브리즈로부터 흑해 연안

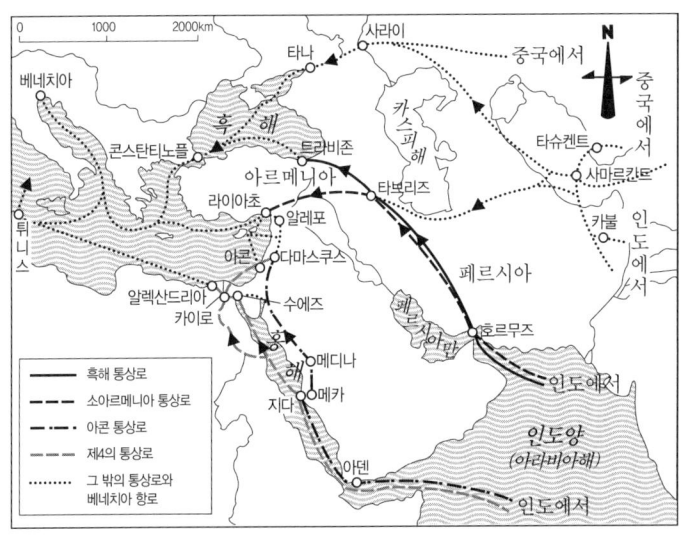

'향신료의 길'(Frederic C. Lane, Storia di Venezia)

의 트라브존으로 나간다.

2. 소(小)아르메니아 통상로 - 이것은 마르코 폴로가 지나간 길이다. 타브리즈에 도착할 때까지는 흑해 통상로와 같지만, 거기서부터 길을 서쪽으로 잡고 지중해에 접하는 소아르메니아의 라이아초로 나간다.

3. 아콘 통상로 - 인도양을 통과하여 홍해로 들어간다. 그리고 홍해의 동안인 지다에 상륙하여 메카, 메디나를 지나 다마스쿠스까지 사막의 배라고 불리는 낙타의 등으로 운반된다. 다마스쿠스로부터 지중해에 접하는 아콘까지는 사나흘의 거리였다.

4. 제4의 통상로는 홍해를 더욱 북상해서 수에즈까지 가든가, 아니면 도중에서 서안에 상륙하여 나일강을 내려가 카이로, 알렉산드리아로 향하는 길이다. 카이로에 도착한 후에 알렉산드리아로 향하

지 않고 아콘으로 가는 수도 있었다.

이런 통상로를 오간 상인은 아라비아인, 아르메니아인, 유대인, 그리스인이며, 전쟁이 벌어졌든 무슨 일이 일어났든 간에 근처에서 장사를 하는 데 익숙한 사람들이었다. 십자군의 존재도 이들 상인들에게는, 도중에서 습격당해서 약탈당할 위험이 많아졌다는 것일 뿐 사막 속의 통상로는 한번도 끊어지는 일이 없었다.

장사라는 것은 무기를 취급하는 것 이외는 평화로울수록 번창하는 법이다. 사막을 넘어서 운반하는 상인도, 그것을 사려고 배를 타고 오는 상인도 특별히 평화주의자가 아니더라도 평화를 바랐다. 그러나 현실은 좀처럼 그들의 희망대로 되지 않았다. 1268년의 콘스탄티노플, 흑해 항로가 재개되고부터 1343년의 알렉산드리아 항로의 재개까지의 76년만 해도 베네치아의 '무다'는 어지러울 만큼 자주 항로를 변경하지 않으면 안 되었던 것이다.

1268년에 콘스탄티노플, 흑해 항로가 재개되고부터 1314년에 시작되는 플랑드르 항로는 우선 젖혀놓고라도, 나머지 시리아, 팔레스티나 항로와 알렉산드리아 항로를 합친 3개의 항로가 별 장애 없이 운항한 것은 겨우 13년뿐이었다. 1291년에 시리아, 팔레스티나 방면에서 십자군의 마지막 보루였던 아콘이 맘루크 왕조의 공격에 함락당했다.

아콘에 영사관은 물론 전문 교회부터 빵집까지 갖추고 내 집처럼 살고 있던 베네치아인들이 받은 충격은 컸다. 아콘에서 장사를 할 수 없게 된 것과 동시에 맘루크 왕조의 본거지인 이집트와도 통상이 불가능하게 되었다.

알렉산드리아 항로는 폐쇄되었다. 시리아, 팔레스티나 항로도 키프로스에 들른 다음에는 돌아올 수밖에 없었다. 로마 교황이 십자군의 패배에 화를 내고 군수물자가 아니라도 모든 평화적인 상품까지도 이슬람교도와의 통상을 엄중히 금한 것이다.

그렇지만 조금이나마 뒷구멍으로 통상하고 있던 모양이다. 교황의 금지령이 한 번으로 끝나지 않고 그 후 몇 번이고 되풀이된 것으로도 짐작할 수가 있다. 한술 더 떠서 베네치아는 1302년에 맘루크의 술탄과의 사이에 은밀히 통상조약까지 맺어버렸다.

그로부터 20년간 베네치아와 로마 교황과의 관계는 어쩐지 숨바꼭질을 연상케 한다. 베네치아가 어떤 도시로 달아나 그곳에서 장사를 하고 있다가 들킬 것 같아지면 또 다른 도시로 옮기는 식이었다. 그것에 맞추어서 사막으로부터 오는 낙타까지 그때마다 우왕좌왕했다고 생각하면 웃음이 절로 난다고나 할까.

마침내 교황은 더 이상 참을 수 없었던지 1322년에 베네치아로 특사를 파견해서, 이슬람교도와의 교역에 종사하는 주요 상인들을 몇십 명이나 파문하고 말았다. 모두 베네치아 정부의 요직에 있는 사람들이었다. 그런데 그 중에 권력은 그다지 크지 않더라도 원수와 나란히 종신직이고 권위 또한 매우 높은 산 마르코 대성당의 감독관도 포함되어 있어 사회문제가 되었다. 또 파문당한 사람은 죽어도 그리스도교도와 같은 묘지에 매장되는 것이 허용되지 않기에 자식들의 세례에서부터 결혼 문제까지 실질적인 손해가 컸다.

베네치아 정부는 항의했지만 교황은 귀도 기울이지 않았다. 할 수 없이 베네치아는 교황에게 굴복하고, 그 후 23년 간 베네치아의 배는 알렉산드리아 항구에 한 척도 그 모습을 보이지 않았다.

이렇게 쓰면 베네치아가 마치 눈물을 머금고 이익이 많은 이슬람교도와의 통상을 단념한 것처럼 들리지만, 실제로는 전혀 그렇지가 않았다. 그들은 현대 경제용어로 더미(dummy, 같은 회사이지만 편의상 별개 회사로 위장하고 있는 다른 회사-옮긴이)라고 하는 방법을 발명했던 것이다. 서유럽의 그리스도교도에 비해서 오리엔트의 그리스도교도는 로마 교황의 영향하에 있지 않다는 것에 착안했다.

"이슬람교도와 장사를 해서는 안 된다고요? 좋습니다. 오리엔트의 그리스도교도와 장사를 하기로 하지요"라는 식이었다. 그러나……

그때까지 이리저리로 숨어다니던 상인들은 키프로스 섬과 라이아초에 자리를 잡았다. 특히 라이아초는 키프로스와 마주보는 위치에 있었다. 동지중해 연안의 이슬람교도에 둘러싸인 조그만 그리스도교 국가 소아르메니아의 도시로, 원래 오리엔트 산물의 집결지였다. 물론 이곳으로 모이는 향신료는 이슬람교도가 지배하는 지방을 통과해서 들어온다.

베네치아는 이미 교황이 더 이상 참을 수 없게 되기 10년이나 전부터 사유선만으로 구성된 선단을 라이아초로 매년 보내고 있었다. 사유선으로 구성한 것은 속셈을 교황측이 깨닫지 못하게 하기 위한 배려였을 것이다. 그런 판에 이런 사태가 되니 전면적으로 라이아초 항로로 갈아탔을 뿐이다.

이렇게 해서 페르시아를 건너오는 상품 이외에 홍해로부터 오는 상품까지도 소아르메니아의 라이아초로 모이게 되었다. 이집트의 술탄도 십자군을 몰아낸 뒤 곧 베네치아와 통상조약을 맺었을 정도였으니 서유럽 상인과의 통상이 그에게도 이익이 된다는 것을 잘 알고 있었다. 그래서 소아르메니아로 상품을 빼돌리고 그것이 소아르메니아의 국경을 통과할 때 지불하는 관세를 연공금(年貢金)의 형태로 이집트의 술탄에게 돌려주기로 하고, 그 대신 그리스도교 국가이긴 하지만 소아르메니아만은 침공하지 않는다는 협약을 맺었던 것이다.

베네치아 정부가 이 공작을 하기 위해 뒤에서 어떻게 움직였는가를 밝혀주는 증거는 없다. 그러나 이것은 과연 베네치아인이 생각해낼 만한 일이다. 이것에는 교황도 트집을 잡을 이유가 없어졌다. 베네치아공화국은 알렉산드리아와 아콘에서 장사를 할 수 없게 된 공백을 흑해와 라이아초에서 이렇게 해서 메웠던 것이다. 21년 동안 베네치아는 이 방법으로 버텼다.

그러나 1343년에 이르러 타나에 살고 있는 베네치아인이 한 원주민을 죽인 일로 그 부근 일대의 영주인 몽골족 칸의 노여움을 샀다. 그래서 베네치아인뿐만 아니라 제노바 상인들의 거류지까지 습격하고 상품을 불태워버리는 사고가 일어났다. 흑해 지방의 주요 상업기지의 하나인 타나에서의 통상도 이것으로 당분간 단념하게 되었다. 그밖에 트라브존을 비롯해서 몇 개의 기지가 있었기 때문에 흑해 지방과의 통상이 완전히 끊어진 것은 아니었지만, 베네치아로서는 계속 이 항로에 전면적으로 의존하는 것이 너무나 위험했다.

베네치아는 상인이라도 '콜레간차'에서 볼 수 있는 것처럼 개개의 위험분산 방식에서는 철저했다. 마찬가지로 국가로서도 결코 하나의 가능성에만 매달리는 위험한 짓은 하지 않았다. 교황에게 뇌물을 주었던 것이다.

1344년, 다시 말해서 1년 후에 교황은 베네치아 정부에 이슬람교도와의 통상을 허가한다고 전해왔다. 이유는 터키 해적에게 점령당한 소아시아의 스미르나 탈환에 베네치아가 힘을 썼기 때문이었다. 그러나 사실 그렇게 한 것은 성 요한 기사단이고 베네치아는 5~6척의 갤리선을 파견한 데 지나지 않았다.

어쨌든 알렉산드리아 항로는 재개되었다. 30년 이상이나 번영하고 있던 라이아초는 그 주된 존재 이유를 상실하고, 동지중해 연안 도시의 하나에 지나지 않는 지위로 떨어졌다. 베네치아 상인으로서는 소아르메니아 상인들의 손을 거침으로써 유통기구가 하나 더 늘어난 셈이었기 때문에 이슬람교도와 직접 통상할 수 있으면 그것보다 나은 것이 없었다.

이집트의 술탄으로서도 소아르메니아를 온전히 놓아둘 이유가 없어졌다. 곧 소아르메니아는 이슬람교도에게 정복당했다. 베네치아도 그것에 굳이 대항할 이유가 없었다. 일단 유사시에는 키프로스가 있었기 때문이었다.

그럼 이슬람교도와 관계가 없었던 플랑드르 항로는 순조롭게 별 지장 없이 속행되었느냐 하면 전혀 그렇지가 않았다. 1314년, 개설된 지 불과 4년 후에 베네치아 선박의 승무원이 사우샘프턴에서 주민들의 싸움에 말려들어 일시적이나마 영국과 베네치아의 국교가 단절되었다. 그래도 브뤼헤에 영사관을 두고 상업기지로 삼고 있던 베네치아의 상선 항로는 끊기지는 않았지만, 그로부터 20년 후에 영국과 프랑스 간의 100년전쟁이 시작되자 그마저 계속할 수 없는 상태가 되고 말았다.

같은 무렵 제노바에 상례적인 내부 분열이 일어났다. 교황파 제노바인과 나폴리 왕이 결탁하고, 황제파 제노바인에게는 시칠리아 왕이 붙어서 양자의 싸움이 격화된 것이었다. 서지중해는 이 때문에 어수선해졌다. 선단을 떠나서 시칠리아의 항구에 당도한 3척의 베네치아 선박이 황제파 제노바인들에게 붙잡혀서 약탈당하는 사고도 일어났다. 제노바인은 앞에서 말했듯이 황제파든 교황파든 기회만 있으면 해적 행위 따위는 예사로 했기 때문에 여간 성가신 존재가 아니었다.

베네치아 정부는 이런 정세가 그리 빨리 해결되지는 않을 것이라고 판단하고 플랑드르 항로를 폐쇄하기로 결정했다. 그렇게 해도 베네치아가 입는 손해는 그다지 크지 않았다. 마침 그 시기에 북서유럽과 베네치아를 연결하는 육로가 개선되어 안전해졌기 때문이었다. 그 후 40년간 베네치아는 전면적으로 육로에 의존하게 되었다. 다만, 그리스산 포도주를 좋아하기로 둘째 가라면 서러워한다는 말을 듣던 영국인들이 그동안 어떻게 참고 견뎠을까. 포도주는 배로는 운반할 수 있어도 마차로 육로 장거리 운반은 할 수 없었다. 영국의 사우샘프턴에 들르는 플랑드르 항로가 재개되는 것은 1380년에 들어와서부터였다.

'무다'의 이점

이런 고생을 하면서도 베네치아 정부가 국유선단에 의한 정기항로 방식인 '무다'를 계속 사용한 것은 역시 거기서 생기는 이익이 크다고 판단했기 때문이다.

첫째로, 군선으로서 유리한 갤리선으로 구성함으로써 일단 유사시에 쉽게 함대로 전환시킬 수 있었다.

둘째로, 국유선을 사용함으로써 6~7년 후에는 새로 만들어야 하는 배의 건조와 그 유지·손상에 쏟아넣는 정신적·물질적 부담으로부터 상인을 해방했다. 이런 일을 하지 않아도 되게 된 상인들이 그것에서 생기는 여력을 장사에 쏟아부은 것은 두말할 것도 없다.

 셋째로, 갤리선을 쓰는 데 따른 인건비의 증대, 거기에서 생기는 수송 비용 상승에 의한 불이익을 향신료 등 고급품 적하를 우선 취급하는 것으로 만회하고, 그밖에 항로를 정기화하여 항해의 리듬을 일정화함으로써 자본의 회전을 빠르게 하고 그것에 의해서 이윤도 늘린다는 원리를 활용할 수 있었다.

 넷째로, 국유선이기 때문에 수송료를 지불하면 누구든지 짐을 실을 수 있었다. 정권이 안정되고 항해의 안전을 기대할 수 있다고 판단했을 때, 정부는 자주 입찰을 통해 개인에게 빌려주었고, 그런 경우에도 낙찰한 자에게는 수송료의 상한과 하한을 법으로 정하고 있어서 멋대로 값을 올려서 다른 사람을 배제하고 적하를 독점하는 일은 할 수 없도록 했다. 더구나 각각의 배를 감시하는 임무를 맡은 선단장은 정부가 임명하는 관리였다.

 이 제도는 재력이 뛰어난 대상인의 독주를 저지하는 데 큰 구실을 했다. 해외무역에 참가하고 싶다고 생각하는 모든 상인에게 그것을 실현할 수 있는 기회를 균등하게 줄 수가 있었기 때문이다. 나중에도 언급하지만 베네치아만큼 중소상인의 보호육성에 세심한 배려를 한 나라는 없다.

 대기업에 의한 독점이 결국은 나라 경제 전체의 경화로 이어지며, 그것을 방지하는 데 가장 효력이 있는 것이 중소기업의 건전한 활동이라는 것을 알고 있었던 것이다. 이것을 알고 실제로 행한 것이 정부기구를 틀어잡고 있던 대상인이었다는 점이 재미있다. 대상인의 독주를 허용한 제노바나 피렌체와는 대조적이다.

다섯째 이익이란, 정기항로로 함으로써 해외시장의 확보에 도움이 되었다는 점이다. 상대도 언제 어디에 낙타의 대상(隊商)을 도착시키면 되는지 예정을 세울 수 있기 때문이다. 그 덕분에 베네치아는 오리엔트의 향신료 시장을 사실상 독점하게 되었다. 그 대담하고 빈틈없는 제노바 상인들도 거의 파고들 틈이 없을 정도였다.

여섯째는, 정확한 정보분석을 바탕으로 정부가 결정하는 '무다'제도는 안전과 확실성을 첫째 목표로 하고 있었던 만큼, 해외무역에 대한 베네치아 국민의 광범한 참가를 인적(人的) 및 자본면에서 촉구하는 데 도움이 되었다는 점이다.

일곱번째 이점인데, 국가의 행정지도가 강력할 경우 자칫하면 개인의 의욕을 꺾는 결과로 이어지게 마련이지만, 베네치아는 이 이치를 알고 있었던 모양이다. 그래서 정기항로만은 국가가 관리했지만, 정기항로 이외의 항로는 개인의 주도권에 내맡겼다. 신상품이나 신시장의 개발은 거의 이 사람들에 의해서 이루어졌다. 그러나 그 지방의 정세가 갑자기 변화해 개입해야 한다고 판단하면 정부는 망설이지 않고 이들 개인을 지령 하나로 통제했다.

마지막 이점은, 국유선에 의한 정기항로제도는 국익은 곧 사익(私益)이라는 베네치아공화국의 기본방침을 정착시키는 데 매우 효과가 있었다는 점이다. 그들의 성격에 맞았기 때문에 그만큼 효율적으로 운영할 수 있었다고 말하는 편이 더 적당할지도 모른다.

이 '무다' 방식이 채용된 것과 같은 해에, 당연한 일이긴 하지만 그것을 더욱 효율적으로 운영하기 위한 해상법(海上法)도 제정되었다. 이것은 정기항로에 관한 모든 것을 법제화한 것이었다.

참가하는 갤리선의 톤 수, 적하량, 수송료의 상한과 하한. 입찰제로 배를 임대할 경우 배를 빌리는 사람이 배의 손상, 수리, 침몰에 대해 져야 할 책임. 적하의 세목을 빠짐없이 기록할 의무, 이것은 적하를 보호하는 동시에 지정량 이상의 짐을 싣는 것을 감시하는 목적도 있었다. 선장과 승무원의 상호 의무를 적은 항목은, 선장이 규정된 대우를 해주는 의무를 지는 대신 승무원도 제멋대로 행동하는 것이 허용되지 않는다는 것을 정한 것이다. 다만 그런 사태가 일어났을 경우라도 선장은 그 자리에서 승무원을 처벌할 수는 없었다. 귀항 후에 해상법 전문의 해상재판소에 고소하고, 재판관은 법에 비추어 당사자와 다른 사람의 증언을 들은 다음에 판결을 내리는 것이었다. 선장뿐만 아니라 승무원도 해상재판소에 선장을 고소할 수 있었다.

규정을 위반한 승무원이 처벌받는 것과 마찬가지로 합의 없이 불시에 항로를 독단적으로 변경한 선장도 처벌당했다. 상인으로부터 뇌물을 받고 그들에게 유리하도록 기항지를 바꾸거나 한 선장은 그것이 사실이라고 증명되었을 경우, 전 재산에 상당할 정도의 엄청난 벌금을 부과했던 것이다. 뇌물이란 그것을 받으면 수지가 맞지 않게 되어야만 박멸할 수가 있는 법이다.

물론 승무원이 항해 중에 죽거나 상처를 입거나 했을 경우, 그것에 상응해서 지불되는 손해배상도 규정하고 있었다. 그러나 그 가운데 특히 눈을 끄는 것이 최하급 승무원이었던 노 젓는 사람들의 권익을 보장한 것이다. 그들에게 주는 식사량, 급료, 손해배상은 물론 항해에 나갈 때마다 그들이 갖고 갈 수 있는 상품을 그들의 권리로서 명기하고 있는 점이다. 이 상품을 오리엔트에서 팔아서 그 돈으로 오리엔트의 상품을 사고 베네치아로 가지고 돌아와서 파는 것이었다. 선장 이하 승무원 전원에게 그런 권리가 있었으므로 노 젓는 사람도 같은 권리를 누린 것에 지나지 않는다.

노 젓는 사람들의 처지를 보장하는 데 베네치아 정부가 모든 배려를 아끼지 않았던 것은 특별히 인권보호의 정신을 존중했기 때문은 아니다. 인권보호는 중세의 어느 나라도 어느 민족도 생각하고 있지 않았다.

제2장에서 말한 것처럼 노 젓는 사람은 갤리선으로서는 요트의 모터와 같은 기능을 하는 것이고, 전시에는 그 수로 보아서 전력의 대부분을 차지하는 존재였다. 갤리선에 주력을 두었던 베네치아로서는 절대로 필요한 사나이들이었던 것이다. 그렇기 때문에 그들의 권리를 보호하는 것은 경제적인 운영에 뜻을 두는 경우 당연한 배려였다고 할 수 있다.

노 젓는 사람 전용으로 고안된 방탄조끼가 지금도 남아 있다. 그들도 전투원이라고 생각했기 때문에 이런 것도 고안되었던 것이다. 노예 상대라면 이런 배려는 하지 않았을 것이다. 베네치아 선박의 노 젓는 사람들은 한해 동안 식사를 할 때마다 그들의 수호성인인 성 포카를 식사에 초대하는 것으로 되어 있었다. 물론 성인은 실제로는 모습을 나타내지 않기 때문에 성인의 몫은 그대로 남는다.

그래서 성인을 위한 식사를 매끼마다 준비하는 데 드는 비용을 적립해두었다가, 기항지에 들어갈 때마다 그 적립금을 그 지방의 빈민 구제에 기부하는 것이 관례였다. 중세에서는 같은 직업을 가지고 있는 사람들이 자신들의 수호성인을 갖는 것이 보통이었다. 그것은 그들이 스스로의 직업을 부끄러워하지 않다는 증거이기도

하다.

항해기술의 진보

'콜레간차'와 '무다'의 설명으로 이야기가 14세기까지 길어졌다. 하지만 내가 12세기 후반에서 15세기 전반에 걸친 '베니스의 상인'에 대해서 쓰려고 하는 이 제4장에서 마지막 구분을 1300년 이후로 한 것에는 그런 대로 이유가 있다.

1300년 전후를 고비로 하여 첫째로 항해기술의 혁명이 일어났다. 그 다음에 배의 구조가 변화하기 시작했다. 상인 쪽에서도 상업기술의 획기적인 개량을 하게 된 것도 이 시기였다. 그리고 이런 것들을 기반으로 해서 상인의 유형도 달라진 것이다.

먼저 항해기술의 변화인데, 그것은 나침반과 항해도와 '타볼라 디 마르텔로지오'라는, 말하자면 항로의 조견표가 항해에 필요한 세 가지 기구로서 큰 구실을 하기 시작하면서 일어났던 것이다.

나침반은 9세기에 이미 중국에서 고안되었던 듯하다. 그것이 아라비아인에 의해서 지중해로 건너오게 되고, 1302년에 이탈리아의 해양국가의 하나인 아말피의 상인에 의해서 개량되었다. 그리고 그 유효성 때문에 지중해 지방의 선원들 사이에 급속히 보급되었. 물론 이것도 14세기중에 몇 번이나 개량되었다.

후세의 우리들이 볼 수 있는 가장 오래된 항해도로는 1207년에 만들어진 통칭 '카르타 피사나'라고 불리는 것이 있다. 이것도 이탈리아의 해양국가의 하나인 피사의 상인에 의해서 만들어진 것이다.

우리들이 모르는 것 중 베네치아인이 만든 더 오래된 것이 있을지도 모르지만, 그것은 그렇다 치고 1300년에 만들어진 것이 가장 오래된 것으로 되어 있다. 모두 오늘날의 우리들이 보아도 참으로 정확하다. 특히 그들이 활약한 주무대였던 지중해역의 정확함은 지금도 그것을 사용하여 항해할 수 있을 정도다. 반면 북유럽은 그다지 정확하지가 않다.

'타볼라 디 마르텔로지오'란 동서남북을 32개로 구분한 도표다. 다만 이것은 나침반이나 항해도와 달라서 한 번 쓰기 시작하면 그것 없이는 항해할 수 없다고 할 정도의 것은 아니었다. 불어오는 바람의 방향에 따라서 배를 목적지로 향하기 위해서 나침반과 항해도를 참조하여 삼각법을 써서 계산하면, 항로와 그곳까지의 거리가 나왔다. 그렇지만 이것 역시 항해술에 뛰어난 사람이라야만 빠르게 계산할 수 있었다. 아무튼 바람이 상대이기 때문에 계산하는 데 하루 종일 걸린다면 문제가 아닐 수 없다.

그러나 '마르텔로지오'를 사용하면 항해도를 빨리 읽는 능력이 모자라더라도, 또 삼각법으로 계산하는 능력이 뛰어나지 않더라도 나침반과 항속계(航速計)와 그 밖의 간단한 계산만으로 재빨리 항로를 산출하는 것이 가능해진다. 다시 말해서 항해의 명수가 아니더라도 자주 바뀌는 바람의 방향을 따라 곧바로 항로를 결정할 수 있게 되는 것이다.

이 방식은 베네치아인들 사이에서는 널리 보급되었지만, 제노바인에게는 그다지 중용되지 않았다. 아마도 제노바인은 자기들을 항해의 천재라고 자인하고 있었기 때문에 이런 초심자용으로 고안된 기구는 경멸하고 사용하지 않았을 것이다. 한편 베네치아인은 기계화라든가 합리화를 좋아하는 민족이었다. 되도록 많은 사람들이 어느 정도의 수준에 달해 있는 편이 경제적이라는 면에서, 보다 효율이 높다고 생각하고 있었는지도 모른다.

이런 기술혁신은 항해 가능한 시기를 대폭 확장하게 되었다. 비가 오든 안개가 자욱하든, 또 날씨가 흐리든 항해할 수 있게 된 것이다. 종전처럼 육안으로 확인하고 항해할 때는 불가능했던 겨울철의 항해도 기술혁신으로 가능하게 되었다.

기존에는 3월 말에 개항하던 것이 2월, 아니 1월로 앞당겨졌다. 정기항로도 겨울에 출항한 선단은 5월에 귀항하고, 여름에 출항하는 것은 가을이나 초겨울에 귀항하도록 계획을 잡을 수 있게 되었다. 그때까지는 1년에 한 번밖에 항해할 수 없었던 것이 1년에 두 번, 다시 말해서 이모작이 가능해졌다는 것이다.

이것은 영국이나 플랑드르의 모직물, 독일의 금속공업의 발달로 서유럽에 팔 물건이 늘고 그것에 따라서 갖고 싶은 물건을 보다 많이 살 수 있게 된 시기와 마침 일치했기 때문에, 오리엔트와 서유럽의 중개역을 하는 베네치아 상업으로서도 큰 비약의 기회가 되었다. 물론 베네치아는 이런 호기를 철저히 이용했다. 배를 개조한 것이다.

배의 구조 변화

1300년 전후에 북유럽의 둥근 형의 배가 지중해에도 알려지게 되었다. 흘수선이 높은 사각돛 범선이었다. 이 '코카'는 인건비의 절약은 곧 수송 비용의 경감이라는 점에서 이탈리아 해양국가들의 주목을 끌게 되었다.

우선 범선은 갤리선에 비해 인건비가 싸게 먹힌다. 사각돛을 쓰면 간단히 바람의 강약에 맞추어서 돛의 면적을 넓혔다 좁혔다 할 수 있었다. 삼각돛의 경우는 돛대의 활대를 내려 다른 돛으로 바꾸든가, 활대를 빙그르 회전시켜야만 했다. 그것에 드는 인원의 차는 명백했다.

그렇지만 제2장에서 쓴 것 같은 이유로 바람의 방향 변화가 심한 지중해에서는 사각돛만으로 항해하는 것은 아무래도 시간의 낭비가 많았다. 그래서 사각돛과 삼각돛을 짜맞춘 방식을 고안해냈던 것이다.

북유럽 전래의 범선이 가진 또 하나의 이점은 키의 위치였다. 갤리선의 경우 선미가 예각으로 되어 있기 때문에 좌우에 하나씩 필요했다. 그렇지만 선미가 직선인 둥근 형의 배인 경우 거기에 하나만 달면 되기 때문에 두 개가 필요하지 않다. 또 그쪽이 조타도 훨씬 간단해졌다. 지중해의 둥근 형 대형 범선에서 금세 키가 두 개인 방식은 자취를 감추었다. 이렇게 해서 북유럽형 배를 가리켰던 '코카'라는 말이 둥근 형 범선 전부를 가리키는 명칭이 되었다.

지중해 해양국가의 대표격인 제노바와 베네치아는 이 시점에서 배의 구조 선택을 강요당하게 되었다.

그러자 제노바는 대형 범선에 전력을 기울이게 된다. 제노바는 1천 톤급 배까지 만들었다. 그것은 제노바의 항구가 깊다는 것, 그들의 주된 상업항로가 서지중해로부터 대서양에 걸쳐 있다는 것, 또 노젓는 사람의 확보가 어려운 처지에 있다는 것 등으로 대형 범선을 쓰는 편이 유리했기 때문이다. 더구나 한판 승부를 좋아하고 독불장군인 면이 있던 제노바인에게는 대형 범선이 틀림없이 그들의 기질에 맞았을 것이다.

한편 베네치아는 대형화의 물결을 타기는 했지만, 여전히 갤리선에 주력을 두는 방침을 바꾸지 않았다. 베네치아의 대형 범선은 15세기 초에 처음으로 군선용으로 만들어진 720톤의 배가 가장 큰 것이었다.

이유는 베네치아의 항구가 얕다는 것과, 아드리아해 항해에서 대형 범선은 거추장스런 무용지물이 되고 만다는 것이었지만, 가장 큰 이유는 그들의 주된 활약 무대가 동지중해에 있어 대양으로 나가야만 하는 제노바인에 비해서 그 필요도가 적었기 때문이다.

또 이스트리아나 달마티아로부터 노젓는 사람을 모을 수 있는 베네치아로서는 승무원의 수를 줄이는 것은 그다지 절실한 문제가 아니었다. 이에 비해 제노바는 인구가 베네치아의 약 반밖에 되지 않았으며, 또 주변에 이스트리아나 달마티아와 같은 일손 공급지를 가지고 있지 않았기 때문에 승무원의 수를 줄이는 것이 절실한 문제였던 것이다.

대형화된 갤리선은 이전의 것이 '갈레아 소틸레'(가느다란 갤리선)라고 불렸던 데 반해, '갈레아 그로사'(굵은 갤리선)라고 불렸다. 또 상선용으로 개발되었기 때문에 갤리 상선이라고도 불렸다. 양자의 차이는 폭만이 아니었다.

	갤리 상선	가느다란 갤리선
길이	46~47미터	40미터
폭	7~8미터	5미터
넓이	3미터	2.4미터

 돛대는 가느다란 갤리선이 한 개였던 것에 반해 두 개 혹은 세 개가 보통이 되었다. 노는 종래의 2명이 나란히 앉아서 한 개의 노를 젓는 비레메 방식이, 3명이 나란히 앉아서 젓는 트리레메 방식으로 바뀌었다. 대형화에 따라 바람의 저항력이 증대되기 때문에 생기는 실속(失速)을 돛의 수를 늘리고 젓는 사람의 수를 늘려 기동력을 증대시킴으로써 보충하고, 나아가서 그 이상의 속도를 확보하기 위해서였다. 대형화에 의해서 적하량이 늘었음은 두말할 것도 없다.

 그렇지만 인건비의 절약은 상품 판매가의 저하로 이어져 그것에 의해서 이윤도 많아지는 것은 당연한 일이다. 제노바의 대형 범선이 승무원 1인당 10톤의 짐을 싣는 것도 가능한 데 비해, 베네치아의 갤리 상선은 승무원 1인당 1톤의 짐밖에 실을 수가 없었다. 이 차이를 베네치아는 어떻게 극복했을까.

 베네치아의 정기항로의 주역이 된 갤리 상선이 향신료 등의 비싼 짐을 우선적으로 실음으로써 상당히 핸디캡은 줄어든다고 하더라도, 역시 베네치아의 주무기는 안전성과 정기성이었다. 항로가 안전하게 되고 그 리듬을 일정하게 함으로써 오리엔트의 상인들로부터 상품을 저렴하게 살 수 있었다.

 또 자본의 회전이 빨라지기 때문에 이윤의 증대도 가능해졌다. 같은 시대에 해상보험제도도 개발되었지만 베네치아 상인 중 갤리 상선에 의한 정기항로편으로 상품을 보내는 데 보험금을 거는 사람

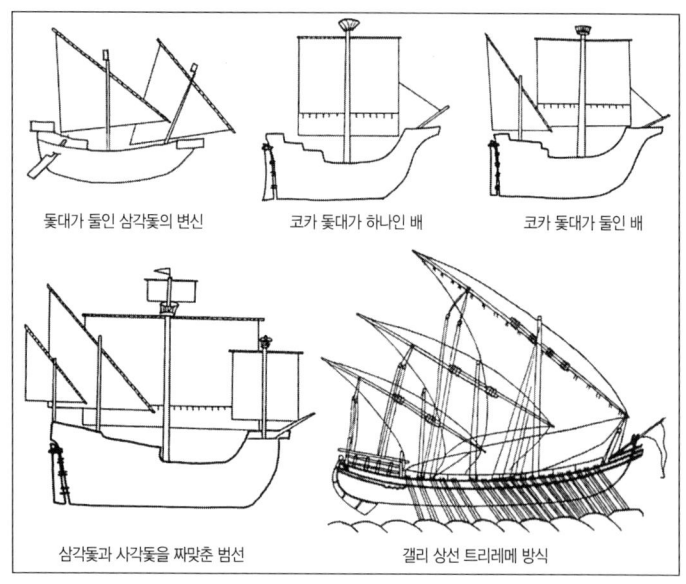

| 돛대가 둘인 삼각돛의 변신 | 코카 돛대가 하나인 배 | 코카 돛대가 둘인 배 |
| 삼각돛과 사각돛을 짜맞춘 범선 | 갤리 상선 트리레메 방식 | |

Frederic C. Lane, *Storia di Venezia*.

은 없었다. 그 안전성과 정기성은 절대적인 신용을 얻고 있었기 때문이었다.

또 제노바의 대형 범선만 하더라도 1천 톤급의 배는 역시 드물었으며, 일반 대형 범선의 경우 배를 움직이는 데 필요한 최소한의 승무원만으로 항해할 수 없었다. 항해의 안전을 기하기 위해서는 아무래도 전문 전투 요원을 승선시킬 필요가 있었던 것이다. 17세기의 영국 상선도 같은 이유로 승무원 1인당 5톤의 짐을 운반할 수 있었을 뿐이다. 그러므로 제노바의 배도 드문 경우를 제외하면 그 정도였을 것이라고 생각된다.

더구나 범선은 같은 정도의 크기, 다시 말해서 같은 속력을 가지고 있는 것끼리가 아니면 선단을 편성하여 항해하는 것이 불가능했다. 그런데도 제노바인들은 획일화를 전혀 받아들이지 않는 기질이었기 때문에 그들의 배는 크기가 제각기였고, 그 속력에 따라서 제멋대로 항해하는 실정이었다. 당연히 위험도는 증대되었다. 제노바에서 보험제도가 발달한 것도 여기에 원인이 있었다. 그들은 한 번의 항해에 화물값의 20퍼센트에 이르는 보험금을 지불하고 있었다.

이처럼 두 라이벌이 가지고 있는 이점과 결점을 종합적으로 검토해보면, 그 시점에서 갤리 상선에 의한 정기항로에 주력을 두기로 한 베네치아의 결정은 절대로 잘못된 것이 아니었다고 말할 수밖에 없다. 그것으로도 제노바에 충분히 대항할 수 있었기 때문이다.

상업기술의 혁신

14세기의 특색인 개혁의 세번째는 상업기술의 진보였다. 그것은 우선 부기(簿記)의 보급에 의해서 시작되었다.

부기가 베네치아인의 발명이라는 것은 전설이다. 사실은 토스카나 지방 프라토의 상인이 고안한 것인 듯하다. 그러나 그것을 복식으로 만든 것은 베네치아인이었다. 한 번 훑어보기만 해도 장사의 전모를 알 수 있는 복식 부기는 순식간에 제노바와 피렌체를 비롯한 서유럽 상인들에게 보급되었다. 그들 사이에서 복식 부기는 '베네치아나'(베네치아식)라는 통칭으로 불렸다.

부기의 기입에 불가결한 아라비아숫자가 유럽에 들어온 것은 1200년대 초 피사 사람들의 공이다. 처음 얼마 동안은 밉살스러운 이교도가 만들어낸 것이라 해서 교회 관계자를 비롯한 사람들로부터 적잖은 저항을 받았던 모양이다. 그러나 로마숫자와 비교하면 편리하기로는 비교가 되지 않았다. 잘못 쓰거나 잘못 읽거나 하는 일도 적어진데다가 영(0)이라는 관념도 있었다. 그래서 실제 상인들 사이에서는 교회의 방해에도 불구하고 퍼져 나갔다. 베네치아에서는 아이들에게 그것을 가르치는 학교까지 생겼다.

아라비아숫자로 적은 복식 부기에 의해서 상인들은 자기가 직접 관여한 상거래의 전모를 알 뿐만 아니라 해외의 대리인을 통해서 하는 간접거래도 포함한 장사 전반의 진행상태도 알 수 있게 되었다. 이것은 베네치아 상인들의 유형 변화에 큰 역할을 하게 된다.

부기의 발명이나 아라비아숫자의 소개와 달리 완전히 베네치아인의 공적으로 돌려도 좋은 것은 근대적인 의미에서의 은행제도를 창설한 일이다.

그때에 '방코'라고 불리는 은행은 있었지만 그것은 책상 위에 금화·은화를 산더미처럼 쌓아놓은 점포 구조로, 말하자면 환전 업무를 주로 해왔다. 그렇지 않으면 대금업이었다. 한편 베네치아인이 만든 은행은 장부만 책상 위에 놓은 점포 구조였기 때문에 '방코 디 스크리타'(글씨를 쓰는 은행)라고 불렸다.

리알토 다리 옆에 산 자코모 교회가 있다. 이 교회 입구 앞은 지붕이 있는 외랑(外廊)으로 되어 있었다. 여기가 '은행가'(銀行街)였다. 이런 일에 교회 문전을 빌리고도 태연한 점이 바로 베네치아인답고 그곳에는 항상 네댓 명의 은행가가 장부를 올려놓은 책상 앞에 앉아 있었다. 이 교회 종루에는 마침 편리하게도 시계가 걸려 있었다.

어떻게 된 까닭인지 지금도 은행으로 들어가면 가장 눈에 띄는 장소에 시계가 붙어 있다. 원래 리알토 다리를 사이에 둔 대운하의 양쪽 둑 일대는 상거래의 중심지였기 때문에, 여기에 은행을 개점하는 것은 이치에 맞았다. 또 여기저기로 돌아다니면서 상거래를 할 수 있는 상인에 비해서 은행가는 앉아 있기 때문에 지붕이 있는 장소를 택한 것도 이치에 맞았다.

정식 은행의 개점으로 당시의 리알토는 오늘날의 우리들이 시티니 월스트리트니 하는 말을 들었을 때 느끼는 것과 같은 느낌을, 북쪽의 런던에서부터 남쪽의 카이로에 이르기까지의 상인들에게 주었을 것이다. 『월스트리트 저널』 정도는 아니라 하더라도 '리알토 저널'이라고 불러도 좋은 것까지 있었다. 전날 거래의 최종가를 상품별로 열거한 것을 단골손님들에게 나누어주고 있었기 때문이다.

상인들은 그것을 참고로 해서 상거래를 했다. 거래가 성립되면 은행으로 갔다. 그들은 모두 계좌를 가지고 있었기 때문에 아무개의 계좌에 이만한 액수를 옮겨달라고 은행가에게 말하는 것이었다. 은행가는 장부에 그것을 기입했다. 이것으로 돈은 움직인 것이다. 종전처럼 금화나 은화 자루를 들고 다니지 않아도 장사를 할 수 있게 되었다.

다른 사람의 계좌로 돈을 옮겨도 은행가는 그것을 증명하는 영수증은 발행하지 않았다. 또 필요도 없었다. 은행의 장부는 복사되어 정부의 그것을 담당하는 위원회의 감시를 항상 받고 있었기 때문이다.

상인은 보통 복수의 은행과 거래가 있었으며, 베네치아 상인과 거래하고 싶다고 생각하는 각국의 상인들은 대부분 베네치아의 은행에 계좌를 개설하고 있었기 때문에 계좌간 돈의 이동은 보통 아주 간단하게 끝났다. 하지만 베네치아의 은행에 계좌를 가지고 있지 않은 사람과의 상거래도 일단 성립되면 베네치아의 은행과 상대 은행 간의 조작으로, 다시 말해서 환어음에 의해서 먼 지방에서의 지불도 전혀 문제가 없도록 되어 있었다. 이것은 금화 자루를 잔뜩 운반해야 하는 데에서 생기는 위험을 피할 수 있는 이점에다가 수익으로 다른 상품을 굳이 살 필요도 없어진 것이 되기도 했다. 요컨대 환어음의 활용에 의해서 상거래가 보다 유연해진 것이다. 이것은 상업면에서뿐만 아니라 함대 편성이라든가 대사관의 비용 등으로 돈을 이동시킬 필요가 있는 국가로서도 대단히 합리적인 변혁이었다.

지금으로부터 800년이나 전에 이 정도의 근대적인 은행을 생각해냈던 베네치아인은 은행 업무의 하나로서의 융자에 대해서는 어떻게 생각하고 있었을까.

이 방면에서 베네치아의 은행들은 참으로 기특하다. 그들에게서 주된 융자 대상은 국가였다. 마침 그 무렵은 제노바와의 백년전쟁이 일어났다가 끝나고 휴전했다가 다시 시작되곤 하는 상태가 한창이던 시기여서, 국가는 전쟁자금 조달에 고심하고 있었다. 물론 상인 개인에 대한 융자도 있었다. 그렇지만 이것도 어디까지나 융자이지 투자는 아니었다. 그런 처지를 이용해서 기업경영으로까지 진출하는 일은 없었다.

국가에 3천 리라의 보증금을 적립하고서 다음에 개점을 했으면서도 돈을 너무 많이 빌려주어서 뒤처리하느라 고생하는 경우도 가끔은 있었을 것이다. 그래도 베네치아의 은행에서는 다른 나라의 왕에게 융자를 주었다가 그 왕이 싸움에 졌기 때문에 본전을 찾지 못하게 되어 도산하는 것 같은, 동시대 피렌체에서 일어났던 현상은 전혀 생기지 않았다. 그것은 베네치아 경제계의 주역은 은행이 아니라 어디까지나 사업에 종사하는 상인들이었으며, 은행은 상인의 일을 합리화하여 그것이 보다 효율적으로 운영될 수 있도록 측면 지원을 하는 역할로 일관하고 있었기 때문이다.

당시 경제의 일대 중심지였던 베네치아에 어째서 같은 시대 피렌체의 바르디가(家)나 페루치가와 같은, 또 후대의 메디치가와 같은 은행을 중심으로 한 대기업 집단이 생기지 않았을까 하는 의문도 이런 곳에서 정답을 찾을 수 있을 듯하다. 얼마 후에 제노바의 정치·경제를 지배하게 되는 산 조르조 은행과 같은 현상도 베네치아에서는 끝내 볼 수 없었다.

다시 말해서 메디치가로 대표되는 유형을 재벌로 비유한다면 베네치아 상인들의 방법은 상사적(商社的)이었다고 할 수 있지 않을까. 재벌을 금융자본 주도형으로, 상사를 그렇지 않은 유형으로 보았을 때의 이야기이다.

나는 경제에는 완전히 무지하다. 부기니 환어음이니 하고 내 자신이 쓰고 있으면서도 아무래도 실감이 나지 않을 정도이다. 그래도 굳이 내 개인의 인상을 말하는 것은, 이런 비과학적인 가설이나마 세우지 않으면 많은 사상(事象)을 설명할 수가 없게 되기 때문이다.

먼저 재벌형은 대기업 우선으로 이어져 필연적으로 그것에 의한 독점을 지향한다. 대기업 우선은 금융업이라는 것이 결국 돈을 빌려주고 이자와 원금을 되찾는 것이기 때문에, 돈을 빌려주는 데 있어서 보다 유리한 조건을 갖추고 있는 사람을 고르는 것이 이치에 맞는 일이다. 여러 가지 의미에서 불리한 조건을 가지고 있는 중소기업의 보호·육성 따위의 개념은, 그렇기 때문에 재벌적 사고법에서는 생기지 않는다.

한편 상사는 다른 사람이 만든 물건을 판다. 이 경우 파는 사람은 많으면 많을수록 그것을 사는 쪽으로서는 유리하고, 사는 사람도 많으면 많을수록 파는 쪽으로서는 판매가를 깎지 않아도 되기 때문에 유리해진다. 이런 상태에 익숙한 사람에게는 독점이라는 개념은 생기기 어렵지 않을까. 어쨌든 그들에게는 불리한 개념일 것이다.

자기가 살 사람일 경우에 경쟁자가 많으면 기업연맹을 편성해서 사면 되었다. 실제로 이집트의 향신료를 사들일 때는 자주 본국 정부로부터 현지의 베네치아 상인들에게 카르텔(기업연합)을 편성하라는 지령이 날아가곤 했다.

반대로, 파는 사람이 독점을 꾀했을 경우에도 베네치아의 '공정거래위원회'는 신속하게 누구든지 가차없이 개입했다. 실제로 주택용 건축자재를 매점하여 그것을 시가보다 비싸게 팔아먹으려 한 상인이 있었다. 정부는 당장 그것을 몰수하고 입찰제도를 활용하여 시장에 내놓았다. 살 사람은 일정한 양 이상은 살 수 없게 했으며, 그것도 팔 때는 시가로 파는 것을 의무화했다.

또 키프로스에서의 사탕수수 재배와 염전 개발에 성공하여 베네치아 제일의 부자라는 말을 듣던 페데리코 코르나로가 중소 상인들로부터 독점금지 정책에 저촉된다고 고소당했을 때도 정부의 태도는 변함이 없었다. 정부는 코르나로에게 솜을 사지 않는 사람에 대해서 설탕이나 소금을 팔지 않는 소행은 국가의 방침에 어긋난다고 계고(戒告)하고, 키프로스에서는 사고 싶은 사람에게 팔도록 명령했다. 코르나로가 유리한 처지를 이용하여 베네치아 시장에서 독점체제를 쌓지 못하도록 엄중히 감시했던 것이다.

정기항로에 국유 갤리 상선만 달리게 하여 배를 만들 실력이 없는 사람에게도 해외무역의 기회를 준 것과 함께 베네치아 정부의 중소 상인에 대한 보호육성정책은 참으로 철저했다. 이런 정책은 대상인들이 장악하고 있던 정부가 생각하고 실행한 것이다. 중소 상인들이 자기들의 권리를 지키기 위해 단결하여 이것을 실시하도록 정부에 공작한 결과가 아니었다.

시종일관 중소 상인들의 건전한 활약을 원조하는 것에 철저했던 베네치아공화국의 경제정책은, 그것이야말로 국가경제의 경화를 막는 데 효과가 있기 때문만이 아니라, 발상 그 자체부터가 피렌체나 제노바와는 달랐던 것이 아닌가 하는 생각이 자꾸만 든다. 중소기업의 보호·육성 개념, 다시 말해서 대기업에 의한 독점을 금지하는 정책의 철저한 추구는 금융자본 주도형이 아니었던 베네치아이기 때문에 생겼고 공정하게 실시되었던 것이 아닐까.

나는 일본 상사의 실정을 전혀 모른다. 그렇지만 상사라는 것의 본래의 모습을 생각한다면 베네치아인이 가지고 있던 이런 개념은 상사적 사고법에서만 생기며 또한 효율적으로 실시될 수 있는 것이라고 생각된다. 왜냐하면 이처럼 경제적 관념에서 생각하는 편이 사회복지로서 생각하고 실시하는 데 비해 중소기업의 존재 이유가 훨씬 더 분명해지고 또 훨씬 더 굳건해지기 때문이다. 아무튼 베네치아인은 그들 나라를 사기업을 경영하는 것과 같은 사고방식으로 운영했다는 평을 듣는 국민이었다.

통화와 세제

14세기 이후 베네치아의 상업기술의 개혁을 말하면서 통화와 세제(稅制) 이야기를 피하고 지나갈 수는 없다.

내가 15세기부터 16세기에 걸친 이른바 이탈리아 르네상스 후기에 산 사람들의 전기를 쓰고 있었을 때 나오는 통화는 베네치아의 두카토 금화였다. 그것이 베네치아 사람에 대해서 쓰고 있을 때라면 모르지만, 로마나 밀라노나 페라라 사람에 대해서 쓰고 있을 때도 같았다. 프랑스 왕이 요구하는 통화도 두카토였다. 베네치아의 통화가 당시 국제통화였다는 것을 알 수 있다.

더군다나 어떤 시기까지는 은화가 주력이었다. 국가원수 엔리코 단돌로가 1202년에 제4차 십자군 비용을 마련할 목적으로 만들었던 '그로소 디 아르젠토'(대은화)라고 불리는 것이 그것이다.

지름은 22밀리미터, 무게는 2.18그램. 순은도 0.968이었다고 하므로 거의 순은이라고 해도 좋다. 이것은 이후 300년간 조금도 변화하지 않았다. 순식간에 이 '대은화'는 동지중해의 유통화가 되었다.

'리라'라는 단위가 자주 나오지만 이 이름의 통화는 존재하지 않았다. 기재상(記載上) 단위이며, '1리라 디 그로소'라고 하면 240개의 대은화를 의미했다. 나는 영국의 기니와 같은 것이 아니었을까 생각하고 있다.

시내 통화용으로는 '비콜로'라고 불리는 소은화가 있었다. 지름은 4밀리미터, 무게는 0.362그램, 순은도는 0.25였다. '리라 디 비콜리'라고 하면 240개의 소은화를 의미했다. 은은 독일, 헝가리, 발칸 지방의 광산에서 수입했다.

서유럽에서 금화를 최초로 만든 것은 베네치아가 아니었다. 1251년에 제노바가 '제노비노'라고 불리는 금화를 만들었다. 이듬해에 피렌체도 유명한 '피오리노' 금화를 만들기 시작했다. 북아프리카로부터 금이 들어오기 시작했기 때문이다.

베네치아가 금화를 만드는 것은 이 두 라이벌보다 30년이나 뒤떨어진 1284년부터였다. 그 이유는 두 가지다. 첫째는 '대은화'가 국제적으로 충분히 통용되고 있어 금화를 만들 절박한 필요성이 없었기 때문이다. 둘째는 베네치아가 후원하고 있던 라틴제국의 금화가 제국의 약체상을 반영해서 그 순도가 떨어지기만 하고 있었기 때문에, 여기서 베네치아 금화가 나타나면 제국의 금화를 내쫓아 라틴제국의 경제를 최종적으로 파탄시킬 우려가 있었기 때문이었을 것이다.

그러나 라이벌에게 뒤지기는 했어도 시작한다 하면 철저히 하는 것이 베네치아인의 특색이었다. 금화를 만드는 것도 마찬가지였다. 두카토라고 불리는 베네치아의 금화는, 무게에서는 3.56그램으로 피오리노와 같지만 피오리노가 18K인 데 반해 두카토는 24K이고, 순도에 이르러서는 0.997이라는 완전히 순금이라고 해도 좋을 순도를 자랑하고 있었다. 더구나 1284년에 만들기 시작하고부터 1797년에 베네치아공화국이 붕괴될 때까지 500년 간 그 순도를 계속 유지했다.

그렇지만 금화를 만들었어도 얼마간은 상거래도, 은행 계좌도, 국채도 '대은화'로 거래했다. 그러다 1300년대 초에 은의 공급량이 줄어들자 금화와 은화의 관계에 변동이 생기기 시작했다. 1328년에 정부가 개입하여 '1두카토=24개의 대은화'라는 고정시세로 안정

될 무렵부터 종래의 은화주도형에서 금화주도형으로 옮겨가게 되었다.

베네치아 정부는 자기 나라 통화의 안정을 꾀하기 위해 자주 '행정지도'를 할 만큼 다른 나라에서는 볼 수 없는 영속적인 노력을 아끼지 않았다. 그것은 그들이 국고수입의 기반을 국채에 두고 있었기 때문이었다.

중세의 베네치아인은 다른 나라 사람들과 마찬가지로 소득세나 부동산세 등의 직접세 개념은 가지고 있지 않았다. 세금이라고 하면 간접세를 말하는 것이었다.

간접세의 큰 부분은 리알토를 중심으로 한 거래소나 독일 상관 등으로부터 들어오는 교역세였다. 거래액의 1퍼센트에 지나지 않았지만 거래총액이 크기 때문에 합치면 상당한 액수가 되었다. 그 밖에 소비세가 있었다. 포도주·고기·소금·올리브유 등에 과해지는 세금으로, 그것을 살 때마다 자동적으로 세금을 지불하는 구조였다.

또 전비 조달 등의 목적으로 발행하는 국채도 있었다. 이것은 단기국채로 이자는 12퍼센트에서 20퍼센트로 상당히 높았다. 이 단기국채의 발행은 중세의 많은 도시에서 하고 있었던 것으로 이자는 보통 20퍼센트였다.

이런 세금만으로 국고를 채우려고 한다면 가난한 사람이 손해를 보고 부자가 득을 볼 뿐만 아니라, 국가와 도시를 재정적으로 약화시키는 결과가 된다. 그래서 베네치아는 장기국채의 발행을 생각해냈다. 이자는 5퍼센트, 다만 1년에 2회의 이자지불은 국가가 책임을 지고 수행하는 것을 조건으로 했다. 실제로 100년 간 끊임없이

자산액(단위: 리라 그로소)	귀족	시민
50,000 이상	1	-
50,000~35,000	4	1
35,000~20,000	20	5
20,000~10,000	66	20
10,000~5,000	158	48
5,000~3,000	145	88
3,000~1,000	386	214
1,000~300	431	541
합계	1,211	917

G. Luzzatto, *Storia Economica di Venezia dall' XI al XVI secolo*.

계속 지불되었다는 기록이 있다.

베네치아 정부가 발행한 안전한 장기국채는 상당히 평판이 좋았다. 안정되어 있으므로 재산보존의 수단으로서 적합했기에 가족의 경제적 안정을 바라는 사람들이 샀다. 또 가치가 안정되어 있기 때문에 매매도 쉬우며 그 때문에 국채를 구하는 사람도 있었다. 은행도 기꺼이 샀다. 베네치아 이웃의 전제군주들도 차지하고 있는 지위가 불안하기 때문에 이변이 일어났을 때를 대비하여 베네치아의 국채를 사두었다. 현대의 독재자가 스위스의 은행에 예금하는 것과 마찬가지라고 생각할 수 있을 것이다.

베네치아는 이렇게 해서 유럽에서 처음으로 장기국채를 발행한 나라가 되었다. 직접세의 개념을 가진 것도 그들이 처음이었다.

베네치아 정부는 발행한 국채를 희망하는 사람에게만 판 것이 아니었다. 강제적으로 사게 했던 것이다. 강제에 의해 사게 된 사람들은 고액 소득자들이었다. 베네치아 시민권을 가지고 있는 외국인들도 포함되어 있었다.

1379년부터 1380년에 걸쳐서 실시된 제노바와의 전쟁을 위한 군비를 조달하기 위한 자산 조사의 기록이 남아 있는데, 자산가로 분류된 사람은 2,128명이었다. 그해 인구의 확실한 숫자는 알 수 없지만 전후관계로 보아 15만 명이라고 하면 1퍼센트가 넘는 사람들이 과세대상이었던 셈이다. 물론 가장만을 계산에 넣은 숫자이다.

그 중에서 1300년대 초두의 정치개혁에 의해서 국가의 정치에 관여할 수 있는 계급으로 정해진 귀족계급에 속하는 사람은 1,211명이었다. 그들은 거의 전원이 과세대상이 된 셈이다. 그 밖의 시민은 917명이었다. 모든 직종이 망라되어 있으며 청과물상까지 있었다(앞의 표 참조).

자산신고는 주거 소재지 지구별로 실시되었다. 우리들은 곧 신고제는 공정하지 않았던 것이 아닐까 하고 의심스러워하지만, 베네치아인은 양식에 호소하는 일은 하지 않고 막대한 액수의 벌금을 포함한 엄벌로 임했기 때문에 의외로 정직한 신고를 하고 있었던 것 같다.

정부는 이들 부자라는 사람들에 대해 각자 부의 정도에 따라서 국채를 할당하여 사게 했던 것이다. 앞에서 말한 국가원수 라니에리 제노의 유언서 안에 다액의 국채에 관한 내용이 들어 있었던 것도 이런 이유 때문이었다. 이것 또한 '정치를 하는 사람이야말로 정의를, 백성들에게는 빵을'이라는 것을 모토로 한, 대상인들로 형성되어 있던 베네치아의 지배계급이 국가 통치, 아니 국가 경영을 어떻게 생각하고 있었는가를 나타내는 한 가지 예이다.

'베니스의 상인' 안드레아 바르바리고

내가 쓰고 싶었던 '베니스의 상인'은 셰익스피어의 주인공과 같은 것도 아니며, 그렇다고 해서 마르코 폴로와 같은 모험가도 아니다. 그들은 아주 평범한 상인들이다. 그렇지만 그들도 12세기 후반의 로마노 마일라노처럼 상품을 가지고 스스로 항해하다가 그것으로 일생을 끝내는 타입에서 조금씩 변화하고 있었다. 그 변화를 도운 것이 항해기술의 진보, 배의 구조 변화, 그리고 상업기술의 혁신이었다. 이런 것 없이는, 또 베네치아 정부의 중소상인 보호육성 정책 없이는 안드레아 바르바리고와 같은 사나이는 존재하지 않았을 것이다.

바르바리고라는 성이 나타내듯이 그는 베네치아의 귀족계급에 속했다. 그렇지만 상인으로서의 그의 경력은 거의 무일푼에서 시작되었다. 태어난 해는 정확히 알 수 없지만 상황으로 보아서 1418년에는 18세였을 것으로 보인다.

그 전년에 정기항로의 선단장을 하고 있던 아버지가 알렉산드리아 항로에서 돌아올 때 항해규칙을 위반했다는 죄로 1만 두카토나 되는 막대한 벌금을 언도받아 일가가 파산하는 사태가 일어났다. 안드레아의 상인으로서의 경력은 이듬해인 1418년 어머니가 준 200두카토의 자금을 밑천으로 시작되었다. 국채 등을 강제로 사야 할 염려는 전혀 없는 자산이었다.

맨 먼저 착수한 것은 몰락 귀족의 자제들을 위한 직업으로서 국가가 알선하고 있던 직업의 하나인, 갤리 상선의 전문 전투원인 석궁수(石弓手)가 되는 일이었다. 석궁수가 되면 우선 항해술을 배울 수 있었다. 동시에 승무원 전원은 상품을 휴대하는 것이 인정되었기 때문에, 그것을 오리엔트에서 팔고 그 대금으로 상품을 사서 다시 베네치아로 가지고 돌아와 파는 장사 기술도 배울 수 있었다.

당시 귀족의 자제들은 문법과 산수를 배운 후 14~15세가 되면 갤리선의 석궁수로서 바다로 나갔다. 이렇게 해서 현실적인 학문을 배우는 것이 관례였던 것이다. 그렇기 때문에 안드레아도 18세가 되기 전에 이미 이러한 경험은 틀림없이 있었을 것이다. 그렇지만 부모의 신세를 지면서 배우는 것과 자활하면서 배우는 것은 역시 차이가 있었다. 18세 이전의 안드레아에게 이미 석궁수로서의 경험이 있었다고 하더라도 그것은 부모의 신세를 지면서 배우는 것이었으리라.

하지만 이렇게 항해를 되풀이하는 동안에 젊은이들은 선원으로서도 무인으로서도 그리고 상인으로서도 성장해 나가는 것이었다. 일반적으로는 이것을 마치면 아버지 사업의 해외 주재원과 같은 일을 시작했다. 그와 동시에 다른 사람의 해외 주재원의 일을 떠맡기도 했다. 이 경우의 수수료는 파는 경우가 2퍼센트, 사는 경우라면 1퍼센트였다.

그렇지만 안드레아 바르바리고는 그런 복 받은 형편이 아니었다. 그는 석궁수로서 항해 경험을 쌓은 후에 국가가 몰락 귀족의 자제 구제용으로 생각한 또 하나의 직업인 해상재판소의 판사가 되었다. 그곳은 법률을 배우는 데는 가장 적합한 곳이기도 했다.

1431년, 그가 31세가 되었을 때 자본금은 1,600두카토로 늘었다. 그는 여기에 빌린 돈을 보태서 교역에 투자했다. 이 시기에 바르바리고가 베네치아에 있었는지 해외에 있었는지는 알 수 없다. 그렇지만 나는 해외에, 그것도 많은 나라를 돌면서 해외 주재원을 하고 있었던 것이 아닐까 하고 상상한다. 그렇지 않다면 나중에 그만큼 멋지게 20명이나 되는 각지의 해외 주재원들을 부려 먹을 수 있었을 리가 없다.

39세가 된 해에 그는 결혼을 했다. 바르바리고가(家)의 사람이므로 결혼 상대도 베네치아의 귀족인 카펠로가의 딸이었다. 신부의 지참금은 4천 두카토였다. 이것도 전부 장사에 투자했다. 너무 지나치게 투자해서 10두카토가 필요하게 되었을 때 반지를 저당잡히지 않으면 안될 정도였다.

베네치아의 상인들에게는 아내의 지참금이고 뭐고 투자하는 버릇이 있었던 모양이다. 로마노 마일라노처럼 결혼하자마자 아내의 지참금을 가지고 해외로 나간 채 20년이나 돌아오지 않는 무분별한 사람도 있었지만, 안드레아 바르바리고는 베네치아에서 자리잡으려고 결심했다. 결심했다기보다도 마일라노의 시대로부터 200년이 지난 당시의 베네치아 상인들에게는 본국에 머무르면서 해외무역의 제1선에서 활약할 수 있는 상황이 조성되어 있었다고 해야 할 것이다.

그 후 20년 간 그는 베네치아를 떠나지 않았다. 보통 귀족의 의무인 정치나 군사에 종사하기 위해 본국으로 돌아오는 것이 남자가 성숙하는 연령이라고 하는 40세 전후이기 때문에, 바르바리고도 여러 가지 우여곡절은 있었어도 대체로 같은 과정을 밟았다. 다만 그가 어느 정도 정치에 관여했는지는 알려져 있지 않다. 장사에 적극적이었던 것은 분명하다. 그의 부기가 고스란히 남아 있기 때문이다.

그의 부기를 보면 팔레스티나, 시리아, 에스파냐, 플랑드르, 영국 등에 있는 20명 가까운 주재원과 대리인 계약을 맺고 해외 업무를 담당케 하고 있었다는 것을 알 수 있다. 오리엔트로는 서유럽 각지로부터 수입한 모직물을 수출하고, 이집트로부터는 향신료, 콘스탄티노플로부터는 금세공품, 시리아로부터는 솜, 흑해의 타나로부터는 노예를 수입해 그것을 다시 서유럽으로 수출하고 있었다.

대금의 지불이나 수령은 은행을 통해서 환어음으로 했다. 어음을 조작해서 자본을 보다 유효하게 이용하는 것도 알고 있었다.

상품의 수송은 한결같이 정기항로의 갤리선을 활용했기 때문에 그만한 큰 규모의 장사를 하면서도 자기 배를 한 척도 소유하지 않았다. 그는 매일 리알토에 다니는 것만으로 해외무역에 종사하고 있었던 것이다.(251쪽 지도를 참조할 것)

그처럼 일하는 사람은 여러 가지 일을 알고 있어야 했다. 특히 다음과 같은 사항은 하루라도 주의를 게을리하는 것이 허용되지 않았다.

1. 정부가 결정하는 각 선단의 기항지와 적하의 종류와 양에 대한 정보. 정부라지만 실제로는 원로원이 결정했다.

2. 이집트의 술탄과 비잔틴제국 황제의 베네치아 상인에 대한 대우에 관한 최신 정보. 그들의 태도는 변화무쌍했기 때문이다.

3. 해적의 횡행이라든가 적대국의 태도에 좌우되는 항해의 안전도를 미리 정확하게 알고, 안전하지만 수송료가 비싼 갤리선으로 하느냐, 절대로 안전하다고는 할 수 없지만 수송료는 싼 범선으로 하느냐를 상품의 정도에 따라서 그때마다 결정한다.

4. 각지에서의 그해의 산출량, 질, 값의 움직임 등을 확실하게, 그

리고 보다 빨리 알아둘 필요가 있다.

  5. 각지의 정정에 정통할 것. 이것은 전쟁이 일어날 기미일 때는 미리 사두기 위해서다.

  이런 정보를 얻는 원천은, 안드레아 바르바리고에게는 같은 계급에 속하는 원로원 의원들이고, 각지의 주재원으로부터의 보고이고, 리알토에서 교환하는 동료들과의 이야기였다.

  그런 것들을 기초로 해서 내려진 결정은 속달로 해외 각지에 흩어져 있는 주재원에게 보내졌다. 속달이란 한 배로 보내는 것이 아니라 기항지마다 배를 갈아가면서 보내는 편을 말한다. 바르바리고는 그래도 중요한 거래가 되면 같은 내용의 지령문을 7통이나 써서, 팔레스타나의 아콘으로 보낼 때 3통은 크레타 경유, 3통은 알렉산드리아 경유로 보낼 정도였다. 나머지 1통은 물론 자기가 가지고 있었다.

  전화도 텔렉스도 없었던 시절이기 때문에 중세의 상인들은 편지를 자주 썼다. 주재원의 경우 친족관계에 있는 사람도 있고 완전한 남도 있었지만, 어떤 경우든 바르바리고 한 사람에게만 고용되어 있는 것은 아니었다. 계약에 의해서 수수료를 받고 다른 몇 사람의 상인들의 일을 대행하고 있었던 것이다. 바르바리고와 같은 처지에 있는 사람으로서는 당연히 거래 지령을 되도록 빨리 주재원의 손에 들어가도록 할 필요가 있었다.

  안드레아 바르바리고의 이 10년간은 상당히 수확이 많았던 것 같다. 1443년에는 집을 구입했다. 그리고 1449년에 죽었을 때는 1만 5천 두카토를 남겼다. 큰 부자라고는 할 수 없지만 확실히 국채를 사라고 강요당하는 층에 속하고 있었다.

이상이 베네치아 상인의 모습이다. 드라마의 주인공 같지는 않지만, 베네치아 경제의 뼈대를 떠받친 것은 이런 사나이들이었다. 이 상인들이 정치를 하면 어떻게 될까. 그것을 제5장에서 써보려고 한다.

5
정치의 기술

자원이 풍부한 육지형 국가라면 비합리적인 통치가
계속되더라고 그것을 견디어 나갈 수 있다.
그러나 자원이 많지 않은 베네치아와 같은 국가에서
실정은 허용되지 않았다.
그것은 당장 그들의 존망으로 이어지기 때문이다.

우리가 어떻게 해서든지 깊이 생각해야 하는 일은 어떻게 하면 실제 손해를 줄이느냐는 것이다. 바로 이 점에 진짜 목적이 있다고 생각하고 일에 임해야 한다. 왜냐하면 완전무결하고 결점이라고는 하나도 없는 제도란 이 세상에 존재할 수 없기 때문이다.
• 마키아벨리의 『정략론』에서

신임 국가원수의 도착

곧 14세기로 접어드는 무렵이었다. 베네치아에서는 앞으로 공화국의 정체(政體)를 결정하게 되는 한 가지 개혁이 실시되고 있었다. 그렇지만 이 개혁에 의해서 확립되는 정체가 공화국의 붕괴에 이르기까지 500년간 거의 바뀌지 않고 계속되리라고는 아마 유력자 계급도 일반 시민도 전혀 자각하지 못했을 것이다.

개혁을 추진한 사람은 막 38세가 된 한 사나이였다. 그의 이름은 피에트로 그라데니고였다. 그와 그의 생각에 동조한 몇 사람만이 그들이 실시하려고 하는 개혁의 성패가 앞으로의 베네치아공화국의 운명을 결정하게 되리라는 것을 명확하게 자각하고 있었을 것이다.

베네치아에게는 모든 의미에서 위기인 시대였다. 동지중해의 독점체제는 무너지고, 그것을 재건할 가망은 없었다. 또 십자군의 괴멸에 분노한 교황으로 말미암아 이슬람교도와의 교역도 큰 고비를 겪고 있었다. 서유럽의 정세도 각국에서 중앙집권의 움직임이 눈에 띄기 시작했으며, 이탈리아도 민주주의 정체가 벽에 부딪혀, 각 코무네(comune, 자치제 또는 도시국가)는 보다 강력한 통치능력을 갖춘 정체를 모색하고 있었다. 처음 얼마간은 개인에 의한 참주제로 바뀌었다가, 이어서 교황이나 황제로부터 이를 기정사실로 인정받는 형식의 군주제로 급격하게 변해가고 있었다.

베네치아도 이런 시대의 움직임과 무관할 수는 없었다. 라이벌인 제노바와의 전쟁 상태는 때로 중단되기는 했어도 50년이나 계속되고 있었다. 결판이 날 가망이 보이기는커녕 전세가 나쁜 것은 베네치아 쪽이었다. 베네치아인도 역시 통치능력이 뛰어난 통치 형태를 가질 필요를 느끼고 있었던 것이다. 중세에서는 가장 상인적인 국가라는 말을 들었던 베네치아는 밀라노나 제노바, 피렌체와는 다른 정체를 택하게 되었다. 아니 만들게 되었다.

안개가 자욱이 끼어 있지 않다면 외해로부터 리도의 외항을 통과해서 베네치아의 개펄로 들어오며 그 부근에서부터 베네치아의 도시 전체를 바라볼 수 있다. 마치 시네마스코프의 화면을 보는 것처럼, 궁전과 종루와 원수 관저가 아득한 저쪽의 물결 위에 떠 있는 것이 보인다. 리도에서 베네치아로 가는 길은 방해물이 없어 그저 똑바로 바다 위를 가면 되었다.

피렌체 교외의, 문으로부터 일직선으로 이탈리아 사이프러스의 가로수가 이어지는 빌라를 방문할 때, 앞으로 나아감에 따라서 빌라의 정면이 조금씩 분명하게 눈에 들어오듯이, 베네치아도 배가 시가 가까이 다가감에 따라 우선 궁전의 창문 수를 셀 수 있게 되고, 이어서 정교한 레이스 무늬를 생각나게 하는 창문 장식이 보이기 시작한다.

배가 베네치아 시가 동쪽에 있는 국영 조선소를 오른쪽으로 보고 산 조르조섬이나 주데카섬을 왼쪽으로 보면서 전진할 때쯤 되면 장밋빛 원수 관저의 주랑(柱廊)에 서 있는 사람의 얼굴 표정까지 알 수 있을 것 같은 기분이 들 정도다. 정면에는 대운하가 입을 벌리고 있다.

이것이 베네치아의 현관이었다. 바다의 도시 정면은 바다를 향해서 열려 있다. 오리엔트로부터 오는 배도, 플랑드르 항로의 정기편도 모두 이 수로를 통과해서 베네치아로 돌아온다. 카포디스트리아의 총독으로 있다가, 공화국 최고의 지위인 원수로 뽑혀서 모국으로 돌아가는 피에트로 그라데니고도 본국 정부로부터 파견된 12명의 특사와 갤리선에 둘러싸여서 이 수로를 통과해 산 마르코 선착장으로 향했다. 1289년 12월 3일의 일이었다.

관광지일 뿐인 오늘날의 베네치아에서는 겨울은 쓸쓸하기만 하다. 그러나 700년 전 베네치아의 12월은 활기가 넘치는 계절이었다. 성탄절 전에 상품을 팔아 치우려고 귀로를 서두르는 갤리 선단이 잇따라 입항해 왔다. 가까운 아드리아해 연안 교역에 종사하는 작은 범선도 성탄절을 가족과 함께 지내려고 모국의 항구를 메우면서 돌아왔다. 현관의 안쪽에 있는 리알토 다리 부근은 그해의 마지막 상거래를 되도록 유리하게 끝내고 모국으로 돌아가고 싶은 독일과 밀라노, 피렌체의 상인들로 더할 나위 없이 떠들썩했다. 국영 조선소를 비롯해 각 사영 조선소, 돛에 쓸 천을 짜는 공장도 무료함을 푸념할 상황이 아니었다. 대부분의 배가 항구로 들어오는 겨울이야말로 이들 공장이 100퍼센트 가동되는 계절이었기 때문이다.

겨울의 베네치아는 여름에 비해 배의 수도 사람의 수도 훨씬 많으며, 그래서 더 활기가 넘쳤다. 신임 국가원수가 탄 배가 산 마르코 선착장으로 항해하는 사이에도 그 오른쪽 일대에 늘어선 조선소로부터 배를 만드는 목수가 두드리는 망치 소리가 끊임없이 들리고 있었을 것이다.

원수 관저 바로 앞에 있는 산 마르코 선착장에 도착한 갤리 군선에서 내려선 피에트로 그라데니고를 정부 각 위원회의 위원과 원로원 의원, 유력한 가문의 대표들이 마중나왔다.

정부의 중요한 직위에 있는 사람들은 각자의 직위를 나타내는 외투를 입고 있었다. 외투는 지면에 닿을 만큼 길고 낙낙하며, 소매는 비잔틴풍으로 손목 쪽이 넓었다. 겨울에는 같은 외투에 모피로 안을 댔고, 사계절 내내 검은 비로드의 어깨걸이가 어깨에 가늘게 드리워져 있었다. 원로원 의원은 보통 같은 형태의 검은 외투를 입고 있었다. 외투가 검은 경우의 어깨걸이는 같은 비로드라도 붉은색이었다. 중요한 직위에 있지 않은 사람들과 의사나 변호사나 유력한 상인들도 같은 형태의 검은 외투를 입고 있었다. 모두가 쓰고 있는 테 없는 모자는 외투색과 같은 색이었다.

이탈리아 각국을 포함해 서유럽 전역에서 타이트하고 화려한 짧은 외투가 유행하기 시작하고 있었던 무렵이어서 베네치아 남자들의 이 복장은 서유럽 사람들이 볼 때는 퍽 비잔틴풍으로 보였을 것이다. 베네치아에서 타이트하게 짧은 외투를 입는 것은 아직 수염이 나지 않은 연소자에 한정되어 있었다.

수염 이야기가 나왔으니 말이지만, 이것도 역시 비잔틴, 다시 말해서 그리스식이었다. 베네치아의 남자들은 풍부한 턱수염을 기르는 것이 보통이었다. 대체로 갸름한 그들의 얼굴에 그것은 엄숙한 분위기를 주는 데 도움이 되었다. 일반적으로 다른 이탈리아인에 비해서 키가 큰 베네치아의 남자들은 발밑까지 닿는 긴 외투 때문인지 동작이 느릿느릿해서 위엄있고 당당한 인상을 주었다. 그래서 그들이 늘어앉아 있는 자리에 초대받은 외국의 사절들은 종종 압도당하는 기분이 들곤 했다.

남아 있는 얼마 되지 않는 기록으로 보아 피에트로 그라데니고도 그 전형적인 베네치아 남자의 한 사람이었던 듯하다. 그라데니고는 자기를 마중나온 베네치아의 유력자들 대부분이 풍부한 턱수염까지도 흰, 자기보다는 훨씬 나이가 많은 사람들이라는 것을 깨달았다. 38세의 원수는 역시 이례적으로 젊은 원수였다.

새 원수의 도착을 축하하는 의미로 산 마르코 성당을 비롯한 베네치아 전체의 교회 종이 일제히 울리기 시작했다. 젊은 원수는 선착장에 면한 소광장을 통과해서 오른쪽에 있는 원수 관저 안으로 인도되었다. 그 중정에 있는 계단 위에서 거행되는 취임식에 임하기 위해서였다.

취임식은 국가원수가 정부의 모든 간부와 베네치아 전체의 유력자들 앞에서 원수의 지켜야 할 의무를 장황하게 말하고 그것을 완벽하게 완수할 것을 맹세하는 것에서부터 시작되었다. 이것은 성문화된 헌법이 없는 베네치아공화국의 헌법이라고 해도 좋은 것이었다. 그 맹세 가운데는 외국 여성을 아내로 삼지 않는다는 것까지 있었다. 그것은 공화국 최고의 지위를 갖는 원수가 다른 나라의 어떤 영향하에도 들어가서는 안 되기 때문에 취한 대책의 하나였다.

선서가 끝나면 검은 모자와 검은 외투를 벗기고 그 대신 금색으로 빛나는 비단으로 짠 긴 망토에 코르노(뿔)라고 부르는 원수 전용의 모자를 씌웠다. 이렇게 원수에 정식 취임한 것이 된다. 성장 차림의 새 원수는 식에 참석한 전원을 거느리고 원수 관저 바로 옆에 있는 산 마르코 성당으로 향했다. 형식적인 것이기는 해도 그곳에서 기다리는 베네치아 시민들의 승인을 얻기 위해서였다.

넓은 산 마르코 성당 내부는 일반 관람석은 물론이고 2층 계단까지 많은 사람들로 메워져 있었다. 그렇지만 일반 시민들의 반응은 이례적으로 냉담했다. 피에트로 그라데니고가 입장했을 때도, 그리고 미사가 끝나고 퇴장할 때도 시민들 중 몇 사람인가가 환호의 소리를 질렀을 뿐, 금방 냉담한 침묵에 눌려 사라져버렸다. 젊은 새 원수는 그 원인을 알고 있었다. 그는 시민들의 냉담한 반응도 이미 예상하고 있었을 것이다.

1개월 전인 11월 2일에 전 원수 조반니 단돌로가 죽었다. 그 죽음이 전해지자마자 시민들은 산 마르코 성당에 모여 시민대집회를 열었다. 그 집회에서 새 국가원수로 자코모 티에폴로를 뽑았다. 법제화는 되어 있지 않았지만 원수는 1172년 이래 그해에 창설된 공화국 국회에서 선출되는 것이 100년 이상이나 관례로 되어 있었던 까닭에, 공화국 국회의 의원들에게는 매우 언짢은 사건이었다.

시민대집회와 공화국 국회가 대립하는 구실이 되고 싶지 않았던 자코모 티에폴로는 자진해서 베네치아를 떠나 트라브존에 칩거한다. 공화국 국회는 자코모 티에폴로를 포함한 여러 후보를 두고 신중히 검토한 끝에 새 원수를 선출했다. 여기서 뽑힌 것이 피에트로 그라데니고였다.

공화국 국회의원들이 체면을 손상당한 보복으로 시민대집회와

다른 인물을 선출한 것은 아니었다. 의원들의 판단기준이 일반 시민들의 기준과는 달랐을 뿐이었다

자코모 티에폴로의 인물 됨됨이에 결점이 있었던 것은 아니다. 그는 대담하면서도 신중하며, 나중에 보이는 그의 활동을 보아도 알 수 있듯이 매우 균형감각이 뛰어난 냉정한 인물이었다. 의원들이 그를 원수에 어울리지 않는다고 한 것은 자코모의 아버지도 원수를 지냈으며 또 할아버지도 원수였다는 것과, 자코모 티에폴로의 군인으로서의 경력이 너무나 눈부시다는 두 가지 이유 때문이었다.

서민들은 명문 출신에다 부자이고 빛나는 경력을 가지고 있는 사람을 동경하는 법이다. 자코모 티에폴로가 일반 시민에게 인기가 있었던 것은 이 세 가지 조건을 완전히 갖추고 있었기 때문이다. 그렇지만 공화국 국회는 바로 그렇기 때문에 공화국에는 위험하다고 판단했던 것이다.

한편 피에트로 그라데니고는 명문 출신이라는 점에서는 티에폴로에게 조금도 뒤지지 않았다. 그렇기는커녕 그리스도의 12사도를 본따서 아포스톨리카라고 통칭되어 온 베네치아 건국 당초부터의 유력 가계 출신이었다. 티에폴로가는 그라데니고가에 비하면 상당히 신흥 집안인 편이었다.

그러나 그라데니고가는 할아버지는 크레타의 총독이고, 아버지도 해군의 용장으로서 유명했지만, 그때까지 그 집안은 한 번도 원수를 내지 않았다. 또 피에트로 자신도 다른 명문의 자제들과 마찬가지로 14~15세부터 해외로 나가서 군사와 장사를 습득하는 데 20년을 보내고, 육지로 올라와서 맡은 최초의 요직이 카포디스트리아의 총독이며, 그외에는 정치·군사 모두 특기할 만한 경력은 전혀

없었다. 침착하고 냉정한 인품이라는 것이 지식층 사이에 알려져 있었을 뿐이었다.

그를 원수로 추천한 몇몇 의원은, 자기들이 공화국의 운명을 결정하는 개혁을 거들었다는 것을 자각하고 있었을까. 아마도 많은 의원들의 심중은 이탈리아가 다른 나라처럼 군주제로 이행하는 일이 없도록 바라는 생각만으로 가득했을 것이다. 베네치아공화국 역시 그 역사의 과정에서 몇 번인가 군주제가 될 위험이 잉태되었던 시기가 있었다. 그런 위험을 느끼게 한 인물은 하나같이 정치·군사 양면에 눈부신 업적을 남겼으며, 그 업적에 의해서 공화국에 먼 훗날까지 영향을 미치는 공헌을 한 원수들이었다는 것이 이 과제의 어려운 점이었다.

맨 먼저 들어야 할 예는 제2장에서 말한 아드리아해의 제해권을 확립하여 이후의 베네치아 상업 발전의 기초를 튼튼하게 한 원수 피에트로 오르세올로 2세일 것이다. 그는 자신의 치세 말기에 원수의 지위를 세습제로 하고자 했다. 아들을 공동원수로 임명했던 것이다. 그렇지만 다른 나라에서는 극히 당연한 야심도 베네치아에서는 실현되지 못하고 분쇄되고 만다. 이것에 질린 베네치아인은 오르세올로 2세의 자손을 추방한 이후에 뽑은 원수에게 보좌관을 두 사람 붙여 그들의 동의 없이는 원수라 할지라도 아무것도 결정하지 못하도록 만들어버렸다.

두번째 예는 원수 비탈레 미키엘 2세다. 지금까지 미키엘가는 과거 76년 동안 실제적으로 62년에 걸쳐서 자기 가문 출신자들로 원수의 지위를 차지했고 그 사람들도 상당한 공적을 쌓아 존경받고 있었으나, 비탈레 2세 때가 되면 자기 아들들을 요직에 앉히려는 움직임이 눈에 띄기 시작했기 때문에 사람들이 의혹을 갖기 시작했다.

비탈레 2세가 경제면에서 공헌하기는 했지만 원수 보좌관과 의논하지 않고 비잔틴 황제와 협약을 맺어버린 것은 나빴다. 그것은 원수의 의무에 어긋나는 일이었다. 주위의 분위기를 알아차린 원수가 은퇴를 표명했으나 그것도 도움이 되지 않았다. 원수 비탈레 미키엘 2세는 은신처라고 생각하고 있었던 산 자카리아 수도원 문 앞에서 살해당했다.

그해에 공화국 국회가 개설되었다. 기존의 제도가 갖고 있는, 시민대집회에서는 대중에게 이름이 알려진 화제의 유력자가 뽑히기 쉽다는 위험을 막기 위해서였다. 시민대집회를 좌지우지하여 시민들의 의견을 자기들에게 편리한 방향으로 몰고가는 것은 의외로 간단한 일이었다. 대수롭지 않은 작전을 세우고 그것에 공명하는 몇 사람의 협력자를 얻어서 일거에 일을 진행하면 성공했다.

누군가 한 사람이 제청한 인물에게 금방 몇 사람이 찬성하고 그 기세로 전 시민이 휩쓸리듯 결정해버린 예는 베네치아에서도 몇 번이나 있었다. 그러던 것을 1172년부터 원수는 공화국 국회에서 선출하고, 그것을 시민대집회가 승인하는 형식으로 바꾸었던 것이다. 그때 뽑힌 원수가 신흥계급의 기수인 세바스티아노 치아니였다. 미키엘가 등 명문가의 독재를 경계한 선택한 것이었다.

지중해 무역으로 당대에 큰 재산을 모은 세바스티아노 치아니의 치세는 그가 사업가의 감각으로 정치를 했기 때문에 합리적인 개혁파로서도 많은 실적을 올린 시기였다. 막 창설된 공화국 국회는 우선 4명을 뽑고 그 네 사람이 100명의 의원을 1년 임기로 뽑는 방식이었다. 이 방식은 그라데니고의 개혁 이전에는 세부적인 것은 자주 바뀌었어도 우선 몇 사람이 뽑히고 그 사람들이 전체 의원을 뽑는 방식이라는 큰 틀은 변함이 없었다. 계급은 전혀 문제가 되지 않았다. 비록 결의된 사항을 사후에 승인받기 위한 것일 뿐이지만 그래도 아직 국정의 최고기관은 역시 시민대집회였다.

원수의 선출이 공화국 국회에 맡겨졌다고는 하더라도 의원 전원에게 선거권이 있었던 것은 아니다. 앞에서 말한 이유로 다수의 집회에서 공정한 선택을 할 수 있다고 믿지 않았던 베네치아인들은 유권자까지도 선출했다. 방법은 추첨과 선거를 뒤섞은 베네치아만의 독자적인 방식이었다. 추첨만이라면 공정을 기할 수 있을지는 모르지만 적당하지 않은 인물도 뽑히기 쉽다. 그렇다고 해서 선거만으로는 선거운동의 폐해를 피할 수가 없었다.

우선 공화국 국회의원 중에서 제비로 30명을 뽑는다. 그 30명을 제비뽑기로 9명으로 줄인다. 9명은 40명을 뽑는다. 선출된 40명 중에서 제비로 12명을 남긴다. 그 12명이 25명을 뽑는다. 25명은 제비뽑기로 9명으로 줄인다. 9명은 다시 45명을 뽑고 선출된 45명은 제비로 11명으로 줄인다. 남은 11명이 41명을 뽑고 이 41명이 겨우 원수를 뽑는 유권자가 될 수 있는 것이다. 원수는 이 41명 중 25표를 획득할 수 있어야만 비로소 당선될 수 있었다. 신중을 기한 나머지 복잡하기 짝이 없지만 패자부활전의 논리도 간직하고 있는 점이 특색이다.

베네치아인은 이토록 까다로운 절차를 통해 뽑힌 원수더라도 그 권력을 통제할 필요가 있다고 생각했다. 순수한 상인인 치아니의 원수 시절 보좌관은 2명에서 6명으로 늘어났다. 6구에서 1명씩이던 보좌관과 의논하지 않고는 아무것도 할 수 없다는 것을 명확하게 법제화했다. 원수의 가족인 사람은 보좌관이 될 수 없다는 것도 정해져 있었다. 더구나 임기는 1년이었고 재선은 인정되지 않았다.

이 때까지만 해도 베네치아의 공화국 정체가 군주체제로부터 완전히 자유롭게 된 것은 아니었다. 세바스티아노 치아니, 오리오 마스트로피에로 등 성만 보아도 신흥계급에 속하는 것을 분명히 알 수 있는 두 사람이 계속해서 원수에 뽑혔다. 그리고 사기업을 경영하는 것처럼 정치를 했기 때문에, 그 시기에는 걱정이 없었다. 그러나 그들의 뒤를 이은 것이 엔리코 단돌로였다.

엔리코 단돌로도 제3장 '제4차 십자군'에서 말한 것처럼 십자군 원정을 이용하여 투자한 밑천을 멋지게 되찾았을 정도의 능력을 가진 사나이였으므로, 상인적인 감각에서 치아니나 마스트로피에로에 결코 뒤지지 않았다. 다만 그는 단돌로가라는 명문 중의 명문 출신이었다. 명문 중의 명문 출신인 인물이 노령을 개의치 않고 비잔틴제국의 수도, 세계 최대의 도시 콘스탄티노플로 뛰어들어 그곳을 정복했을 뿐만 아니라, 크레타섬을 비롯한 각지를 차지하는 데 성공하여 동지중해에서 베네치아의 독점체제를 확립한 것이다.

그가 베네치아 시민에게 인기가 있었던 것은 자연스러운 일이었다. 만약 엔리코 단돌로가 베네치아를 군주국으로 만들어서 자기가 그 주인으로 들어앉기를 바랐더라면 시민들은 대환영했을 것이다. 본인이 아닌 아들에게 원수 자리를 잇게 하고 싶다고 말했다 하더라도 어지간한 용기가 없으면 반대 의견도 말할 수 없었을 것이 틀림없다. 대중은 영웅을 좋아한다. 엔리코 단돌로는 모든 의미에서 영웅이었다. 더구나 그는 원정을 출발하기 전에 자기가 뒷일을 맡기는 데 이만큼 적합한 인물은 없다고 말하면서 아들인 라니에리에게 자기가 없는 동안 원수 직무를 맡겼다. 엔리코 자신은 완벽한 승리를 한 지 1년 후에 모국으로 돌아올 여유도 없이 콘스탄티노플에서 죽었다. 다음 원수로 라니에리 단돌로를 추천하는 움직임이 강했던 것도 자연스러운 추세라고 할 수밖에 없었다.

그렇지만 라니에리 단돌로 쪽이 앞을 내다보는 판단이 깊었다. 그는 자기와 같은 명문 출신일 뿐만 아니라 빛나는 아버지의 업적을 배경으로 한 사람이 원수가 됨으로써, 구계급을 쓸데없이 고무하여 모처럼 2대 계속해서 신흥계급에서 원수를 내어 대립을 중화할 수 있었던 것이 원래의 상태로 돌아가버리는 것을 우려했다.

라니에리 단돌로는 세바스티아노 치아니의 아들로 신중하고 능력도 있는 사람으로 알려져 있던 피에트로를 차기 원수 후보로서 추천했다. 그리고 피에트로 치아니가 원수로 뽑힌 후에 크레타섬을 제압하기 위한 함대 사령관으로서 출진했다가 그곳에서 전사했다. 베네치아는 이때부터 국가의 이익을 위해 스스로는 제2선에 만족하는 남자들이 부족하지 않게 나왔다.

마지막 위기는 시민대집회에서 자코모 티에폴로를 선출한 일에서 비롯되었다. 그렇지만 선출된 것을 알고 있으면서 국외로 나간 자코모 티에폴로의 행동도 라니에리 단돌로와 같은 생각에 입각해서 취한 결과로 보인다.

38세의 젊은 나이로 원수에 취임한 피에트로 그라데니고에게는 이처럼 자칫 동요하기 쉬운 베네치아공화국의 정치 체계를 어떤 방책을 써서라도 군주제를 막고, 그러면서도 강력하고 통치능력도 뛰어난 정체로 개혁하는 일이 기다리고 있었던 것이다.

피에트로 그라데니고의 정체 개혁

중세의 서유럽 그리스도교 세계에는 권력구조의 정의로서 '위로부터'와 '밑으로부터'라는 두 가지 정의가 있었다.

'위로부터'란 신·교황·황제·군주 등 권력구조가 위로부터 밑으로 내려오는 유형이다. 이것이 교황과 황제의 지위가 어느 쪽이 위냐 하는 문제로 교황파와 황제파의 싸움의 근원이 되기도 했다. 물론 지위는 임명에 의하는 것이기 때문에 군주제다.

한편 '밑으로부터'란 주민 공동체가 법에 의해서 대표를 뽑는 유형으로, 권력구조는 당연히 밑으로부터 위로 향한다. 민주주의 정체라는 것이다.

양자 모두 독자적인 이데올로기에 입각하고 있다는 것은 같다. 그렇지만 두 가지 유형은 모두 중세 그리스도교 세계에서는 무시할 수 없는 결함을 가지고 있었다.

우선 위로부터의 경우는 종교의 개입을 허용하게 된다. '황제의 것은 황제에게, 신의 것은 신에게'가 맞는데도 그리스도의 후계자들은 그것을 완전히 잊고 황제의 것까지 신의 것이라고 했기 때문에 문제가 어렵게 되고 말았다.

그렇다고 해서 밑으로부터의 경우도 결함이 없는 것은 아니다. 이쪽은 인간의 욕망의 개입을 억제하기가 매우 어렵다는 결함을 가지고 있다. 앞에서 말한 것처럼 시민대집회를 좌지우지하는 것은 극히 간단하게 할 수 있는 일이다.

현실적인 베네치아인들은 이데올로기 따위에 개의치 않고 어떻게 하면 실제의 손해를 보다 적게 할 수 있느냐 하는 관점만 생각하여, 첫째와 둘째를 뒤섞고 결합시킨 유형을 생각해내었다.

우선 어떻게 해서 종교의 개입을 막느냐 하는 문제가 있다. 베네치아인은 그리스도교도이고 그 나라의 수장인 원수는 신이 권위를 내려주신다는 점에서는 첫째 유형에 속한다. 국기도 화폐도 성 마르코의 사자를 무늬로 하고 있다. 그렇지만 원수는 국민이 뽑은 대표에 의해 선출되는 것이기 때문에, 이 점에서 본다면 둘째 유형이다. 더욱이 새 원수가 대관하는 것은 교황의 대리인 사제로부터가 아니라 원수 보좌관 중 최연장자로부터였다.

베네치아의 본산이라고 할 수 있는 산 마르코 대성당은 원수의 개인 예배당으로서 세워진 것이었다. 다른 나라에서는 본산쯤 되면 주교의 거처가 있는 교회에 한정되어 있던 것에 비하면 대단한 차이다. 베네치아의 주교는 조선소가 즐비한 카스텔로 지구에 있었다. 원래 있던 장소로부터 움직일 수도 없는 그 성당은 정치나 경제의 중심으로부터도 멀리 떨어져 있었다. 또 산 마르코 대성당은 베네치아의 수호성인 성 마르코를 모시는 교회이기 때문에 자선을 베풀고 싶어하는 사람들로부터 막대한 기부가 들어왔다.

이것도 로마 교황의 지배하에 있는 주교에게는 주지 않고, 성 마르코의 재단이사나 마찬가지인 감시관을 뽑아 그들이 '경영'했다. 감시관은 무급(無給)이며 9명이다. 그들의 임기는 종신이었는데, 이는 원수와 같았다. 임기가 종신인 요직은 베네치아에서는 이 둘 뿐이었다. 종신 임기로 함으로써 로마 교회의 압력을 배제하려고 했던 것이다. 더욱이 민중과 직접 관계를 가지고 있는 교구의 사제들까지 교구 내의 주민이 뽑고, 주교는 그것을 승인할 뿐이었다. 교황 그레고리우스 13세가 "나는 어느 나라에서도 교황이지만 베네치아에서는 다르다."라고 개탄했지만, 베네치아인은 '황제의 것은 황제에게, 신의 것은 신에게'라는 예수 그리스도의 말을 지키는 편이 신으로서도 인간으로서도 유리하다고 생각하고 행동했을 뿐이다.

또 베네치아인들의 성유물 신앙 이야기도 살펴보자. 철저한 상인인 베네치아인이 누구의 것인지도 모르는 뼈를 신앙하는 것은 이해하기 곤란하다고 같은 시대의 피렌체인들이 비웃었지만, 이것들은 비잔틴의 영향을 받은 풍습이라 하더라도 종교의 개입을 막는 대책으로서 꽤나 교묘한 방법이었다.

신자에게는 신앙의 대상이 필요하다. 그것을 신앙함으로써 그들은 천국의 자리를 예약해놓았다는 생각을 가질 수 있게 되는 것이다. 이 경우 신앙의 대상이 성자의 뼈라고 하는 뼈 한 조각이거나 그리스도가 못 박혔다고 하는 십자가 토막이라면, 이런 것들은 아무리 맹목적으로 추앙받더라도 그 사람들을 선동하려고 들지 않으니 실제적 손해는 없다.

성유물 구입에 비용이 들었더라도 그 정도면 싼값이다. 한편 합리적이라고 자인하던 피렌체인에게는 성유물 신앙은 없었지만, 그렇기 때문에 살아 있는 성자에게 신앙을 바치고 그들에 의해서 좌지우지당하는 일이 자주 생겼다. 사보나롤라가 그 전형적인 예이다. 베네치아와 피렌체의 어느 쪽 방법이 신앙으로 인한 마음의 안정을 주면서 그것으로 인한 실제적 손해를 줄였느냐 하면 베네치아가 이겼다고 손을 들어줄 수밖에 없다.

이만큼 용의주도하게 배려한 결과 베네치아는 십자군의 열광으로부터도, 종교개혁이나 반동 종교개혁의 독단으로부터도, 마녀사냥이나 이단재판의 미치광이 같은 짓으로부터도 자유로울 수가 있었다. 또 중세의 언론자유는 로마 교회의 권위가 미치지 않는 곳에만 존재할 수 있었는데, 베네치아는 이러한 면에서는 천국이었다. 루터도 에라스무스도 마키아벨리의 책도 베네치아에서라면 마음대로 손에 넣을 수가 있었다.

종교의 개입에 의한 폐해를 없애는 것은 거의 완벽하게 성공한 베네치아지만 민주주의 체계의 운동과정에서 흔히 생기게 마련인 인간 욕망의 횡포를 억제하기 위해서는 시대가 시대인 만큼 신중하게 일을 진행해야 했다.

1300년대와 1400년대의 이탈리아의 세력분포를 색깔로 구분해 놓은 지도가 내게 있다. 1300년대의 지도는 중부에서부터 북이탈리아의 상반부가 작은 코무네와 참주국별로 나뉘어서 채색되어 있기 때문에 마치 그림물감 통을 쏟아부은 것 같다. 그러나 1400년대가 되면 작은 독립공동체는 모두 사라지고 색깔 구분 부분이 훨씬 커진다. 불과 100년 사이에 군주국이나 공화국으로 통합되어서 세력분포에 큰 변화가 일어난 것이다. 가지각색의 조그만 꽃송이의 꽃다발이 큰 꽃송이 꽃다발로 바뀐 것 같은 인상이다.

피에트로 그라데니고가 개혁하기 전의 공화국 국회는 앞에서도 말한 것처럼 대운하를 경계로 나누어져 있는 3구마다 2명을 뽑아 합계 4명의 유권자에 의해서 공화국 국회 구성원의 반수에 해당되는 100명을 뽑는 방식이 정착되어 있었다. 이 방식이라면 이론적으로는 성년 남자 전부가 결정에 참가할 수 있었다. 베네치아 시민권을 가지고 있는 사람이라면 누구든지 의원에 뽑힐 가능성이 있었던 셈이다.

그러나 국회는 유력한 가문에 의해 독점되는 경향이 강했다. 몇 개의 가족이 일치해서 행동하면 4명을 뽑는 것은 간단히 할 수 있었다. 그렇게 해서 뽑힌 4명의 유권자가 자기들이 좋다고 생각하는 100명을 뽑는 것은 당연한 이야기다. 이렇게 해서 1292년에는 콘타리니가(家)의 사람만으로 18명, 포스카리가에 속하는 의원이 10명, 모로시니가의 남자들만으로 11명이라는 결과가 나왔다.

공화국 국회의 의원 분포가 이렇게 독점 형태를 나타내게 되면 당연히 공화국 국회가 지명하는 정부의 각 위원 분포도 그것과 비슷해진다. 이 현상은 개인에게 권력이 집중되는 것을 강력히 막지 않으면 성립할 수 없는 공화제로서는 결코 기뻐할 수 없는 일이었다.

임기가 1년이라는 것도 문제가 있었다. 임기가 한정되어 있는 경우, 사람은 종종 자기가 생각하고 있는 일을 재임 중에 완수하려고 서둘러 무리를 하게 마련이다. 무리는 모든 면에서 폐해를 일으킨다. 또 한정된 임기의 경우, 경험이 풍부하고 적임이라고 생각되는 사람들이 뽑히기보다도 종종 한 집안 사람이라는 것만으로 우선되는 일이 많게 된다. 이것은 인재의 활용에는 비능률적이기 때문에 대외경쟁에서 이겨 살아남는 데는 그다지 현명한 방법이라고는 할 수 없다.

그렇기 때문에 당시의 베네치아인은 이론적으로는 시민 한 사람 한 사람의 의사가 반영되어야 할 터인 민주주의 체계하인데도 실제로는 몇 사람, 혹은 몇 가문의 의향만이 방약무인으로 횡행하는 현실에 직면하고 있다.

피에트로 그라데니고가 생각한 것은 이런 폐해를 어떻게 하면 줄일 수 있을까 하는 것이었다. 그는 그러나 원수에 취임하자마자 그의 생각을 실행에 옮기려고는 하지 않았다.

우선 공화국의 최고 결정기관인 시민대집회를 자극하고 싶지 않았다. 자코모 티에폴로를 선출했을 때의 여운이 아직 남아 있었다. 정부에 반대하는 유력자가 민중과 결탁해서 반정부운동을 일으키는 전형적인 반정부운동이 베네치아에서 현실화되게 할 수는 없었다.

한편 현상에 만족하고 있는 유력가문을 쓸데없이 자극해서도 안 됐다. 그들은 여러 면에서 민중의 인기를 누리고 있기 때문에 그들에게 민중과 결탁할 구실을 주어서는 안 되었다.

더구나 그라데니고가 원수로 취임하기 3년 전에 공화국 국회 개혁안이 제출되어 있었다. 그것은 국회에 의석을 가지고 있었던 사람들의 자손에 한해서 의원의 자격을 갖는다는 안이었다. 이 개혁안은 원수 조반니 단돌로를 중심으로 하는 현상유지파의 반대로 부결되었다. 그라데니고는 기회가 무르익기를 기다렸다. 8년을 기다렸던 것이다.

1297년에 45세가 된 그라데니고에 의해서 공화국 국회 개혁안이 제출되었다.

공화국 국회에 의석을 두고 있는 현 의원은 전원 다시 4년 전으로 거슬러 올라가서 그동안 의석을 가지고 있었던 자로, '40인 위원회'의 12표를 획득할 수 있었던 자는 종신 임기의 의원으로 한다.

이것이 현직 의원의 찬성을 얻을 수 있었던 것은 당연하다. 따라서 현상유지파로부터의 반대도 일어나지 않았다. 또 이 법안에서는 의원의 수가 2배 가까이나 되기 때문에 시민대집회가 국정의 최고 결정기관이 되어야 한다고 생각하는 민주주의파도 의원의 절대적인 수가 늘어 그만큼 민의가 반영된다고 만족하고 있었기 때문에 그들에게서도 문제가 없었다.

2년 후에 원수 그라데니고는 이 법안을 보강하기 위해서 다음과 같은 안을 제출했다.

원수와 6명의 원수 보좌관에 의해서 추천된 자로 '40인 위원회'의 과반수의 찬동을 얻을 수 있었던 자는 공화국 국회의 종신 임기의 의원으로 한다.

이 안도 이렇다 할 반대 없이 통과하여 법제화되었다.

그라데니고는 이 법안이 통과하지 않으면 앞의 개혁안은 절반만 성공한 것이라고 생각하고 있었던 모양이다. 이 제2안에서 그는 유력가문에 속하지 않더라도 '적재'(適材)라고 판단한 사람들을 멤버에 넣는 데 성공했기 때문이다.

실제로 해외에 오래 체재하고 있어서 고국으로 돌아오는 일도 없고, 고국에서의 연고관계가 없기 때문에 그때까지 뽑히지 못했던 사람들이 이 기회에 많이 뽑혔다. 특히 눈에 띄었던 것이 팔레스티나 지방의 아콘에서 오랫동안 중요한 위치에 있었고, 1291년에 이집트군이 십자군을 일소해서 그 지방이 함락된 후에 본국으로 철수해 온 열두 가문이 공화국 국회의 새 멤버가 된 일이었다.

이것은 철수자 대책이라기보다도 그 곤란한 상황 속에서 살아 나온 사람들에게서 앞으로의 곤란한 상황을 살아 나가야 하는 공화국의 정치를 맡길 수 있는 능력을 보았기 때문일 것이다.

후세 사람들은 피에트로 그라데니고의 이 개혁을, 기성 귀족계급만이 정치를 독점하고 시민들을 거기서 몰아냈다고 비난한다. 그러나 이 비난은 정곡을 벗어난 것이다. 나는 지금까지 귀족이라는 말을 일부러 쓰지 않고 명문이나 유력자라고 써왔는데, 개혁 전의 베네치아에는 실제로 귀족과 평민의 명확한 구별은 존재하지 않았다.

이 개혁 후 공화국 국회에 의석을 가지고 있는 사람들을 귀족, 즉 '젠틸루오모'니 '노빌레'니 하고 부르게 되었던 것이고, 그 이전에는 귀족이라는 말에서 떠오르는 계급은 베네치아에는 존재하지 않았다. 마키아벨리도 다음과 같이 말하고 있다.

특권계급이 존재하는 사회에서는 공화국은 성립되지 않는다고 지금까지 말해온 나의 지론에 대해 베네치아공화국의 현상은 이것과 모순되는 것이 아닐까 하고 생각할지도 모른다. 실제로 베네치아에서는 귀족 이외의 사람은 어떤 (정치상의) 지위에도 오를 수 없기 때문이다.

그렇지만 이 현상은 내 생각을 논파하는 실례가 될 수 없다. 왜냐하면 베네치아공화국의 귀족이라고 불리는 계급이 가진 특권

원수 피에트르 그라데니고

은 이름뿐이었기 때문이다. 그들은 부동산 수입에 의존하고 있지 않았다.

그들의 막대한 자산은 통상으로 벌어들인 것이다. 또한 그들 중 어느 누구도 성곽을 마련하고 그 안에서 거주하고 있지 않았으며 다른 사람에게 재판권을 행사할 수도 없었다. 베네치아의 귀족은 다른 나라의 귀족이 누리고 있는 특권을 조금도 누리지 않는 귀족이었다.

• 『정략론』에서

베네치아사의 최고 권위자인 존스홉킨스대학의 레인 교수는 '국회의 폐쇄'라는 말을 쓰는 것조차 거부한다. 그에 의하면 베네치아사의 연구자들이 전통적으로 써온 이 말은 진실을 전하지 않고 있다. 피에트로 그라데니고의 개혁은 국회를 폐쇄하기는커녕 확대했다는 것이다.

확실히 레인이 말한 것처럼 공화국 국회의 의석은 늘었으며 시민에게 그 문을 닫기는커녕 오히려 그들 가운데서 인재를 등용하게 했다. 그리고 의원이 세습제가 된 것은 피에트로 그라데니고가 죽은 지 13년이나 지난 1332년에 정해진 법에 의해서였다.

그러나 의원의 임기를 종신제로 한 것 자체가 이미 공화국 국회의 권위를 강화하고 시민대집회를 유명무실하게 만들었다는 것을 의미한다. 시민대집회가 공식적으로 국가의 최고기관이 아니게 되는 것은 더 후에 가서부터지만, 이 시기에 이미 권한은 무(無)로 돌아갔다. 그리고 세습제가 됨으로써 피에트로 그라데니고의 개혁은 완성된 것이라고 나는 생각한다.

세습제라고 하면 요즘 사람이라면 누구든지 반발할 것이 틀림없다. 그렇지만 14세기에 정치를 맡기는 데 적합한 인재를 양성하는 기관이 있었겠는가. 또 그 인재를 등용하는 데 얼마만큼 공정한 여과장치가 존재했겠는가. 그 시대에 그런 의미의 교육은 아버지로부터 자식이 이어받는 것에 의지할 수밖에 없었다.

공화국 국회의 멤버를 종신제로 하는 것은 정치 전문가, 즉 정치를 전담하는 계급을 만드는 것이었다. 그것에 의해서 베네치아는 개인의 야심과 그것과 결탁하기 쉬운 대중의 전횡을 둘 다 억누르는 데 성공했다. 이것이 위로부터의 권력구조에 편입됨으로써 교황이나 황제의 개입을 막을 수 없게 되는 결함을 가진 군주제로 이행으로부터 베네치아를 구했던 것이다. 베네치아는 이 시기부터 공화국이면서 귀족제를 가진 국가가 되었다. 일종의 입헌주의 정체라 할 것이다.

귀족의 자제는 (지금부터 귀족이란 말을 쓰지만) 적자라면 25세를 맞은 해에 형사문제라도 일으키지 않는 한 공화국 국회의원으로 등록되게 되었다. 이것은 16세기에 들어오면 20세까지 어려진다. 의원 수가 인구의 증감에 좌우되었던 것은 당연하다. 1311년에는 1,071명, 1340년에는 1,212명, 1437년에는 1,300명, 1490년에는 1,570명, 1510년에는 1,671명으로 성년 남자 총수의 약 3퍼센트를 차지하고 있었다.

회의는 매주 일요일에 원수 관저의 전용 회의실에서 열렸다. 의장은 원수와 6명의 원수 보좌관이 맡고 있었다. 회의는 비공개였다. 비밀을 지키기 위해서라기보다도 방청석을 의식한 언동을 방지하기 위해서였다. 몇 년 전 영국에서 의회의 텔레비전 생방송을 허용하느냐 마느냐가 문제가 된 일이 있었다. 그때 반대한 사람의 의견 중에 의회를 중계하게 되면 의원들이 시청자를 의식한 언동을 하게 될 위험이 있다는 것이 있었다. 같은 생각을 가지고 있는 사람이 지금도 있는 모양이다.

이러한 공화국 국회가 그후 500년 동안 원수를 비롯한 정부의 요직 전체를 요리해 나가게 되는 것이다. 이때부터 베네치아에는 그 전에 있었던 유력자계급과 일반 시민이라는 구별 대신에 공화국 국회에 의석이 있는 사람과 없는 사람이라는 구별이 생기게 되었다. 다시 말해서 국정에 관여할 수 있는 귀족과 관여할 수 없는 시민이 갈라진 것이다. 다만 마키아벨리도 말하고 있듯이 베네치아의 귀족이 지니고 있었던 특권은 오직 한 가지, 국가의 정치에 참가할 수 있다는 것뿐이었다.

제4장에서 소개한 바 있는 1380년 당시의 부자 명단, 다시 말해서 이 개혁 후 80년 만에 실시된 고액소득자 일람표로도 알 수 있듯이

부자는 귀족계급만이 독점하고 있었던 것은 아니다. 그러기는커녕 귀족이 된 사람들 중의 많은 사람들이 마키아벨리가 쓴 막대한 자산가라는 말과는 반대로 다른 나라의 귀족들에 비하면 검소하다고 밖에 할 수 없는 경제 상태에 있었다. 하지만 경제적 중산계급은 항상 온건파다. 그들의 경향이 베네치아의 체계를 지탱하는 데 무시할 수 없는 안정 요소가 되었던 것이다.

법이 평등하게 시행되었던 것은 물론이다. 오히려 귀족의 권리를 지키는 위원회는 없었지만 시민의 권리를 귀족의 횡포로부터 지키는 위원회는 있었다. 시민은 누구든지 이 위원회에 고소할 수 있었다. '귀족에게는 정의를, 국민에게는 빵을'이라는 모토 그대로 실행했던 것이다.

세제도 귀족에게 특별대우를 하지 않았다. 이것도 아마 제4장에서 말했지만, 일종의 직접세라고도 할 수 있는 장기국채의 강제적인 할당제도가 자산액에 따라 할당하는 것이기 때문이었다. 자산가라고 인정된 귀족은 귀족이라도 그것이 면제되지 않았다.

이처럼 베네치아의 귀족은 다른 나라의 귀족과는 달라서 오직 한 가지 특권을 얻어 귀족계급에 속한다는 영예를 부여받은 대신 솔선해서 법을 지키고 솔선해서 세금을 바치고 솔선해서 전쟁의 제1선에 서지 않으면 안 되는 의무가 부과되었던 것이다.

퀴리니 · 티에폴로의 반정부 음모

지배계급을 독립시키고 그것으로 지배계급 내부의 대립을 방지하려고 했던 피에트로 그라데니고의 노력에도 불구하고 그의 개혁이 실시되기 시작한 지 10년 후인 1310년에 반란이 일어났다. 베네치아공화국 1천 년의 역사상 최대의 반정부 음모인 퀴리니·티에폴로의 반란이다. 반란에 참가한 대부분이 공화국 국회의 의석을 보장받고 있던 귀족이었다.

이 반란은 500년 후의 프랑스혁명 전후의 사람들에 의해서, 피에트로 그라데니고의 개혁으로 실추된 민중의 권리를 다시 회복하려고 한 민주주의적인 시도로서 높은 평가를 받게 된다. 그러나 그렇다 하더라도 개인에 의한 지배와 다수에 의한 지배를 모두 배제하고 소수에 의한 지배 형태를 확립하려고 했던 그라데니고였기 때문에 그는 이 반란을 진압시키는 것을 조금도 주저하지 않았다. 이 사건의 진상을 올바르게 알았더라면 자코뱅파도 다른 평가를 내렸을 것이 틀림없다.

내정(內政)의 혼란은 종종 외정(外政)의 실패에 의해서 야기되는 법이다. 이때의 반란도 예외가 아니었다.

페라라에서 발생한 참주제의 혼란을 틈타 군사 개입을 한 베네치아는 군사면에서도 수렁에 빠져 헤어나지 못하는 고통을 겪는 것은 물론 정치면에서도 호된 실패를 맛보고 있었다.

페라라는 법적으로는 교황청의 영토였다. 아드리아해의 서안을 확보하려고 시작한 베네치아군의 페라라 침공은 교황청의 분노를 사고 말았다. 당시 아비뇽에 있던 교황청은 베네치아인 전체를 파문에 처했다. 파문 따위는 익숙했던 베네치아인지라 종교면에서의 부자유는 참을 수 있었지만, 이번의 파문에는 베네치아인과 통상해서는 안 되며 통상한 자는 파문에 처한다는 항목이 들어 있었다. 이것은 통상에 의해서 살고 있는 나라로서는 큰 타격이었다.

공화국 국회 석상에서 마르코 퀴리니가 원수 그라데니고의 정책을 비난했다. 원수가 항전파의 리더였기 때문이다. 그라데니고는 잠깐 동안의 인내라고 말하면서 마르코 퀴리니가 제안한 교황과의 타협안에 반대했다. 원수의 생각에 주스티니안가와 모로시니가의 사람들이 찬성의 뜻을 표명한 것을 비롯하여 국회도 찬동 쪽으로 대세가 기울어졌다.

사실은 그라데니고도 이 실책을 인정하고 있었다. 그는 은밀히 아비뇽으로 밀사를 보내 교황을 매수해서 파문을 풀어달라고 하고, 그런 후에 명분이 손상되지 않는 형태로 철수할 생각을 하고 있었다. 그러나 이런 일은 비밀리에 진행될 필요성이 있었다. 그 때문에 원수 보좌관 6명과 40인 위원회의 3명의 위원장에게만 이 사정을 알렸을 뿐, 1천 명을 넘는 국회의원에게까지 다 알리지는 않았다. 이런 사정을 모르고 있던 마르코 퀴리니는 그라데니고가 개혁한 정치 체계는 정치능력을 갖추지 못하고 있다고 생각했다.

피에트로 그라데니고는 그저 단순히 완고한 사람은 아니었다. 제4장에서 말한 일이지만 교황이 이슬람교도와의 통상을 금지했을 때 로마 교황의 권위가 미치지 않는 오리엔트의 그리스도교도인 아르메니아인에게 이슬람교도와 교역을 시키고 베네치아 상인은 이 소아르메니아의 상인들과 통상을 한다고 하는 꼼수를 생각해낸 것이 바로 그였다. 현대의 경제용어로 더미라고 할 수 있다.

교황에게 뇌물을 주는 것 따위는 눈썹 하나 까딱 않고 해치울 수 있는 그리스도교도였다. 더구나 그때의 교황은 단테에 의해 '법의 관념이 없고 더러운 행위로 가득 찬'이라고 경멸당했던 클레멘스 5세였다. 정면에서 굴복하면 어떤 어려운 문제를 가지고 나올지 몰랐다.

 의원들의 대부분은 진행 중인 비밀은 모르더라도 이런 일은 이해하고 있었기 때문에 원수 그라데니고를 신뢰하기로 했던 모양이다. 통찰력이 모자랐던 것은 마르코 퀴리니 쪽이었다. 그러나 그는 유력한 가문의 수장이었다. 음모에 필요한 인원 수를 모으는 일쯤은 간단했다.

 마르코 퀴리니는 그라데니고에 대한 개인적 원한도 있었다. 페라라전의 지휘관이었던 그는 패전의 책임을 추궁당했으며, 그것을 불공평한 처사로 생각하고 있었다. 그는 원수를 죽이고 그의 작품인 공화국 국회를 해산해서 일거에 군주제로 개혁하려고 생각했다. 이것이 성공했을 때에 군주로 앉힐 가장 적합한 인물로 그는 사위인 바이아몬테 티에폴로를 지목했다.

 바이아몬테 티에폴로는 피에트로 그라데니고가 원수로 선출되었기 때문에 시민대집회에서 뽑혔으면서도 원수가 되지 못한 자코모 티에폴로의 아들이었다. 나라의 분열을 막기 위해 깨끗이 물러난 아버지에 반해 아들은 그라데니고를 미워하고 있었다.

 미워하는 이유는 또 한 가지 있었다. 바이아몬테 티에폴로가 모도네의 총독을 하고 있던 10년 전, 그의 생활 상태가 군주처럼 화려하고 매우 호사스러운 데 불신을 품은 정부가 조사원을 보내 조사하고 공금을 남용한 사실이 있다며 막대한 액수의 벌금을 청구한 적이 있었다. 벌금의 액수가 커서 혼자 전부 다 지불할 수가 없어서 처가에서까지 돈을 빌려서 겨우 지불해야만 했다. 티에폴로는 그라데니고가 막후에서 조종한 것이라고 믿고 있었다.

 티에폴로의 호탕하고 솔직한 성격은 서민들에게 인기 있었다. 많은 추종자들을 거느리고 거리를 걷는 그의 신변에 감도는 화려한 분위기를 사람들은 호의적인 눈으로 바라보았다. 바이아몬테 티에폴로는 마르코 퀴리니의 음모에 가담할 것을 승낙했다.

주모자는 한 사람이 더 있었다. 바도에로 바드엘이라고 하는 귀족이었다. 그는 7년 전에 원수 보좌관을 맡았던 사람이었다. 바드엘은 원수 그라데니고에 대한 사사로운 분노는 없었던 모양이다. 그러나 그는 파도바의 교황파를 포섭하는 역할을 맡고 있었다. 그 무렵 이탈리아에서는 황제파의 세력이 두드러지게 쇠퇴하여 교황에게 복종하지 않는 그라데니고와 그 동조자를 황제파라고 생각하는 사람들이 많았다. 그러므로 바드엘은 눈에 띄게 쇠퇴하고 있는 황제파가 베네치아를 좌지우지한다면 베네치아의 장래가 위험하다고 믿었던 것이다. 착각에 의한 애국심이었다.

반란의 순서도 결정되었다. 퀴리니의 저택과 티에폴로의 저택 모두 대운하를 사이에 두고 산 마르코 광장의 맞은편 둑, 리알토 다리의 시장 저쪽에 있었다. 6월 14일 밤, 이곳에 반란군은 집결했다. 그리고 이튿날인 15일 새벽을 기해 2부대로 갈라져서 출발했다.

티에폴로 부대는 리알토 다리를 건넌 다음에 남하해서 산 마르코 광장의 동쪽 끝으로 간다. 퀴리니 부대는 이와 거의 평행하는 길을 통과해서 산 마르코 광장의 서쪽으로 나간다. 거기서 티에폴로 부대와 합류한다는 것도 결정되었다.

바드엘 부대는 파도바로부터 브렌타강을 내려가서 아드리아해로 한 번 나갔다가 거기서부터 키오자 항구 앞을 통과해 베네치아의 개펄로 들어가기로 했다. 그 다음에는 배를 산 마르코의 선착장에 대기만 하면 되었다. 이렇게 해서 산 마르코 광장의 동쪽과 서쪽, 남쪽의 세 방향으로부터 도착한 반란군은 광장에서 합류해 일거에 원수 관저를 습격하기로 결정했다.

모든 것이 순서대로 잘 진행될 듯했다. 14일 밤이 되었다. 리알토 다리를 한 사람 한 사람 빠른 걸음으로 건너가는 그림자를 볼 수 있었으나 아무도 이상(異常)을 눈치 챈 사람은 없었다.

그런데 한밤중 가까이 되어서 두 사나이가 원수 관저의 문을 두드렸다. 한 사람은 평민이고 다른 한 사람은 그 사나이가 살고 있는 지구의 지구장이었다. 침실로 들어가려던 그라데니고는 측근 시종의 목소리를 듣고 다시 거실로 돌아왔다. 거기에는 시종 이외의 두 사나이가 서 있었다. 그 중의 한 사나이는 이가 딱딱 부딪칠 정도로 떨고 있었다. 평민은 퀴리니가에 출입하고 있는 사람이었으며 반란에 가담하고 있었지만, 막상 일이 벌어지게 되자 겁이 나서 지구장에게 모든 것을 털어놓은 것이다. 모든 것을 안 원수는 그의 생애 내내 변하지 않았던 냉정함과 강한 결단력으로 즉각 대책을 세웠다.

우선 국영 조선소의 노동자들 집으로 소집명령이 내려졌다. 근위병을 가지고 있지 않은 베네치아는 위급할 때의 경호 업무를 국영 조선소의 노동자들이 맡도록 하고 있었다.

동시에 원수 보좌관을 비롯하여 정부 요직에 있는 사람 가운데 친원수파인 것이 확실한 사람들의 집으로 심부름꾼을 보내 무기를 휴대하고 오라고 명령했다.

또 키오자의 총독에게 엄명을 내리는 것도 잊지 않았다. 바드엘 부대의 배를 키오자에서 세우고 그들을 붙잡으라는 것이었다. 정부의 쾌속선이 키오자로 향하고 있을 무렵에 갑자기 날씨가 나빠지기 시작했다.

소집을 당한 사람들이 속속 관저 문을 통과할 즈음 날씨가 폭풍우로 변했다. 그 속에서 무장한 노동자들이 산 마르코 광장의 경비를 맡았다. 관저의 경비는 귀족들이 맡았다.

한편 반란군 쪽에는 문제가 생기고 있었다. 우선 티에폴로 부대는 리알토에 있는 국고 습격이 예정대로 진행되지 않으면서 산 마르코 광장으로 향하는 것까지 늦어졌다. 바드엘 부대는 악천후 때문에 우선 출발이 늦어졌을 뿐만 아니라 뱃길로 오는 것도 험난해졌다. 정각에 광장에 도착할 수 있었던 것은 퀴리니 부대뿐이었다. 기다리고 있던 노동자들과 격렬한 싸움이 펼쳐졌다. 그렇지만 예정의 3분의 1 전력으로 정부군과 싸워야만 했던 퀴리니 부대는 순식간에 열세에 몰렸다. 마르코 퀴리니가 전사했다. 마르코의 아들 한 명도 살해되었다. 도망칠 수 있었던 것은 마르코의 동생인 피에트로를 포함하여 몇 사람밖에 되지 않았다. 퀴리니 부대는 괴멸되고 말았다.

늦게 광장으로 향하고 있던 티에폴로 부대는 산 마르코 광장에 도착하기 전에 정부군과 교전하는 처지가 되었다. 좁은 소로에서 양군은 서로 대치하고 있었다. 그렇지만 이쪽도 수적 차이는 분명했다. 뒤로부터의 압력에 밀려서 정부군이 티에폴로 부대를 덮쳤다. 격렬한 전투가 펼쳐졌다. 밀리는 형세는 티에폴로 부대였다

마침 그때 소로 양쪽에 늘어선 집 창문에서 한 여자가 티에폴로 부대의 기수를 겨냥해 조그만 돌절구를 떨어뜨렸다. 일설로는 화분이었다고도 한다. 돌절구는 보기 좋게 기수의 머리에 떨어졌고 기수는 그 자리에 쓰러졌다. 자기들의 기수가 보이지 않게 되자 티에폴로 부대의 사나이들은 완전히 전의를 잃어버렸다. 그들은 앞

다투어 달아나기 시작했다. 바이아몬테 티에폴로도 달아났다. 그들은 리알토 다리를 건너자마자 다리를 파괴하고 티에폴로의 저택에서 농성했다.

원수 관저에 대기하고 있던 그라데니고에게 잇따라 낭보가 들어왔다. 마르코 퀴리니는 전사했다. 바드엘은 붙잡혔다. 한때는 최연소 보좌관으로서 부원수까지 지냈던 바드엘은 그의 부대 전원과 함께 쇠사슬에 묶여 산 마르코 선착장에 도착하자마자 감옥으로 직행하게 되었다. 남은 일은 바이아몬테 티에폴로에게 어떤 처분을 내리느냐는 것이었다. 티에폴로의 기질로 보아 여기서 강경책을 취하면 쓸데없는 유혈을 피할 수 없다고 판단한 원수는 국외추방에 처하는 데 그칠 것이니 농성을 풀라고 설득했다. 바이아몬테 티에폴로는 그것을 받아들였다.

바드엘을 비롯한 반란군 참가자는 정식 재판을 받고는 판결대로 형에 따랐다. 바드엘은 1주일 후에 참수형에 처해졌다. 티에폴로의 저택은 파괴되고 그 빈터에는 그의 국가적 배신행위를 적은 석비가 세워졌다. 퀴리니의 저택은 3분의 2만 파괴되었다. 퀴리니가의 3형제 중 조반니는 음모에 가담하지 않았다는 것이 판명되었기 때문이다. 그렇지만 3분의 1만 남은 집은 집이 아니었다. 정부는 그것을 조반니 퀴리니로부터 사들였으며 조반니는 그 대금으로 다른 곳에 집을 갖게 되었다.

티에폴로 부대의 기수 머리 위로 돌절구를 떨어뜨렸던 여자는 정부로부터 그녀가 바라는 상을 받게 되었다. 그 여자가 바란 것은 축제일에는 자기 집 창문에서 베네치아공화국의 국기를 내릴 권리와 집세를 올리지 말아달라는 것이었다. 여자가 살고 있는 집 주인

정치의 기술 317

은 산 마르코 성당 '재단'이었기 때문에 국가가 주인이나 마찬가지였다. 그로부터 158년 후에도 여전히 같은 액수의 집세였다고 하는 1468년의 기록이 남아 있다.

국외로 달아날 수 있었던 바이아몬테 티에폴로와 그 동지들이 유유히 망명생활을 즐길 수 있었던 것은 아니다. 그들의 언동은 아무리 사소한 것까지 감시당하고 있었으며, 그것은 자세히 베네치아 정부에 보고되고 있었다. 이런 기록을 읽는 것은 마치 스파이 소설을 읽는 것같이 재미있다.

이렇게 얻은 정보에 의해서 그들 중 한 사람에게서라도 수상한 언동이 보이면 베네치아 정부는 당장 그 체재국의 정부에 그들의 추방을 요청했다. 바이아몬테를 비롯해서 그들 중에는 각지의 교황파에게 손을 써서 권토중래를 기하는 사람이 많았기 때문에 베네치아 정부도 신경을 곤두세울 이유가 있었다.

이렇게 해서 망명자들은 각지를 전전하게 되었고, 차차 뿔뿔이 흩어지게 되었다. 그러는 동안에도 기회를 노려 베네치아 정부가 보낸 자객의 손으로 대외문제가 되지 않는 형태로 살해당했다. 마르코 퀴리니의 한 동생도 이렇게 해서 살해당했다. 바이아몬테 티에폴로도 마침내 외가 쪽 인연을 의지하여 크로아티아로 피할 수밖에 없었다. 그의 죽음은 사건 이후 18년 뒤에 오지만 그 죽음의 진상은 분명치 않다.

이것이 18세기부터 19세기 내내 민주주의의 챔피언으로 여겨지고 있던 반란의 진상이다. 평민으로 이 난에 참가한 것은 화가조합에 속하고 있었던 사람들뿐이었다.

'10인 위원회' 창설

공화국 국회의 개혁과 함께 후대에 평이 나쁜 또 하나의 그라데니고의 작품은 이때의 난이 있은 지 2개월 후에 창설된 '10인 위원회'였다.

반국가 음모에 대처할 목적으로 만들어진 10인 위원회는 시대가 흘러 그 권한이 증대하여 비밀을 지키면서 신속하게 결정을 내릴 필요가 있다고 보는 문제나 중대한 재판을 심의하는 기관이 되었다.

위원은 공화국 국회에서 뽑힌 원로원 의원 중 30세 이상을 조건으로 하고 10명이 뽑혔다. 임기는 1년이고 다른 중요한 직위를 겸직하는 것은 인정되지 않았다. 또 최저 1년의 휴직기간을 둔 다음이 아니면 연임도 허용되지 않았다.

위원장은 한 사람이 아니라 3명이었고 1개월 임기로 교대했다. 왜냐하면 위원장이 되면 외국인과의 사적인 접촉이 금지되었고, 재결할 때 적당히 봐달라고 부탁하려고 하는 사람들과의 접촉을 의무적으로 피해야 했다. 따라서 연회는 물론이고 거리를 산책하지도 못할 정도였으니, 그런 비인간적인 생활을 오래 시킬 수는 없었다. 그래도 10인 위원회의 위원으로 뽑히는 것은 귀족이라면 누구든지 바라는 일이었다. 토의하고 결의하는 문제의 중요성으로 볼 때 정치를 하는 사람에게는 뭐니 뭐니 해도 매력적인 직책이었기 때문이다. 당연히 무보수였다.

10인 위원회의 위원으로 뽑힐 수 있는 자격은 30세 이상의 원로원 의원이라면 충분한 것이 아니었다. 원수나 6명의 원수 보좌관과 같은 가문에서 나온 사람은 선거하기도 전에 배제되었다. 왜냐하면

10인 위원회라는 이름이기는 했지만 실제로는 10명의 위원 이외에 원수와 원수 보좌관 6명이 참가하는 것이 관례였기 때문이다. 같은 가문을 배제하는 것은 1가(家) 1위원의 원칙에 충실하게 따르기 위함이었다.

이밖에 교황청과 관계가 있는 경우도 선거 전에 배제되었다. 한 가문에서 추기경을 내거나 또 그 추기경이 교황이라도 되면 그 집의 남자들은 10인 위원회의 위원이 되는 것을 단념해야 했다. 적어도 그 추기경이나 교황이 죽지 않는 한 그럴 수밖에 없었다. 국가의 최고기밀을 다루는 위치이기 때문에 이 정도의 배려는 필요하다고 베네치아인들은 생각했다.

이 10인 위원회는 프랑스혁명 후의 풍조하에서는 평판이 나빠졌지만 르네상스 시대에는 그다지 나쁘게 생각되지 않았다. 아니 이데올로기보다는 통치능력을 중시하는 현실주의자들 사이에서는 오히려 칭찬받을 정도였다.

공화국에서 시행되고 있는 정치상의 절차는 느릿느릿한 것이 보통이다. 입법이든 행정이든 어떤 일이라도 혼자서 결정할 수 없으며 대부분의 일은 다른 몇 사람과 공동으로 하는 구조로 되어 있다. 그래서 이 사람들의 의견을 통일하는 데 상당한 시간이 필요하게 된다. 이처럼 느린 방법은 조금의 지체도 허용되지 않는 상황에서는 대단히 위험하다. 그렇기 때문에 공화국은 이런 경우를 위해 (고대 로마의 경우처럼) 임시적인 독재 집정관 같은 제도를 만들어두어야 했다.

베네치아공화국은 근래의 공화국으로서는 강력한 국가다. 베네치아에서는 비상시에 공화국 국회나 원로원에서의 일반 토의에 회부하지 않고, 권한을 위탁받은 소수 위원들끼리 토의하여 정책을 결정하는 방법을 취해왔다. 이런 제도의 필요성에 눈 뜨지 않은 공화국의 경우, 종래와 같은 정체를 지키려고 한다면 국가는 멸망하고 말 것이고 그렇다고 해서 국가의 멸망을 피하려고 한다면 정체 그것 자체를 때려부숴야만 하는 벽에 반드시 부딪치게 된다.

- 마키아벨리의 『정략론』에서

10인 위원회(Consiglio dei Dieci)는 10명의 위원, 원수, 원수 보좌관 6명, 합계 17명으로 구성되는 것이 통상적인 형태였으나 매우 중대한 일에 직면했을 때는 비밀과 신속성을 유지하면서 또한 신중성도 빠뜨릴 수가 없다는 이유로 원로원 의원 중에서 다시 20명을 임시위원으로서 뽑아 37명으로 구성되기도 한다. 그 첫 번째 기회가 1355년에 왔다.

그 계기가 된 사건은 퀴리니·티에폴로의 음모와는 비교가 안 될 만큼 이탈리아, 아니 유럽 전체의 궁정의 이목을 집중시킨 사건이었다. 반국가 음모의 주모자가 다름 아닌 당시의 원수 자신이었기 때문이다.

원수 마리노 팔리에로의 음모

시대는 퀴리니·티에폴로의 반란이 있은 지 1년 후에 죽은 피에트로 그라데니고의 시대로부터 이미 반세기 가까이나 지난 때였다. 당시 베네치아의 정세는 제노바와의 사이에 벌어진 대립항쟁의 수렁 상태도, 이탈리아 각지에서의 군주제도에 의한 소국통합의 경향도 아무런 변화의 조짐을 보이지 않고 있었다.

음모의 실마리는 아주 사소한 사건에서 발단했다.

원수 관저의 1층에 있는 해군부의 한 방에서 이자레코라는 이름의 선원을 앞에 두고 단돌로가의 남자인 조반니가 격노하고 있었다. 조반니 단돌로가 승선시키도록 명령한 선원을 그 배의 선원 우두머리를 맡고 있는 이자레코가 거부했기 때문이었다. 조반니 단돌로가

"상사의 명령을 듣지 않다니 무슨 일이냐?"

하고 화를 내자, 이자레코는

"상사의 명령이라 할지라도 부적격한 사람은 승선시킬 수 없습니다."

라고 대답하면서 조금도 양보하지 않았다. 그렇지만 베네치아에서는 상사의 명령이라 하더라도 절대적이지는 않았기 때문에 조반니 단돌로로서는 분노를 폭발시키는 정도밖에 할 수 없었다. 그러나 해군부에서 물러나온 이자레코가 분을 삭이지 못했다. 그는 당장 가까이에 있는 뱃사람들 집회소로 가 그곳에 모여 있는 동료들 앞에서 분노를 터뜨렸다.

"애송이인 주제에 귀족이랍시고 거들먹거리다니 사무실에 있으면서 현장의 일을 제가 제대로 알기는 하냔 말이야."

이러한 이자레코의 분노에 동료들도 동조했다.

얼마 전, 이자레코와 그의 동료들은 제노바 함대에게 고전하다 간신히 돌아온 함대 대신 시민만으로 급하게 조직한 함대를 지휘해 승리를 거두고 돌아왔다. 그들이 기세가 당당한 것도 당연했다.

"귀족 따위에게 맡기고 있기 때문에 베네치아는 진단 말이야."
라는 누군가의 말에 모두가 맞장구를 쳤다.

그렇지만 이 시점에서는 아직 그들의 분노는 조반니 단돌로만을 향하고 있었다. 그들은 그 애송이 놈에게 한 방 먹여서 눈을 뜨게 해주자고 생각했다. 퇴청시간 직전에 원수 관저의 문 앞을 10명 정도가 왔다 갔다 하면서 단돌로가 나오는 것을 기다렸다. 그것을 안 조반니 단돌로는 무서워서 동료들이 퇴청한 후에도 밖으로 나올 수 없었다. 그는 원수에게 이 사실을 호소했다.

원수 마리노 팔리에로는 이자레코를 불러 이런 불온한 행동은 어떠한 이유가 있더라도 바람직하지 않다고 꾸짖었다. 해산시키라는 원수의 명령에 이자레코가 따랐기 때문에 조반니 단돌로는 집으로 돌아갈 수가 있었다.

그러나 그날 밤 늦게 원수는 은밀히 이자레코의 집으로 사람을 보내서 그를 관저로 불러들였다. 그 자리에서 원수 마리노 팔리에로는 평민인 이자레코에게 서로 협력해서 귀족제를 쓰러뜨리고 더 강력한 베네치아를 만들자는 말을 꺼냈다. 이자레코는 즉각 동의했다. 그리고 그의 친구로 평민계급에 큰 영향력을 가지고 있는 석공 우두머리이자 배도 가지고 있을 만큼 부자인 칼렌다리오라는 사나이도 가입시키자고 원수에게 진언했다.

이자레코와 칼렌다리오가 각각 20명의 우두머리들을 모을 수 있으며 그 20명의 우두머리 한 사람 한 사람이 40명의 동지를 모을 수 있을 것이라는 것이 이자레코가 세운 예상이었다. 원수 팔리에로는 모든 것을 이자레코와 그 칼렌다리오라는 사나이 두 사람에게 맡기겠다고 말했다.

동지들은 4월 15일 심야에 원수 관저에 집결하기로 결정했다. 4월 15일이라는 날짜를 택한 것은 이튿날인 목요일이 원로원, 10인 위원회, 내각의 각 부처 등의 회의가 잇따라 열리는 날이었기 때문이다. 귀족계급이 한자리에 모이는 공화국 국회가 열리는 일요일을 택하지 않았던 것은 800명의 반란군으로 1,100명을 넘는 귀족을 대하는 것은 불리하다고 판단했기 때문일 것이다.

그렇지만 이 음모는 동지를 모으는 단계에서 난항한다. 권유를 받은 사람 대부분이 참가를 거부했다. 원수가 배후에 있다는 것을 몰랐기 때문이기도 했다. 또 음모에 가담할 것이라고 예정했던 인원수가 너무나도 많았다. 그러다 보니 소문이 퍼지기 시작했다. 소문을 알게 된 몇몇 귀족이 원수에게 보고했다.

팔리에로는 별일 아니겠지 하고 상대하지 않았다. 그러나 10인 위원회의 10명의 위원이 직접 접촉하고 있는 첩보망이 음모의 확실한 정보를 포착했다. 한 사람 한 사람, 음모 참가자의 체포가 은밀히 시작되었다. 피는 흘리지 않았다.

귀족들은 이제 큰 목소리로 원수와 보좌관 6명에 의한 평의회를 열도록 원수에게 요구했다. 요청이 있는 이상 원수로서도 소집할 수밖에 없었다. 이 회의에서 결의된 조사를 진행하는 동안에 음모의 중심인물이 원수라는 것이 밝혀졌다. 당장 원수는 원수 관저 내의 한 방에 감금되었다.

4월 16일에 10인 위원회가 소집되었다. 이 중대한 일을 토의해 시비를 가리기 위해 임시위원 20명이 뽑혔다. 그밖에 10명의 위원과 6명의 원수 보좌관 등 36명이 참석했다. 물론 원수는 참석하지 않았다.

원수 마리노 팔리에로의 처형(부분, 들라크루아 그림, 1825년경)

그날 해질녘에 이미 체포되어 있던 이자레코와 칼렌다리오 두 사람에게 판결이 내려졌다. 교수형이었다. 형은 그날 밤에 관저 내에서 집행되었다. 며칠 후 교수형에 처해진 사람은 11명이나 되었다.

원수 마리노 팔리에로의 재판은 거의 24시간 쉬지 않고 계속되었고 이튿날인 17일에 10인 위원회의 자리에 끌려나온 원수에게 판결이 언도되었다. 그리고 같은 날 저녁 원수 관저의 안마당에서 2층 주랑으로 통하는 계단 위에서 목을 베었다. 그 자리는 71세가 된 원수가 겨우 6개월 전에 취임선서를 한 장소였다. 정부의 전체 간부들이 지켜보는 가운데 금실로 무늬를 짠 비단으로 만든 원수 모자를 벗기니 백발의 머리가 피를 내뿜으며 뒹굴었다. 그것을 10인 위원회의 위원 한 사람이 창 끝에 찔러 관저의 발코니로부터 밖의 민중들에게 보이면서 외쳤다.

"국가를 배신한 자에 대한 정의는 이루어졌다."

이 사건의 결과는 다음과 같았다.

참수형 1명, 교수형 11명, 종신형 3명, 1년의 실형 1명, 추방형 5명, 집행유예 31명.

마리노 팔리에로의 재산은 몰수당했고 피에트로 그라데니고의 손녀였던 그의 아내 알루이시아는 자원해서 수녀원으로 들어갔다.

지금도 베네치아를 방문하는 사람은 원수 관저 안에서도 가장 큰 방, 공화국 국회 회의장의 벽면을 둘러싸고 있는 역대 원수의 초상화 중에서 오직 하나에 초상화 대신 까만 천이 덮여진 것을 볼 수 있을 것이다. 원수 마리노 팔리에로의 초상화가 있어야 할 공간이다. 빈 곳에는 그가 배신자로서 처형당했다고 적혀 있다.

이 사건은 극적인 사건이었던 만큼 19세기가 되어서 낭만파 예술가들의 상상력을 자극했다. 들라크루아가 그리고, 바이런이 쓰고 도니제티와 로시니가 오페라로 작곡했다. 이것들의 대부분은 마리노 팔리에로의 비극의 원인을, 그의 아내와 미켈레 스테노라는 젊은 귀족 사이에 싹튼 연애에서 찾는다. 젊은이가 원수 부인을 탐냄으로써 받은 벌이 너무나도 가볍다고 원수가 분개했기 때문에 일어났다는 것이다. 그러나 이것은 민간의 전승일 뿐 그것을 확증할 사료는 없다. 미켈레 스테노는 사건 45년 후에 원수로 뽑혔다.

마리노 팔리에로만큼 베네치아가 군주국이 된다고 했을 때 그만큼 군주로서 어울리는 사나이도 없었을 것이다. 이미 11세기에 원수를 배출한 명문 출신이었다. 또 남자로서 한창이던 때 콘스탄티노플 주변을 경비하는 해군 제독을 지냈고 크레타섬의 총독도 역임했다. 대사로 각국의 궁정에 파견된 적은 몇 번 맡았는지 알 수 없을 정도로 많았다. 원수로 뽑혔을 때도 아비뇽에 있는 교황청에 파견되어 제노바와의 강화라는 어려운 일을 교섭하고 있던 중이었다. 외국의 요인들과도 친해 당시 최고의 지식인이라는 말을 듣던 시인 페트라르카와는 친구 사이이기도 했다.

다시 말해서 당시 필리에로만큼 외국에 이름이 알려진 베네치아인도 없었다. 또 베네치아 귀족답게 상재(商才)도 뛰어나 바쁘게 각국을 떠돌아다니는 생활이면서도 각지에 둔 대리인을 이용해서 활발한 교역을 하고 있었다. 정치·군사·경제의 각 분야에 걸쳐 화려한 존재라면 민중 사이에서 인기가 높아지는 것도 당연했다. 그가 원수로 뽑혀서 아비뇽에서 서둘러 귀국했을 때 민중들은 그를 마치 개선장군처럼 맞았다.

이탈리아의 다른 나라라면 마리노 팔리에로는 군주가 되었을 것이다. 베네치아에 태어난 것이 그의 불행이었다.

베네치아공화국의 정체(政體)

퀴리니·티에폴로의 반란과 마리노 팔리에로의 음모가 베네치아공화국이 경험한 단 두 번의 반정부 음모였다. 이 두 음모가 모두 14세기 전반에 집중된 셈이지만 그 후 500년 간 베네치아는 격렬한 정쟁이 끊이지 않았던 피렌체나 제노바 두 공화국에 비하면 완전히 별천지라고 해도 좋을 평온을 누리게 된다.

10인 위원회를 비롯한 감시의 눈이 엄했던 것도 있지만 베네치아의 정체 자체가 개인이나 일가족에게 권력이 집중되는 것을 철저히 경계했을 뿐만 아니라 하나의 기관이 강대한 권력을 휘두르는 일이 없도록 배려되어 있었기 때문이다.

원수는 6명의 원수 보좌관에 의해서 조정된다. 외정(外政)을 주로 담당하는 원로원도 재정을 담당하는 '40인 위원회'와 서로 견제하는 관계에 있었다. 총리부와 내각도 담당하는 정무가 명확하게 갈라져 있지 않았기에 서로 견제가 가능했다.

강대한 권력을 가지고 있었다고 하는 10인 위원회조차도 200년 후인 16세기에는 그것을 조정하기 위해 10인 위원회와 원수 평의회에서 3명의 위원이 뽑히는 형태의 국가심문위원회가 병립하게 된다. 더구나 한 가문에 1명이라는 제한이 붙었다. 다음의 도표에서도 알 수 있듯이, 원수 이외의 직책은 전부 복수의 인원으로 구성된다. 원수라도 원수 보좌관과의 협의 없이는 회의를 소집할 수조차 없었다. 그렇기 때문에 합의제는 베네치아 정체의 구석구석까지 보급되어 있었던 셈이다. 배의 항로조차도 선장 혼자서 결정하지 않고 합의를 해야 했던 나라였다. 한 나라의 항로를 결정하는 정치를 합의제로 한다는 것은 당연한 일이라고 생각하고 있었을 것이다.

또 중요한 직책은 일정한 휴직기간을 거치지 않으면 재선을 허용하지 않는 베네치아 특유의 방식도 있었다. 종신직인 원수와 공화국 국회의원을 제외하면 휴직기간 없이 재선이 가능한 직책은 임기 1년의 원로원 의원뿐이었다. 그 외에 원수 보좌관은 임기 1년, 휴직기간 2년이었다. 10인 위원회 위원은 임기 1년, 휴직기간 1년이고, 내각은 어느 부서도 임기 6개월, 휴직기간 6개월이었다.

연령도 공화국 국회에 등록되는 연령은 처음에 25세, 시간이 흘러 20세를 맞으면 인정되었으나 중요한 직책에 뽑히는 연령은 반

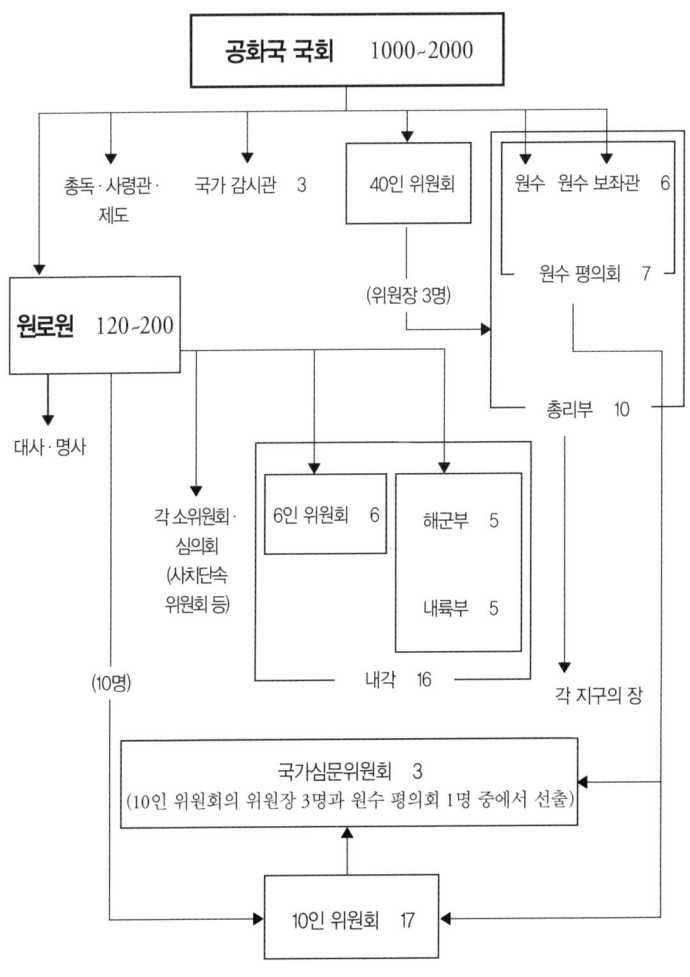

베네치아공화국 정체 약도
(화살표는 선출·위임 관계를 나타낸다)

드시 30세 이상이어야 허용되었다. 공화국 국회의 일원이 된 젊은 귀족이 맨 처음 근무해야만 하는 직책으로서 '시뇨리 디 노테'(밤의 지배자)라는 우아한 이름의 경찰관이 있었다. 이것은 6구에서 1명씩 뽑히는 직책으로 임기는 1년이었다.

국정을 담당하기 전에 우선 서민의 사정에 정통할 필요가 있다는 취지였다. 이것으로 두 번쯤 근무한 후에 해군부의 관리로 '승격'되었다. 내각의 직책 중에서 원로원 의원이 아니라도 되는 것은 이것뿐이었다.

그렇지만 이렇게 자주 바뀌면 일관된 정치를 할 수 없지 않을까 의문스러울 것이다. 틀림없이 '대신'이나 '장관'은 1년이나 6개월 단위로 바뀌었다. 더구나 1년이나 6개월의 휴직기간을 보내지 않으면 같은 직책으로 돌아갈 수도 없었다. 물론 위원회의 전원을 한 번에 바꾼다면 정무가 정지되기 때문에 절반씩 바꾸는 방식을 취하고 있었다고는 하더라도 임기가 짧기로는 매한가지였다.

더구나 같은 직책만 맡지 않고 각 직책을 전전하는 것을 이상적으로 생각했으며 실제로 그렇게 실행하고 있었기 때문에 후대의 우리들이 의심을 갖는 것도 당연한 일이다. 그렇지만 내각에서 대신이나 정무차관이 자주 바뀌더라도 사무차관 이하의 관료가 착실하다면 행정에는 조금도 지장이 없었다.

다시 말해서 베네치아인은 정치 전문가는 전문화되어서는 안된다고 생각한 것이다. 여기서 베네치아의 관료계급이 다른 나라에서는 볼 수 없을 정도로 완성되었음을 볼 수 있다. 베네치아의 정치 체계를 밑에서 떠받치고 그 체계를 계속함으로써 생기는 실제적 폐해를 되도록 줄이고 능률적, 즉 경제적으로 그것을 운영해 나가기 위해 불가결한 요소인 관료계급의 완성시킨 것이다. 이것은 다른 나라에서는 볼 수 없는 것이다.

그들은 '치타디노'(시민)라고 불리며, 전문행정직인 그들의 직책은 전문적 정치담당세력인 귀족과 달리 종신고용제였다. 인원수는 귀족과 거의 동수였다. 그들은 정책 결정에 관여할 수는 없었다. 그렇지만 정책 결정에 필요한 정보는 그들의 손에 의해서 정리·분석되어서 귀족에게, 다시 말해서 정치의 전문가에게 제안되었다. 토의에도 결의에도 참가할 수 없었지만 위원회가 열릴 때마다 나와 있는 변하지 않는 얼굴이라고 하면 귀족이 아니라 그들이었다.

이들 중 제일 높은 관직은 내무장관이었다. 원수가 참석하는 곳에는 반드시 내무장관도 참석했다. 개전이나 강화 같은 극비사항을 토의하는 회의에도 빠지는 일이 없었다. 원로원의 회의에는 120명의 원로원 의원과 원수, 원수 보좌관 6명이 참석하고 내무장관 이하 25명의 비서관에 2명의 서기가 대기하는 것이 보통이었고 극비사항을 토의하는 경우라도 내무장관과 2명의 서기만은 반드시 참석해야 했다.

이런 구조였기 때문에 정부의 모든 일에 정통한 인물은 국가원수를 제외하면 바로 내무장관밖에 없게 된다. 게다가 원수는 고령인 인물이 뽑히는 것이 보통이며 평균 치세기간은 10년이었기 때문에 내무장관은 몇 대의 원수를 섬기는 일도 종종 있었다.

참수당한 팔리에로 직전의 원수였던 안드레아 단돌로 때의 내무장관은 24세 때 발탁되었으며 또 그것이 종신직이기 때문에 말년에는 살아 있는 사전과 같은 존재였다. 각국이 그를 회유하려고 꾀한 것도 충분한 이유가 있었다. 그러나 한 번도 성공하지 못했다. 프랑스 궁정의 귀족이 되더라도 베네치아의 10인 위원회의 집요한 추궁으로부터 벗어나는 것이 어렵다는 것을 너무나 잘 알고 있었기 때문일 것이다.

외교 교섭을 위해 베네치아를 방문하여 원수를 비롯한 그 담당위원에게 소개된 외국 사절이, 금실로 무늬를 짠 화려한 비단으로 만든 큰 망토에 메리노의 모피를 걸친 원수 옆에 동석한 귀족들의 빨간색 겉옷보다도 단연 더 호화스러운 금색 망토를 걸친 인물이 귀족이 아닌 평민이라는 것을 알고 놀랐다는 기록이 많다.

평민에 대한 이런 대우는 같은 시대의 다른 나라에서는 생각할 수 없는 일이었다. 만약 외국 사절들이 제례 때 거행되는 원수의 행렬을 보았더라면 놀랄 뿐만 아니라 어이가 없었을지도 모른다. 원수의 행렬의 '선도'는 대주교가 맡는다. 행렬의 중앙쯤에 원수의 바로 앞을 행진하는 인물이 2명 있다. 하나는 성장을 한 내무장관이고 다른 한 사람은 투표 때 구슬을 세는 평민 출신의 아이였다. 그 다음에 원수가 왔다. 조명을 비춘다고 하면 이 세 사람은 비출 것이 틀림없다는 생각이 들 정도로 이 세 사람은 베네치아공화국의 정체를 상징하는 존재였다.

성년 남자의 약 3퍼센트가 정치를 하는 귀족이고 거의 같은 수가 행정의 전문가인 '시민'(치타디노)이라면 나머지 방대한 수의 사람들은 도대체 어떤 방법으로 정치적인 흥미를 만족시키고 있었을까? 인간이란 본래 정치적 동물이기 때문에 그 성향을 억제하기만 한다면 언젠가 폭발하게 된다. 베네치아에서 그것을 중화하고 있던 것은 '스쿠올라'라고 부르는 조합이었다. 이것과 같은 것을 피렌체에서는 아르테라고 불렀다.

그렇지만 피렌체에는 모직물 조합이나 견직물 조합처럼 그 나라의 경제를 짊어지고 있는 산업의 조합이 있는 데 비해 베네치아에는 해외무역자 조합도 없고 뱃사람 조합도 없었다. 그것은 아마도 국가가 해외무역의 보호육성에 열심이었고 뱃사람의 보호도 해상법으로 보장되어 있었기 때문에 일부러 조합을 만들어서 자기들의 권리를 확보하기 위해 힘쓸 필요가 없었기 때문일 것이다.

조선공도 조선공이라는 이름이 붙은 조합을 가지고 있지 않았다. 기동대와 같은 것을 가지고 있지 않았던 베네치아 정부로서는 국영 조선소의 노동자들을 유사시에 '기동대'로서 쓸 정도로 신용하고 있었다. 또 국가의 기간산업에 종사하는 자로서 부족함 없이 신분이 보장되었기 때문에 조합을 가질 필요도 없었다.

민간 조선소의 노동자들은 각자의 직능별로 목수 조합, 도장 조합(塗裝 組合)이라는 이름의 조합을 가지고 있었다. 소기업의 경영자도 동업 조합을 가지고 있었으며 상점 주인에게도 조합이 있었다. 다만 의사나 변호사의 조합은 없었다. 화가의 조합은 있었다.

이런 조합에는 자기들의 권리를 확보하는 것부터 시작해서 그것을 당시의 정부가 인정하게 하는, 피렌체에서 볼 수 있는 것 같은 정치적 경향은 볼 수 없었다. 어디까지나 조합원이 서로 돕기 위한 공제 조합과 같은 성격을 가지고 있었다. 그들의 권리는 전문인 상설위원회를 창구로 국가가 배려하고 있었다.

조합에는 크고 작은 차이는 있었지만 모두 전용 예배당과 집회소를 반드시 가지고 있었다. 병원이나 양로원까지 가진 조합도 있었다. 조합의 운영은 조합원의 완전한 자치에 맡겨져 있었다. 법률에 따르면, 귀족은 입회는 할 수 있었지만 임원은 될 수 없었다. '포폴라노'라고 불렸던 일반시민의 조합은 그들의 성곽이었던 것이다.

다만 14세기 이후 반체제운동만은 엄격하게 금지되었다. 그것외에는 완전히 자유였다. 원수 관저에 벽화를 그린 화가를 초청해서 자기들 조합의 집회소 벽을 관저에 뒤지지 않을 만큼, 아니 그것보다도 더 훌륭한 명작으로 덮어버린다 하더라도 정부는 조금도 간섭하지 않았다. 산 로코 조합의 집회소는 틴토레토의 걸작으로 넘치고 있었다.

축제는 정치의 도구였다. '치타디노'(시민)에게 등장할 장을 준 것과 마찬가지로 '포폴라노'(일반시민)에게도 화려한 조명이 비추는 장을 만들어주어야 했다. 베네치아의 축제에 각 조합은 반드시 참여하는 것으로 되어 있었다. 조합마다 깃발을 선두에 세우고, 여느 때는 소중히 간직하고 있던 성유물을 공손하게 받들고 사람의 울타리 사이를 자랑스러운 듯이 나아갔다.

10인 위원회 위원들에게는 이런 무대에 등장할 장이 주어지지 않았다. 베네치아의 축제에서 주인공은 귀족도 아니고 시민도 아니고 포폴라노였다.

베네치아공화국은 자원이 많지 않은 나라였다. 자원이 풍부한 육지형 국가라면 비합리적인 통치가 계속되더라도 그것을 견디어 나갈 수 있다. 고대로마제국, 비잔틴제국, 그리고 머지않아 베네치아의 숙적으로서 앞을 가로막게 될 터키제국도 악정이 계속되었지만 그것이 제국의 붕괴로 이어지는 데는 길고 긴 세월을 필요로 했다.

한편 자원이 많지 않은 베네치아와 같은 국가에서 실정은 허용되지 않았다. 그것은 당장 그들의 존망으로 이어지기 때문이다. 도시국가나 해양국가의 생명이 짧은 것은 이 때문이다.

베네치아의 지배계급은 단 한 번의 굶주림이라도 10만에서 15만의 인구밖에 가지고 있지 않은 나라에게는 치명적이라는 것을 알고 있었다. 국영 밀 창고를 관리하는 관리는 1개월에 한 번씩 정확한 재고량과 그것으로 전체 인구를 먹일 수 있는 일수를 보고할 의무가 있었을 뿐만 아니라 정부의 위원회가 최저필요량이라고 인정한 양의 밀을 어떤 방법으로든지 확보해둘 의무가 있었다. 이런 방법으로 베네치아에 기근은 한 번도 일어나지 않았다.

베네치아공화국은 자원이 없는 해양도시국가로서는 예외적으로 나름대로의 국력을 유지하면서 계속 살아남는 데 성공했다. 그 최대의 원인은 피에트로 그라데니고에 의해서 단행된 정체 개혁이었다. 베네치아인에게 뛰어난 정치 형태의 창출은 이데올로기에 의한 유희 따위는 허용되지 않는 절실한 과제였던 것이다.

인간의 양심을 믿는 것을 기반으로 삼고 있던 피렌체의 공화국 체제가 1530년에 붕괴한 후에도 인간의 양심을 믿지 않는 것을 기반으로 삼고 있던 베네치아의 공화국 체제는 300년 가까이 더 존속할 수가 있었다.

6
라이벌 제노바

모든 국가는 반드시 한 번은 전성시대를 맞는다.
그렇지만 전성시대를 몇 번이나 갖는 국가는 보기 드물다.
왜냐하면 한 번의 전성은 자동적으로 일어나지만,
그것을 몇 번이나 되풀이하는 것은
의식적인 노력의 결과이기 때문이다.

'4개의 바다 공화국'

이탈리아의 국기가 녹색과 백색과 적색의 삼색기(三色旗)라는 것을 알고 있는 사람은 많다. 그러나 이것은 육지의 깃발이다. 해상의 깃발은 조금 다르다. 중앙의 흰 부분에 4개의 문장을 서로 배합시키고 그것을 금색 줄로 둘러싼 것이다. 군함용 깃발은 그 윗부분에 왕관 같은 것이 붙을 뿐이고 기본 디자인은 4개의 문장을 줄로 둘러싼 상선의 깃발과 다름이 없다.

그럼 4개의 문장은 무엇을 나타내고 있는 것일까. 이 4개의 문장은 이탈리아의 4개 해양도시국가의 국기이다. 위의 왼쪽에서 오른쪽으로 베네치아, 제노바, 아래의 왼쪽이 아말피이고 마지막이 피사다.

옛날에 지중해를 빙 둘러싸는 광대한 영토의 지배자였던 고대 로마인은 지중해를 '우리 바다'라는 의미로 '마레 노스트룸'이라고 불렀다. 실제로 그 무렵의 지중해는 로마제국의 안마당이라고 해도 좋았다.

육상에서 '팍스 로마나'가 끝나는 것과 동시에 지중해도 '우리 바다'가 아니게 되었다. 로마제국이 붕괴한 후의 지중해는 비잔틴제국의 그리스인과 북아프리카 일대를 지배하고 있던 이슬람교도인 사라센인이 휩쓸고 다니는 바다가 되었다. 그리스인은 그렇다고 해도 사라센인은 교역보다는 좀더 손쉽게 이익이 나는 해적질을 주업으로 삼고 있었다. 지중해는 암흑의 중세였다.

그러나 조금씩 서유럽 세력에 의한 반격이 시작된다. '빛은 동방으로부터'라고 한다면 그 빛을 가장 빨리 받을 수 있는 위치에 있었던 이탈리아인이 이 '반격'의 선두에 선 것도 당연한 일이었다. 게다가 그들에게는 고대 로마 문명이라는 큰 유산이 있었다.

해적질이 아니라 교역을 목적으로 한 이탈리아의 상선에 의해서 지중해가 다시 활기를 되찾는 것은 9세기에 들어와서부터였다. 아말피, 피사, 제노바, 그리고 베네치아라는 이탈리아의 해양도시국가가 이를 주도했다. 이들 나라를 역사학에서도 '4개의 바다 공화국'이라고 부른다. 9세기에 시작되어 14세기에 절정에 달하고, 15세기 말에 한쪽은 터키의 공세, 한쪽은 콜럼버스와 바스쿠 다 가마 등에 의한 대항해 시대의 도래에 협공당해 하강선을 걷게 될 때까지 지중해는 이들 이탈리아의 '4개의 바다 공화국'의 '마레 노스트룸', 다시 말해 그들의 안마당 같은 바다였다.

제2차 세계대전 후의 이탈리아 해군 및 상선의 깃발에는 옛날의 영광을 본받고 싶다는 마음이 있었을 것이다. 다만 오늘날에는 지중해의 제해권을 두고 얼마 전까지 미국과 소련이 다투는 형국이었다. 그리고 보니 이 또한, 이탈리아의 많은 현상들이 그러했듯이, 개별적으로 따로 활약하고 있을 때 이 일이 잘 되어 실적이 오르고 하나로 합치고 나면 형편이 말이 아니게 되는 한 예인지도 모른다. 여기서 내가 다루려는 것은 개별적으로 활약하고 있고, 그래서 서로 싸우고 있던 시대, 다시 말해서 지중해가 그들의 바다였던 시대의 이야기이다.

그럼 왜 이 4개의 도시만이 해운국으로서 발전했느냐고 묻는다면 지세적으로 또한 역사적으로 어느 정도 설명할 수 있다.

우선 나폴리 근처에 있는 아말피. 나폴리만의 서쪽 끝에 있는 포추올리는 고대 로마 시대의 중요한 군항이었으므로, 이들은 역사적으로 배에 친숙해져 있었다. 아말피의 지세는 손바닥만한 땅이란 이런 곳을 말하는 것일까 싶을 정도로 좁고 경작에 적합하지 않다. 육로도 지금은 살레르노와 나폴리를 잇는 버스가 아말피 시내를 지나가고 있지만, 산허리를 지나가는 이 버스를 해상에서 바라보고 있으면 길모퉁이마다 경적이 항상 들리는 것으로도 알 수 있듯이 육로로 이동하려면 상당한 각오가 필요했다. 자동차 도로가 개통된 지금도 이런 형편이니 1천 년 전의 그 옛날에는 그야말로 육지 위의 고도였을 것이다. 아말피의 남자들은 바다로 나가는 것 외에는 달리 살아갈 길이 없었다.

바다로 나갈 수밖에 없었다고 납득하게 되는 점에서는 북이탈리아의 제노바도, 남이탈리아의 아말피도 아주 비슷하다.

제노바도 배후에 산이 있고 시내에는 비탈길이 많아 경작지 따위는 약으로 쓰려고 해도 없다. 오늘날의 제노바는 이탈리아 제일의 항구이기 때문에 늘어선 고층건물로 눈이 어지럽지만 사람이 사는 환경으로는 지금도 그다지 좋다고는 할 수 없다. 고속도로의 환상선은 터널의 연속이어서 나왔다 하면 바로 다음 터널로 들어가는 형편이다. 바다는 그 사이사이에 흘끗 보일 뿐이다.

그래도 육로를 보자면 제노바는 아말피보다는 좋았다. 고대 로마 시대부터 로마와 남프랑스의 리옹을 잇는 아우렐리아 가도가 지나가고 있었다. 하지만 동시에 로마와 마르세유를 잇는 해로에서도 중계기지의 역할을 하고 있었다. 역사적으로 제노바 사나이들의 몸에는 뱃사람의 피가 옛날부터 흐르고 있었음이 틀림없다.

베네치아의 탄생에 대해서는 제1장에서 자세하게 말했기 때문에 여기서는 되풀이하지 않는다. 배후에 산이 있는 항구도시는 아니었지만 베네치아도 역시 땅이 손바닥만했기 때문에 사람이 사는 것만으로 고작이었고 경작할 여유 따위는 없었다. 또한 어디로 가든 배로 갈 수밖에 없었다는 점에서는 아말피나 제노바보다도 철저했다.

'바다 공화국' 중에서 중부 이탈리아에 위치한 피사는 형편이 조금 다르다. 피사는 바다에 면하고 있지 않다. 피렌체 시내를 통과하여 흐르는 아르노강이 바다로 흘러들어가기 직전의 강가에 생긴 도시가 피사다. 피사는 고대 로마 시대에 모래밭에서 10킬로미터쯤 내륙으로 들어간 곳을 달리고 있던 아우렐리아 가도가 아르노강을 건너는 지점에 발달했다.

오늘날의 피사는 해안선으로부터의 거리가 15킬로미터를 훨씬 넘는다. 강가의 도시이므로 경작지도 비교적 있는 편이다. 그러나 대형 선박을 이용하기 위해서는 바다에 면한 항구를 따로 만들여야 한다는 불리한 점이 있었다. 4개의 '바다 공화국' 중에서는 가장 오래전부터 발달하고 있었던 도시였을 것이다.

그렇지만 이들 4개의 '바다 공화국' 이상으로 좋은 항구를 가지고 있었던 도시가 이탈리아에는 몇 개나 있었다. 나폴리 등이 그 좋은 예이다. 그러나 나폴리는 배후에 광대한 평야를 끼고 농업국으로서 풍요를 누릴 수 있었기 때문에 해운국으로서 비상할 수 없었다. 중세의 가장 큰 자원은 농작지였다. 아무리 좋은 항구가 있어도 위험이 많이 따르는 선원이라는 직업을 택할 필요가 없었던 것이다.

그렇다고는 하지만 '자원'이 없고 바다에 면한 도시라면 어디든지 해운국으로 발전했느냐 하면 실제는 그렇지도 않았다. 그런 많은 도시 중에서 4개의 도시 주민만이 바다로 용기 있게 나아갔다.

아말피와 똑같은 조건을 가지고 있었던 소렌토는 끝내 해운국이 되지 못하고 말았다. 역사적 현상이란 이야기를 총괄적으로만 진행시키고 있다가는 납득이 가지 않게 되기 때문에 재미있다.

아말피의 영락

관광객도 떠나가버린 가을에 지중해의 햇빛을 온몸으로 받으면서 낮잠을 즐기는 것밖엔 다른 생각이 없는 듯한 조그만 어촌. 그러한 오늘날의 아말피를 방문하고 이 조용한 항구가 서유럽인으로는 처음으로 바다 건너 오리엔트의 아라비아인과 교역했고, 고대 로마 이래 끊겼던 동양과 서양의 관계를 부활시킨 사나이들을 낳은 곳이라고는 누구도 상상하기가 어려울 것이다.

오늘날의 아말피에서 옛날의 영광을 상기시키는 것은 이 조그만 어촌에는 어울리지 않을 만큼 화려한 교회와 오리엔트의 영향을 뚜렷이 엿볼 수 있는 산허리에 남아 있는 수도원의 회랑뿐이다. 그러나 서구의 항해술을 획기적으로 개혁한 나침반을 서유럽으로 전한 것은 발명지인 중국에서 나침반을 구입한 아라비아인으로부터 그것을 산 아말피의 상인이었다.

그것을 영국에서 개량하여 반대로 아라비아인에게 팔았다. 당시 사막을 여행하는 것은 바다 위를 항해하는 것과 같았다. 눈으로 식별할 수 있는 표지라고는 없는 사막에서도 나침반은 편리한 기구였다. 16세기, 메카 순례를 떠나는 이슬람교도에게 휴대용 나침반은 필수품이었다. 오리엔트에서 서유럽제 소형 나침반을 아라비아인에게 팔고 있는 이탈리아 상인의 모습은 상상만 해도 미소를 짓게 한다.

고대 로마 시대의 아말피가 어떤 모습이었는지는 거의 알려져 있지 않지만 아마 오늘날과 같은 어촌이었을 것이다. 당시의 나폴리 근교는 로마의 상류계급의 별장이 늘어서고, 포추올리는 군항으로 번창하고, 아말피와는 엎드리면 코 닿을 곳에 있는 카프리는 섬 전체가 황제의 별장이었으니 물고기를 파는 데는 애를 먹지 않았으리라. 오늘날보다 더 활발한 어항이었을지도 모른다.

제국이 붕괴된 지 100년도 되지 않은 6세기에 아말피는 이미 주교관구였다고 기록에 남아 있다. 주교가 있었다는 것은 인구가 많고 활발한 도시이며 신자를 보살피는 사제의 수도 많았기에 그것을 통솔하는 주교를 필요로 했을 정도의 큰 도시였다는 증거이다. 또 그리스도교회는 포교를 중시하고 있었다. 따라서 선교사의 출입이 잦은 도시에 포교활동의 거점을 두는 의미로 그곳에 전임 주교를 임명하는 것이 보통이었다. 사람의 출입이 붐비는 곳이라는 것은 당연히 교역이 활발한 도시라는 뜻이 된다. 그러므로 언제 주교관구로 지정되었느냐 하는 것은 그 도시의 비약이 언제쯤부터 본격적으로 시작되었는지를 알 수 있는 기준이 되는 것이다. 베네치아가 주교관구가 된 것은 아말피보다 200년 뒤인 8세기 중반이었다.

해양국가 아말피의 황금시대는 10세기 중반부터 11세기 중반까지의 100년 간이었을 것이다. 해외의 상업 중심지에서 아말피의 상인이 주재하고 있지 않은 곳은 없다고 할 정도였다. 콘스탄티노플에는 그곳에 주재하는 아말피인들을 위해서 세워진 전용교회가 있었으며 수도원도 두 개나 있었다. 당시의 수도원은 여행자에게 숙소를 제공하는 역할도 하고 있었기 때문에 단기간 체재하는 아말피 상인의 편리하게 이용할 수 있었다. 10세기의 지중해 해군국이라고 하면 베네치아와 아말피였다. 나폴리는 군사적으로는 아말피의 해군 없이는 사라센의 해적에 대항하여 자국을 방위할 수 없었으며 경제적으로도 아말피 화폐의 지배하에 있었다. 당시의 아말피는 그 무렵에 방문한 아라비아인이 기록에 남겼듯이, 나폴리보다 훨씬 중요하고 번영하는 도시였다.

아말피를 그렇게 만든 것은 이 나라가 지중해 전역의 이슬람교도와 장사를 통해서 좋은 관계에 있었고 따라서 그들과 로마 교회의 중개역을 할 수 있었기 때문이다. 실제로 오리엔트에서 산 물건을 파는 단골손님은 로마 교황청과, 당시는 대단한 힘이 있어서 마치 독립국가 같았던 나폴리와 로마 중간에 있는 몬테카시노 수도원이었다.

전성기의 아말피는 명목상으로는 비잔틴제국령이었지만 사실상으로는 독립된 원수를 선출하는 공화국이었다. 이런 점은 베네치아와 아주 비슷하다. 다만 아말피의 원수는 조금씩 세습제로 되어 실질적으로는 군주국과 다름없게 되었다. 세습제가 되는 것을 극도로 거부하고 그것을 피하는 일에 온 힘을 집중시킨 베네치아와 이 점에서 전혀 달랐다.

그런 개인주의적인 생활태도를 취했던 것도 한 원인이 되어 아말피의 상인들 가운데는 크게 성공한 자가 많았다. 전형적인 것은 마우로라는 이름의 상인일 것이다. 그는 오리엔트 무역에서 재산을 일으킨 후에 성지 순례로 오는 그리스도교도를 위한 성 요한 기사단을 예루살렘에 창립했다. 예루살렘이 이슬람교도에게 탈환당한 후에 로도스섬을 본거지로 삼았기 때문에 로도스 기사단이나, 또 터키 때문에 로도스섬을 떠날 수밖에 없게 된 후에는 몰타섬을 본거지로 삼았기 때문에 몰타 기사단이라고도 불린다. 중세의 대표적인 기사단 중 하나인 이 기사단의 창립 목적은 순례자에게 숙소와 필요한 의료보호를 베푸는 일이었다. 역사상 한 상인에 의해서 이런 조직이 창설된 경우는 성 요한 기사단 외에는 없다. 성 요한 기사단의 문장은 아말피와 같았다.

그렇지만 얄궂게도 아말피의 쇠퇴는 성지 예루살렘과 관계가 있는 일로부터 시작되었다. 십자군 운동이라는 물결을 미처 타지 못한 것이었다. 달리 말하지만 아말피는 십자군 원정이라는 대사업에 투자할 기회를 놓쳤다.

육로를 택해서 예루살렘으로 진군하여 정복에 성공한 제1차 십자군도 그 상태를 유지하려면 해상 보급에 의지하지 않을 수가 없는 것이 실상이었다. 더구나 제3차 이후의 각 십자군은 모두 해로를 택해서 팔레스티나로 향했다. 그동안의 해상 수송을 담당한 것이 제노바와 피사였다. 이 두 나라가 십자군 운동의 주류인 프랑스와 가까웠기 때문이기도 했다.

베네치아도 처음에는 기회를 놓친 편에 속했지만 제4차 십자군에 거국적으로 투자한 결과 일거에 잃어버린 것을 만회하는 데 성공했다. 이 중세 최대의 해운사업에 참가하지 않았던 것이 아말피의 쇠퇴를 결정지었던 것이다.

하지만 아말피는 하고 싶어도 할 수 없는 상태에 있었다. 1073년 비잔틴제국 대신 남이탈리아의 지배자가 된 노르만인에 의해서 본국이 정복당하고 말았기 때문이다. 콘스탄티노플에 있었던 아말피 상인의 거류지를 비롯하여 해외의 아말피인은 조국 회복에 전력을 다한다.

노르만인에 대항하는 점에서는 비잔틴제국과 이해를 함께하고 있었으므로 해외에 있는 아말피인의 노르만인에 대한 저항은 황제에게 경제적 원조를 아끼지 않겠다는 방법으로 나타났다. 황제도 콘스탄티노플 공략의 야심을 노골적으로 드러낸 노르만인을 상대하기 위해 동분서주하던 터라 아말피 상인의 원조는 고마웠을 것이다.

그렇지만 실제로 노르만인의 야심을 좌절시킨 것은 베네치아 해군의 힘이었다. 그리스에 상륙한 시점에서 베네치아군에 대패한 노르만인은 비잔틴 정복은커녕 남이탈리아로 도망쳐 돌아갈 수밖에 없었으니 말이다. 황제는 원조에 대한 대상(代償)으로서 베네치아 상인에게 관세를 면제하는 특권을 주었다. 그러나 아말피의 상인은 피사나 제노바와 같은 대우를 감수할 수밖에 없었다. 특권은 미래의 원조를 기대하며 주는 것이다. 조국을 잃은 아말피인은 아무리 개개 상인이 유복하더라도 국가사업의 규모에서는 힘이 없는 것과 마찬가지였다. 이것이 아말피와 베네치아의 명암의 갈림길이 되었다.

마찬가지로 국가사업이 아니면 실행이 불가능한 대해운사업인 십자군 수송에도 아말피는 이런 사정으로 참가하지 못하고 만다. 개개 상인이 가능한 규모로 십자군을 수송했을 수는 있어도, 수송에 그치지 않고 그것을 활용해서 팔레스티나나 시리아의 각지에 자기 나라 사람들의 거주구 설정을 인정하게 하고, 그것들을 기점으로 교역을 한층 활발하게 육성하는 것은 역시 배후에 모국이 건재하지 않으면 할 수 없는 사업이었다. 아말피는 이 점에서 다른 세

개의 바다 공화국과 큰 차이가 생기고 말았다.

그 후의 아말피 상인은 여전히 각지에서 활약했기에 교역상인으로서 그들의 활동은 조금도 쇠퇴하지 않은 듯했다. 그렇지만 당분간 유지된 그 현상도 차차 존재가 희미해지기 시작했다. 경제활동과 정치외교는 밀접하게 결합되어 있었기 때문에 모국이 노르만, 앙주, 아라곤으로 이어지는 해운업과는 무관한 육지 국가에 지배당하고 있어서는 바다의 백성인 아말피의 사나이들이 돌아갈 곳이 없었던 것이다. 해외에서 활약하고 있던 상인들도 점점 그 지방 주민들과 융화되어 사라져버렸다. '바다 공화국'의 하나가 이렇게 해서 지중해라는 무대에서 자취를 감추게 되었다.

해운국으로 이름을 날린 평야 속의 도시 피사

피사의 사탑은 누구나 알 정도로 유명하다. 사탑을 구경한 후에 바로 그 옆에 있는 교회나 성당이나 수도원을 견학하고 그런 것들이 조그만 도시치고는 어울리지 않을 정도로 화려하다고 생각한 사람들도 있으리라. 농산물 생산지로 번영했을 뿐이라면 그토록 호화스러운 것은 만들 수 없었을 것이기 때문이다. 이는 교역으로 번 돈을 쏟아부었기 때문에 비로소 가능했다. 바다에 면한 항구도시가 아니면 해외무역의 중심지가 될 수 없다는 상식에서 벗어나 있는 것 같지만 이전의 피사는 해양국가였다. 중세의 배는 소형이었기 때문에 하구로부터 조금 거슬러 올라간 강가의 도시 피사의 입지 조건은 해운국으로서 발전하는 데 지금의 우리들이 생각하는 만큼 걸림돌이 되지 않았다.

기원전 90년경에 생긴 피사는 토스카나 지방에서는 가장 오래된 도시이다. 4세기 초에는, 다시 말해서 그리스도교가 로마제국의 국교가 된 직후에는 주교관구가 되었다. 피사는 아우렐리아 가도를 따라서 생긴 도시라는 것과 토스카나 지방의 물산이 바다로 나가는 유일한 출구였다는 것 등의 이유로 옛날부터 번영했다.

다만 이 평야 속의 도시 피사가 바다에 면한 자연항을 가지고 있는 주변의 다른 도시들보다 해운국으로서 이름을 날리게 된 원인은 또 한 가지가 따로 있었던 것 같다. 피사인은 사라센의 해적과 대항함으로써 바다의 사나이로서 성장해 나갔던 것이다.

산을 등지고 있는 항구도시라면 사라센인이 습격해 와도 산으로 도망칠 수 있었다. 아르노강을 따라서 평야 한복판에 있는 피사는 근처에 도망갈 만한 곳이 없었다. 피사인들은 성벽을 견고하게 하고 그 속에서 농성하며 싸울 수밖에 없었다. 이것은 소수정예주의인 사라센 해적에 대해서 그다지 효과적인 전법이 아니었기에, 피사인은 바다로 나가서 요격하는 전법으로 바꿨다.

그렇게 하는 것이 아녀자까지 싸워야 했던 농성전보다도 싸움 자체에 전념할 수 있어서 유리했으며 제해권만 손에 넣으면 교역에도 안심하고 종사할 수 있었다. 실제로 9세기부터 10세기까지의 피사인은 사라센인과 대립하기만 했다. 그러나 북아프리카 연안의 사라센인의 본거지 근처까지 쳐들어가서 싸우게 되는 11세기 초에는 피사 해군의 위력은 티레니아해로 사라센군이 접근하지 못하게 할 정도로 강해졌다.

따라서 경제활동도 활발해졌다. 십자군 원정은 피사에게도 해운국으로서 비약할 호기가 되었다. 12세기를 기해 피사는 황금시대를 맞는다. 피사 상인의 거주구가 있는 상업기지 중 중요한 곳만 세어도 콘스탄티노플, 시리아의 안티오키아와 트리폴리, 팔레스타나 지방의 야파, 아콘, 티루스, 이집트의 알렉산드리아와 카이로, 그리고 북아프리카 연안의 여러 도시 등 끝이 없었다. 그 유명한 피사의 사탑은 피사가 가장 번영했던 이 시기에 만들어진 것 가운데 하나였다.

다만 피사는 바다와 육지 양쪽에 적이 있었다. 바다 쪽의 제1의 적은 사라센인이고 그 다음은 제노바였다. 제노바는 적이라고 하기보다 대결해야만 하는 라이벌이었다. 피사와 제노바 두 해양국가는 11세기까지는 사라센에 대항하기 위해 동맹을 맺고 협동하여 싸우기도 했지만 사르데냐섬의 영유권을 둘러싸고 양국의 이해가 충돌하면서 적대관계로 돌아서게 되었다.

육지 쪽의 적은 피렌체였다. 피렌체공화국은 그 경제력이 강해짐에 따라 어떻게 해서든지 바다로 진출할 수 있는 항구가 필요하게 되었다. 피렌체는 그리하여 피사를 자기 영토로 만들려고 했던 것이다. 해항이 필요하다면 굳이 피사가 아니더라도 부근의 리보르노를 피렌체 전용 항구로서 개발하면 되지 않느냐고 생각할 수 있다. 그러나 해양국가인 피사는 그 부근 일대의 제해권을 손에 쥐고 있었다. 피사가 눈을 번뜩이고 있었기 때문에 피렌체가 리보르노를 쓰고 싶어도 피사가 좋다고 하지 않으면 쓸 수 없었다. 물론 피사는 좋다고 하지 않았다. 그럼에도 피렌체는 해항을 갖는 것을 단념하지 않았다. 피렌체의 피사 획득전은 집요하여 중단과 재개를 반복하면서 3세기나 계속되었다. 피렌체인은 어지간히 피사인이 미웠던지 피렌체에는 이런 속담이 지금도 남아 있다.

"피사 놈들이 문간에 들어서는 것을 볼 바에는 차라리 사자(死者)가 들어서는 걸 보는 편이 낫다."

물론 집요하게 자기들을 노리고 있음을 알고 있는 피사인의 피렌체에 대한 증오는 이 이상이었을 것이다.

하지만 피사는 해양국가로서는 강대했어도 영유하는 육지의 면적으로 친다면 소국에 지나지 않았다. 피사는 그런 소국이라면 절대로 피해야 할 일을 공공연하게 떠벌이는 잘못을 저지르고 말았다. 이데올로기를 지나칠 정도로 선명하게 드러낸 것이다.

이탈리아의 황제파 기지처럼 보였던 피사는 신성로마제국 황제가 로마에서 대관하기 위해 독일에서 남하할 때마다 반드시 들르는 도시였다. 교황파로부터 돌팔매질을 당하다시피 하여 추방당한 단테와 같은 황제파 사람들도 피사에 가면 활개를 치고 다닐 수 있었다.

이러한 피사의 생활태도는 교황파의 세력하에 있었던 제노바나 피렌체에게 안성맞춤 대의명분을 주게 된다. 피사 국내에도 교황파는 있었기 때문에 황제파란 색채를 지나치게 선명하게 드러낸 것은 대외관계뿐만 아니라 국내정치면에서도 문제를 복잡하게 만들었다. 귀족과 시민의 싸움이 끊이지 않았던 피사는 정세의 안정이라는 것을 모르고 끝난다. 내정의 혼란이 극에 달하자 외국인의 중립을 기대하고 국정을 베네치아인인 모로시니에게 맡겼던 일까지 있었다.

처음으로 아라비아숫자를 서유럽에 소개해 수학 발전의 기초를 쌓기도 하고, 또 콘스탄티노플에서 발견한 고대의 사본(寫本)을 기초로 로마법 연구의 부흥에 힘쓰기도 한, 문화면의 공적에서 다른 해양국가들보다 뛰어나던 피사도 13세기 후반에는 쇠퇴의 조짐이 보이기 시작했다. 신성로마제국 황제 프리드리히 2세가 죽은 후 이탈리아의 황제파 세력은 현저하게 쇠퇴하고 반대로 세력을 만회한 교황파의 바다 한가운데에서 피사는 고도가 되고 말았던 것이다.

그래도 황제 기조를 바꾸려고 하지 않았던 피사의 사양을 결정적으로 만든 것이 1248년에 멜로리아에서 벌어진 제노바와의 해전이었다. 이 해전에서 대패한 피사는 많은 남자들을 잃었다. 죽지는 않았어도 포로가 되어 제노바로 끌려간 피사인은 막대한 수에 이르렀다. 피사인을 만나고 싶으면 제노바로 가라고 할 정도였다.

이 패전 후에 피사는 해양국가로서 제1선에서 탈락했다. 다시 복귀할 수도 없었다. 해외무역에서는 제노바와의 격차가 크게 벌어지고 수공업에서도 피렌체에 미치지 못했기 때문이다.

도시국가로서의 피사는 이후에도 살아 남았다. 피사의 상인도 개인적으로는 오리엔트의 여러 항구에서 활약했다. 그러나 해양국가로서의 피사는 12세기 전반에 자취를 감춘 아말피를 뒤따라 13세기 말에 이미 지중해를 '우리 바다'라고 부를 수 있는 자격을 잃었다. 살아남은 것은 제노바와 베네치아 두 나라였다.

개인주의의 도가니 제노바

마키아벨리는 르네상스 시대를 대표하는 두 공화국, 피렌체와 베네치아를 성격이 완전히 다른 두 사람과 같다고 평했지만, 만약 그가 베네치아와 제노바를 비교했더라도 똑같은 말을 했으리라고 나는 확신한다. 금융과 수공업이 경제의 기반이었던 피렌체와 달리 베

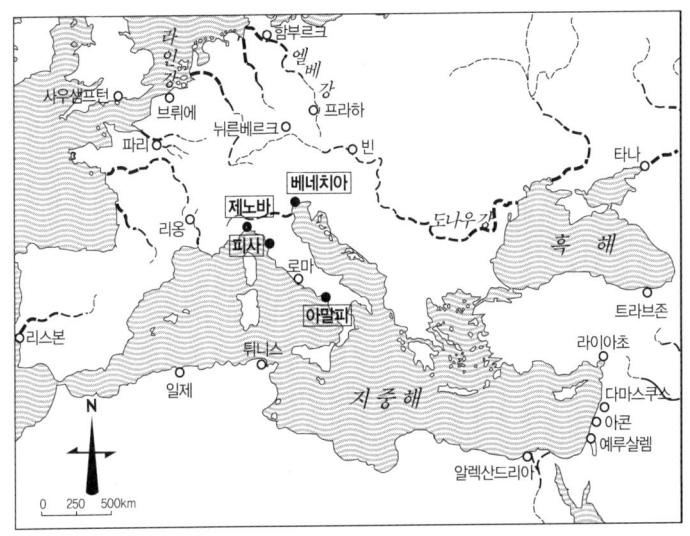

중세의 지중해 세계

네치아와 제노바는 모두 해외무역으로 대성한 나라였다. 두 나라가 사고 팔았던 물건은 수출에서나 수입에서 거의 같은 품목들이었다. 그러면서도 생활태도에 이만큼이나 차이가 있었으니 재미있는 일이다.

충성심이라고 하면 신에 대한 것이거나 그렇지 않으면 귀부인에 대한 것 정도밖에 없었던 중세에서 베네치아공화국은 국가에 대한 충성, 다시 말해서 공동체의식이 존재했다는 점에서 참으로 보기 드문 예이다. 한편 제노바인에게 그런 것은 약에 쓰려고 해도 없었다. 제노바는 그야말로 개인주의의 도가니였다.

그들은 재능을 각자 제멋대로 마음껏 방출하는 것으로밖에 생각하지 않았다. 제노바의 남자들은 자기들을 다른 해양국가의 국민에 비해서, 특히 라이벌인 베네치아인과 비교해서 천재라고 믿고 있었을 것이 틀림없다. 실제로 그들은 선원으로서도 상인으로서도 천재임에는 틀림없었다.

제4장 '베니스의 상인'에서 소개한 베네치아 상인의 모습을 상기하기 바란다. 마르코 폴로와 같은 특수한 예가 아니라 로마노 마일라노나 안드레아 바르바리고와 같은 상인을 말이다. 그들이야말로 베네치아 경제의 뼈대를 지탱한 사나이들이었다. 그러나 그들은 우리로 하여금 안전성장을 모토로 하는 견실한 회사의 경영자를 상상하게 한다.

한편 제노바의 상인은 훨씬 다채로운 느낌이다. 제멋대로이고 무책임하지만 제3자가 보면 즐거운 존재다. 베네데토 자카리아는 장대하고 통쾌한 제노바 상인의 전형이었다.

그는 1248년에 제노바에서 태어났다. 자카리아가는 토지를 소유하고 있는 귀족이었지만 해외무역에서는 별로 실적이 없었던 것 같다. 그는 11세 때 오리엔트로 건너갔다. 그 후 어떤 경로인지 알 수 없지만 니케아제국의 팔라이올로구스 황제와 친해졌다. 니케아제국은 제4차 십자군에 의해서 정복당한 콘스탄티노플을 빠져 나간 망명 그리스인들이 모여서 세운 나라였다. 당연히 니케아제국은 제4차 십자군 성공의 원인인 베네치아를 증오했다. 베네치아에 대항하는 의미에서도 그들은 베네치아의 라이벌인 제노바인을 후대했던 것이다. 그 무렵의 니케아제국은 제노바 상인들의 일대 근거지나 마찬가지였다.

그들 중 한 사람이었던 베네데토 자카리아에게 행운이 열리는 것은 황제가 그와 그의 동생 마누엘에게 포체아의 땅을 주었을 때부터였다. 소아시아의 스미르나에 가까운 포체아는 언뜻 보기에는 별

것 없는 땅이었지만 땅속에는 명반(明礬)의 광맥이 잠자고 있었다. 명반이 있다는 것을 황제가 알고 주었는지 모르고 주었는지는 알 수 없다. 어쨌든 베네데토는 서구의 염색업에 반드시 필요한 명반을 자기 사업의 기반으로 하기로 결심했다.

하지만 포체아에서 채취되는 명반은 그때까지 서유럽이 흑해 연안으로부터 수입하고 있던 것들보다 품질이 떨어진다는 것을 알게 되었다. 그러자 자카리아는 친한 황제를 움직여 서유럽 상인들이 흑해 연안에서 명반을 수입하는 것을 금지시켰다. 그러나 이것은 자카리아의 동포인 제노바 상인들의 맹렬한 반대로 철회되었다. 만약 베네치아의 상인들이 자카리아와 똑같은 짓을 했더라면 당장 본국의 '독점금지위원회'에 의해 적발되어 백지화해야 했을 뿐만 아니라 막대한 벌금형에 처해졌을 것이다. 그러나 제노바인 자카리아에게는 동포들과의 공존이나 공영 의식은 전혀 없었다. 그는 자기 광산에서 나는 명반의 판매가를 내림으로써 다시 독점체제를 구축하려고 했다. 그리하여 그는 독자적으로 자신의 상선대를 건조했다.

이렇게 함으로써 다른 사람의 배에 비싼 수송료를 지불하고 상품을 실어야 하는 경쟁상대들과 가격면에서 차이가 나도록 했다. 그렇지만 이것만으로는 아직 시장을 독점할 수 없었다. 그래서 자카리아는 본국 제노바에 공장을 세우고 거기서 정제한 명반을 시장에 내도록 했던 것이다. 이것으로 흑해에서 구입하고 있던 라이벌들은 패퇴했다.

그것을 완수한 자카리아는 흑해 시장을 뺏기로 결심했다. 이렇게 해서 자카리아 일가만으로 명반 시장을 완전한 지배하에 두었던 것이다. 이런 사태가 일어나지 않도록 미리 국유 갤리선에 의한 정기항로를 조직하고 사유선이라도 수송료의 상한을 정해서 소규모의 교역상인에게도 평등한 기회를 주는 것으로 일관한 베네치아에서는 절대로 생길 수 없는 유형의 상인이었다.

베네데토 자카리아가 자금을 모으는 방법은 참으로 제노바적이었다. 그도 역시 당시의 해양국가에서 하고 있던 방식, 베네치아에서는 '콜레간차', 제노바에서는 '코멘다'라고 하는 방식을 채용하고 있었다. 그러나 그는 그것으로 그치지 않고 오늘날로 치면 자본가형 경영자에 의한 주식회사와 비슷한 방식을 생각해냈던 것이다. 그러한 방식에서 경영자의 재능과 그가 얻는 이익은 정비례하게 된다. 그것도 단기 조직이었기 때문에 경영자는 상인으로서의 재능을 마음껏 발휘할 수 있었다.

해상보험을 생각해낸 것도 그였다. 처음에는 자기 선단을 보험에 들게 했던 것인데, 20퍼센트에서 26퍼센트나 되는 보험금이 장사가 된다고 생각했는지 스스로 보험회사를 설립했다. 자기 배뿐만 아니라 다른 사람의 배에 대한 보험도 생각한 것이다.

그렇지만 이 정도라면 특출나다고 할 수 없다. 심한 경우, 그는 자기의 조국 제노바가 발행하고 있는 국채의 투기거래로 돈을 벌기도 했다. 그가 제노바로 돌아오는 것은 이 때문이기도 했다. 그가 관여하고 있는 시장은 명반만이 아니었다. 그는 우크라이나나 불가리아의 밀, 남러시아의 모피와 생선을 제노바로 수입하고 샹파뉴 지방의 직물과 밀라노의 무기류를 오리엔트로 수출하고 있었다. 노예무역과도 당연히 무관하지 않았을 것이다.

코르시카의 소금도 범선에 실어 오리엔트로 내보냈다. 그런가 하면 염색공장까지 경영했다. 이처럼 바쁜 생활을 자카리아는 한군데에 머무르며 지휘하는 것이 아니었다. 그는 스스로 배에 타고 지중해를 종횡으로 항해하면서 이 모든 것을 경영했다. 그의 승선용 배는 '부유(富裕)호'라고 명명되고 있었다. 성자의 이름이나 그리스도교적인 이름을 붙이는 것이 일반적이던 시대에 당당하게 '자본주의'적인 이름을 붙였다는 점이 재미있다.

게다가 이 자카리아 '재벌'의 총수는 해군 군인으로서도 보통이 아닌 재능을 발휘했다. 시대가 또한 그것을 요구하고 있었다.

그가 36세였던 때, 제노바와 피사의 관계가 험악해져 전쟁을 피할 수 없는 사태가 되었다. 베네데토 자카리아는 제노바 함대의 사령관으로 뽑혔다. 그는 12척의 자기 배를 이끌고 참가했다. 제노바 군은 자카리아의 제언을 받아들여서 피사를 해상봉쇄했다.

피사 해군은 당연히 봉쇄를 돌파하려 했다. 자카리아는 일단 그것을 허용하는 것처럼 꾸며서 피사 해군을 양분하는 데 성공했다. 피사는 이 멜로리아 앞바다의 해전에서 완패한다.

3년 후에 피사는 최후의 저항을 시도한다. 하지만 항구 입구에 쳐두었던 쇠사슬은 돛을 활짝 펴고 돌진해온 자카리아의 '부유호'에 의해서 절단되고 쇠사슬은 전리품으로 제노바로 실려갔다. 서지중해의 제해권이 제노바의 수중으로 돌아가고 피사가 전선으로부터 탈락하는 것이 결판난 싸움이었다.

그 후 자카리아의 무명(武名)은 지중해 전역에 알려졌다. 카스티야의 왕은 지브롤터 해협을 획득할 것을 자카리아에게 의뢰했다. 프랑스 왕도 영국을 공략할 때 해군 창설의 기술 지도와 그 지휘를 자카리아에게 맡겼다. 시리아의 트리폴리가 위험하다고 하면 제노바는 자카리아를 파견했다. 이런 일이 있을 때마다 베네데토 자카리아는 자기 선대를 이끌고 참전했다.

지브롤터 해협의 확보는 이탈리아 해양국가에게 대서양 항로를 개척해준 것이기 때문에 그의 조국 제노바에게는 대단한 이익이 되었다. 그러나 그것과 트리폴리의 방어를 제외하면 조국의 이해와 밀접하게 결부되어 있었던 것은 아니다. 자카리아는 어떤 의미에서 용병과 같은 일을 뿐이다. 제노바는 자기 나라 사람의 이런 행동을 일절 통제하지 않았다.

베네데토 자카리아는 1308년에 영광과 막대한 부에 둘러싸여 제노바의 바닷가 호화스러운 저택에서 죽었다. 재능만 있으면 사람은 어디까지 도달할 수 있는가를 실증한 것이 그의 일생이었다. 그에게 지중해는 그야말로 '나의 바다'였을 것이다.

그는 일생에서 국익에 그렇게 크게 어긋나는 행동은 그다지 하지 않았다. 그것은 그가 산 시대가 제노바의 국력이 최고조에 달한 시기와 일치하기 때문이다. 국력이 상승세에 있을 때는 개인주의를 방임해도 문제가 생기지 않는다. 오히려 좋은 결과를 낳는 경우가 많았다. 그렇지만 일단 장애에 부딪치게 됐을 때 국력과 개인의 능력이 반드시 정비례하는 것은 아니었다.

그렇게 됐을 때, 끝까지 개인의 이익을 추구하는 제노바인은 국익에 어긋나는 행위를 종종 하기도 했다. 제노바인은 아라곤 왕을 돕는 일이 서지중해에서 제노바의 세력을 위협한다는 것을 알고 있으면서도, 해군을 갖고 있지 않은 아라곤 왕의 해군 역할을 떠맡았다. 베네치아에서는 절대로 일어날 수 없는 현상이었다.

그렇지만 제노바인의 이런 지나친 개인주의적 경향에도 변명의 여지가 없는 것은 아니다. 그들은 베네치아인 상인과는 달라서 자기들의 이익을 보호하고 권리를 보장해주는 정부를 가진 적이 없다. 그런 환경 속에서 개인으로서는 뛰어나지만 다른 사람과의 공동행동에는 서툰 기질을 이 점에서 제노바인과 피렌체인은 참으로 비슷하다. 단테는 조국인 피렌체공화국을 고통을 갖게 된 것이다. 견디다 못해 몸의 방향을 자주 바꾸는 환자에 비유했다. 그러나 제노바공화국은 정변이 잦기로는 피렌체 이상이었다.

아콘 전투의 승리

제노바공화국의 지배계급을 구성하고 있었던 것은 겨우 4가문이었다. 도리아, 스피놀라, 피에스키, 그리말디이다. 그러나 4가문 모두 힘을 합쳐 통치한 적은 한번도 없었다. 항상 두 파로 갈라져서 정쟁의 나날을 보내고 있었다. 도리아가와 스피놀라가가 정권을 잡으면 피에스키가와 그리말디가는 추방당했다. 그렇지만 망명자들도 비슷한 세력을 가지고 있었기 때문에 그들은 제노바와는 엎드리면 코가 닿을 것 같은 모나코에서 버티며 정권 복귀를 획책했다. 이 경우 반대파의 배가 지나가면 그것이 상선이라 하더라도 공격하고 약탈했다. 피에스키가와 그리말디가가 복귀하면 도리아가와 스피놀라가 사람들이 이번에는 망명자가 되어서 본국을 적대했다. 이런 일을 항상 되풀이하고 있었던 것이다.

베네데토 자카리아에게 비교적 애국적인 행위를 많이 했던 것은, 그가 활약하고 있었던 시기는 도리아, 스피놀라파가 강했기 때문이다. 자카리아가는 도리아가와 친척관계에 있었고 따라서 도리아파라고 지목되고 있었다. 만약 피에스키파, 그리말디파가 정권을 잡고 있었더라면 자카리아도 자기 소유의 배를 이끌고 제노바를 위해 일하지는 않았을 것이다.

지배자 사이에서 싸움이 그치지 않는다면 피지배계급도 자기 이익은 자기 자신이 지키지 않을 수가 없게 된다. 제노바공화국에서는 시민이 주도하는 정권이 두 번쯤 탄생했지만 그것도 정권을 획득한 후의 내부 분열로 오래가지 못했다. 정권을 잡은 중간계급이 하층계급에 대해서 종래의 귀족계급 이상으로 가혹하게 대했기 때문이었다.

같은 나라 사람끼리의 대립은 국내에만 그치지 않았다. 뛰어난 장사 수완을 지닌 덕택으로 제노바의 해외식민지나 상업기지 내의 거주구는 대단한 세력을 가지고 있었지만 이들 또한 본국 정부와 자주 대립했다. 특히 그들이 반감을 품고 있는 가문이 정권을 손에 넣고 있을 경우에는 거리낌없이 국가에 완전히 반하는 행동을 하곤 했다.

이런 상태에 있는 나라에서는 개인의 이익과 국가의 이익 중 어느 쪽이 우선하느냐 하는 문제는 닭이 먼저냐 달걀이 먼저냐 하는 문제와 같다. 정국이 안정될 기미가 보이지 않던 제노바인은 같은 나라 사람이긴 하지만 미운 적과 타협하기보다는 차라리 외국인에게 넘겨주자고 생각하고 프랑스 왕이나 밀라노 공작에게 정권을 양보해버리는 사태까지 일어나게 되었다.

이것이 14세기에 라이벌인 베네치아와의 대결이 결정전으로 몰입하는 시기에 일어났던 것이다. 한편 같은 시기 베네치아 쪽에서는 항구적인 정치체제를 완성하고 개인의 횡포도 다수의 횡포도 용인하지 않는 가운데 나라의 대통합이 진행되고 있었다.

베네치아인은 필요하다면 일종의 직접세인 국채의 강제할당을 부유계급의 의무로서 받아들였다. 그러나 제노바의 부유계급은 그런 일을 거부했다. 그럴 바에는 아무 섬이나 공격하고 그곳에서 식민지 경영을 하여 그것으로 전비(戰費)든 뭐든 조달하는 쪽을 택했던 것이다. 키오스섬은 이렇게 해서 제노바령이 되었다.

베네치아와 제노바의 대결은 당시의 일반적인 전쟁에서 볼 수 있는 것 같은 인종간의 대립도 아니고 종교상의 대립에서 생긴 것도 아니었다. 순전히 경제적 이해의 대립에 의한 전쟁이었다. 마지막까지 남은 2개의 '바다 공화국'의 어느 쪽이 살아남느냐 하는 것은 단지 군사상의 우열이나 경제상의 우열을 가리는 것이 아니었다. 이들의 대결은 완전히 상반되는 생활태도의 우열을 겨루는 싸움이기도 했던 것이다.

대립은 정말로 우연히 일어난 사건에 의해서 표면화되었다. 팔레스티나 지방의 아콘에 거주하고 있던 베네치아 상인이 우연한 일로 제노바의 한 상인을 죽여버렸다. 운반되어 온 시체에 제노바 거주구는 극도로 흥분했다. 복수심에 불탄 제노바인은 당장 무기를 들고 제노바 거주구와는 맞붙어 있는 베네치아인 거주구를 습격했다. 허를 찔린 베네치아인은 저항할 틈도 없었다. 순식간에 상점은 몽땅 타버리고 집은 짓밟혔으며 창고 속의 물건은 약탈당했다.

제노바인의 이 같은 행동은 종전부터 그들의 가슴속에 맺혀 있던 분노가 폭발된 것에 지나지 않았다. 반세기 전 제4차 십자군의 성공에 의해서 베네치아는 콘스탄티노플을 비롯한 그리스 각지에 기지를 획득했을 뿐만 아니라 그 지역의 교역에서 경쟁상대인 피사와 제노바의 상인들을 몰아냈던 것이다.

얼마 후에 그들도 통상이 허용되기는 했지만 그리스와 중근동에서의 베네치아의 우위는 변하지 않았다. 국력이 내리막길을 걷던 그래도 참고 견디었지만 상승세인 제노바는 도저히 참을 수 없었다. 베네치아에 대한 그들의 대항의식은 점점 불타올라 일촉즉발의 상태가 되어 있었다.

특히 아콘은, 동지중해의 여왕이라고 불리고 있던 베네치아의 세력이 비교적 약한 도시였다. 당초부터 십자군에 깊이 관여하고 있던 제노바 쪽이 더 강력한 위치를 유지해 온 도시였던 것이다. 자기 나라 사람이 살해당한 것을 잠자코 못 본 체하고 넘길 수는 없었다. 또 두 거주구의 경계에 있는 수도원의 소유를 둘러싸고 양쪽 거주구 사람들이 반목하고 있었던 사정도 겹쳤다.

이리하여 아콘은 세력이 강한 두 거주구가 적대시하게 대면서 도시 전체도 양분되고 말았다. 베네치아 쪽에는 성당기사단과 피사, 프로방스, 마르세유의 상인들이 붙었다. 제노바 쪽을 편드는 것은 십자군 원정으로 그곳에 와서 정주하고 있는 프랑스 귀족이었다. 우세한 제노바파는 항구를 봉쇄해 베네치아 선박의 입항을 저지했다.

베네치아 본국이 가만히 있을 리가 없었다. 1257년에 베네치아 정부는 시리아, 팔레스티나로 가는 정기항로에 취항하는 상선단에 마치 전시(戰時)라도 된 것처럼 14척의 갤리 군선으로 된 호위함대를 붙여서 출항시켰다. 시리아, 팔레스티나 항로의 최종 기항지는 오리엔트 물산의 중요한 집결지인 아콘이었다.

아콘항 입구에 도착한 베네치아 함대는 전투기를 내걸지 않았다

뿐이지 항구에서 보는 사람들은 함대가 완전한 전투태세에 들어가 있다는 것을 한눈에 알 수 있었다. 상선은 뒷줄에 머물러 있고 앞줄의 갤리 군선은 모두 뱃전에 쭉 방패를 늘어놓고 유사시에 노 젓는 사람을 적으로부터 지킬 태세를 완료하고 있었다. 방패에 가려 보이지 않는 노꾼들도 노를 젓고 있는 그 발밑에 전투용 도끼를 놓아두고 있음에 틀림없었다. 돛대 밑에는 무기를 손에 든 석궁수들이 한 떼가 되어 대기하고 있었다.

사령관인 로렌초 티에폴로는 사전 입수된 정보 그대로 항구 입구에 굵은 쇠사슬이 쳐져 있는 것을 보고 전군에 돛을 힘껏 펴도록 명령했다. 돛과 노가 전속태세(全速態勢)에 들어간 군선은 일제히 쇠사슬을 향해서 돌진했다. 봉쇄의 돌파에 성공한 베네치아 함대는 단숨에 항구를 점령했다. 항구에 정박하고 있던 제노바 선박은 차례로 불타올랐다. 제노바 상인용 창고는 바다와 육지 양쪽에서 베네치아인의 습격을 받아 순식간에 텅 비게 되었다.

제노바인 거주구가 이런 사태 속에서 피해를 면할 수 있을 턱이 없었다. 그때까지 중근동에서는 최대의 제노바 상업기지였던 아콘에서 치외법권을 제멋대로 남용하고 있던 제노바 거주구도 그 위세의 흔적도 찾아볼 수 없을 만큼 파괴되었다. 아콘에 살고 있던 제노바인은 근처인 티루스로 달아났다. 아콘에서의 제노바와 베네치아의 지위는 이렇게 해서 하루 사이에 역전되고 말았다.

물론 제노바 본국이 이것을 못 본 체 잠자코 있을 리가 없었다. 이듬해인 1258년 항해기인 봄이 오기를 기다렸다가 오리엔트로 향해 대함대가 출항했다. 베네치아 쪽이라고 승리에 취해 헛되이 나날을 보내고 있었던 것은 아니다. 로렌초 티에폴로는 본국과 베네치아 해군기지가 있는 크레타섬으로부터 보강을 받아, 이젠 호위함대라고는 할 수 없는 대함대를 편성하고 있었다.

6월에 팔레스티나 해역에 도착한 제노바 함대는 우선 티루스에 들렀다. 티루스의 지배자인 필리프 드 몽포르 후작과 전선 분담문제를 협의하기 위해서였다. 몽포르 후작이 육지 쪽에서 아콘을 공격하기로 하고 바다로부터의 공격은 제노바가 맡기로 했다.

아콘에서 기다리고 있던 베네치아군도 전선의 분담은 이미 정해져 있었다. 바다 쪽은 베네치아가 맡고 육지 쪽은 성당기사단의 기사들이 수비하기로 했다. 베네치아 함대에는 로렌초 티에폴로와 안드레아 제노의 지휘하에 피사, 프로방스, 마르세유의 상인들도 무장을 갖추고 올라탔다.

이미 전투기를 내걸고 티루스를 나온 제노바 함대는 항해 하루 만에 아콘 앞바다에 모습을 나타냈다. 50척의 갤리 군선과 4척의 대범선으로 이루어진 대함대의 돛대에는 전부 흰 바탕에 적십자가 그려진 제노바공화국 국기가 펄럭였다. 요격하는 베네치아 함대는 39척의 군용 갤리선에 4척의 대범선, 게다가 후위로서 10척의 소범선이 따랐다. 물론 모든 배의 돛대에 진홍색 바탕에 금실로 수놓은 성 마르코의 사자, 베네치아의 국기가 바람에 펄럭이고 있었다. 배의 수는 거의 같아도 전력은 제노바 쪽이 뛰어났다. 갤리선들은 전투 개시를 앞두고 모두 돛을 접고 대기했다.

해전은 전투 개시를 알리는 양군의 나팔소리의 여운이 사라지기도 전에 시작되었다. 양군 군선의 뱃머리가 부딪치는 둔탁한 소리가 주위를 휘어잡고, 노가 서로 맞물리는 소리가 요란스레 뒤섞였다. 석궁수가 쏘는 화살은 무시무시하게 바람을 가르며 날았다.

화전(火箭)에 의해서 범선의 돛이 불타올랐다. 양군이 지르는 함성은 귀청을 찢는 듯했다. 노꾼들도 노를 버리고 각자 무기를 손에 들고 서로 뒤엉킨 노를 밟고 적선으로 옮겨 탔다. 적과 아군이 뒤엉켜서 벌이는 격전이었음에도 우세한 전력을 갖고 있던 제노바의 패색이 조금씩 짙어지기 시작했다. 전투 개시 직전에 두 패로 갈려 두 사람의 사령관이 각자의 부대를 이끌고 제노바군을 좌우로부터 협공하듯이 한 베네치아의 전술이 효과를 내기 시작한 것이었다.

반나절의 격전 후에 해전은 베네치아 쪽의 압승으로 끝났다. 제노바군은 불타버리든가 침몰하든가 해서 함대의 반을 잃었다. 인명 손실도 전사자와 포로를 합쳐 1,700명이나 되었다. 남은 배도 사람도 티루스로 도망쳐 들어가서 목숨을 건졌다. 육지 쪽의 싸움도 성당기사단의 활약과 그때까지의 제노바인의 횡포를 불쾌하게 생각하고 있던 지방민의 도움으로 유리하게 전개되고 있었다. 프랑스 기사들은 고전하고 있었으나 해전이 베네치아 쪽의 승리로 끝났다는 것이 알려지자 공격을 멈추고 티루스로 퇴각하고 말았다. 이렇게 해서 아콘은 완전히 베네치아의 것이 되었다.

승리자들은 그때까지 아콘 거리의 중앙광장을 장식하고 있던 양각무늬로 장식된 두 개의 멋진 돌기둥을 전리품으로 본국에 보냈는데, 지금도 산 마르코 대성당 옆에서 그것을 볼 수가 있다. 돌기둥과 함께 제노바인 포로도 본국으로 보냈다. 그렇지만 이탈리아 해양국가간의 싸움에서 포로가 된 사람들은 이슬람교도가 포로가 된 경우처럼 노예가 되지는 않았다.

휴전조약을 맺을 때 조건을 유리하게 하기 위해 잡아두는 것이었다. 최악의 경우라도 몸값을 지불하면 자유를 회복할 수 있었다. 아콘의 싸움에서 베네치아군의 포로가 된 제노바인은 그 후 교황의 중개로 곧 석방되었다.

제노바의 역전극

그러나 베네치아의 완승으로 끝난 첫 전투로부터 겨우 3년 후인 1261년에 제노바는 멋지게 베네치아인에게 보복하는 데 성공한다. 베네치아 상인의 오리엔트 무역 최대 근거지인 콘스탄티노플을 베네치아로부터 탈취해버린 것이었다. 제노바들이 스스로 피와 땀을 흘려서 뺏은 것이라면 감탄할 만한 일도 아닐 것이다. 그러나 그들은 다른 사람의 손을 빌려서 이를 성취했다.

제4차 십자군에 의해서 콘스탄티노플을 정복당하고 붕괴된 비잔틴제국 대신 프랑스 귀족을 주체로 한 라틴제국이 생긴 것은 1204년의 일이었다. 그러나 이 라틴제국은 프랑스인의 통치가 서투른 탓도 있어서 당초부터 약체였다. 비잔틴의 잔존세력이 버티고 있는 니케아제국, 신흥 불가리아왕국, 에페이로스의 참주국과 같은 주변국들로부터 위협받고 있는 처지를 타개하지도 못하고 있었다.

주위와는 인종이 다른 이들 서유럽의 나라들이 오리엔트에서 반세기나 살아남을 수 있었던 것은 베네치아의 경제와 해군에 의한 후원이 있었기 때문이다. 베네치아인의 상업활동과 바다로부터의 방위가 없다면 라틴제국은 벌써 오래전에 붕괴하고 말았을 것이다. 베네치아는 콘스탄티노플로부터 흑해에 걸친 상업 이권을 저울질한 끝에 경제적으로 타산이 선다고 생각하고 이들을 후원했던 것이다.

그렇지만 그 반세기 동안 로마가톨릭에 지배당해 온 그리스정교도의 불만과 증오는 사라지기는커녕 증대되기만 했다. 한편 바로 근처에 있는 니케아제국에서는 정통적인 황제를 배제하고 황제의 자리를 뺏은 미카일 팔라이올로구스가 비잔틴제국 부흥의 야심을 품고 있었다. 전부터 니케아제국과 좋은 관계에 있던 제노바는 당연한 일이지만 팔라이올로구스의 야심을 알고 있었다. 그리고 그것을 이용하려고 했다.

은밀히 두 사람 사이에 맺어진 님파이움 조약에서는 서로의 의무를 다음과 같이 규정하고 있었다. 제노바는 베네치아 해군을 격퇴함으로써 팔라이올로구스의 콘스탄티노플 정복을 측면에서 원조한다. 황제는 비잔틴제국 부흥 후에 콘스탄티노플은 물론 제국령 전역에서 베네치아인을 추방한다. 조약은 3월에 조인되었다. 베네치아 정권은 그것을 전혀 눈치채지 못하고 있었다.

조인으로부터 4개월 후인 7월에 팔라이올로구스는 일거에 행동을 일으켰다. 콘스탄티노플을 경호하는 베네치아 함대가 멀리 흑해로 순찰을 나가 있는 사이에 콘스탄티노플을 간단히 빼앗아버린 것이다. 내부로부터 안내를 받아 일으킨 이 일종의 쿠데타는 라틴제국 수뇌부의 허를 찔러서 단숨에 해치웠기 때문에 그것을 돕기로 되어 있던 제노바 해군이 도착했을 때는 모든 것이 끝나버린 상태였다.

서둘러 흑해로부터 돌아온 베네치아 함대도 이렇게까지 멋지게 완성된 쿠데타에는 손을 쓸 수 없었다. 라틴제국의 마지막 황제와 베네치아 대사, 그리고 시내에서 어찌할 바를 모르고 있는 베네치아인들을 승선시켜 네그로폰테로 옮긴 것이 그들이 할 수 있는 유일한 일이었다. 이 일은 베네치아측의 큰 실수였다. 이 실패에 데인 베네치아는 그 후 다시 이러한 실패를 되풀이하지 않기 위해 중세와 르네상스와 근세를 통틀어 다른 어느 나라보다도 정확하고 신속한 정보망을 만들어내게 된다.

그렇지만 애당초 베네치아도 콘스탄티노플을 단념한 것은 아니었다. 그때까지의 반세기 동안 베네치아가 누려 왔던 경제상의 이익은 너무나도 컸다. 또 콘스탄티노플로부터 배제당한다는 것은 흑해 무역에서 배제되는 것이었기에 베네치아가 받은 타격은 컸다.

한편 라이벌인 제노바는 팔레스티나 지방에서의 열세를 콘스탄티노플을 근거지로 함으로써 완전히 만회하고 있었다. 아니, 그보다는 제노바가 더 유리해졌다고 하는 것이 옳았다. 베네치아는 우선 본국으로부터 에게해로 함대를 보냈다. 콘스탄티노플 경호용이었던 함대와 합쳐서 60척이나 되는 갤리 군선으로 편성된 베네치아의 대함대와 제노바 해군은 서로 대치하는 상태가 되었다.

베네치아 정부는 냉정하게 사태를 검토했다. 반세기 동안 열심히 후원해 왔던 만큼 베네치아 정부는 라틴제국이 약한 이유를 충분히 알고 있었다. 그리스정교도를 가톨릭교도가 지배하는 데 따르는 어려움도 너무나 잘 알고 있었다. 하물며 자기들 사이의 싸움에 열중하고 있는 서유럽 여러 나라의 왕후들은 라틴제국의 운명에 대해서는 아무런 관심을 기울이지 않았다. 이런 상태에서는 아무리 해군이 강할지라도 10만 남짓한 인구로 콘스탄티노플을 다시 찾는 것은 어려울 것이고, 되찾아 그것을 유지하는 것은 불가능에 가까울 것이다.

베네치아는 우선 후퇴하기로 결정했다. 콘스탄티노플의 탈환은 단념했다. 대신 제4차 십자군에서 획득한 것 이외의 기지, 네그로폰테, 크레타의 2대 기지를 비롯한 에게해의 많은 섬들은 반드시 지키자고 결심했다. 대함대에는 기지 방위의 임무가 주어졌다. 그와 동시에 베네치아의 외교전이 시작된다. 제노바가 눈치채지 못하도록 극비리에 말이다. 베네치아는 필사적인 동시에 신중했다.

베네치아 함대에게 주어진 임무가 기지의 방위라고는 하지만 그것은 소극적인 의미가 아니라 적극적으로 방위한다는 것이었다. 다시 말해서 그들은 제노바 해군을 만나면 즉각 도전했으며, 만나지 않더라도 제노바 해군의 동향을 추적해서 그것을 패퇴시키고자 했다.

콘스탄티노플로부터 라이벌을 몰아내는 데 성공하여 만족해하고 있는 제노바인은 되도록 맞서서 해전을 벌이는 것을 피하려고 했기 때문에 당분간 동지중해에서는 베네치아와 제노바의 쫓고 쫓기기가 전개되었다. 해군으로서는 베네치아가 우세했기 때문에 제노바는 걸음아 날 살려라 하고 도망치든가, 도전해 와도 항구에 틀어박혀 나오지 않았다.

양군이 맞부딪히는 경우에는 반드시 베네치아군이 이겼다. 전력이 같은 정도의 경우에도 베네치아가 이겼다. 1263년의 그리스 근해의 싸움, 1266년의 시칠리아 앞바다의 해전 등 해상에서의 베네치아는 콘스탄티노플을 잃었다고는 해도였다. 이것에 비잔틴 황제가 되어 있던 팔라이올로구스의 마음이 움직였다.

황제가 비잔틴의 제위를 획득했을 때 사실은 제노바의 원군을 필요로 하지 않았는데도 님파이움 조약에서 결정된 약속을 이행한 것은 베네치아의 역습을 두려워했기 때문이었다. 베네치아 쪽에 그럴 생각이 없다고 한다면 군이 제노바에게 계속 의리를 지킬 이유도 없었다. 하물며 베네치아 해군의 힘이 제노바보다 강하다면 그런 강국을 언제까지나 적국으로 돌리고 있는 것은 비잔틴제국으로서는 오히려 불리한 일이었다. 아무튼 비잔틴의 해군은 있으나마나 한 존재였다. 더구나 베네치아가 바라는 것은 오직 한 가지 동지중해와 흑해에서 교역을 할 수 있게 되는 것이었다. 현실주의자끼리 타협은 성립되었다.

1268년에 팔라이올로구스 황제는 베네치아 상인의 콘스탄티노플 복귀를 허가했다. 거주구를 두는 것도 인정되었다. 구 비잔틴령에서 제4차 십자군 이후 베네치아령이 되어 있던 지역도 다시 베네치아의 것으로 인정되었다.

그렇지만 과거의 처지를 기억하는 베네치아인이라면 누구나 아쉬운 마음이었을 것이다. 거주구도 전의 절반 이하로 좁아졌고, 피사 상인과 이웃하는 장소에서 금각만 전체를 전용 항구처럼 쓰고 있었던 때를 생각하면 조건은 비교할 수도 없을 만큼 나빴다. 금각만을 사이에 두고 대안인 페라에는 적대국인 제노바가 성벽까지 둘러친 대거주구를 쌓고 있었다. 페라는 보스포루스 해협에 면하고 있기 때문에 흑해로 가기 위해서는 제노바 성채의 사정거리 안으로 들어가지 않도록 하면서 항해해야만 했다. 7년 만에 겨우 장사를 재개하게 되었다고는 하지만 베네치아 상인에게는 어려운 재출발이었다.

제노바의 해적행위

베네치아에서 '무다'라고 불리는 상선 정기항로가 창설된 것은 1255년으로, 베네치아가 콘스탄티노플을 독점하고 있었을 때다.

동지중해의 제해권을 장악하고 있었음에도 제노바 선박의 해적행위를 제압할 수가 없어서 상선의 안전을 위해 선단을 조직하기로 했던 것이다. 뭉쳐서 행동하면 그만큼 습격당할 위험도 적었다.

그러나 일단 쫓겨난 베네치아인이 7년 후에 콘스탄티노플로 복귀할 무렵부터 동지중해에서의 제노바 선박의 해적 행위는 한층 더 심해졌다. 첫째로 콘스탄티노플의 대안인 페라에 일대 근거지를 만들었기 때문에 제노바 선박은 보다 넓은 해역에서 보다 유연성을 가지고 행동할 수 있게 되었다. 둘째로 베네치아 함대와 정면으로 충돌하면 지기 때문에 게릴라 전법을 취하기로 결정한 것이었다. 또한 게릴라 전법은 제노바인의 기질에 맞았다. 제노바 함대는 자주 사령관들의 의견이 맞지 않았으며 그 때문에 전선이 통일되지 않아서 베네치아에게 지는 경우가 많았던 것이다.

둘 다 상인의 나라인 베네치아와 제노바는 같은 해외무역을 하면서도 각자의 기질을 반영해 완전히 다른 방법을 취했다.

베네치아는 배의 속력이 다른 갤리선과 범선을 목적지별로 모아 상선단을 구성했다. 그 상선단에 갤리 군선으로 된 호위함대를 붙여서 내보냈던 것이다.

한편 제노바인은 베네치아인과 달리 공동으로 행동할 바에는 죽어버리는 것이 낫다는 식으로 생각하고 있었기 때문에 서로의 속력을 조정해야 하는 선단 행동은 불가능했다. 그들의 상선은 대부분 독자적으로 항해했다. 선단을 짤 경우라도 범선끼리, 갤리선끼리 짰다. 선단을 짜는 경우가 이처럼 매우 적었기 때문에 당연히 선단 호위용으로 함대를 붙일 필요도 적었다. 제노바인은 상선에 붙일 필요가 없는 군선을 순수하게 군사목적으로만 활용하기로 했던 것이다. 요컨대 해적용이었다. 상선 쪽은 운을 하늘에 맡기고 항해했다. 베네치아 함대를 만나지 않으면 행운이고 만나면 불운이라고 단념하는 것이었다.

이것과는 반대로 가능한 할 수 있는 일을 다하고 천명을 기다리는 유형의 베네치아인은 군선의 호위가 붙는 선단을 조직하고 그것을 정기적으로 운행하기로 했다. 이것은 그 시점에서는 3가지 결함을 지니고 있었다.

첫째로, 상선단마다 15척에서 30척의 갤리 군선에 의한 호위함대를 붙이다가는 군사목적만의 함대를 편성할 여유가 없어진다. 둘째로 한데 모여서 항해하기 때문에 적이 공격목표를 잡기가 쉬워졌다. 셋째로 호위함대를 어떤 방법으로든지 떼어놓는 데 성공한다면 상선단은 무방비나 마찬가지가 되는 단점이 있었다.

실제로 1264년에는 베네치아에 대단한 충격을 준 다음과 같은 사고까지 일어났다.

그해에 대담한 제노바인 중에서도 특히 대담무쌍하기로 이름난 그릴로라는 제독이 (제독이라기보다 해적 두목이라고 부르는 쪽이 어울리는 사나이였지만) 이끄는 제노바 함대가 시리아, 팔레스타나로 가는 베네치아 상선단이 아드리아해를 남하 중이라는 정보를 포착했다. 그릴로는 남이탈리아의 여러 항구를 돌면서 자기 함대는 팔레스티나의 아콘을 향해서 항해 중이라는 거짓 정보를 퍼뜨렸다. 그렇게 하면서 실제로는 몰타섬으로 가서 기회가 오기를 기다렸다.

베네치아 함대는 이 거짓 정보에 속아 넘어간다. 아콘을 뺏기기라도 하는 날엔 상선단이 운반하는 짐의 대부분을 팔고 오리엔트 특산물을 사는 중요한 시장을 잃게 된다. 그렇게 되면 곤란했기 때문에 한 선단의 경호에 전념하고 있을 처지가 아니었다. 베네치아 함대는 상선단의 경호를 포기하고 제노바인이 도착하기 전에 아콘에 닿기 위해 서둘러 동지중해로 향했다.

그것을 안 그릴로는 몰타섬을 출발하여 그 길로 북상했다. 그리고 아드리아해의 출구인 두라초 앞바다에서 호위함대 없이 남하 중인 베네치아 상선단을 만났다.

표적이 된 베네치아 상선단은 500톤급의 대형 범선 '로카포르테'를 중심으로 100톤급의 소형 범선 20척쯤으로 편성되어 있었다. 모든 배에는 상품이 가득 실려 있었다. 수평선에 갑자기 나타난 제노바 함대에 베네치아 상선단은 방어전을 하기로 결정했다. 두라초 항구로 도망치기에는 이미 시간적으로 무리라고 판단했기 때문이었다.

우선 해상에 정박한 배들은 모두 무겁지만 값이 싼 물건만 남기고 소형 범선에 각각 싣고 있는 비싸고 가벼운 상품을 로카포르테로 옮겨 실었다. 로카포르테라는 배는 성채라는 이름 그대로 해면으로부터 높고 튼튼한 2개의 선교가 있어서 방어전을 하기에는 적합하기 때문이었다. 베네치아는 방어전을 이 배에 집중하기로 했다. 그들은 소형 범선에는 배를 조종하는 데 필요불가결한 승무원만 남기고 그 밖의 인원을 로카포르테로 모았다.

실제로 로카포르테는 제노바 함대의 격렬한 공격을 잘 견뎠다. 소형 범선이 차례차례로 제노바측에 포획되어 끌려가는 와중에 방어전을 하면서도 적을 돌파하여 두라초 항구로 도망치는 데 성공했다. 방어전의 전법에 문제가 있었던 것은 아니지만 이 사고로 베네치아는 시리아, 팔레스티나 정기항로에서 장사하는 그해 상품의 큰 부분을 잃었다.

그 후 베네치아는 상당히 신중해져 호위함대는 상선단과 떨어지지 않도록 힘썼기 때문에 이때와 같은 충격적인 사고는 없어졌지만 제노바 해군의 해적 행위는 고쳐지지 못했다. 왜냐하면 해적 행위에 의한 약탈물은 승무원들끼리 나누어도 좋았기에 성실하게 교역상인을 하기보다는 해적 쪽을 택하는 자가 많았기 때문이다.

베네치아의 전법과 제노바의 전법의 이런 차이에서 생기는 경제상의 손실은 어느 쪽이 컸느냐 하면 베네치아였다고 할 수밖에 없다. 호위함대를 붙이기 때문에 순수한 군사목적을 위한 선대를 편성할 여유가 없었던 베네치아는 해적 행위를 하지 않았으니, 운을 하늘에 맡기고 항해하는 제노바의 상선은 대부분 안전한 항해를 할 수 있었던 셈이 된다. 결과적으로 제노바인의 상업활동은 최소한의 피해밖에 입지 않았던 것이다. 게다가 해적 행위에서 얻는 수입도 있었다. 그 무렵의 베네치아인은 제노바인의 눈에는 바보로 보였으리라. 견실함을 모토로 하면서도 효과는 그다지 좋지 않았으니 말이다. 그렇다고 해서 해전을 걸어도 제노바는 재빨리 달아날 뿐이었다.

실제로 휴전을 바란 것은 베네치아 쪽이었다. 이 이상의 타격은 베네치아의 경제활동에 불리하다고 판단했기 때문이다. 물론 모든 것이 잘 되어가고 있는 제노바는 휴전 논의는 들으려고도 하지 않았다. 그것을 억지로 수락하게 한 것은 때마침 십자군 원정을 준비 중이었던 프랑스 왕 루이 9세의 힘이었다.

군의 수송에 많은 함대를 꼭 필요로 했던 프랑스 왕으로서는 제노바와 베네치아가 싸우고 있어서는 매우 곤란했다. 루이 9세는 베네치아 선박에 대한 해적 행위를 그만두고 베네치아와 휴전하지 않는다면 프랑스에 살고 있는 제노바인 전부를 잡아서 죽이겠다고 제노바를 협박했다. 제노바는 항복하고 베네치아와의 휴전을 승낙했다. 1270년에 교황 클레멘스 4세, 남이탈리아의 왕 카를로 1세(샤를 당주), 프랑스 왕 루이 9세의 중개로 이탈리아의 두 해양국가는 일단 전쟁을 그만두었다.

그후 25년간 지중해는 제노바인과 베네치아인의 세계였다. 베네치아의 경제발전도 두드러졌지만 제노바의 경제는 파죽지세와 같았다. 이 시기에 제노바는 전성시대를 맞았다. 베네데토 자카리아가 활약한 것은 바로 이 시기였다.

제노바는 1284년의 멜로리아 해전에서 서지중해의 경쟁상대인 피사를 완전히 전열에서 밀어내고 말았다. 지브롤터 해협 통행의 자유를 획득해서 대서양 항로도 열었다. 당시에 제노바인의 재능이 얼마나 빛났는지를 보여주는 실례로서 비발디 형제의 예를 들 수 있다.

이 두 사람의 제노바인은 1291년에 지브롤터 해협을 건너 아프리카 연안을 남하하여 인도로 건너가기 위한 항해를 떠났다. 불행하게도 아프리카의 중간에서 소식이 끊어졌지만 만약 그들이 목적을 달성했더라면 바스코 다 가마의 위업은 그보다 이미 200년 전에 이루어진 것이다. 이것뿐만 아니라 당시의 제노바인의 행동범위는 지중해에 한정되지 않고 아시아, 아프리카, 북유럽에 걸치고 있었다. 같은 시대 사람인 보카치오는 행동범위가 넓은 것으로는 선교사와 제노바 상인보다 나은 사람이 없다고 쓰고 있다. 물론 베네치아인도 그들의 라이벌로 그다지 뒤지지는 않았을 것이다. 아무튼 마르코 폴로는 바로 이 무렵 막 중국으로부터 귀국한 직후였다.

그렇지만 이 면에서도 제노바인의 개인주의는 변하지 않았다. 상업을 위한 항해라 하더라도 이만큼 많은 여행자가 나왔는데 그 중의 누구 한 사람도 여행기를 써서 후대에 기록을 남겼다. 선교사는 물론이고 베네치아인까지도 간단하지만 보고서를 써서 남기고 있다. 그런데도 제노바인은 자기가 개척한 시장이나 통로가 같은 나라 사람이라 하더라도 타인인 누군가가 알게 되고 그 때문에 자신의 이익이 줄어들까봐 철저히 비밀을 유지하려고 했다. 그 때문에 그들이 한 모험의 대부분은 아무도 모르고 개척된 길도 누구에게도 전해지지 않고 잊혀져버렸다.

같은 나라 사람끼리도 이만큼 개인주의적인 제노바인이었다. 그러니 상대가 국적도 다른 상업 라이벌인 베네치아 정도 되면 한 번 손에 넣은 권익은 어떻게 해서든지 끝까지 지킬 결심을 했다고 해서 이상할 것이 없다. 물론 베네치아 역시 한 발짝도 양보할 생각이 없었다. 휴전 중에도 자주 충돌이 일어나고는 있었지만 그것이 공공연한 전쟁이 된 것은 1295년, 제1차 베네치아-제노바 전쟁이 휴전을 한 지 25년째였다. 제2차도 제1차와 같은 원인, 즉 시장을 확보하기 위해 일어났다. 제1차 때는 팔레스티나의 아콘을 둘러싸고 갈등이 시작되었고, 제2차 베네치아-제노바 전쟁은 흑해 연안의 시장이 쟁점이 되었다.

이보다 4년 전에 이집트 맘루크 왕조의 맹공으로 십자군이 정복한 땅 중에서 남아 있던 마지막 부분인 아콘이 함락되었다. 이것으로 프랑스인을 주체로 한 십자군 세력은 팔레스티나에서 일소된 셈이지만 타격을 받은 것은 이탈리아의 해양국가도 마찬가지였다.

게다가 서유럽 그리스도교의 패퇴에 분노한 로마 교황은 이슬람교도와의 교역을 금지했다. 제노바도 베네치아도 시리아나 팔레스티나, 이집트의 어느 곳과도 교역을 할 수 없게 되고 말았다. 동양으로부터 실려 오는 향신료를 비롯한 물산을 서유럽의 상인이 살 수 있는 장소는 흑해 연안만이 남게 되었다.

흑해 연안은 제노바 상인이 개척한 시장이었다. 두 나라가 휴전했을 무렵 베네치아 상선도 본격적으로 흑해로 진출해 왔다. 더구나 아콘이 함락된 직후 베네치아 정부는 흑해 연안을 지배하고 있던 몽골족의 칸과 정식으로 통상조약까지 맺어버렸다. 시장이 좁아진데다가 남은 하나까지 베네치아에 뺏길 것 같은 낌새를 느낀 제노바는 베네치아를 흑해에서 쫓아내려고 마음먹었다.

베네치아와 제노바의 적의가 노골적으로 드러나 각지에서 소규모 충돌이 자주 일어났는데도 본격적인 전쟁이 시작된 것은 그로부터 4년이 지난 다음이었다. 두 나라 다 이슬람교도와 교역할 수 없게 된 공백을 메울 방법을 강구하느라 정신이 없었기 때문이다. 달리 표현을 한다면, 두 국가 모두 교황의 금지령을 어기고 밀수무역을 지원하고 있었다. 종교보다 장사가 우선한다는 점에서 베네치아와 제노바는 완전히 일치하고 있었다.

쿠르촐라 해전

1294년 봄에 키프로스와 소아시아의 라이아초로 가는 정기상선단이 함대의 호위를 받으면서 베네치아를 떠나 아드리아해를 남하했다. 펠로폰네소스반도를 돌아서 항로를 동쪽으로 잡고 크레타에 들렀다가 키프로스로 가는 베네치아 상선단의 항해는 순조롭게 진행되고 있는 것처럼 보였지만 항로를 동쪽으로 잡은 시점에서 이미 제노바인들에 의해 탐지당하고 말았다.

통지를 받은 콘스탄티노플의 제노바 거주구는 당장 함대를 편성했다. 금각만의 제노바 선착장으로부터 함대가 출발한 것을 맞은편 해안의 베네치아 거주구도 알았으나 동포에게 위험을 알리기에는 시간이 부족했다. 제노바 함대는 그 길로 에게해를 남하했다. 라이아초 근처의 해상에서 모든 돛을 올리고 항로의 최종 목적지인 라이아초 항구를 향해서 항해 중인 베네치아 상선단을 확인했다. 갤리선만으로 이루어진 제노바 함대는 모든 배가 전투태세에 들어갔다.

허를 찔린 베네치아 선단은 돛을 올리고 항해 중이었기 때문에 신속하고 정확한 대응을 할 수 없었다. 짐을 가득 싣고 있기 때문에 행동이 둔해졌다. 게다가 입항 직전이어서 승무원들은 기분도 들떠 있었을 것이다. 제노바는 완벽하게 승리했다. 베네치아는 20척이나 되는 배를 포획당하고 타고 있던 사람들도 뺏겼다. 호위함대의 사령관은 전사했다.

이 패전은 베네치아로서는 불명예스럽기 그지없는 사건이었다. 상인들이 급히 만든 사제(私製) 함대에 국가가 편성한 함대가 패배했으니 말이다. 반대로 제노바인으로서는 이만큼 기세가 오르는 쾌거도 없었다. 해외식민지의 상인까지도 베네치아 본국의 함대를 이길 수가 있다는 것을 증명했기 때문이다.

기분이 좋아진 제노바는 여기서 단숨에 라이벌을 밀어내려고 이듬해인 1295년에 165척의 갤리선과 3만 5천 명의 승무원으로 된 전대미문의 대함대를 만들어냈다. 베네치아가 100년 전의 제4차 십자군에서 편성했던 선단에 비하면 수적으로는 뒤지지만 이쪽은 갤리선만으로 구성되어 있기 때문에 전력으로서는 중세의 지중해 세계에서 가장 크고 가장 강한 함대였다.

베네치아도 앉아서 보고만 있을 수는 없었다. 전국의 16세부터 60세까지의 남자는 병역에 언제든지 소집할 수 있도록 등록했고 귀족이나 부자계급은 그밖에 갤리선을 무장하는 비용으로서 임시 목적세를 징수당했다. 이렇게 해서 편성한 함대는 65척이었다. 제노바의 반도 되지 않는 전력으로 아드리아해의 출구를 지키는 것은 역부족이었다.

한편 제노바의 대함대는 주변 각국의 주목을 받으면서 티레니아해를 남하했다. 기항지는 시칠리아의 메시나로, 거기서 보급을 마친 다음 베네치아 해군과의 전투에 나설 참이었다.

그러나 메시나 항구에서 보급을 마치는 것까지는 예정대로의 행동이었으나, 그 후 그들은 아드리아해로도 에게해로도 가지 않고 다시 본국인 제노바로 돌아가버렸다. 베네치아는 후유 안심했겠지만 일대 해전을 예상하고 주목하고 있던 주변의 각국으로서는 어리둥절하며 어이없어했다. 이 기묘한 행동의 진상은 이때의 제노바 함대의 제독인 도리아가 자기가 자리를 비운 본국 정부를 반대파가 노리는 것을 우려해서 장기간 본국을 비우는 것을 싫어했기 때문이었다.

이렇게 해서 모처럼 기세가 올라 있던 제노바인의 전의는 라이벌인 베네치아에게로 향하지 않고 내국인끼리의 싸움에서 소비되었다. 도리아파와 스피놀라파, 피에스키파와 그리말디파로 갈라진 가

문간의 싸움은 또다시 제노바를 무정부 상태로 만들어버렸다. 그만한 대함대를 만들어낼 힘이 있으면서도 제노바는 다음 해도, 다음다음 해도 함대를 내보낼 수 없었다.

베네치아는 이 사이를 이용했다. 앞으로는 그들도 제노바식 전법을 흉내 내기로 한 것이다. 상선단을 호위함대 없이 항해하게 하고 함대는 함대대로 독자적인 순수군사행동에 전념하게 되었다. 베네치아인도 해전의 재능에서는 결코 제노바인에 뒤지지 않는다는 것을 증명했다.

키프로스의 제노바 거주구와 제노바의 흑해 무역 근거지인 카파의 약탈, 콘스탄티노플의 페라 거주구에 대한 화공(火攻) 등 성과는 꽤 좋았고, 상선대도 비교적 안전하게 항해할 수 있게 되었다. 다만, 마찬가지로 해적 행위를 하면서도 베네치아의 경우는 약탈품을 모두 승무원들이 차지하지 않았다. 그 대부분은 함대의 건조비로 쓰였다.

1298년이 되자 내부항쟁이 일단락되어 본격적인 함대를 바다로 내보낼 수 있게 된 제노바가 베네치아를 도발해 왔다. 제노바를 출항한 함대는 티레니아해를 남하하여 시칠리아의 메시나 해협을 통과하여 아드리아해로 향했다. 아드리아해로 들어가자마자 베네치아의 우호국인 동해안의 달마티아 지방의 항구도시를 차례차례로 습격하여 베네치아가 절대로 도전에 응하지 않을 수 없는 상태를 만들어버렸다. 베네치아도 대함대를 출항시켰다. 양군은 아드리아해의 중간쯤 되는 쿠르촐라 섬의 앞바다 부근에서 만났다.

양군 다 갤리 군선으로만 이루어진 순함대였다. 베네치아측이 90척으로 진형을 짜자 제노바 함대는 80척으로 맞섰다. 베네치아군은 제독 안드레아 단돌로의 명령이 떨어지자마자 활 모양의 진형을 취했다. 수적으로는 베네치아가 우세하니 그 점에서는 열세인 적을 포위하자는 전법이었다. 한편 제노바군은 제독 람바 도리아의 명령으로 3대로 갈라져서 포진했다.

전투는 쓸데없는 의식을 치르지 않고 곧바로 시작되었다. 제노바군은 도리아가 타고 있는 기함을 선두로 마치 큰 파도가 덮치듯이 베네치아군을 향해서 쇄도했다. 갤리 군선이 여기저기에서 격돌했다. 격전이었다. 그렇지만 배의 마력은 제노바 쪽이 뛰어났다. 앞서 베네데토 자카리아가 고안하여 실용화한 이른바 '트리레메' 방식을 쓰고 있었기 때문이다. '트리레메'란 한 개의 노에 종래와 같이 2명이 붙는 것이 아닌 3명의 노꾼을 배치한 것이다. 그것에 의해서 제노바 함대는 베네치아군의 진형을 무너뜨리는 데 성공했다. 그 다음부터는 혼전이었다. 전황은 제노바측에 유리하게 전개되었다. 제노바인은 베네치아인에 비해서 배의 조종과 선상에서 싸우는 기술은 훨씬 뛰어났기 때문이다.

싸움은 제노바의 완벽한 승리로 끝났다. 침몰되거나 포획된 베네치아의 배는 84척이나 되었다. 본국으로 도망쳐 돌아갈 수 있었던 것은 6척에 지나지 않았다. 전사자는 7천 명이었다. 기록에 남아 있지 않지만 포로가 된 수는 아마도 그 이상이었을 것이다. 그때의 싸움에서 포로가 되어 제노바로 끌려간 베네치아인들 중 중국으로부터 돌아온 지 몇 년 되지 않은 마르코 폴로가 있었다. 그의 여행기는 이때 제노바의 감옥 안에서 만들어진다.

쿠르촐라 해전이라는 이름으로 알려지는 이 싸움은 베네치아인으로서는 변명할 수 없는 패전이었다. 베네치아 함대의 제독 안드레아 단돌로는 부상을 입고 포로가 되었는데 패전의 책임을 느꼈던 모양인지 갇혀 있던 감옥의 돌벽에 스스로 몇 번이나 머리를 부딪쳐서 자살했다.

제노바군도 최선을 다한 싸움이었으니 이겼다고는 해도 피해는 컸다. 전사자, 부상자의 수는 베네치아와 같은 정도였다. 배의 손해도 컸다. 제노바에겐 포획한 베네치아 선박을 끌고 갈 힘이 없었다. 배도 사람도 이미 없었기 때문에 대부분 그 자리에서 불태워버릴 수밖에 없었다.

이기기는 했지만 이런 상태로는 제노바군도 이긴 여세를 몰아 적의 본거지인 베네치아를 공격하는 일은 불가능했다. 제노바 함대는 달아나는 적을 추격하지도 않고 그대로 본국으로 돌아갔다. 물론 그렇더라도 베네치아 국민으로서는 굴욕적인 패전이었으리라.

하지만 베네치아 전 국민이 완전히 좌절감에 짓눌려 있었던 것은 아니다. 도메니코 스키아보라는 이름의 평민 출신 선원은 쿠르촐라 전에서 도망쳐 돌아온 배로 선단을 만들었다. 스키아보가 이 선단을 이끌고 아드리아해를 남하하여 티레니아해를 단숨에 북상해서 제노바의 항구 방파제 벽에 성 마르코를 새긴 베네치아의 금화를 박아 넣고 돌아왔다는 유쾌한 일이 일어난 것은 그 이듬해였다.

스키아보는 돌아오는 길에 베네치아로 직행하지 않고 제노바에 가까운 모나코를 근거지로 하여 부근을 항해하는 제노바 상선을 괴롭혔다. 모나코는 제노바를 지배하는 도리아, 스피놀라에 의해서 추방당한 그리말디가 반정부운동을 하는 근거지였다.

그렇지만 베네치아에서나 제노바에서나 화친할 분위기가 지배적이었다. 베네치아는 해전에 완전히 자신을 잃었으며, 제노바는 내부갈등에 지나친 에너지를 쓰고 있었다. 1300년에 맺어진 강화조약은 다음과 같은 것을 규정한 것뿐이었다.

베네치아는 리구리아 지방에서 제노바의 주권을 인정하고 제노바는 아드리아해에서 베네치아의 주권을 인정할 것. 베네치아는 모나코의 교황파를 원조하거나 힘을 합쳐 제노바에 반하는 행동을 하지 말 것.

그렇지만 이 조약에는 동지중해에서의 양국의 세력 부분에 대해서는 한마디도 언급되어 있지 않다. 그것은 다시 말해서 이 조약이 베네치아와 제노바의 대립을 해소하는 데는 아무 효과가 없음을 의미했다.

두 나라는 싸움에 지쳐 있었다. 제1차 전쟁이 군사적으로는 베네치아가 우세했는데도 그것을 살리지 못했던 것처럼 제2차 역시 제노바가 스스로의 우세를 활용하지 못하고 끝났다.

전쟁과 휴전을 되풀이하는 두 강국

독자 여러분은 이미 깨달았을 것으로 생각되지만 베네치아와 제노바의 싸움은 기묘한 전쟁이었다. 승부가 결정되기까지의 125년간 적대관계에 있으면서도 실제로 전쟁을 벌인 것은 통산 20년에 지나지 않았다. 요컨대 5년을 싸우고는 그만두었다가 다시 싸우고 또 멈추기를 되풀이한 것이다. 두 나라의 세력이 엇비슷했기 때문에 베네치아도 제노바도 상대를 완전히 때려눕힐 수 없는 상황이었다.

또한 양국의 대립은 순수하게 경제상의 이익을 둘러싼 대립이지, 인종적·종교적인 대립에 의한 것이 아니었다. 요컨대 경제적 인간끼리의 대립이었던 것이다. 그렇지만 그들 정도로 완전한 경제적 인간이 되면, 경제상의 이익을 둘러싸고 싸우더라도 그 싸움이 경제적으로 너무 손해라고 판단하면 일시적이나마 싸움을 중지한다는 '의식'을 가지고 있는 법이다. 그래서 그들은 5년간 싸우고는 25년 동안 휴전하였다. 물론 제2차전 후처럼 휴전기간이 50년이 되기도 했다.

그럴 바에는 처음부터 싸우지 않고 어떻게든 공존의 길을 찾아내는 것이 옳지 않았을까 생각하겠지만 아무리 완전한 경제적 인간이라도 그 정도까지의 '의식'을 가지고 있었던 예는 세계 어디에도 없었다. 오늘날처럼 전쟁에 호소하는 것이 쉽지 않아진 시대에서조차 공존이 어려운 것이 우리 인간들의 고민인 것이다.

이야기를 700년 전으로 다시 돌리자. 1300년에 체결된 휴전은 그 전의 예와는 달리 50년간이나 계속되었다. 14세기 전반은 베네치아로서도 제노바로서도 싸우고 싶어도 싸울 수 없는 상태였든가, 아니면 전쟁을 하지 않는 편이 유리했든가 둘 중 하나였을 것이다.

우선 경제면에서 보자면 제4장의 '베니스의 상인'에서 말한 것처럼 이 시기는 경제상의 큰 변혁이 일어난 시기였다. 배의 구조가 바뀌고 갤리선과 범선 모두 대형화의 시대에 돌입했다. 나침반의 발달 등에 의해 항해기술이 비약적으로 진보했기 때문에 항해가 가능한 계절은 갑절로 늘어났다.

복식 부기와 아라비아 숫자의 보급, 금융기술의 발달로 장사를 보다 더 능률적으로 광범위하게 할 수 있게 되었다. 이런 기술개량은 같은 시기에 일어난 서유럽 여러 나라의 산업발달에 의한 물산의 증대와 때마침 일치했기 때문에 동서 간의 물자 흐름도 그 이전에 비해서 비약적으로 증대했다. 그때까지는 영국의 양모업자에게 그리스산 포도주는 꿈이었으나 이 시기에는 이미 꿈이 아니게 된다.

당연히 동서 사이를 중개하는 상인들은 바빠졌다. 북대서양 항로도 실용화 단계로 들어갔으며 그때까지 교황이 금지하고 있던 이슬람교도와의 교역도 재개되었다. 베네치아의 4개 정기 상선항로 모두가 완전히 운영될 수 있게 된 것도 이 시기였다. 두 나라가 다 무역강국인 베네치아와 제노바이기 때문에 전쟁보다는 장사를 열심히 하는 편이 득이었던 것이다. 더구나 시장은 넓었다. 그러니 시장을 다투어 전쟁을 할 필요도 없었다.

군사면에서도 두 나라는 거의 같은 정도의 힘을 갖추고 있었다. 이것도 전쟁을 하기에는 그다지 마음이 내키지 않는 조건이었다. 그러나 정치·사회면에서는 전쟁을 하지 않는 편이 유리하기 때문에 휴전을 계속했다고 하기보다도 전쟁 따위를 할 상황이 아니었기 때문에 휴전을 계속했다고 하는 편이 맞는다.

우선 제노바공화국인데, 이 나라는 늘 그렇듯이 정쟁으로 나날을 보내면서 반세기를 낭비했다. 14세기 전반의 주요한 정변만을 열거하더라도 다음과 같다. 어쨌든 도리아, 스피놀라파도 피에스키, 그리말디파도 상대를 철저하게 때려눕힐 만한 힘을 갖추지 못하고 있었기 때문에 제노바의 상례적인 내분은 도무지 해소될 기미가 보이지 않았다.

1311년-내부항쟁에 지친 두 파는 차라리 외국인에게 정치를 맡기자고 생각하고 프랑스 왕 앙리 7세에게 제노바의 지배를 맡기다.

1313년-왕이 죽은 뒤 내분이 재개되다.

1317년-피에스키, 그리말디 양가가 제노바의 지배자로 복귀하다.

1335년-도리아, 스피놀라 양가가 복귀하여 피에스키, 그리말디 양가를 추방.

1339년-귀족에 반대하는 시민계급이 정권을 탈취하다. 그러나 곧 시민정권도 양분되어 서로 싸우다.

1353년-밀라노의 군주 비스콘티에게 정권을 양도하다.

겨우 반세기 동안만으로도 이렇게 혼란한 상황이었다. 같은 시대 사람인 단테가 평한 것처럼 괴로움에 견디지 못해서 몸의 위치를 자주 바꾸는 환자는 결코 피렌체공화국만이 아니었다.

보다 강력한 통치능력을 가지는 정치 체계를 모색하고 있었다는 점에서는 베네치아도 피렌체나 제노바와 같았다. 이것이야말로 자원을 가지고 있지 않고 중세에서는 토지와 인구가 적은 도시국가로서 살아남는 유일한 길이었기 때문이다.

그렇지만 베네치아는 다른 나라들과는 다른 방법을 썼다. 군주제도 아니고 그렇다고 해서 대중정치도 아닌 베네치아의 독특한 공화제를 만들었다. 이것에 대해서는 제5장 '정치의 기술'에서 당시의 베네치아인이 정치능력이라는 것에 대해서 얼마나 냉정한 판단력을 갖고 있었는가를 상세하게 말했으므로 여기서는 되풀이하지 않겠다.

베네치아인은 라이벌인 제노바인에 비해서 선원으로서도 상인으로서도, 또한 해군 군인으로서도 조금쯤 뒤지고 있었지만 조직을 만드는 데는 단연 뛰어났다. 결국 이것이 막판에 큰 힘을, 효력을 발휘하게 되는 것이다.

반세기 동안이나 계속되었던 휴전에 종지부를 찍게 된 1350년의 두 나라가 서로 싸울 준비가 되어 있었던 것은 아니었다. 그렇기는커녕 2년 전에 덮친 페스트로 인해 커다란 인적 피해를 입고 있었다.

보카치오의 『데카메론』으로 유명하기도 한 1348년의 페스트 대유행은 베네치아에서도 맹위를 떨쳐, 인구는 순식간에 3분의 2로 줄었다. 그 중에서 함대용 갤리선 승무원으로서 모을 수 있는 수는 5천 명이 고작이었다. 5천 명으로는 25척의 갤리선을 무장할 수 있을 뿐이었다. 페스트로 죽음이라는 것을 너무나도 가까이에서 본 사람들 사이에서는 염세적 경향이 만연했다.

제2장에서 말했듯 베네치아의 징병제도에서는 싸우러 가고 싶지 않은 사람은 돈을 지불하면 징병되지 않을 수 있었다. 그때까지는 그런 생각을 가지고 있는 사람이 적었지만 페스트가 유행한 후에는 징병기피자가 속출했다. 더구나 겨우 모은 남자들도 베네치아 해병의 자랑이었던 규율 엄수의 정신을 모두 잃고 통솔하기 어려운 전사가 되어 있었다.

전에는 100척의 함대를 며칠 안에 편성할 수 있었던 베네치아인도 달마티아나 그리스로부터 병사를 모아 와서 겨우 35척의 함대를 편성할 수 있는 상태였다. 게다가 병사의 질까지 나빠졌다. 도저히 전쟁을 시작할 수 있는 상태가 아니었다.

제노바의 상황도 별로 다르지는 않았다. 제노바는 인구면에서 한 번도 베네치아의 인구에 달한 일이 없는 나라였다. 페스트가 유행한 후의 전력은 베네치아 이하였을 것이다.

이처럼 두 나라 모두 전쟁을 할 수 없는 상태인데도 전쟁을 다시 시작했다면 그것은 시장 때문이었다. 시장을 뺏길 지도 모른다는 불안은 상인으로서는 참으로 견디기 어려운 것이었으리라. 제3차 베네치아-제노바 전쟁은 시장을 둘러싼 대립에서부터 비롯되었다.

비잔틴제국은 이 무렵이 되어서야 겨우 터키의 위협을 느끼기 시작했다. 마르마라해의 동안은 이미 사실상 이 아시아 신흥국의 지배하에 들어가 있었다. 이 터키로부터 수도 콘스탄티노플을 지키기 위해서는 해군이 반드시 필요했다. 본격적인 해군을 가지고 있는 나라는 제노바와 베네치아뿐이었다. 이때 비잔틴 황제는 그때까지의 동맹국인 제노바가 아니라 베네치아에 방위를 의뢰했다. 그것은 제노바 국내가 통일되지 않아 불안했기 때문이다. 물론 베네치아는 교환조건을 제시했다. 콘스탄티노플과 흑해 연안의 시장으로부터 제노바인을 쫓아내는 것이 그 조건이었다. 이에 제노바가 화를 내어 전쟁이 다시 시작되었다.

1350년부터 55년 사이 큰 해전은 세 번 있었다. 결과는 제노바의 2승 1패였지만 제노바는 전쟁에 지면 금방 그 책임을 서로 전가함으로써 내분이 일어났다. 그런 끝에 외국인에게 나라를 양도해버리고 마는 것이다. 따라서 제노바는 전투에는 이겨도 외교전에서는 졌기 때문에, 베네치아가 바라는 시점에서 강화조약을 맺게 되었다.

1355년의 휴전조약도 여느 때와 마찬가지로 제노바는 바라지 않았다. 그러나 그 시기 제노바를 지배하고 있던 밀라노 공작 비스콘티는 당연히 제노바의 이익보다는 밀라노의 이익을 중시했다. 중부 이탈리아로 진출하려고 하고 있던 밀라노 공작은 그것을 베네치아가 반대하지 않도록 하기 위해 베네치아가 바라는 강화조약을 수락하도록 제노바에 강요했던 것이다. 마침 베네치아에서는 마리노 팔리에로 원수에 의한 반란이 발각되었다. 혼란스럽던 국론을 안정시키는 데 휴전은 더할 나위 없는 행운이었을 것이다.

베네치아의 잇따른 시련

이후 계속된 20년 년의 휴전기간 동안, 제노바는 여전히 제노바인 특유의 생활태도로 다를 것 없이 살아갔다. 그러나 베네치아에게는 호된 시련이 잇따랐다.

아드리아해의 동안을 몇 세기 전부터 집요하게 노리고 있던 헝가리 왕이 마침내 달마티아 지방 정복에 성공한 것이다. 아드리아해 동안을 확보하는 것은 베네치아의 사활을 결정하는 아드리아해 제해권 확보와 밀접한 관계가 있었기 때문에 이것은 베네치아로서는 큰 타격이었다. 1000년의 오르세올로 2세 이래 베네치아의 원수는 '달마티아 공작'이라는 칭호도 함께 지니고 있었는데, 400년이 지나 마침내 이것을 포기해야만 하게 되었던 것이다.

달마티아 지방이란 아드리아해 동안의 북반부이며 차라, 세베니코, 스팔라토와 레시나, 쿠르촐라의 섬을 포함하여 라구사에 이르는 지역을 가리킨다. 베네치아 선박의 항로에 위치하고 있을 뿐만 아니라 노꾼들을 비롯한 뱃사람들은 보통 달마티아에서 모집되곤 했다. 항구인 여러 도시가 베네치아 '고속도로'의 정거장으로서 중요하기 짝이 없는 존재였다는 것은 두말할 것도 없다. 게다가 베네치아로부터는 고작 이틀 거리에 있었다. 그때까지 베네치아는 이 달마티아 지방을 그야말로 사력을 다해서 확보해왔었다.

베네치아 외교는 여기서 또다시 그들의 특색인 철저한 실리추구

정치를 구사한다. 헝가리 왕이 그리스도교도였기 때문에 로마 교황을 움직여서 타협하려고 했던 것이다. 헝가리 왕은 육지에서는 강했지만 해양국가가 아니기 때문에 제해권은 여전히 베네치아의 손안에 있었다. 베네치아가 손을 떼면 달마티아 연안은 순식간에 해적의 밥이 될 것이 뻔했다. 헝가리 왕이 그 점을 꿰뚫어보고 베네치아 선박의 기지를 계속 두는 것을 인정해준다면, 달마티아 상실이 베네치아에게 치명적인 타격이 되지 않을 수 있었다.

베네치아에게 두번째로 굴욕적인 사건은 멀리 동지중해의 키프로스에서 일어났다. 키프로스섬은 십자군 운동이 오리엔트 땅에서 일소당한 후 유일한 잔존세력으로서 프랑스계의 뤼지냥 왕가가 지배하는 섬이었다. 그렇지만 경제적으로는 베네치아와 제노바의 지배하에 있었다. 키프로스의 특상품인 설탕도 소금도, 그리고 유명한 포도주도 베네치아인의 식민지 경영에 의해서 키프로스에 뿌리를 내렸던 것이다.

그 키프로스에서 왕의 오른쪽 옆에 앉는 것이 베네치아 대사냐 제노바 대사냐 하는 문제가 두 나라 사람들의 라이벌 의식에 불을 붙였다. 왕이 베네치아 대사를 편들었기 때문에 제노바인은 키프로스로부터 쫓겨나지 않을까 불안해졌다. 제노바 본국도 곧 함대를 키프로스로 보냈다.

제노바 함대는 키프로스 제일의 항구인 파마구스타를 점거하고 왕에게 방침을 바꿀 것을 강요했다. 베네치아는 이에 대해 아무것도 할 수 없었다. 가까운 달마티아 문제를 해결하느라 바빠서 먼 키프로스로 함대를 보낼 여유라곤 없었기 때문이다. 베네치아는 우호적이었던 키프로스 왕을 못 본 체할 수밖에 없었다. 베네치아가

한 일은 키프로스로부터 베네치아인들을 철수시키는 일뿐이었다.

그렇지만 이 사건은 경제적인 의미에서는 베네치아에 큰 손실을 주지 않았다. 베네치아 정부의 '행정지도'가 멋지게 발휘되어, 키프로스 시장을 잃어 타격을 받은 상인들에게 키프로스에 기항하지 않고 직접 시리아, 팔레스티나, 알렉산드리아로 향하는 항로를 주어서 전과 다름없는 교역을 계속할 수 있도록 했기 때문이다.

또 인구가 적은 제노바가 키프로스섬 전체를 점거할 수 있을 리도 없었다. 섬의 남반부에는 여전히 베네치아인이 경영하는 사탕수수밭이 온전히 보존되어 설탕도 포도주도 이전과 마찬가지로 그곳으로부터 수출되고 있었다. 제노바는 이 사건으로 베네치아의 중근동 무역에 큰 구멍을 냈다고 생각했지만, 사실은 전혀 그렇지가 않았다는 것을 1년도 되기 전에 깨닫게 됐다.

이 경우에 볼 수 있는 베네치아의 유연성은, 지중해에서부터 영국, 플랑드르에 이르기까지의 베네치아 상인의 활동범위에서 언제 어디서든지 볼 수 있는 베네치아 경제외교의 특색이기도 했다.

그렇지만 1374년에 일어난 이 사건은 정치적인 의미에서 베네치아공화국의 이미지를 떨어뜨리는 결과가 되었다. 베네치아가 못 본체했던 키프로스 왕은 제노바에 굴복하고 그들의 주권을 인정하게 되었고, 그 후에도 베네치아에 의지하려고 하지 않게 되었다. 왕위의 안전을 생각한다면 유사시에 도와줄 것이 확실한 상대라야만 파트너로서 신뢰할 수 있는 것이다. 이렇게 해서 베네치아는 지금까지 우호적인 관계에 있던 키프로스 왕의 신뢰를 잃고 말았다.

세 번째 시련은 크레타섬에서 일어난 반란이었다. 제4차 십자군 이래 크레타는 베네치아의 가장 중요한 기지였다. 그들은 크레타섬에 베네치아인을 많이 이주시켜 본국과 같은 통치체제를 펴고 있었는데, 영유한 직후에는 원주민인 그리스인들이 자주 반란을 일으켰다. 그러나 이번 반란의 주모자들은 그라데니고나 베니에르 같은 베네치아 유수의 명문가 출신이었다. 이것을 안 본국 정부는 매우 놀랐다.

일찍이 섬으로 이주한 베네치아 귀족들은 200년 가까이나 되는 식민지 생활로 베네치아 시민이라기보다 크레타의 이익을 더 중시하는 상태가 되어 있었다. 크레타에 과해진 중세(重稅)에 반발하는 일에 원주민과 베네치아계 크레타인이 손발이 맞았던 것이다.

'베네치아 사람이 먼저, 그리스도교도는 그 다음'이라는 말을 입에 담을 정도로 자기 나라 사람들의 애국심을 믿고 그것을 다른 나라 사람들에게서는 볼 수 없는 것이라고 자랑하던 베네치아 지도층으로서는 통렬하게 뺨을 얻어맞은 셈이었다.

그것만이 아니었다. 크레타 반란의 주모자들은 제노바에 지원을 부탁했다. 지금까지 크레타와 같은 직할령이 아니라 위임통치의 형태를 유지하고 있던 에게해의 많은 섬의 베네치아인 지배자가 가끔 본국의 방침에 반기를 드는 일은 있었다. 그렇지만 그 누구도 본국과 적대관계에 있는 나라에 원조를 청하지는 않았다. 베네치아 정부는 일의 중대성을 헤아리고 철저히 소탕하기로 결정했다. 달마티아 문제의 해결을 기다리고만 있을 상황이 아니었다.

육상전을 위한 용병을 가득 실은 대함대가 바로 크레타로 향했다. 이때의 베네치아의 재빠른 행동은 제노바의 기선을 잡기에 충분했다. 반란은 진압되었다. 주모자는 극형에 처해졌다. 베네치아 정부는 본국에 충성스러운 귀족과 시민을 엄선해서 크레타로 이주시켜

섬의 지배계급을 완전히 물갈이해버렸다.

네 번째 시련은 뚜렷한 사건의 형태를 취하고 있지 않았기 때문에 보다 신중한 대처를 해야 했다는 점에서 오히려 쉽지 않았다.

제3차 베네치아-제노바 전쟁 때부터 군사비의 증대가 두드러졌으며, 그 때문에 베네치아의 재정적자는 늘기만 했다. 그 구멍을 메우기 위해 발행한 국채의 강제할당은 결국 귀족과 부자에게 집중되었다. 이것은 그들을 경제적으로 약하게 만들었다. 이들 사이에 불만이 생기기 시작했다. 세금을 피하기 위해 자본을 국외로 유출하는 일까지 나타났다. 이런 현상은 지금까지 다른 나라에는 있어도 베네치아에는 존재하지 않았던 현상이었다.

엘리트계급은 수도원의 사제가 신을 위해 무상으로 봉사하는 것처럼 주어진 명예를 위해서만 봉사해야 한다고 말하는 사람이 있지만, 이런 사람들은 인간의 본성에 대해서 아무것도 모른다고 할 수밖에 없다. 수도하는 사제에게는 신이 있다. 죽은 후 천국에서의 일등석도 보장되어 있다. 어쨌든 그들은 무언가를 보장받고 있다고 믿을 수 있었다.

한편 그리스도교도이긴 하지만 신에게 봉사할 것을 맹세한 것도 아닌 속세의 엘리트들에게는 무상으로 봉사해야 할 이유가 없다. 능력에는 그것에 어울리는 공정한 보수가 주어져야만 그 재능을 더 열성적으로 펼칠 기분이 나는 법이다.

베네치아 정부를 구성하는 귀족들은 그들이야말로 엘리트 중의 엘리트였기 때문에 이 점을 빠르게 깨달았다. 그 후로는 그들은 대상으로 강압적인 세금 징수는 하지 않게 된다. 그렇다고는 해도 공정하지 않으면 안 되기 때문에 일종의 직접세인 국채의 강제할당제도가 아예 없어진 것은 아니었다. 게다가 이 지도 없이는 베네치아 국가 재정은 성립할 수 없었다.

키오자의 싸움

에게해에서 다르다넬스 해협으로 들어가기 직전에 테네도스라는 섬이 있다. 작은 섬으로 이 근처에 트로이의 옛 싸움터가 있다. 테네도스섬은 트로이를 공략할 때 오디세우스가 병사들을 목마에 숨겨서 트로이의 성내로 보낸 후에 본대인 그리스군을 대기시키고 있었다고 전해지는 섬이다.

이 섬에 베네치아가 점을 찍었다. 섬은 비잔틴령이었다. 베네치아 정부는 비잔틴 황제에게 공작하여 다르다넬스 해협이 경비에는 꼭 필요하다는 이유로 인수했다. 그리고는 당장 섬에 견고한 성채를 쌓았다. 이것이 제노바의 반발을 샀다. 다르다넬스 해협의 입구를 장악하는 것은 콘스탄티노플로 가는 해로를 장악하는 것이었다.

제4차 전쟁은 이렇게 시작되었다. 베네치아 입장에서는 전혀 전쟁 준비가 갖추어지지 않은 상태에서 시작된 전쟁이었다. 더구나 베네치아는 외교상으로도 실책을 저지르고 있었다. 달마티아 문제가 해결되지 않았기 때문에 헝가리 왕이 제노바와 동맹관계가 되는 것을 막을 수가 없었던 것이다. 이것으로 베네치아는 달마티아 연안의 많은 기지를 쓸 수 없게 되었을 뿐만 아니라, 뱃사람을 모집하는 것조차도 다른 데서 구할 수밖에 없게 되었다.

그것만이 아니었다. 헝가리 왕은 제노바 해군에게 기지 사용을 허락하고 선원 모집까지 허락한 것이다. 또 제노바가 바다 쪽에서 공격하는 대신 헝가리군은 육지에서 베네치아를 공격한다는 약속도 했다.

제노바와 동맹을 맺은 또 한 나라는, 마찬가지로 베네치아와 가까운 파도바였다. 파도바의 참주 프란체스코 카라라는 서쪽에서 공격하여 베네치아를 육지로부터 봉쇄하기로 했다. 삼면으로 적에게 에워싸이는 이런 사태에 베네치아는 건국 이래 한 번도 직면한 적이 없었다.

'키오자의 싸움'이라는 이름으로 알려지는 이 제4차 베네치아-제노바 전쟁에서 베네치아는 두 영웅을 낳았다. 카를로 젠과 베토레 피사니였다.

카를로 젠은 상당히 유쾌한 사람으로 베네치아적인 중후함과는 무관한 인상을 가진 사람이었다. 그는 원수를 배출한 가문 출신으로 당연히 귀족이었다. 다만, 스미르나 전투에서 전사한 아버지는 10명의 아들에게 나누어 주기에는 택도 없는 유산밖에 남기지 않았다.

이런 경우에 하는 일이란 귀족이든 평민이든 다르지 않았다. 재산의 분산을 막기 위해 상속은 장남에게 양보하고 나머지 아들들은 양자로 가거나 성직에 취임하거나 해서 자립을 꾀할 수밖에 없었다. 카를로에게 주어진 것은 성직이었다. 이 경우는 학문적 능력이 필요하기 때문에 카를로는 파도바의 대학으로 유학하여 거기서 신학을 공부하게 되었다.

그러나 이 젊은 신학생은 공부하는 것과 맞지 않았다. 키도 크고 미남이었기 때문에 여자들에게 인기가 높았다. 그의 학생생활은 처음부터 흐트러져 있었다. 여자에게 인기가 높을 뿐이라면 돈은 들지 않았겠지만 그는 도박에도 열중했다. 도박 쪽은 도무지 성적이 좋지 않아서 순식간에 학비를 다 날려버렸다. 교재인 책까지 팔아도 빚을 다 갚지 못했다. 여자도 도박도 당시 대학생들의 2대 중요 사이기는 했지만 카를로 젠은 조금 지나쳤다.

빚을 갚기 위해서라는 이유로 그는 당시 이탈리아에서 유행이었던 용병 무리에 몸을 던졌다. 애초에 학문과 맞지 않았기 때문에 의외로 쾌활하게 입대했을 지도 모른다. 그 후 아무도 그의 소식을 알 수 없는 나날이 지나갔다. 그가 5년 후에 베네치아로 돌아왔을 때, 가족들은 카를로는 벌써 죽었다고 믿고 있을 정도였다.

그래도 그를 위해 손에 넣어두었던 그리스의 사제 자리는 아직 그대로 있었다.

카를로는 파트라스의 교구로 갔다. 다만 거기서도 미사를 올리기보다 근처의 터키인과의 충돌에 열중하는 나날을 보냈다. 그렇지만 이것은 십자군적인 행동이었기에 그의 상사인 주교도 이를 묵인하고 있었다. 그러나 사제 카를로가 그 지방의 프랑스 기사와 결투를 해서 상대를 죽여버린 것은 도저히 눈을 감아줄 수가 없었다. 원인이 치정인 것과 그리스도의 종인 사제가 그리스도교도를 죽인 것은 역시 체면상 좋지 않았다.

주교는 카를로를 불러 크게 꾸짖었다. 면직시킬 생각은 없었으나 그 시점에서 카를로 쪽이 먼저 이런 귀찮은 직업을 계속할 생각이 없어졌다. 지체 없이 성직을 버린 그는 콘스탄티노플에 가서 상인이 되려고 파트라스를 떠났다.

정말로 콘스탄티노플에서 상인을 할 생각이 있었는지는 모르지만, 얼마 지나지 않아 후에 테네도스섬의 사건이 일어났다. 성채를 건축 중인 베네치아인을 제노바인이 덮쳤던 것이다. 필사적으로 방어하고 있는 섬에 불쑥 카를로 젠이 지원병으로서 모습을 나타냈다. 그러나 원래 지도자적인 재능이 있었던 모양이다. 또 싸움에는 익숙해 있었다.

순식간에 두각을 나타낸 카를로는 깨끗이 제노바인 격퇴를 맡아 해냈다. 이리하여 해전의 경험도 없이, 하물며 제독 따위는 한 번도 맡은 일이 없는 카를로 젠은 베네치아 해군의 그리스 방면 담당 사령관으로 임명되었다. 이후 정말로 그에게 어울리는 야단스럽고 화려한 활약상을 보였다.

또 한 사람의 영웅인 베토레 피사니는 머리 꼭대기에서부터 발끝까지 바다의 사나이였다. 베네치아 남자로서는 몸집이 작은 편이었지만 몸매가 단단했다. 제3차전 이후 주요한 두 번의 해전을 지휘하여, 한 번은 승자가 되고 또 한 번은 패했던 니콜로 피사니의 조카였다. 백부를 따라서 그도 그 해전을 경험한 바 있었다.

휴전 동안에는 상선단의 선장일을 하고 지냈다. 이것은 결코 불명예스러운 일이 아니었다. 상선단을 통솔하는 임무를 성공적으로 할 수 있는 인물은 전시가 되는 날에는 제독으로 임명되었다. 또 크레타의 반란 진압에도 참가했다.

그는 무척 화를 잘 내는 성격이었지만 기분이 풀리는 것도 또한 빨랐다. 게다가 다른 귀족들과는 달리 사람을 깔보지 않았기 때문에 하급 선원에게도 인기 있었다. 그는 이처럼 사랑받고 있었던 동시에 재능있는 선원으로서 존경도 받고 있었다. 말하자면 바다의 사나이들 사이에서는 그는 높은 인기를 누렸다.

베네치아에서는 군선과 상선 모두 출항하기 1개월 전에 배가 있는 선착장에서, 그 배의 선장을 맡기로 되어 있는 남자가 서기를 옆에 앉히고 배 탈 사람들의 지원을 접수하기로 되어 있었다. 선원이 이 배 저 배에 사무적으로 할당되는 일은 절대 없었다. 이제부터 시작되는 긴 항해에서 자기의 운명을 맡기게 될 선장은 어디까지나 선원들 자신이 택할 수 있도록 한 것이다. 이런 때 베토레 피사니가 앉아 있는 배 앞에는 선원들의 긴 행렬이 생기는 것이 보통이었다.

1378년 더 이상 제노바와의 싸움을 피할 수 없게 되었을 때, 피사니는 베네치아 해군 총사령관에 임명되었다. 그리고 14척의 갤리 군선으로 이루어진 함대를 이끌고 적의 본거지인 티레니아해를 향해서 출항했다.

14척이란 참으로 썰렁한 수였다. 이것은 베네치아에게 뱃사람을 끌어 모으는 지역이었던 달마티아를 잃은 상처가 얼마나 컸는가를 나타내고 있었다. 30년 전의 페스트 유행의 상처가 남았다고 하면 제노바도 그 점에서는 같았다. 그렇지만 이번의 제노바는 달마티아를 이용할 수 있었다. 피사니의 함대와 동시에 노 하나에 노꾼을 한 사람밖에 배치하고 있지 않은 갤리 선단도 크레타로 향했다. 크레타나 그리스의 각지에서 노 젓는 사람을 보충하여 그것으로 겨우 함대를 편성할 수 있는 선대였던 것이다.

적을 쫓아서 티레니아해를 종횡으로 항행하고 안치오 앞바다에서 제노바 함대를 쫓아낸 피사니는 눈부신 전과를 올려 고국을 안심시켰다. 많은 제노바 귀족이 이 해전에서 포로가 되었다. 그 후 피사니의 함대는 에게해로 향했다. 펠로폰네소스반도 끝의 베네치아 기지 모도네에서, 크레타에서 보충을 마치고 대기하고 있던 6척과 합류하여 제노바군을 일소하기 위해 키프로스로 향했다. 그 전투는 제노바에게 타격을 주는 것으로 그쳤다. 그는 키프로스에서 돌아와 아드리아해로 들어갔다. 지금은 적의 기지가 된 카타로와 세베니코를 습격하여 점거함으로써 아드리아해의 제해권이 아직 베네치아에 있다는 것을 적에게 재확인시킨 그는 그제야 본국으로 향했다. 이미 연말이 임박해 있었다.

피사니는 그곳에서 본국 정부에 승무원의 휴양과 배의 정비를 위한 귀국 희망 의사를 전했다. 그러나 원로원은 허가하지 않았다. 피사니에게 이스트라반도 끝에 있는 폴라에서 월동할 것을 명령했다. 폴라라면 달마티아와 가깝고 적의 움직임을 파악하기 쉽다는 것과, 해상 순찰에도 용이하다는 것이 이유였다.

그 대신 배의 정비에 필요한 물건은 베네치아에서 보급선으로 보내겠다고 약속했다. 피사니의 함대는 이렇게 해서 폴라에 머무르면서 겨울을 넘겼다. 이듬해인 1379년 봄에 남이탈리아의 풀리아 지방으로 가서, 밀을 싣고 베네치아로 돌아가는 선단을 해상 순찰을 겸해 호위한 피사니 함대는, 그후 폴라 항구에서 배를 뭍에 올려 씻고 수리하는 나날을 보내고 있었다.

5월 7일 갑자기 앞바다에 제노바 함대가 모습을 나타냈다. 칼끝을 세운 검을 수놓은 깃발을 내걸고 있었다. 이것은 도전을 의미하는 깃발이었다. 피사니는 나팔을 불어 승무원 전원을 소집했다. 당장 쓸 수 있는 배는 보급선을 포함해서 24척이었다. 한편 제노바 함대는 갤리선 16척으로 이루어져 있었다. 실제로는 22척이었지만 6척은 곶 뒤에 숨어 있었기 때문에 16척밖에 보이지 않았던 것이다.

피사니는 도전에 응하는 것을 반대했다. 배의 수는 많아도 완전히 싸울 준비가 완료된 배는 적었기 때문에 이번에는 항구에 틀어박혀 있는 편이 낫다는 것이 이유였다. 그렇지만 여러 배의 지휘관들로 구성된 작전본부는 개전을 주장했다. 적이 대군이 아닌데도 여기서 달아나면 비겁하다는 말을 듣게 된다는 것이 이유였다.

베네치아에서는 작전회의까지도 다수결로 결정하는 것이 관례여서 피사니도 개전을 단행하지 않을 수가 없었다. 그는 사용 가능한 갤리선에 즉각 전투준비를 명령했다.

폴라 항구의 입구를 무대로 한 해전은 처음부터 베네치아에게 유리하게 전개되었다. 피사니가 타고 있는 기함이 적의 진형을 돌파하는 데 성공한 후, 그 뒤를 따라 베네치아의 배들이 제노바의 선대를 덮쳤다. 적의 기함은 순식간에 대파되어 전선에서 탈락했다. 제노바 함대의 제독은 전사했다.

그렇지만 베네치아군이 승리를 얻은 것처럼 보였던 그 순간에 그때까지 숨어 있던 적이 배후로부터 덮쳐 왔다. 베네치아군은 순식간에 혼란에 빠졌다. 전황은 역전되었다. 이번에는 제노바군이 베네치아군을 쫓아 흩뜨리는 차례였다.

100명 이상의 베네치아인이 죽었다. 포로가 된 사람의 수는 24명의 귀족을 포함해서 다수에 이르렀다. 전황이 불리하다고 본 피사니는 아직도 전투 중인 아군의 갤리선 6척에 퇴각 명령을 내리고, 그들과 함께 베네치아를 향해 달아나기 시작했다.

베네치아 정부는 이 패전을 알고 깜짝 놀랐다. 피사니 함대만으로도 아드리아해의 방위는 충분하다고 판단하고 있었기 때문에, 카를로 젠이 지휘하는 제2함대에게는 1개월 전에 제노바 상선단 습격의 임무를 주어서 내보냈기 때문이다. 상선단을 덮침으로써 적의 함대를 방위에 꼼짝 못 하게 붙잡아두면 제노바 함대도 아드리아해로 잠입할 여유가 없어진다고 생각하고 취한 책략이었다. 설마

그전에 제노바 함대가 잠입해 있으리라고는 미처 몰랐던 것이다.

적의 함대는 베네치아 바로 옆에 있었다. 아군의 함대는 없는 거나 마찬가지였다. 헝가리 왕은 북쪽으로부터 베네치아로 육박했다. 서쪽으로부터는 파도바군이 육지의 모든 보급로를 끊어버렸다. 최후의 일격은 8월 16일에 일어났다. 제노바군에 의한 키오자 점령이었다. 베네치아는 그야말로 건국 이래 첫 위기에 직면하게 된 것이었다.

바다 쪽도 육지 쪽도 이렇게 봉쇄당했기 때문에 베네치아로는 아무것도 들어오지 않게 되었다. 교역은 고사하고 식량조차 들어오지 않았다. 개펄 속의 섬으로 완전히 고립되고 만 것이다. 카를로 젠의 함대가 귀항하는 것이 마지막 희망이지만, 그도 역시 조국이 자신의 함대를 이렇게까지 기다리고 있으리라고는 전혀 모르고 있었다. 그는 그해 연말까지 게릴라 행동에 전념할 수 있다고 믿고 출항한 상태였다. 베네치아 정부는 제노바 함대의 사령관에게 휴전을 제의했다. 그러나 제노바인의 회답은 다음과 같았다.

"산 마르코 성당의 정면에 장식되어 있는 4마리의 말에 고삐를 달 때까지는 휴전은 논할 가치가 없다."

베네치아는 지금까지 딱 한 번 적에게 포위된 일이 있었다. 제1장에서 말한, 9세기 초 샤를마뉴의 아버지인 피핀이 이끄는 프랑크인에 의한 포위였다. 그렇지만 프랑크인은 육지의 백성이었다. 육지의 백성이 아무리 바다의 백성을 해상으로부터 봉쇄하려고 해봤자, 그것은 구멍투성이의 봉쇄일 뿐이었다. 그러나 이번에는 같은 바다의 백성에 의한 해상봉쇄였다. 이것이 육상이라면 그야말로 쥐가 빠져나갈 틈도 없다고 할 정도로 정말 완벽한 봉쇄였다.

베네치아의 거국일치

주변국들은 이것으로 베네치아공화국도 이제 끝장이라고 생각했다. 베네치아도 아말피나 피사와 같은 운명에 따라 쇠퇴하고, 바다 공화국으로서 최후까지 살아남는 것은 제노바라고 믿었던 것이다.

그렇지만 베네치아는 사력을 다해 방어전에 나서기로 결심했다. 다른 나라로부터의 원군 따위는 기대할 수 없는 상황에서 그들은 자국을 자력으로 끝까지 지키기로 결정했다.

우선 식료품을 배급제로 전환했다. 원래 베네치아는 필수품까지 수입에 의존하지 않을 수가 없는 나라였으므로 3개월분 정도의 밀의 재고는 항상 가지고 있도록 준비되어 있었다. 그러나 '농성'이 언제까지 계속될지는 알 수 없었다. 그래서 처음부터 최소한의 필요량을 배급하기로 했다. 덕분에 완전히 봉쇄당하고 있으면서도 굶주림이 베네치아인을 괴롭히지는 않았다.

물론 총동원령도 펼쳤다. 함대 편성에 쓰이고 있었던 각 행정구별의 12명을 한 단위로 하는 제도가, 이번에는 베네치아 전체의 방위요원을 징병하는 데 쓰였다.

각 행정구의 방위는 그 구의 주민이 담당했다. 특히 적과 마주보는 구역은 그 행정구의 남자들 전원이 방위에 참여했다. 안쪽에 있는 행정구는 몇 사람을 구를 방위하는 데 남기고 그 밖의 남자들은 나라의 중요한 건물, 예를 들면 조선소나 원수 관저, 또 대운하 입구의 경비에 배치되었다. 대운하 입구에는 말뚝을 박아 적선이 들어오지 못하도록 했다.

또 적의 포위망을 돌파하고 지중해로 향하는 결사대도 내보냈다.

그들에게는 두 가지 임무가 주어졌다. 첫째는 카를로 젠 함대를 찾아서 될 수 있는 대로 빨리 본국으로 오게 하는 일이었다. 둘째는 본국의 곤경을 알고 동요할 것이 분명한 해외 기지나 식민지를 돌아 해외에 있는 베네치아인의 마음을 다잡고 제노바인에게 공격당했을 경우를 대비시키는 일이었다. 포위망 돌파는 성공한 것 같았다.

한편 외교전도 중단하지 않고 계속되었다. 헝가리 왕, 파도바의 참주, 제노바의 삼국동맹을 무너뜨려야만 했다. 강화교섭도 개별적으로 진행되었다. 그렇지만 베네치아의 붕괴를 시간문제라고 보고 있던 삼국은 한결같이 교섭에는 전혀 관심을 보이지 않았다. 외교 쪽은 절망적이었다.

그동안 본국으로부터 도착한 원군을 보탠 제노바 함대는 2배 이상으로 전력이 부풀어올라 있었다. 갤리 군선만으로도 47척에 육박할 정도였다. 폴라 해전에서 전사한 루치아노 도리아 대신 새 제독 피에트로 도리아도 도착해 있었다.

키오자의 항구를 점거하고 그곳을 근거지로 삼고 있던 제노바 해군은 개펄을 사이에 두고 베네치아와 대치한다. 얼핏 얕은 바다를 넘어서 베네치아를 공격하는 것은 간단해 보였지만, 실제로는 이 얕은 바다, 개펄은 돌로 만들어진 성벽보다 견고한 성벽이라는 것을 바다의 사나이인 제노바인은 알고 있었다. 그리고 역시 바다의 사나이인 베네치아인은 이 개펄을 어떻게 쓰느냐에 따라 승패가 결정된다는 것을 잘 알고 있었다.

제1장 '베네치아 탄생'에서 쓴 것처럼, 베네치아의 운하는 배를 통과시키는 길이 아니라 물을 통과시키는 길로서 만들어진 것이었다. 개펄에는 본토로부터 몇 개나 되는 강이 흘러들어오고 있었다. 그

것이 순조롭게 외해로 흘러 나가주지 않으면 모처럼 고생해서 물 위에 만든 도시가 순식간에 홍수로 떠내려갈 위험뿐만 아니라, 개펄의 물이 썩어서 전염병의 근원이 될 우려가 있었다.

강물은 바닷물에 비해서 훨씬 썩기 쉽다. 그렇기 때문에 개펄을 항상 살아 있는 상태로 만들어두기 위해 얼핏 보아 무질서한 그물코 같은 전체 운하망도 강으로부터 흘러들어오는 물이 바다를 향해서 흘러 나가기 쉽도록 고려해서 만들어져 있다.

잠들어 있는 것처럼 보이는 개펄에도 천연의 강물이 흐르고 있었다. 베네치아인은 이 천연의 운하도 거리 전체의 운하와 마찬가지로 '카날레'라고 불렀다. 베네치아 해운국이 내고 있는 개펄의 항행지도를 보면 수심도에 따라서 하늘색 농담으로 색깔이 구별된 몇 개나 되는 수로가 마치 혈관도를 나타내듯이 개펄 속을 종횡으로 달리고 있는 것을 알 수 있다.

이것을 알아두는 것은 개펄 안의 항해에 절대로 빠뜨릴 수 없는 지식이었다. 왜냐하면 이 수로는 수심 10미터를 넘기도 했지만 1미터가 채 되지 않는 경우고 있었기 때문이다. 그 밖의 곳은 수면에 닿을락말락한 데까지 해저의 진흙이 올라와 있는 장소다. 보통 이 개펄 안의 천연 운하를 따라서 말뚝을 박아 항해 가능한 수로를 배가 가능할 수 있도록 되어 있었다.

그렇지만 1379년의 전쟁 중에는 이 말뚝을 전부 뽑아냈다. 같은 바다의 사나이기는 하지만 제노바의 항구는 수심이 깊기 때문에 제노바인들은 개펄에 익숙하지 않았다. 그래서 키오자를 점령하고 개펄과 외해를 가로막는 펠레스트리나나 말라모코를 습격하면서도 제노바군은 개펄 안으로 들어가지 못했던 것이다. 그들은 봉쇄를 강화하면서 베네치아가 힘을 완전히 소모하기를 기다렸다. 이것이 제노바군이 취한 전법이었다.

이처럼 문자 그대로 배수진을 친 베네치아였지만 그 거국일치 체제는 의외인 곳에서 파탄을 가져왔다. 뱃사람들이 정부의 방침에 호응해주지 않았던 것이다. 국영 조선소를 완전 가동시켜 건조한 16척의 갤리선이 선원을 모집했을 때도 그것에 응해 온 인원수만으로는 6척을 꾸리는 것이 고작인 상태였다. 선원들은 베토레 피사니에 대한 정부의 조치에 불만을 갖고 사보타주를 하고 있었던 것이다.

피사니는 폴라 해전 후 패전의 책임을 추궁당해서 감옥에 갇혀 있었다. 터키 같은 곳에서는 패전한 장군은 따질 것도 없이 목을 치는 것이 보통이었지만, 베네치아에서는 재판에 회부되어 책임이 있다고 판결난 후에 처형된다. 피사니의 죄목은 두 가지였다. 여러 배의 지휘관에게 충분한 준비 시간을 주지 않고 무질서하게 싸움을 시작한 것과, 전투를 속행하던 중에 전장을 포기한 죄였다. 검사와 변호사에 의한 증인 심문이 끝나고 실시된 원로원의 표결에서는 유죄 78, 무죄 48, 기권 14표의 결과가 나왔다. 검사는 법대로 사형을 구형했다.

베네치아의 해상법은 함대의 최고사령관은 싸움이 끝나기 전에는 퇴각을 할 수 없다고 규정하고 있었다. 그렇지만 국가원수는 지금까지의 피사니의 공적을 고려해서 벌금형과 지휘관직으로부터의 종신 추방에 처하면 어떻겠느냐고 제안했다. 원로원은 재심사 후에 타협안을 체결했다. 6개월 간의 금고형과 지휘관직으로부터의 종신 추방의 형이었다.

그러나 선원들은 이것을 납득할 수 없었다 그들은 승무원의 휴식과 배의 정비를 위해 귀국할 것을 피사니가 바랐을 때, 그것을 허가하지 않았던 원로원의 잘못이라고 말했다. 그들은 폴라에서 쉬며 배를 정비할 수밖에 없었고, 이것은 본국에서 하는 것보다는 비능률적이었다. 적이 왔을 때 준비가 완료되어 있지 않았다고 하지만 그것은 피사니의 책임이 아니었다. 또 각 배의 선장이 피사니의 작전명령을 충실히 실행하지 않았기 때문에 패배했다는 것이 선원들의 주장이었다. 선원들은 바다를 모르는 귀족에게 목숨을 맡길 수는 없다고 하면서 피사니 대신 최고사령관에 임명된 타데오 주스티니안을 외면했다.

베네치아 정부는 궁지에 빠졌다. 정부의 권위를 지키는 거국일치 체제가 이루어지지 않았다. 베네치아는 바야흐로 망국의 위기에 직면하고 있었다. 결국 국민 대통합이야말로 먼저 해결해야 할 문제라고 인식한 정부는 피사니의 석방을 결정했다.

석방된 피사니는 당장 원수에게 불려갔다. 원수는 그에게 여러 가지 생각하는 일이 있겠지만 나라를 위해서라고 생각하고 모든 것을 잊고 힘을 다해달라는 말을 들었다. 피사니는 산 마르코 성당으로 가서 기도를 올렸다. 광장으로 나온 그를 기다리고 있던 사나이들이 환호성으로 맞았다.

"비바, 메세레, 베토레!"

피사니는 황급히 그것을 제지했다.

"조용히 하라, 내 동지들이여. 그보다도 비바, 성 마르코라고 말하자꾸나."

선원들도 타협했다.

"비바, 메세레, 성 마르코! 비바, 메세레, 베토레!"

선원들은 환호를 되풀이하면서 그를 집까지 배웅했다.

권위를 희생시키면서 석방하기는 했지만, 다시 피사니를 최고사령관으로 임명한다면 원로원의 체면은 엉망이 된다. 원로원은 피사니를 그다지 중요하지 않은 지위에 앉혔다. 당연히 피사니가 최고사령관일 것이라고 생각하고 등록하러 온 선원들은 최고사령관이 여전히 주스티니안이라는 것을 알고 소동을 일으켰다.

산 마르코 광장의 선착장에 모인 선원들은 모자를 땅바닥에 내동댕이치고, 연대기 작가가 기록에 남기기도 부끄럽다고 썼을 정도의 갖은 욕설을 원로원의 회의가 개회 중인 원수 관저를 향해서 퍼붓고는 각자 집으로 돌아가버렸다.

여기에 80세 가까운 늙은 원수 안드레아 콘타리니가 묘안을 짜냈다. 자신이 최고사령관이 되고 피사니를 차석에 임명하면 어떠냐는 것이었다.

이렇게 되면 피사니가 실질상 최고사령관이 된다. 선원들도 납득했다. 우선 6척의 갤리선 승무원을 모집하기로 했다.

여느 때와 같이 안벽에 매어진 배 앞에 앉아서 등록을 접수하기 시작한 베토레 피사니 앞에는 배꾼들이 너도 나도 쇄도했다. 이름을 적는 서기는 눈코 뜰 새도 없을 만큼 바빴다. 이제 베네치아는 다시 가감 없이 거국일치체제로 들어갈 수가 있었다.

베네치아는 어떻게 해서든 배를 갖고 싶었다. 많으면 많을수록 좋았다. 피사니가 생각하고 있는 작전에는 적어도 아직 40척이 모자랐다. 배는 건조하면 그것으로 끝나는 것이 아니었다. 노 젓는 사람과 승무원 이외에 전투원까지 태워야 비로소 그 배는 전력이 될 수 있었다.

전투원은 배를 모는 배꾼들과 달라서 바다에 꼭 익숙한 사람일 필요가 없었기에 용병을 쓸 수도 있었다. 당시 이탈리아는 각지에서 싸움이 끊이지 않아, 그것을 노린 영국, 프랑스 독일의 용병이 모이고 있었다. 따라서 용병을 고용하는 것은 비용만 있으면 간단한 일이었다. 특히 베네치아가 부자 나라임은 널리 알려져 있었으므로 봉쇄망을 개의치 않고 어디선가 잠입해 오는 전쟁꾼들이 많았다. 무엇을 하는 데 가장 먼저 필요한 것은 역시 돈이었다.

베네치아 정부는 귀족과 부자계급의 자산을 조사하여 그것에 상응하는 국채의 강제할당으로 자금을 조달하려 했다. 그러나 이것만으로는 목표액에 이르지 않아 일반인에게 기부금을 모집했다. 거액의 기부금을 낸 30명을 국회의원으로 넣어 귀족으로 만들고, 기부를 한 외국인에게는 즉시 베네치아 시민권을 주겠다고도 약속했다. 기존에는 베네치아에 산 지 25년이 되어야 겨우 시민권을 인정받을 수 있었다.

정부의 이런 호소는 대단한 반향을 불러일으켰다. 순수하게 나라를 위해 봉사하고 싶은 사람에서부터 여러 속셈을 가진 사람까지 기부를 신청했다. 몇 가지 예를 들면 다음과 같은 식이었다.

바르톨로메오 파르타-2척의 갤리선과 그 외에 40명의 석궁병과 120명의 노꾼에게 필요한 1개월분의 비용. 10명의 병사를 자신이 비용을 부담해 제공하는 것 이외에 두 동생과 조카 한 사람도 무급으로 종군시킨다.

마르코 치코냐-2개 부대를 비용 전액 자기 부담으로 제공한다.

프란체스코 메초-일가 권속의 무리들을 이끌고 싸움이 끝날 때까지 군무에 복무한다. 물론 그것에 소요되는 비용은 자기가 부담한다. 그밖에 10명의 석궁수를 2개월간 고용하는 데 필요로 하는 비용과 1천 두카토 금화를 기부한다.

베르나르디노 갈조니―전사자, 부상자, 포로가 된 사람의 가족에게 배분하기 위해 200두카토 금화를 기부한다. 그밖에 최고사령관의 기함에 승선할 예정인 석궁수 전원의 1개월분 급료를 기부한다. 또 그밖에 25척의 갤리선에 승선하는 석궁수 전원이 15일 간 필요로 하는 비용에 해당되는 액수를 국채를 구입함으로써 지불한다.

이런 기부는 모두 거액인 편이다. 더 기특한 기부도 있었다. 피에트로와 프란체스키노라는 이름의 두 화가는 5월부터 파올로 모로시니가 지휘하는 갤리선에서 복무하고 있었는데, 그들은 전쟁이 끝날 때까지 무급으로 복무하고 싶다고 자청했다. 이런 형태의 기부는 그밖에도 몇 사람이나 있었다.

키오자를 적에게 뺏기고 무일푼이 된 사나이는 자기 몸을 전쟁이 끝날 때까지 국가에 '기부'하겠다고 자청하기도 했다. 여자들이 부나 지위의 고하를 불문하고 자기들의 장식품, 특히 금은 장식품을 기꺼이 내놓은 것은 두말할 것도 없다.

이렇게 해서 건조된 34척의 갤리선이 전선에 참가했다. 이미 전력화된 배와 합치면 60척을 넘었다. 수적으로는 제노바를 넘기게 되었지만, 그러나 그 질에서도 같은 수준이 되었다고는 말할 수 없었다.

아무튼 노꾼들은 달마치야로부터도 그리스나 크레타로부터도 모집할 수가 없게 되었다. 베네치아의 숙련된 선원은 배의 조종이나 돛을 올리고 내리는 작업에 필요하기 때문에 노꾼으로 쓸 수는 없었다. 노 젓는 일은 그래서 베네치아 시민이 맡을 수밖에 없었다.

그러나 이들은 평소에는 거리의 상점 주인이거나 장인 또는 직공이었던 사람들이기 때문에 갤리선의 노꾼으로서 전혀 훈련되어 있지 않았다. 고작해야 운하를 건너는 거룻배의 노 정도만 잡아 본 적 있는 사나이들이기 때문에, 이들을 단기간에 적어도 쓸 만하게 만들기 위해서는 특별한 훈련이 필요했다.

피사니는 참고 견디며 이들에게 특별훈련을 시키기 시작했다. 베네치아의 리바 델리 스키아보니 선착장으로부터 리도 항구까지의 직선구간을 왕복하게 하는 것이었다. 각 배에는 피사니 아래의 사령관들이 옆에 붙어 벼락치기 뱃사람들에게 노를 잡는 방법에서부터 구령에 따라서 방향을 전환할 때의 노의 조종법까지 하나하나 가르쳤다.

베네치아 해군의 최고사령관인 원수 콘타리니도 이름만 최고사령관이 아니라는 것을 보였다. 늙은 원수는 매일 리바 델리 스키아보니에 내려서 땀을 흘리며 특별훈련을 받는 벼락치기 뱃사람들을 한 사람 한 사람 격려하고 다녔다.

정신적으로도 베네치아 전역에 거국일치 체제가 완성되어가고 있을 때, 피사니의 머릿속에서도 한 가지 작전이 완성되어가고 있었다. 그 작전은 아주 대담한 것이었고, 그만큼 실패라도 하는 날에는 이번에야말로 베네치아에 치명상을 입힐지도 모르는 위험을 안고 있었다. 피사니는 신중하고 끈질기게 기회가 무르익기를 계속 기다렸다.

주위를 완전히 포위당한 채 이미 4개월이 지나고 있었다. 여름이 가고 가을도 지나, 아드리아해를 건너오는 차갑고 소금기를 머금은 무거운 대기가 뒤덮는 엄동이 바다의 도시 베네치아에 찾아오고 있었다.

피사니의 작전

카를로 젠은 그동안 도대체 어디서 무엇을 하고 있었을까. 벌써 8개월 넘게 그와 그의 함대의 소식은 알 수 없는 채였다. 그동안 이 방랑자는 임무라는 명목 아래 제멋대로 설치고 돌아다니고 있었던 것이다.

그에게 주어진 임무는 티레니아해에 그물망을 치고 제노바로부터 각지로 향하는 상선을 습격해 제노바 해군을 그 해역에서 꼼짝 못 하게 하는 일이었다.

임무는 완벽하게 수행했다. 젠의 함대는 흰 바탕에 적십자가 그려진 깃발을 내건 제노바의 배를 보면 그것이 군선이든 상선이든 상관없이 공격했다. 사람은 잡고 상품은 뺏았으며 파손이 심한 배는 가차없이 그 자리에서 불태워버렸다. 이 짓을 제노바와 시칠리아 사이를 두 번이나 왕복해서 했다. 이번에는 코르시카나 사르데냐 섬에 출몰해서는 또다시 철저히 되풀이했다. 제노바 상선은 공포 상태에 빠져 본국 항구 밖으로 나오기를 싫어할 정도였다.

사실 이러한 일을 계속하는 것이 그의 임무였다. 그러나 젠은 티레니아해에서는 이미 할 일이 남아 있지 않다고 판단했다. 그는 본국의 지시를 받아야 했지만, 그러지 않고 멋대로 임무 이외의 해역으로 옮겨버렸다. 그리하여 키오자 함락 직전에 적의 원군이 도착하는 것을 허용하고 말았다. 그러나 본국 정부에 아무 연락도 하지 않은 젠은 폴라 해전의 패전도 베네치아 봉쇄도 몰랐다. 그는 다시 동지중해에서 해적 행위에 열중하기 시작했다.

우선 그리운 테네도스섬에 잠깐 상황을 보러 들렀다. 수비군이 환호로 맞이해주자 그는 그곳의 요새 정비를 지시했다. 섬의 앞바다를 지나가는 제노바 선박을 덮치는 전술까지 전수한 그는 이번에는 콘스탄티노플로 향했다. 그는 페라의 제노바 거주구를 습격하여 항구에 정박 중인 제노바 상선에 불을 지르고 다녔다.

카를로 젠은 이렇게 제노바 제일의 해외기지를 휩쓸어놓고 남하했다. 테네도스와 크레타를 근거지로 에게해로부터 베이루트에 이르기까지의 해역에서 설치고 다니기 위함이었다. 그에게 근거지란 보급을 위한 기지일 뿐만 아니라 너무 많아서 가지고 다닐 수 없는 약탈품과 포로들을 몇 척의 배에 실어서 별도로 보내고 상품은 팔아버리고 사람은 보존해두는 곳이기도 했다.

카를로 젠이 본국 정부로부터 급히 귀국하라는 명령을 받은 것은 약탈품을 가지고 크레타로 보낸 배를 통해서였다. 그는 그에게 맡겨진 11척의 갤리선과 함께 최대한 빨리 귀국했어야만 했다. 본국은 그의 함대가 귀항하기를 손꼽아 기다리고 있었다. 그러나 젠은 그 직전에 로도스섬에 잠입시켜두었던 부하로부터 다시없을 정보를 얻어 버렸다.

로도스섬의 항구에 지중해, 다시 말해 당시의 세계에서 가장 큰 범선인 제노바 상선 리키뇨니호가 정박 중이라는 정보였다. 적하물의 총액은 50만 두카토나 되었다. 부가 풍부한 나라라고 하는 베네치아에서도 자산 총액이 50만 두카토 이상으로 어림되는 부자는 단 한 사람밖에 없었다. 또 300명의 승선자 중에는 160명의 상인도 포함되어 있었다. 이 160명으로부터 얻을 수 있는 몸값을 상상만 해도 가슴이 설레고 얼굴이 달아오를 정도였다. 프랜시스 드레이크라도 이런 유혹에는 넘어가지 않을 수 없었을 것이다. 카를로 젠은 귀국명령을 못 들은 것으로 했다. 아니, 그는 한탕 하고 나서 듣기로 했다.

로도스섬의 앞바다에서 그는 우선 3척의 갤리선에 공격을 명했다. 항구로 들어간 3척은 즉각 공격을 개시했다. 그렇지만 대범선은 끄떡도 하지 않았다. 그때 곶 뒤에서 젠이 이끄는 본대가 모습을 나타냈다. 본대는 대범선을 직접 공격하지 않고 정박중인 다른 범선을 빼앗기 시작했다. 그것을 뺏은 후에 그 범선의 돛대 위에서 대범선을 향해 화전(火箭)을 빗발치듯 퍼부었다. 둥근 형태의 범선은 갤리선보다도 높기 때문에 돛대 위에 있는 망루도 갤리선의 망루보다 높은 곳에 있었다. 밑에서 공격하기보다도 위에서 공격하는 편이 유리한 것은 당연했다. 제노바의 대범선은 공세에 저항하지 못하고 항복했다.

베네치아의 법은 이런 경우 전리품 전부를 승무원들끼리 분배하는 것을 인정하지 않고 있었지만, 보너스와 같은 형식으로 일부를 분배하는 것은 인정하고 있었다. 그런데 이때의 경우 '보너스'만으로도 노꾼들은 20두카토씩, 석궁수는 40두카토씩 손에 쥐게 되었다. 그후에 젠 함대는 크레타로 돌아왔다. 본국까지의 긴 해로에 대비해 배를 정비하기 위해서였다. 이제 본국으로 직행하는 일만이 남아 있었다.

한편 베네치아에서는 기회가 무르익었다고 본 피사니의 지휘하에 총반격이 시작되려 하고 있었다. 12월 22일 새벽에 산 마르코 선착장과 그것과 이어지고 있는 리바 델리 스키아보니의 안벽으로부터 배가 하나둘씩 조용히 물가를 떠났다. 갤리선은 돌을 실은 배를 끌었다. 거룻배는 무장병을 가득 싣고 전진했다. 기함에는 피사니와 원수 안드레아 콘타리니도 타고 있었다.

어두운 밤이었다. 여느 때 같으면 횃불로 배와 배 사이를 재지만 그날 밤은 적이 눈치채지 못하게 하기 위해 흰 천을 눈표로 삼았다. 선단은 속속들이 파악하고 있는 개펄을 전진했다. 큰 배는 수심이 깊은 수로를 고르고 작은 배는 얕은 수로를 고르면서 전진했다.

말라모코의 운하를 지나서 외해로 빠진 다음에 잠깐 팔레스트리나를 따라서 배를 전진시켜 키오자로 다가갔다. 거기서 선단은 2개 부대로 갈라졌다. 제1대는 돌을 실은 배를 끄는 갤리 선대이고, 제2대는 상륙용 배로 쓰이는 거룻배를 주로 한 선단이었다. 제1대는 팔레스트리나 운하를 통과해서 다시 개펄 안으로 들어갔다. 한편 제2대는 바다로부터 강을 거슬러 올라가서 키오자 남쪽에 배를 대고 상륙했다. 날이 새기 시작하고 있었다.

피사니의 작전은 개펄 안에 튀어나와 있는 모양의 키오자를 북쪽과 남쪽으로부터 동시에 공격해 고립시키는 일이었다. 이것이 성공하면 그때까지 봉쇄당하고 있던 베네치아가 반대로 제노바군을 봉쇄하게 되는 것이었다.

남쪽에서 상륙한 베네치아군은 제노바군의 완강한 반격에 퇴각해야만 했다. 하지만 이것도 작전대로였다. 적의 방해 없이 북쪽에서 항구를 봉쇄하기 위해 남쪽으로 적의 주의를 끌어둘 필요가 있었기 때문이다. 덕분에 키오자 항구의 출구에 돌을 실은 배를 가라앉히는 작업은 아무런 방해 없이 진행되었다.

외해로 나가는 출구에는 큰 배를, 개펄로 향하는 방면에는 작은 배를 몇 척이나 가라앉혔다. 제노바인이 알고 달려왔을 때는 이미 '해상 바리케이드 만들기'는 그 대부분이 끝나 있었다. 제노바 함대는 항구 안에 봉쇄당해서 움직이려고 해도 움직일 수 없게 되고 말았다.

제노바군은 일이 심상치 않다는 것을 깨달았다. 그만큼 그들의 저항도 격렬했다. 배를 몰아서 바리케이드로 다가가 그것을 제거하려 했다. 하지만 그렇게 하지 못하도록 베네치아선이 앞을 가로막았다. 격렬한 해전이 펼쳐졌다. 해전에 익숙하지 않은 베네치아의 벼락치기 뱃사람들은 적이 쏘는 화살에 잇따라 쓰러지는 모습을 보고 공포에 사로잡혀 저마다 퇴각을 외쳤다. 그것을 늙은 원수가, 여기서 죽어도 괜찮으니 나는 제노바군이 항복할 때까지 여기서 움직이지 않겠다고 질타했다. 배꾼들도 다시 노에 달라붙었다.

이것이 밤낮 없이 되풀이되었다. 잠깐 쉬는 동안에도 베네치아군은 순찰을 멈출 수가 없었다. 남쪽이 아직도 완전하게 봉쇄되어 있지 않기 때문에 제노바의 원군인 파도바군도 참전해서 제노바군의 전의는 조금도 약해질 기미를 보이지 않았다. 베네치아측은 개펄 안을 왔다갔다 하면서 교대로 싸웠다. 그렇지만 피사니 이하 베네치아 귀족으로 이루어진 사관들은 배에 머무른 채였다. 보급에는 거룻배가 활약했다. 개펄 안에는 제노바 선박이 침입할 수 없었다. 또한 썰물 때라도 사용 가능한 거룻배만큼 효과가 있는 보급수단은 없었다.

10일이 지난 1380년 1월 1일, 기다리고 기다렸던 카를로 젠의 함대가 귀국했다. 11척이던 갤리선은 18척으로 늘었다. 뿐만 아니라

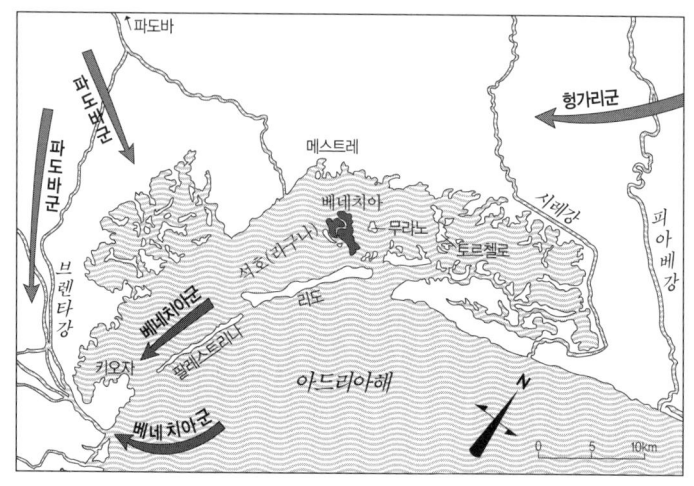

베네치아 주변도(키오자의 싸움)

그는 제노바의 대범선 '리키뇨니호'도 끌고 귀항했다. 이것은 전력의 증강뿐만 아니라 사기의 진작에 대단한 효과가 있었다.

카를로 젠은 귀국하자마자 곧 격전지구로 파견되었다. 키오자의 남쪽이었다. 이곳을 봉쇄하지 못한다면 파도바로부터 강을 따라서 보내오는 보급을 끊을 수 없었다. 제노바측도 이를 막기 위해 필사적이었다. 전황은 좀처럼 호전되지 않았다.

특히 이 전투는 육상전이었기 때문에 전선에 외국인 용병이 많았다. 영국인과 이탈리아 다른 지방 출신의 용병을 통솔하는 것이 젠의 대단한 능력이었다. 젊었을 때의 경험에 의한 것인지, 그렇지 않으면 45세를 맞고 있던 그의 타고난 대담함과 용맹에 산전수전 다 겪은 용병들이 홀딱 반한 것인지 그것은 알 수가 없다. 어쨌든 간에 곤란한 전투에 용병을 능숙하게 다루는 것은 지극히 어려운 일이었던 만큼, 베네치아로서는 대단한 수확이었다.

이 키오자전에서 처음으로 배 위에 설치된 대포가 등장한다.

화약은 유명한 그리스 화약을 쓰고 있었는데, 그것이 폭발하는 힘을 이용해서 포탄을 쏘는 대포는 서유럽에서는 1300년대 초부터 사용되었다. 물론 포탄이라고는 해도 석탄환을 쏘는 것이었다. 이것이 키오자전에서 처음으로 선미에 있는 선교 위에 설치되었던 것이다.

적중률은 그다지 좋지 않았다. 석궁수가 쏘는 화살이 더 위협적일 정도였다. 다만, 지름이 20센티미터에서 30센티미터나 되는 석탄은 성벽을 허무는 데는 효과가 있었다. 제노바군의 사령관 피에트로 도리아도 이 석탄환을 맞아 쓰러지는 탑에 깔려서 죽었다.

1월 말에 제노바를 출발한 39척의 갤리선으로 이루어진 함대가 4월이 되어서야 베네치아의 앞바다에 모습을 나타냈다. 그들은 당장 도전해 왔다. 해전으로 결판을 내자는 것이었다.

베네치아군 중에는 질질 끄는 전략에 지쳐버려 단숨에 승패를 결정짓고 싶다고 생각하는 자들이 많았다. 그들은 제노바의 도발에 응하자고 했다. 그렇지만 피사니는 키오자 봉쇄전과 해전을 동시에 할 수는 없다면서 양보하지 않았다. 원수 콘타리니도, 또 젠도 피사니의 의견에 찬성했다.

제노바 함대는 일단 달마티아 항구로 철수했다. 베네치아를 습격한다 하더라도 수심이 10미터 이상이어서 함대가 항행할 수 있는 유일한 길은 리도 항구를 통과해 개펄로 들어가는 수로였다. 그 양안에는 베네치아의 요새가 나란히 있어서 그곳을 돌파하는 것은 도저히 불가능했다. 바로 이것이 제노바 함대가 퇴거한 이유였다.

이것은 봉쇄당하고 있는 제노바인에게는, 눈앞에 던져진 구명줄이 간신히 손에 닿았는데 다시 놓쳐버린 것 같은 절망감을 주었다. 베네치아인에 의한 봉쇄의 고리가 날이 지남에 따라 좁혀지고 마침내 항구 내와 육지 쪽의 방위군이 양분되는 데까지 와 있었다. 화약의 부족은 말할 것도 없고 식량마저 부족해서 방어전을 하는 제노바 병사들의 동작이 둔해질 만큼 심각해져 있었다. 파도바에서 보내오는 군량도 그때마다 뺏겨 베네치아군에게 도움이 될 뿐이었다.

제노바군은 적병을 매수해서 식량을 얻으려 했다. 물론 노린 상대는 베네치아 병사가 아니라 용병이었다. 이는 성공적이었으나 베네치아 병사가 이것을 눈치채 자칫 그들과 용병 사이에서 무력충돌이 일어날 뻔했다. 그것이 중대사에 이르지 않았던 것은 카를로 젠이 나섰기 때문이다. 용병들은 젠의 설득으로 마음을 바꾸었다.

마지막 희망도 끊긴 키오자의 제노바군은 1380년 6월 24일 마침내 무조건 항복을 받아들였다. "넝마처럼 비참하게 변해버렸다"라고 기록에 남아 있다. 그날의 제노바인 포로의 수는 4,170명, 갤리선은 14척이었다. 그밖에 200명의 파도바 병사도 포로가 되었다. 베네치아인도 봉쇄를 당하는 쪽이었던 처음의 4개월, 봉쇄하는 쪽이 되었다고는 해도 똑같이 고생스럽던 6개월, 합쳐서 10개월을 견디어냈던 것이다.

다시 찾은 전성시대

그렇지만 아직 전쟁이 완전히 끝난 것은 아니었다. 아드리아해에는 39척으로 이루어진 제노바 함대가 버티고 있었다. 이것이 건재하는 한 아드리아해의 제해권은 베네치아의 것이 아니었다. 명실공히 베네치아 해군 총사령관에 정식으로 임명된 피사니는 키오자전의 피로를 풀 사이도 없이 이번에는 제노바 함대와 맞붙기 위해 출진했다. 차석은 카를로 젠이 맡았다.

전황은 공세에 선 베네치아 함대에게 유리하도록 전개되었다. 피사니 개인은 해전 중에 입은 상처가 악화되어 해전 장소 근처인 남이탈리아의 만프레도니아 항구로 옮겨졌으나 그곳에서 죽었다. 키오자의 싸움이 끝난 지 2개월도 지나지 않은 8월 13일, 56세에 맞은 죽음이었다.

즉각 뒤를 이은 카를로 젠에 의해서 해전은 속행되었으며, 곧 아드리아해의 제해권은 다시 베네치아의 손으로 완전히 돌아왔다. 베네치아는 키오자에서의 승리와 아드리아해 제해권 회복의 두 가지를 무기로 평화를 위한 이면공작을 시작했다.

우선 제노바에 강한 영향력을 가지고 있는 밀라노 공작 잔 갈레아초 비스콘티를 밀라노 주재 베네치아 대사 코르나로를 통해서 움직이는 데 성공했다. 밀라노 공작은 앞에서도 말한 것처럼 중부 이탈리아에 대한 야심을 실현하는 데 베네치아가 반대하는 상황을 피하고 싶었기 때문에 베네치아의 희망을 들어주어서 은혜를 베풀 기회를 놓치지 않았다. 그렇지만 밀라노 공작이 너무 표면에 나서면 제노바 내의 반밀라노 세력을 자극할 위험이 있었다.

비스콘티는 강화의 공식 제창자를 베네치아나 제노바와 직접 이해관계가 없는 사부아 백작에게 부탁했다. 사부아는 전통적으로 프랑스 왕과 친하며 그 때문에 이탈리아의 다른 나라들에 비해 십자군 정신도 강했기 때문에, 대표적인 해운국끼리 싸우고 있으면 이교도에 대항하는 데 불리하다는 대의명분으로 강화를 제창하는 인물로서는 가장 적합했다.

1년 후인 1381년 8월에 베네치아와 제노바 사이에 강화가 성립되었다. 이 두 나라뿐만 아니라 헝가리 왕과 파도바의 참주 카라라, 그리고 오스트리아 공작도 참가한 강화조약이었다. 오스트리아 공작이 참가한 것은 베네치아의 책략에 의한 것이었다. 베네치아의 본토는 독일이나 프랑스로부터의 상품이 베네치아로 들어오고, 또 베네치아로 모이는 오리엔트의 물산을 각국으로 내보내는 육로로서 아주 중요한 지역이었다. 이 땅을 카라라에게 넘겨주어서는 안 되었다. 그렇다고 해서 베네치아령으로 만들 수 있는 상태도 아니었다. 베네치아와는 우호적인 관계에 있는 오스트리아 공작으로 하여금 영유하게 함으로써 그 지방에 대한 카라라의 야심을 꺾으려고 한 것이었다. 이 책략은 성공했다.

'토리노의 강화'라고 불리는 이 강화회의에서 결정된 것은 다음과 같은 사항이었다.

1. 테네도스섬은 이후 베네치아령으로 하고, 요새화는 중지하며 제노바 선박도 자유롭게 기항할 수 있게 한다.

2. 흑해 연안의 타나에서의 교역에 관해서는 이후 2년간 제노바도 베네치아도 완전히 평등한 권리를 갖는다.

3. 키프로스섬에서 제노바의 정치상 특권을 베네치아는 인정한다.

4. 트레비소는 오스트리아 공작이 영유한다.

5. 헝가리 왕의 달마티아 지방 영유를 베네치아는 공식적으로 인정하고, 그 지방의 항구 사용권 대신 왕에게 연공금을 지불한다.

많은 역사학자들은 이것에 대해서 다음과 같이 평한다. 싸움을 시작하기 전과 똑같은 상태이며, 두 바다 공화국의 대립을 낳은 문제점은 고스란히 그대로인 채라고. 전적으로 동감이다.

역사학자들은 베네치아는 전투에는 이겼지만 전쟁에서는 졌다고 말한다. 그러나 나는 이 점에는 동감할 수 없다. 키오자 싸움의 승리는 헛된 것이 아니었다고 나는 생각한다.

실제로 베네치아는 국민의 단결력에서는 같은 시대의 다른 나라들과 비교해서, 특히 라이벌인 제노바와 비교해서 비교가 되지 않을 만큼 강했다. 내분도 일어나지 않고 내부 정치의 불안으로 고민하는 일도 없었다. 1세기 전 피에트로 그라데니고의 정치 개혁도 몇 가지 위기에 부딪치기는 했지만 그것이 정체를 바꾸는 움직임으로까지는 이르지 않아 정치 체계의 근본 원리는 계속 유지되고 있었다. 그러나 국민 각층의 불만이 완전히 해소된 것은 아니었다. 탈세를 목적으로 한 자본의 국외 유출이라는, 그때까지는 베네치아인에게서 전혀 볼 수 없었던 현상도 제3차와 제4차 제노바-베네치아 전쟁 사이의 휴전기에 일어나고 있었다.

또 귀족의 지도능력에 대한 평민들의, 특히 선원들의 불만은 일촉즉발의 상태에까지 이르고 있었다. 제3차 전쟁이 베네치아에게는 특히 불리하게 전개되었기 때문이다. 당시는 제노바에서 시모네 보카네그라에 의한 평민정권이 일시 성공했고, 피렌체에서도 당시 프롤레타리아의 궐기라 하여 유명했던 촘피의 난이 일어난 시대였다.

베네치아가 이런 사회변동에 에너지를 소비하지 않고 사회 각계층이 가지고 있는 힘을 효율적으로 써서 국력을 증강할 수 있었던 것은, 13세기부터 14세기에 걸쳐서 그라데니고가 베네치아에 가장 적합한 사회구조의 근본적인 방향을 잡아놓았기 때문이다. 키오자의 승리는 그것을 정착시키는 데 대단한 효과가 있었다.

전쟁은 비참한 것이다. 그렇지만 그 전쟁에도 한 가지 의미가 있다. 각자의 욕망을 단순화한다는 효능이다. 그때까지는 각자가 지니고 있던 불만이 이 전쟁을 끝까지 치르면서 해소된다. 원수 콘타리니는 봉쇄 중 식량 부족을 호소하는 병사들에게 이렇게 말했다.

"귀족의 집으로 가시오. 그들은 하나밖에 없는 빵이라도 둘로 쪼개서 줄 것이오."

그리고 그 말은 실제로 이루어진 것이다.

베네치아 정부는 기부를 모집했을 때 약속한 것처럼 고액을 기부한 시민 30명에게 영원히 공화국 국회에 자리를 갖는 귀족 자리를 줌으로써, 또 외국인에게는 시민권을 줌으로써 그 노고에 보답했다. 그리고 그들이 할 수 있는 범위에서 국가에 봉사한 사람들에게는 유족에 대한 보상이나 부상자 대책과는 별도로, 불행한 사람들의 재생 자금으로서 매년 5천 두카토를 국고에서 지출할 것을 결정하고 실행했던 것이다. 귀족계급 역시 스스로의 의무를 충분히 완수했다. 노령의 원수도 베네치아 제일의 시민으로서 행동했다. 피사니와 카를로 젠은 물론이고 그들이 이끈 귀족들은 최전선에 계속 머물렀다. 또 다액의 국채를 사는 것으로 경제적인 타격을 누구보다 많이 입은 것도 바로 그들이었다.

요컨대 키오자의 싸움을 정점으로 하는 제4차 제노바-베네치아 전쟁에서 베네치아가 얻은 것은 단순히 국민 대통합뿐이었다. 그렇지만 이것은 베네치아가 다시 일어설 때 가장 도움이 되는 '전쟁의 성과'가 되었다.

'토리노의 강화'가 체결된 후에 이것으로 오래 계속되던 두 해양국의 결투가 끝났다고 생각한 사람은 베네치아인과 제노바인을 포함해서 단 한 사람도 없었을 것이다. 대립점은 하나도 해소되지 않고 두 나라는 경제적으로도 군사적으로도 완전히 동등한 위치를 유지하고 있었다. 그렇기 때문에 두 나라 모두 제1차 휴전이 깨졌고 제2차 휴전도 깨졌고, 또 제3차 역시 깨졌던 것처럼 제4차 강화도 조만간 깨질 것이라고 믿고 그것에 대한 준비를 잊지 않았다. 다만 베네치아는 제노바에 비해 통치능력에서는 우위에 서 있었다. 그 때문에 베네치아에게 유리한 상황이 생긴다면 그것을 활용해 보다 신속하고 철저하게 대처할 수 있었다.

실제로 토리노의 강화 이후의 30년은 베네치아공화국으로서 결실 있는 시기였다. 베네치아와 이해관계가 강한 나라에 잇따라 문제가 일어나고 있었다. 당연히 베네치아는 그 호기를 놓치지 않았다.

베네치아 선박의 기항을 허락하는 대신 해마다 베네치아 정부로부터 연공금을 받고 있던 헝가리 왕의 득의양양한 얼굴도 오래가지는 않았다. 인척관계가 있는 나폴리 왕국과의 사이에 갈등이 일어났던 것이다. 나폴리의 왕위를 둘러싼 싸움이었지만, 그 때문에 아드리아해 동안의 헝가리령 통치까지 손이 미치지 않았다. 그것을 내다보고 해적이 출몰했다.

헝가리 왕의 악정과 해적의 습격에 손을 든 그 지방의 주민들이 전처럼 베네치아가 지배해주는 편이 좋다고 말하기 시작했다. 베네치아는 곧바로 그것을 받아들이지는 않았다. 그렇지만 그들의 의향에 변함이 없다는 것이 확실해지고, 또 헝가리 왕과 싸워도 제노바가 다시 개입하는 일은 없을 거라고 판단되자 달마티아 지방의 의향을 받아들였다. 1409년의 일이었다. 베네치아가 300년간 영유하고 있던 달마티아를 잃고 다시 그곳을 손에 넣는 데 30년이 걸린 셈이 된다.

베네치아가 천천히 신중하게 일을 진행할 수 있었던 이유가 있었다. 아드리아해의 출구를 장악하는 전략적으로 매우 중요한 코르푸섬을 역시 나폴리 왕국의 싸움을 이용해서 획득하는 데 성공하고 있었기 때문이다. 베네치아는 이 섬을 1386년에 나폴리의 왕위계승자로부터 샀다. 그리고는 당장 섬을 철저하게 요새화했다. 너무나도 철저했기 때문에 오늘날에도 그리스 해군이 사용하고 있을 정도다.

베네치아는 육지에서도 귀찮은 적을 하나씩 없애고 있었다.

1387년 베네치아와 밀라노, 그리고 파도바는 동맹해서 베로나의 참주 스칼리제르를 쓰러뜨렸다. 다음 해가 되자 베네치아와 밀라노의 연합군은 이번에는 파도바의 참주 카라라를 쓰러뜨렸다. 그리고 1402년에 밀라노 공작 잔 갈레아초 비스콘티가 죽었다. 하는 수 없이 그에게 의지하기는 했지만, 그의 힘이 너무 강해져서 베네치아로서도 불편하던 참이었다. 그러자 금방 베로나도 파도바도 베네치아의 지배하에 들어왔다. 오스트리아 공작이 영유하고 있던 트레비소도 베네치아령이 되었다.

이리하여 베네치아는 아드리아해를 다시 자유롭게 항행할 수 있게 되었을 뿐만 아니라 육로도 서유럽으로부터 오는 상인이 도중에서 차단당할 걱정이 없게 되었다. 아드리아해의 출구를 지키는 데 가장 적합한 코르푸섬도 지금은 베네치아의 것이었다. 동지중해에서도 펠로폰네소스반도 끝의 모도네와 코로네의 기지는 '베네치아공화국의 두 눈'이라고 불릴 만큼 그 부근의 바다를 완전히 제압

했다. 네그로폰테는 물론이고 크레타까지도 이미 흔들림없이 완전히 지배하고 있었다.

베네치아 정부는 또한 제4차 십자군 시대에 프랑스인의 소유가 된 도시들을 조금씩 사서 조국의 영토로 만들고 있었다. 이것들은 진출해 온 터키 세력을 두려워하며 그들에게 뺏길 바에는 베네치아 정부에 팔아버리자고 생각한 프랑스인들로부터 산 것이었다.

물론 파는 사람은 값이 몹시 깎이는 것을 참아야만 했다. 사는 사람인 베네치아에게 꼭 필요한 도시들은 아니었다. 제노바의 손으로 넘어가면 곤란해질 것이기에 이를 고려해서 확보한 것이었다.

15세기 전반에 베네치아는 다시, 아니 세 번째 전성시대를 맞았다. 오리엔트와의 통상은 이렇다 할 어려움 없이 순조롭게 진행되고 있었다. 콘스탄티노플의 시장도 전과 다름없이 번영하고 있었다. 신흥국 터키도 1402년에 티무르에게 대패를 당한 후 조금은 얌전해진 것 같았다. 베네치아의 상인들이 안심하고 활약할 수 있는 시대가 찾아온 것이었다. 그들은 이 행운을 최대한으로 활용했다.

한편 제노바는 같은 30년간 어떻게 지냈을까.

그들은 키오자의 패전 직후부터 5년간에 걸쳐 국가의 원수를 10명이나 바꿀 정도의 정치 불안을 경험한 후 프랑스 왕의 지배하로 들어갔다. 그 지배는 단기적인 독립기간과 밀라노 공작의 지배하에 있었던 시기를 포함해서 1528년까지 130년간에 이르렀다. 그 후에는 에스파냐 왕의 보호령이 되어서 약 3세기가 지난 후에 이탈리아로 통일된다. 그동안 베네치아는 계속 독립국으로 있었다.

그렇지만 제노바가 키오자에서 패전한 후 바로 활동을 멈추게 됐던 것은 아니다. 1131년에 아말피가 시칠리아 왕에게 점령당해도 아말피 상인은 해외에서 활약하고 있었던 것처럼 또 1284년 멜로리아 해전에 진 피사인이 그 후에도 상업면에서 여전히 무시할 수 없는 힘을 가지고 있었던 것처럼 제노바인이 개인적으로 지중해 무역의 한 축으로서 활동하는 기간은 이후에도 오래 계속되었다. 흑해 연안의 제노바 기지 카포나 콘스탄티노플의 페라 거주구는 계속 번영했다. 대표적으로 제노바인답게 천재적인 선원이었던 1세기 후에 나타나는 콜럼버스가 있다.

이탈리아어로 읽으면 크리스토포로 콜롬보로 불러야 하는, 모두가 알고 있는 이 대항해자에 대해서는 새삼스럽게 소개할 필요가 없을 것이다. 다만 그가 에스파냐에서

"내 몸은 이 땅에 있지만, 내 영혼은 조국에."

라고 한탄했을 때, 그의 조국은 프랑스 왕의 지배하에 있어서 이미 독립국이 아니었다. 제노바는 코르시카섬에서 식민지 경영에 성공하기도 하고 당시 일종의 다국적 기업이었던 '산 조르조 은행'을 세워 기업으로서는 대단한 수준으로 성장시키기도 했다. 그러나 이러한 것들이 모국 제노바의 경제에 어느 정도의 공헌을 했느냐 하는 데 대해서는 의문을 품지 않을 수가 없다.

아마도 제노바의 상태를 가장 잘 나타내는 것은 레판토 해전에 참가한 방법일 것이다. 1571년에 있었던 터키 대 그리스도교 국가 연합의 일대 해전에 베네치아는 그리스도교 연합군의 약 절반에 이르는 전력을 제공하고, 베네치아공화국이라는 국가로서 참가했던 것이다. 그것에 반해 제노바에서는 우익을 지키는 함대의 사령관으로 잔안드레아 도리아가 참가했지만, 어디까지나 개인 자격으

로 참가했을 뿐이었다. 독립된 해양국가로서 제노바는 14세기 말에 자취를 감춘 거나 마찬가지였다. 당초 4개였던 지중해의 공화국 중에서 베네치아만이 살아남은 것이다.

120년 넘게 계속된 베네치아와 제노바의 오랜 결투는, 나에게는 좀처럼 승부가 나지 않는 씨름을 떠올리게 한다. 다만, 다섯번째 판에는 동쪽의 장사는 씨름판에 올라왔는데도 서쪽의 장사는 끝내 씨름판에 나타나지 않았다. 그렇기 때문에 베네치아의 승리는 부전승이었다. 그렇지만 부전승이라도 승리는 승리다. 오히려 승리로서는 더 가치가 있는 경우가 많다. 베네치아는 재기할 수 있었지만 제노바는 끝내 재기할 수 없었으니까.

모든 국가는 반드시 한 번은 전성시대를 맞는다. 그렇지만 전성시대를 몇 번이나 갖는 국가는 보기 드물다. 왜냐하면 한 번의 전성기는 자연스럽게 발생하지만, 그것을 몇 번이나 되풀이하는 것은 의식적인 노력의 결과이기 때문이다.

베네치아사의 권위자인 존스홉킨스대학의 레인 교수는 다음과 같이 결론을 말한다.

"장기간에 걸친 베네치아와 제노바의 대립 끝에 베네치아가 승리한 것은 해군의 힘이라든가 해전의 기술이라든가 하는 이유가 아니다. 베네치아는 1270년 이후가 되면 이미 이 점에서는 우위에 있지 않았다.

승리를 결정한 원인은 다른 방면에서의 두 국가의 능력 차이에 있다. 다시 말해서 사회를 조직하는 능력이다. 이 능력에서는 베네치아인과 제노바인 사이에 커다란 차이가 있었다."

참으로 평범한 결론이다. 그러나 이런 경우의 평범이라는 것은 어떤 것일까. 영원한 진리가 아닐까. 예수 그리스도의 평범하다고 밖에 말할 수 없는 가르침이 그리스도교를 믿지 않는 사람에게도 아직도 많은 진리를 내포하고 있는 것처럼.

7
베네치아의 여자들

정치에서 완전히 배제되어 있던 베네치아의 여자들이
집에 틀어박혀 가사에만 몰두했느냐 하면
사실은 전혀 그렇지 않다.
정치적 주장은 없었지만
그녀들의 사회적 주장은 대단했기 때문이다.

정치적 영향력이 없었던 여자들

12년 전인 1968년 봄의 일이다. 베네치아에서는 조르조 치니 재단 주최로 '15세기까지의 베네치아와 레반트(동지중해)의 관계'라는 제목의 국제회의가 열리고 있었다. 그 무렵에 『르네상스의 여인들』의 마지막 한 사람, 베네치아 귀족의 딸로 키프로스 왕의 왕비가 된 카테리나 코르나로에 대해서 쓸 준비를 하고 있던 나는 마침 좋은 기회라고 생각하고 청강하기로 했다.

마지막 날의 합동토론의 자리였던 것 같다. 프랑스의 한 여성학자가 베네치아의 퍼스트 레이디인 원수 부인의 사회적 지위에 대한 발표를 다음과 같은 말로 끝맺었다.

"동시대의 다른 나라들에 비해서 베네치아에는 정치적 영향력을 가졌던 여자가 한 사람도 존재하지 않았던 것은 참으로 유감스럽기 짝이 없습니다."

그때 회의장으로부터 즉각 야유가 날아왔다.

"바로 그 덕분에 베네치아의 정체는 건전함을 유지할 수 있었던 것입니다!"

레인과 로페즈를 비롯해서 중세사의 세계적 권위자들로 메워져 있는 회의장은 폭소의 소용돌이에 휩싸였다. 그 웃음이 프랑스 학자에 대한 것이라기보다도 야유를 한 사람에 대한 공감이었다는 것을 지금도 확신을 가지고 증언할 수 있다.

정말 남자가 무색해질 만큼 활약을 한 여자들에 대해서 쓰며, 나는 난관에 부딪혔다. 그것은 동시대 사람이면서 또 일국의 여왕이라는 절호의 기회를 얻었으면서도 이사벨라 데스테나 카테리나 스포르차와는 반대로, 모국 베네치아 정부의 생각대로 조종당했던 여자를 어떻게 바라보아야 하느냐는 것이었다. 이를 고민하던 내게 그때의 그 야유는 참으로 많은 것을 생각하게 했다.

오늘날에도 여자들에게 남자와 동등한 기회를 주고 있는 소수의 민주주의 국가를 제외하고, 여자가 정치적 영향력을 발휘할 수 있었던 예는 인류의 긴 역사상에서 두 가지 경우뿐이었다. 첫 번째는 클레오파트라나 엘리자베스 1세처럼 자신이 권력의 정점에 섰을 경우이고 두 번째는 권력의 정점에 선 남자에게 아내로서든 애인으로서든 가장 가까운 존재였던 경우이다. 두 번째 경우를 한마디로 말하면 규방정치(閨房政治)라고 할 수 있을 것이다.

그러면 이런 역사적 현상은 군주제하에서만 일어났느냐 하면 반드시 그렇다고는 할 수 없다. 외관은 공화제라도 내실은 일개인에게 권력이 집중되어 있는 공화국이 많았기 때문이다. 피렌체도 제노바도 시에나도 루카도 공화국이라고 불리면서도 실제는 참주제였던 시기가 더 길었다. 그렇기 때문에 군주제와 공화제로 분류하기보다도 한 권력자에 대한 암살의 음모가 있었느냐 없었느냐로 나누는 것이 맞다고 생각한다. 피렌체공화국의 국가원수도 아니었던 메디치가의 로렌초 일 마니피코의 암살을 꾀한 파치가의 음모는 유명하다. 그러나 베네치아공화국에서는 이런 사건은 한 번도 일어나지 않았다.

16세기 초에 베네치아공화국의 '10인 위원회'는 극비로 한 살인청부업자에게 암살 견적서를 발주시켰다. 이 주문에 응해서 작성되어 10인 위원회에 제출된 견적서에는 터키의 술탄에서부터 시작하여 서유럽 각국의 요인 한 사람 한 사람의 암살에 필요한 경비와 보수가 열기되어 있었다.

베네치아 정부가 발주한 것이니까 당연한 일이지만, 이 견적서에는 베네치아의 요인 이름은 없었다. 그렇지만 만약 다른 나라 정부도 이것과 같은 것을 발주하고 있었다고 한다면 당시의 대국인 베네치아를 놓칠 리가 없었을 것이다. 그러나 그 경우 베네치아 정부의 누구를 암살 대상으로 지목할 수가 있었을까.

권력자의 암살이란 그를 암살하면 그 나라의 정치 방향을 바꿀 수 있다고 예측할 수 있어야만 의미를 갖는다. 베네치아공화국은 중세, 르네상스, 근세를 통해서 국내외를 막론하고 어느 누구에게도 그런 가능성의 예측마저 허용하지 않는 그런 체제를 만들어냈다.

원수는 뽑힌 후에는 죽을 때까지 그 지위를 유지할 수가 있었다. 그가 누리는 권위는 자기 나라 국민들에 대해서도 다른 나라의 군주에 대해서도 문자 그대로 베네치아공화국을 체현하고 있는 인물로서의 권위였다. 그렇지만 그 원수라도 6개월마다 바뀌는 6명의 원수 보좌관 중 3명 이상의 찬동을 얻지 못하면 의안 하나도 제출할 수 없었다.

또 제출한 의안을 가결로 이끄는 과정에서 그가 발휘할 수 있는 영향력은 의회에서의 연설밖에 없었다. 원수의 설득력 있는 연설이 의결을 좌우한 예가 상당히 많은 것은 사실이다. 그렇지만 의결을 할 때는 원수라 할지라도 다른 의원과 같이 한 표의 권리밖에 가지고 있지 않았다. 의결을 공화국 국회에서 하게 되면 2천 표 중의 한 표, 원로원에서 하게 되면 200표 중의 한 표, 극비리에 가장 중요한 사항을 결정하는 10인 위원회에서조차 17표 중의 한 표가 원수의 의사를 표시할 수 있는 분량이었던 것이다.

유일한 종신직인 원수도 이처럼 그의 권력이 제한되어 있었다. 하물며 6개월이나 1년의 재임 후에는 그것과 같은 기간의 휴직기간이 지나지 않으면 재선되는 것조차 허용되지 않았던 각 위원회의 위원은 어떻할까. 베네치아는 권력의 집중을 꾀하려고 해도 불가능한 체제였다.

가장 권력이 있다고 하는 10인 위원회도 위원의 임기는 1년에 불과했고, 위원회의 3명의 위원장은 1개월마다 교대되었다. 더구나 통상 10인 위원회는 10명의 위원과 원수, 6명의 원수 보좌관으로 구성되어 있으며, 대단히 중대하다고 판단되는 사항을 토의할 경우에는 이 17명 이외에 다시 원로원 의원 중에서 20명의 의원을 특별히 뽑혀서 합계 37명이 함께 토의할 정도로 신중을 기하고 있었다.

이런 조직을 가지고 있는 국가에 대해서는 정치적 암살도 완전히 그 의미를 상실한다. 누구를 죽여도 큰 효과를 기대할 수 없기 때문이다. 베네치아의 정치 방향을 바꾸고 싶다고 생각한다면 공화국 국회의원을 전원, 다시 말해서 정치를 담당하고 있는 베네치아의 귀족 전원을 죽이지 않으면 그 음모는 완전히 성공한 것이 될 수 없었다. 한 개인에게 권력이 집중되는 것을 온갖 방법으로 피해온 베네치아공화국에서는 그 결과 다른 나라에서는 통상적인 사건이었던 정치적 암살이 한 번도 일어나지 않았다.

그렇기 때문에 베네치아에서는 누구도 호위라든가 경호원 같은 존재를 필요로 하지 않았다. 원수가 의장병을 거느리고 있었기는 해도 그것은 오늘날 군주의 그것보다도 장식으로서의 뜻이 강했다. 경찰은 있었지만 그것은 일상의 치안유지를 위해서였다. 계엄과 같은 사태가 일어나면 국영 조선소의 직공들이 경비를 담당했다.

베네치아는 국내에 군대를 주둔시킨 일이 없는 유일한 나라였다. 국민에게 무기의 휴대를 허용하지 않고 있는데, 정부만 예외적으로 무기를 휴대해도 좋다고 할 수 없었다. 또한 그럴 필요도 없었다. 베네치아공화국에서는 지위의 고하를 불문하고 누구나 자유롭게 거리를 걸을 수 있었던 보기 드문 나라였다.

이런 상황에서 어떻게 여자가 정치적 영향력을 발휘할 수 있었을까. 베네치아 국내에서는 일단 무리였다. 뭔가를 한다고 하면 국외로 나가야만 했다. 그렇지만 국외에서 기회를 가질 수 있었던 베네치아 여자들 가운데 어느 한 사람도 성 바르톨로메오 축일의 대학살을 일으켜서 프랑스의 역대 왕비 중 가장 악명이 높았던 피렌체의 여자 카테리나 데 메디치(프랑스어로는 카트린 드 메디시스)와 같은 여자는 없었다.

몇백 년 동안 그런 기회가 주어지지 않았기에 막상 정치적 능력을 발휘할 수 있는 기회가 찾아와도 그것을 살릴 수 있는 방도가 머리에 떠오르지 않았을지도 모른다. 실제로 베네치아의 남자들은 자신들의 여자가 정치에 관여하는 것을 좋아하지 않았다. 좋은 예가 있다.

1464년 베네치아의 귀족 바르보가(家)의 한 사람이 베네치아인으로서는 처음으로 교황으로 뽑혔다. 바오로 2세다. 새 교황에게는 같은 베네치아의 명문인 제노가에 시집간 엘리사베타라는 누이동생이 있었다.

그런데 이 엘리사베타는 오빠가 차지한 지위를 배경으로 정치적

원수 부인의 복장

원수의 복장

귀족 처녀의 결혼예복

귀족 부인들의 공식행사 복장

인 책모에 열중하고 말았다. 베네치아에서는 교황을 낸 일가의 남자들은 그 교황의 재세 중 한해 동안 원로원 의원에는 뽑혀도, 다른 중요한 위원회의 위원에서는 제외될 만큼 베네치아의 정치적 자주성을 중요시하고 있었다. 그렇기 때문에 엘리사베타의 행동은 환영할 만한 것이 못 되었다. 하지만 교황청을 적으로 돌리는 것은 정치적으로 현명한 방법이 아니었다. 하물며 당시는 10년 전의 콘스탄티노플 함락 이후 더욱 거세지는 터키의 공세 앞에서, 베네치아가 곤경에 처해 있던 시기이기도 했다. 베네치아 정부는 불쾌하게 생각하면서도 엘리사베타의 야단스러운 움직임에 대해 철저하게 대처할 수가 없었다.

그렇지만 1472년, 교황 바오로 2세가 죽자 10인 위원회는 엘리사베타 제노를 이스트리아로 추방해버리기로 결정했다. 몇 년 후 시골에서의 따분한 생활로부터는 해방되었지만 베네치아에는 끝내 돌아올 수 없었다. 로마로 간 엘리사베타는 1480년 그곳에서 죽을 때까지 베네치아를 보는 것조차도 허용되지 않았다.

이것으로 미루어 보아 거의 같은 시기의 카테리나 코르나로의 얌전한 행동도 이해할 수가 있다. 그녀는 베네치아공화국의 딸이라는 자격으로 키프로스 왕과 정략결혼을 했다. 왕이 죽은 후 하나밖에 없는 아들까지 먼저 죽자 여왕으로서 키프로스 섬의 지배자가 되었다. 그러나 그녀는 베네치아 정부의 의향을 충실히 받들어 키프로스를 모국에 양도했다. 나는 이 이야기를 쓰면서 베네치아 외교력의 뛰어남에 혀를 내두르면서도, 만약 이사벨라 데스테나 카테리나 스포르차였더라면 이렇게까지 모국의 지시대로는 움직이지 않았을 것이라는 생각이 자꾸만 들었다.

16세기에 이르면 붕괴한 피렌체공화국 자리에 생긴 토스카나대공국의 2대 대공비가 된 비앙카 카펠로가 있다. 그녀에 대해 나는 『사랑의 풍경』속에서 이미 썼기 때문에 여기서는 언급하지 않겠지만, 토스카나 대공 프란체스코 데 메디치에게 그만큼 사랑을 받고 대공을 마음대로 할 수 있는 처지에 있으면서도 그녀는 전혀 그렇게 하지 않았다. 기껏 그녀가 대공 부인다운 행동을 한 것은 멋을 부린다거나 여자다운 심술을 부리는 정도였다.

13세기에 헝가리 왕비가 된 토마시나 모로시니도 정치적으로는 아주 얌전했으므로, 이것은 베네치아 여자 전반에 공통되는 성격이라고 생각할 수밖에 없다.

이 3명의 여자가 베네치아공화국의 양녀로서, 다시 말해서 한 군주국의 공주와 동등한 자격으로 다른 나라의 왕에게 시집간 여자들이다.

터키 술탄의 비가 된 체칠리아

그렇지만 한 여자의 경우는 재미있다. 이름은 체칠리아 바포이다.

체칠리아는 베네치아 귀족의 혈통을 이어받은 점은 앞에서 말한 세 사람과 같지만, 그녀들과 같은 정실 소생이 아니었다. 또 공화국의 양녀라는 자격을 배경으로 다른 나라의 왕비가 된 것도 아니었다. 그러나 그녀가 다른 세 사람과 달리 특이한 존재가 된 가장 큰 이유는 그리스도교 국가가 아니라 이슬람교 국가의 왕비가 되었다는 점이다. 더구나 베네치아의 숙적인 터키 술탄의 비가 되었다는 점이 신기하다.

12살이던 체칠리아는 아버지를 따라서 에게해를 항해하던 중이었다. 그녀가 타고 있던 배는 터키의 해적에게 습격을 당했다. 터키 해적의 포로가 된 그리스도교도는 예외없이 노예로 팔렸다. 남자들은 갤리선의 노 젓는 노예가 되어서 쇠사슬에 매어지고, 여자들에게는 첩이나 가사노동의 운명이 기다리고 있었다. 그러나 해적 두목은 아름다운 소녀인 체칠리아만은 콘스탄티노플의 노예시장에 팔지 않기로 했다.

그녀를 술탄의 후계자인 셀림 왕자에게 진상했던 것이다. 이슬람교도로 개종하고 누르바누라는 터키풍 이름으로 바꾼 체칠리아는 셀림 왕자의 하렘에서 29년을 지냈다. 그동안에 그녀는 아들을 낳았다. 시대는 터키제국이 가장 공격적으로 서유럽에 위협을 주고 있던 때였다. 그녀가 낳은 아들은 '위대한'이라는 형용사가 붙은 술탄 술레이만 대제의 맏손자에 해당하는 셈이었다.

체칠리아에 대해서 베네치아 정부는 일찍부터 알고 있었던 것 같다. 그녀가 노예가 된 지 1년 후인 1538년, 베네치아의 원로원은 체칠리아 바포가 베네치아 귀족의 핏줄을 이어받은 처녀라는 증서를 터키 궁정에 보냈다.

1566년에 술레이만 대제가 죽었다. 새 술탄은 셀림이었다. 이는 체칠리아가 뭔가 할 수 있게 되었음을 의미했다.

전제군주국에서 후계자의 위치는 의외로 약한 법이다. 군주의 생각에 목숨이 달린 경우도 있다. 그렇기 때문에 아무리 첫째 아들의 어머니라 하더라도 후계자의 비로서 완전히 안전한 위치라고는 할 수 없었다.

새 술탄으로서 콘스탄티노플에 입성한 셀림을 따라서 그녀의 하렘도 대거 톱카프 궁전으로 몰려들었다. 체칠리아의 행렬은 그 선두에 섰다. 150명의 여관(女官)과 많은 하녀를 거느린 그녀의 행렬은, 술탄의 총비의 위세에 익숙해져 있던 콘스탄티노플 민중의 눈을 번쩍 뜨이게 했을 정도였다. 그 호화스러움은 다른 3명의 비와 많은 첩들의 행렬을 압도하고도 남았다.

체칠리아는 선제의 하렘이 아드리아노플(오늘날의 에디르네)로 추방되어 그 비와 첩들이 앞으로 지내게 될 수녀와 같은 생활을 슬퍼하며 떠나간 자리의 여주인이 된 것이었다. 새 술탄의 어머니는 이미 죽었기 때문에 마음을 써야 할 사람도 없었다. 지난날의 미소녀도 41세가 되어 있었다.

술탄의 하렘이라고 하면 후세의 우리들은 관능적이고 감미로운 여자들의 꽃밭을 상상하고 만다. 그러나 실제로는 그렇게 간단한 것이 아니었다. 어떤 의미에서는 일부일처제인 그리스도교적인 남녀관계보다 실력과 운에 좌우되는 일이 많았던 매우 가혹한 세계였다.

네 비의 순위는 낳은 아이의 연령에 따라서 일단 정해져 있기는 했지만, 그것도 형식적인 것이었다. 많은 첩들이 있다 보니 술탄의 눈에 평생 띄지 않고 끝나는 여자도 있었다. 그리고 후계자의 어머니이든 허드렛일을 하는 여자이든 간에 노예의 처지라는 것은 똑같았다. 법적인 보장 같은 것이 있을 리 없으니 그녀들의 운명은 술탄의 기분 하나에 달려 있었다. 이런 세계에서는 후계자의 어머니라 하더라도 이미 40세를 넘은 체칠리아 입장에서, 젊고 아름다운 여자 노예가 잇따라 진상되어오는 하렘에서의 나날은 마음 편안한 것

술판의 총비   하렘의 여자

이 아니었음에 틀림없다.

하렘에서의 생활도 베네치아 여자인 체칠리아에게는 그다지 만족스럽지 않았을 것이다. 오늘날의 톱카프 궁전 내의 하렘을 견학하고 그것을 당시의 기록에 따라서 장식해보아도, 같은 시대의 베네치아 귀족들 저택의 호화스러움에는 미치지 못한다. 벽을 금으로 바르고 마당을 튤립으로 메우더라도 벽화를 베로네세에게 그리게 한 팔라디오가 지은 트레비소의 별장의 아름다움에 비하면 아무것도 아니었다.

터키는 군사적으로는 대제국이었다. 그렇지만 16세기 당시 문명의 수준에서 본다면 서유럽 쪽이 완전히 오리엔트를 앞지르고 있었다. 베네치아는 당시 서유럽의 최첨단을 달리는 문명국이었다.

물론 체칠리아는 12세 때부터 터키인들 사이에서 생활해왔기 때문에 이미 그러한 것들은 익숙했으리라. 그러나 톱카피 궁전은 아무리 호화스럽게 장식하더라도 결국은 유랑민이 만들어낸 주거였다. 서유럽의 집과는 근본적인 점에서 차이가 있었다. 다시 말해서 어디까지나 천막의 변형에 지나지 않았으며 서유럽적인 의미에서의 주거가 아니었다.

더구나 여자들에게는 외출도 허용되지 않았다. 아주 드물게 외출하는 경우라도 서유럽에서는 페르시아식이라고 불리는 셔터 비슷한 것, 즉 밖을 본다는 것은 불가능해 보이는 울타리 속에 앉아서 뱃놀이를 즐기는 것이었다. 시내를 갈 때는 두꺼운 장막으로 사방을 둘러싼 가마에 앉아 흔들리며 갔다.

또 라이벌이기도 한 동료들이라고 해도 따분한 여자들뿐이었다. 캅카스 지방의 여자가 아름답기로 유명해 특히 귀하게 취급받았기 때문에 술탄의 하렘에는 캅카스 지방 출신의 여자 노예가 많았다.

그래도 터키에는 서유럽에 대해서 자랑할 수 있는 것이 한 가지 있었다. 보석 장식품이었다. 그들이 타도한 비잔틴 문명 중에서 터키인이 그것만을 계승한 것은 터키인의 취향에 맞았기 때문일 것이다. 톱카피 궁전의 보석 장식품 컬렉션은 보석을 장식에 쓰는 환상의 극치를 보여준다. 그것은 지금도 우리들을 압도한다.

지난날 하렘의 여자들도 보석을 보면서는 자신의 자유롭지 못한 처지를 잊었을 것이다. 그리고 하렘 안의 체칠리아와 술탄의 비를 절대 만날 수 없는 처지인 베네치아 대사, 이 두 사람 사이를 연결한 것도 보석이었다.

이 극비의 연락이 언제쯤부터 시작되었는지는 사료가 없기 때문에 확실하게는 알 수 없다. 다만 키아레차라는 이름의 유대인 여자

보석상인이 베네치아 대사의 메시지를 체칠리아에게 전하는 역할을 하고 있었다는 것만 알려져 있다.

처음에는 베네치아의 아몬드가 든 과자를, 역시 베네치아 특산품인 레이스 손수건에 싸서 선물하는 조그만 일에서 시작되었는지도 모른다. 아니 무라노 특산인 금 비침무늬가 든 조그만 유리 향수병이었는지도 모른다. 어쨌든 베네치아 대사와 체칠리아 사이의 연락은 하렘 안으로 들어간 유대인 여자 보석상인을 매개로 셀림이 살아 있는 동안 누구에게도 들키지 않고 계속되었다.

대사의 목적은 분명했다. 동지중해에 대한, 특히 그 지역에서 통상하고 있는 베네치아공화국에 대한 터키측의 속셈을 헤아리는 일이었다. 만약 적대행동을 하려는 움직임이 있으면 그것을 알아내어 재빨리 본국으로 연락하려는 것이다.

이 시기에 체칠리아가 어느 정도의 일을 할 수 있었는가는 사실 의심스럽다. 술탄 셀림은 코란에서 금하고 있는 금주를 깨던 여느 이슬람교도와 마찬가지로 술꾼도 모자라 알코올중독자였다. 포도주를 마치 맥주를 마시듯이 들이켜는 특기를 가지고 있을 뿐인 사나이였으며, 그는 술레이만 대제의 아들이 아니라는 소문이 있었을 정도로 정무도 군무도 내팽개치곤 했다. 술과 여자에 빠져 있는 남편이라면 아무리 권력자의 측근에 있더라도 체칠리아가 무엇을 할 수 있었겠는가. 강대한 터키제국을 혼자 도맡아서 처리하고 있었던 것은 술레이만 대제 때부터 있던 유능한 재상 소콜리였다.

그래도 정보를 모을 수는 있었다. 체칠리아가 보내는 정보는 온갖 방법을 써서 정보수집에 전력을 다하고 있던 콘스탄티노플 주재 베네치아 대사로서는 무시할 수 없는 정보였다.

그러나 베네치아령을 겨냥하는 터키의 군사공세를 저지하는 것은 실패로 끝났다. 술탄 셀림은 음주벽이 점점 심해져서 당시 최고의 포도주 산지이던 키프로스섬을 자기 것으로 만들려고 마음먹기에 이르렀다.

키프로스는 1세기 이후부터 베네치아령이었다. 이 키프로스를 공격하는 것은 재상 소콜리도 반대했다. 그럼에도 강행했으니 전제군주의 욕망은 한계를 모른다고 해야 할까. 체칠리아는 어떻게 할 수 있는 처지가 아니었다. 동지중해에서 베네치아의 중요한 군사상, 그리고 상업상의 기지였던 키프로스는 터키 대군의 공격 앞에 함락되고 만다.

이어 1571년에는 레판토의 해전이 일어났다. 이것은 베네치아가 바라고 있던 싸움이었다. 이번에는 터키 쪽이 졌다. 그렇지만 강화를 맺을 필요성을 느끼고 있었던 것은 터키보다도 이긴 베네치아 쪽이었다.

그 교섭이 진행되는 중에 술탄이 죽었다. 여느 때와 같이 몹시 취한 후에 욕실에 갔다가 미끄러져 머리를 부딪쳐 죽었다고 한다. 뒤를 이은 것이 체칠리아의 아들 무라드였다. 모후가 된 것이다. 그녀는 49세를 맞고 있었다.

명실공히 하렘의 여주인이 된 체칠리아는 우선 스스로의 지위를 견고하게 하는 일에 착수했다. 톱카피 궁전 안에 있는 하렘에서도 가장 깊숙한 안쪽에 있던 자신의 거실을 하렘의 출구에 가장 가까운 장소로 옮겼다. 그후부터 이 한 구획은 모후용 아파트로서 정착되었다.

이 장소를 차지하자 거기서부터 안쪽으로 이어지는 긴 복도를 따라 있는 술탄의 처첩들의 방을 감시할 수가 있었다. 또 그것과 근접한 술탄의 아파트에서 대신들과 각의를 여는 하렘 바로 밖의 방, '디바노'로 가려면 반드시 어머니의 거실 앞을 지나가야만 하는 구조였다.

정사를 보기 위해 하렘을 나간다든가 그것을 마치고 하렘으로 돌아올 때마다 예의상으로나마 어머니에 대한 인사를 빠뜨릴 수가 없었다. 자연스럽게 술탄은 체칠리아에게 반드시 들를 수밖에 없게 되었다. 그녀가 터키제국의 모든 일에 정통하게 된 것은 극히 당연한 귀결이었다. 그런 정도가 아니라 모후가 별실에서 각의를 방청하고 있다는 소문이 퍼졌을 정도였다.

또 한 가지 중요한 일이 있었다. 그녀는 술탄에 대한 영향력이 자신 이상으로 강한 여성이 나타나는 것을 저지하는 일이었다. 체칠리아는 아들인 술탄에게 젊고 아름다운 여자 노예를 잇따라 보내서 아들의 총애가 한 사람에게 집중되지 않도록 손을 썼다. 새 술탄은 아버지의 피를 이어받아서 술과 여자를 좋아했다. 그밖의 흥미라고 하면 각종 시계를 조립하고 그림을 그리는 일이었는데, 이것도 체칠리아에게는 잘된 일이었다. 술탄 무라드는 자신이 그린 세밀화로 아름답게 장식한 예술책을 냈다. 터키 최초의 예술책 출판이었다.

모후쯤 되면 외국 대사도 선물을 당당하게 바칠 수 있었는데도 베네치아 대사와 체칠리아 사이의 연락은 여전히 여자 보석상을 중간에 끼우고 이뤄졌다. 테두리까지도 거울을 써서 세공한 정교하고 우아한 베네치아의 거울이나 당시 서유럽의 남자들까지 옷의 어딘가에 반드시 사용했다는 그 유명한 베네치아 레이스가 선물로 쓰였는지도 모른다. 이런 것들 중에서 비싼 것은 예술품이라 부를 만했다.

베네치아로서도 체칠리아로서도 모든 것이 순조롭게 되어나가는 것처럼 보였지만 재상 소콜리라는 암적의 존재가 하나 있었다. 술레이만 대제 이래 3대의 술탄을 섬겨 온 이 재상은 터키인치고는 광신적인 데가 조금도 없는 합리적이고 현실적이고 유능한 인물로, 친베네치아파 관료로 알려져 있었지만, 터키의 이해가 베네치아의 이해와 충돌하면 망설이지 않고 터키의 이익을 지켰다.

레판토 해전 후에 찾아온 베네치아 대사를 보고 그는 다음과 같이 말했다.

"우리는 당신들로부터 키프로스를 뺏음으로써 베네치아의 한 팔을 잘랐소. 당신들은 레판토에서 우리 터키의 해군을 괴멸시켰지만 그것은 오직 우리의 수염을 깎은 데 지나지 않소. 잘린 한 팔은 다시 나지 않지만 깎인 수염은 금방 전보다도 더 많이 나게 된단 말이오."

유능한 만큼 더욱 마음을 놓을 수 없는 존재였다.

언제쯤부터 모후가 술탄의 귀에 재상 살해의 유효성을 속삭이기 시작했는지는 알 수 없다. 그렇지만 이번만큼은 늘 쓰이는 반역죄라는 누명을 씌울 수는 없었다. 3대의 술탄을 섬겨 온 소콜리의 충성스러움은 누구 하나 의심할 수 없었기 때문이다.

체칠리아는 술탄의 전매로 되어 있던 화약매매에 재상도 은밀히 관계하고 있으며, 그것으로 거액의 재산을 모았다고 아들을 부추겼다. 그것을 증명하는 거래문서까지 보였기 때문에 술탄도 어머니의 말을 믿었다. 세부사항까지 이만큼 빈틈 없는 일은 하렘 내부 사람은 도저히 할 수 있는 일이 아니다. 틀림없이 누군가 외부 사람의 손으로 준비되어 모후에게로 보내졌을 것이다. 재상의 죽음은 이미 결정된 사실이었다.

이런 사실을 전혀 모르는 재상과 대신들이 내각회의에서 의사를 토의하고 있을 때, 갑자기 문이 열리더니 한 흑인 노예가 뛰어들어왔다. 흑인은 반월도를 든 채 중앙에 앉아 있던 재상에게 달려들었다. 소콜리는 소리를 지를 틈도 없이 살해당했다.

대신들은 갑작스러운 이변에 어리둥절하면서도 살인자를 향해 달려갔다. 그때 다음 방에서 모습을 나타낸 술탄이 살인자에게 손을 대지 말라고 명령했다. 술탄의 설명에 반신반의하면서도 대신들은 재상의 혐의를 납득할 수밖에 없었다.

그렇지만 나중에 이것은 억울한 죄였다는 것이 판명되었다. 콘스탄티노플의 서민들은 모후의 권력욕이 낳은 비극이라고 쑥덕거렸다. 톱카피 궁전에 출입하는 대신들에서부터 무슨 일에서나 눈을 번득이는 것이 임무나 마찬가지던 콘스탄티노플 주재 각국 대사들까지 누구 하나 이 사건과 베네치아공화국의 관계를 의심한 사람은 없었다. 베네치아측의 사료에도 극비 문서에서마저 관련 내용이 전혀 없다.

그러나 1582년 6월 베네치아 정부의 10인 위원회는 술탄의 모후에게 줄 선물용으로 무려 2천 두카토나 되는 대금을 지출할 것을 결정했다. 재상 살해와 10인 위원회의 결의 사이에는 어쩐지 세상의 관심이 사라지기를 기다렸다는 듯한 미묘한 기간을 두고 있다고 생각하는 것은 역사학자에게는 허용되지 않는 추리일 것이다. 그렇지만 그녀가 살아 있는 동안 베네치아와 터키 사이에 싸움이 일어나지 않았던 것은 사실이다.

1583년에 체칠리아 바포는 누르바누라는 터키 이름을 가진 채 57세로 죽었다. 일국의 모후였지만 노예의 신분으로서는 허드렛일을 하는 여자와 다름이 없었다. 그녀의 무덤은 알고 있는 사람이 적었다. 그렇지만 베네치아의 서민들은 다시 조국을 보지 못하고 죽은 이 베네치아의 여자를 잊지 않았던 모양이다. 그들은 체칠리아를 찬송한 속요를 몇 곡 만들어 불렀다.

베네치아 모드

전기라는 것은 주인공이 남자이든 여자이든 그 인물의 성격에 매력이 있든가, 그렇지 않으면 그 인물을 둘러싼 정세에 흥미를 갖고 있든가 하지 않으면 쓸 수가 없는 법이다.

쓰는 쪽으로서 가장 이상적인 주인공은 이 두 가지를 겸비하고 있는 인물이라는 것은 두말할 것도 없다. 내가 지금까지 써온 인물 중에서 여자만을 든다면 이사벨라 데스테나 카테리나 스포르차가 바로 이 부류에 속한다. 루크레치아 보르자는 두번째 부류다. 베네치아 여자인 카테리나 코르나로도 두 번째 부류이기 때문에 쓸 수 있었다. 체칠리아 바포의 이야기는 역사의 '비화'라고 해야 할 부류이다. 비화이기 때문에 사료가 아주 적으며, 소설은 쓸 수 있어도 전기로서 쓰는 것은 불가능하다. 첫 번째 부류에 속하는지, 아니면 두 번째 형의 여주인공인지도 남아 있는 사료만 가지고는 판단할 수 없다.

베네치아공화국은 1천 년을 넘는 역사를 가지고 있지만 그 중에서 정치와 관련이 있는 여자라고 하면 '비화'까지 동원해도 단 두 사람밖에 없다. 이 두 여자도 베네치아 남자들의 완전한 조종에 따라 움직였기 때문에, 레인 교수를 비롯해 베네치아사의 전문가들은 그들의 학문적 저술에서 여자에 대해서는 한마디도 언급하지 않고 있다. 언급할 가치를 인정하지 않는 것이다.

그렇지만 학자들이 쓰는 통사는, 이를테면 신문의 1면과 2면에 학예란을 넣은 것이다. 역사를 정치·경제·군사면에서만 보기 때문이다. 르네상스 문화가 발생한 이탈리아에서는 문화는 정치·경제·군사와 함께 말하자면 '역사의 꽃'이었다.

이런 역사에는 3면 기사도 가정란도 쓰이지 않는다. 가정란은 '일상생활에서 본 베네치아사'라고 제목을 붙인 책에 의해서 겨우 햇빛을 보게 되는 것이 보통이다. 3면 기사에 이르러서는 그것조차도 없다. 역사의 3면 기사를 쓰려고 한다면 끈기있게 각 연구서를 대조하여 거기에 흩어져 있는 단편을 집대성해야 한다.

그러나 나는 가정란도 3면 기사도 포함되어야만 비로소 온전한 역사가 된다고 생각한다.

3면 기사에 대해서는 다른 기회에 쓸 예정이기 때문에 여기서는 가정란을 다루어보고 싶다. 1면이나 2면 기사의 주인공이 될 수 없었던 베네치아의 여자라 하더라도 가정란에서는 분명한 주인공이었기 때문이다.

정치에서 완전히 배제되어 있던 베네치아의 여자들은 집에 틀어박혀서 가사에만 몰두하고 있었느냐 하면 사실은 전혀 그렇지 않

베네치아 귀족의 복장

정부 임원의 관복

베네치아 상류 계급 여성의 외출복

결혼 직전의 귀족 처녀의 복장

다. 정치적 주장은 없었지만 사회적 주장은 있었기 때문이다. 같은 시대의 다른 나라의 여자들보다도 공식적인 자리에 나갈 기회는 훨씬 많았다. 베네치아의 남자들은 대체로 사회적 지위에 관계없이 바빴기 때문에 이른바 접대라는 것은 여자들이 맡아 하는 중요한 일이었다.

공화국 최고의 지위인 원수들의 전력을 조사해보면 14세기에서는 거의 전원, 15세기가 되면 5분의 4로 젊은 때 해외무역에 종사했던 사람이 원수 자리를 차지하는 비율이 압도적으로 많았던 것을 알 수 있다. 파도바 대학의 법학부를 졸업하고 법조계에서 활약한 후에 정계로 들어가는 예가 증가한 16세기에도 젊은 때를 해외무역에 종사한 사람이 원수 자리를 차지한 경우가 5분의 3이나 된다. 이 사실은 베네치아를 1년이고 2년이고 비우는 것쯤은 예사로운 일이었다는 말이 된다. 그리고 40세쯤 되면 육지로 올라와서 귀족의 경우 정치를 담당했던 것이다.

베네치아에 자리잡게 되어도 바쁜 것은 그다지 달라지지 않았다. 귀족이라면 출석할 의무가 있는 공화국 국회는 매주 1회 일요일에 열렸으며, 원로원 의원으로 뽑히기라도 하면 다시 정례회의가 1주일에 2~3회씩 진행되었다. 중요한 직책인 10인 위원회나 각 정부 부처에 속하게 되면 그 위에 다시 1주일에 3회 이상의 회의가 추가된다. 정례회의만 따져도 이렇기 때문에 긴급회의까지 합치면 일요일도 없이 매일 출근하는 지경이었다.

회의는 밤중까지 계속되기 일쑤였다. 오늘날의 우리는 보통 적당히 출석하고 말 것이라고 생각하지만, 그런 자유는 전혀 허용되지 않았다. 베네치아인은 의원 각자의 양심에 맡긴 끝에 의원의 출석이 나쁘다고 개탄하기보다도, 납득할 수 있는 이유를 제출하지 못하는 결석자에게는 고액의 벌금을 지불하게 하는 쪽을 택했다. 정치를 담당할 권리를 가진 사람은 그것에 어울리는 의무를 다해야 한다고 그들은 생각했다. 따라서 베네치아 귀족의 아내들은 다른 나라의 여성에 비해 남편의 얼굴을 보는 시간이 그만큼 적었다.

해상생활에서 손을 뗀 남편이라도 그대로 육지에 계속 있는 것은 아니었다. 대사로서 외국에 파견되는 일도 있었다. 베네치아공화국은 중요한 국가에 상주하는 대사를 둔 최초의 나라이기도 했다. 그밖에 군무에 복무하기도 했으며, 중근동에서 멀리 북유럽까지 걸친 지역에 흩어져 있는 각 영사관으로 파견되는 경우도 있었다.

이들은 요즘 말로 하자면 기러기 부부가 보통이었다. 아들이나 조카를 동행하는 일은 많았지만 아내나 딸을 데리고 부임하는 것은, 베네치아인으로서는 어지간히 장기 주재하는 경우가 아닌 한 상용(商用)에서도 논외의 일이었다. 이 점에서는 다른 나라와 같았지만 애초에 베네치아의 지배계급이 다른 나라보다도 압도적으로 외국으로 많이 나갔다.

남편들은 짬을 낼 수 없어도 외국의 왕후에서부터 오리엔트에서의 남편의 동업자에 이르기까지 베네치아를 찾는 손님은 끊이지 않았다. 자기 집에 초대하는 경우는 물론이고 국가원수가 주인이 되는 국가적인 초대연에서도 그 자리를 장식하는 것은 여자들의 임무였다. 남편이 부재중이라는 이유로 결석한 여자는 없었다.

에스코트해줄 남편이 부재중인 경우에는 친척인 남자가 대행했다. 게다가 여자가 혼자서 가더라도 이상한 눈으로 보지 않았다. 또 15세기 초에 만들어져서 16세기에 전성기를 맞은 젊은이들의 클럽인 '콤파니아 델라 카르체'의 회원들의 중요한 의무는 부인들을 에스코트하는 것이었다. 남편의 부재중이 일이 많은 아내들에게는 전혀 불편하지 않도록 되어 있었던 것이다.

타인과 만나는 일이 많았기에 여자들은 아름답게 치장하려고 노력했고, 실제로 아름다워지기도 했다. 베네치아 여자들의 멋내기가 유명했던 것은, 남자들이 그녀들을 보고 찬미하는 기회가 많았기 때문일 것이다. 초대하고 초대받지 않는 날이라도 에스코트를 하는 남자를 데리고 산책하는 것은 빼놓을 수 없는 일과였다. 산 마르코 광장, 산토 스테파노 광장, 산타 마리아 포르모사 광장, 산 폴로 광장은 해질녘쯤 되면 잘 차려입은 여자들로 가득 찼다. 이런 광장으로 통하는 좁은 길에는 여자들의 시선을 끄는 근사한 물건들을 모은 가게가 밀집해 있기도 했다.

시리아의 다마스쿠스가 주산지였기 때문에 이탈리아에서는 다마스코직(織)이라고 불리는 단자(緞子), 시리아의 베이루트가 그것을 짜는 중심지였기 때문에 베루트라고 불리는 비로드, 그리고 수자직(繻子織)과 얇은 베일에 이르기까지, 그리고 오리엔트산 천에서부터 베네치아의 두꺼운 금란(金襴), 피렌체의 견직물 등등, 비싼 천치고 베네치아에서 살 수 없는 것은 없다고 할 만큼 갖추어져 있었다.

베네치아의 견직물 무늬는 산 마르코 성당의 모자이크 장인이 디자인한 것이 유명했으며, 스타일화(畵)는 화가들이 담당했다. 그러나 무엇보다도 유명했던 것은 유럽을 휩쓴 베네치아 특산 레이스였다. 레이스가 너무나 유명했기 때문에 그 무늬 그대로를 유리로 만들게 하여 옷깃으로 하고 다니는 멋쟁이까지 나타났다.

보석상도 이런 곳에서는 빼놓을 수 없는 존재였다. 다이아몬드, 루비, 에메랄드, 사파이어에서부터 토파즈, 마노(瑪瑙)에 이르기까지 온갖 보석이 빛나고 있었다. 그중에서도 페르시아 특산인 진주는 베네치아 여자들이 유달리 좋아했다. 베네치아 여자의 진주 목걸이라고 하면 다른 나라 여자들의 선망의 대상이었다.

보석은 목걸이나 반지로서 쓰였던 것만은 아니었다. 띠를 장식하는 데도 쓰였으며 두꺼운 천에 넣고 꿰매는 사용법도 유행하고 있었다. 귀고리만은 상당히 나중에 유행하기 시작한 것 같다. 사누도의 『일지』 속의 1525년 12월 6일 부분에 다음과 같은 기술이 있다.

개탄스러운 일이다. 흑인의 습관 그대로 작은 금고리에서 알이 큰 진주가 드리워진 것을 귀에 매달고 있다. 그런 것을 달고 있는 것은 내 친척이기도 한 그녀 한 사람뿐이어서 나는 대단히 부끄러운 생각이 들었다.

이 근엄한 연대기 작가와 한집안인 여자가 귀고리를 달기 시작한 용기 있는 사람이었던 것 같다. 하지만 그 후 베네치아에서는 흑인풍 귀고리가 폭발적으로 유행했다.

시대에 따라서 변하는 것은 헤어스타일도 마찬가지였다. 15세기에는 머리를 길게 빗어내리고 리본이나 그물로 한데 모으는 것이 지배적이었다. 그것이 16세기로 들어가자 머리를 위로 높이 틀어올리는 것이 유행하게 되었다. 머리 장식도 보석을 흩뜨리거나 해서 더욱더 호화스러워졌다. 여러 가지 색깔의 비단 천으로 만든 변형 터번도 사용되었다. 동경하는 머리 색깔은 금발이었다. 그래서 그들은 머리 부분을 도려낸 폭 넓은 모자를 쓰고 머리만 밖으로 낸 채 테라스에 앉아서 참을성 있게 햇볕에 쬐어 금발에 가까운 색깔로 만들었다. 남자들이라면 절대 이해하기 힘든 노력까지 아끼지 않았을 정도였다.

이렇게 해서 생긴 붉은빛을 띤 금색은 '베네치아 금발'이라고 불렸으며, 자연의 금발에 아쉬움을 느끼지 않는 독일 남자들까지 찬미했다. 자연의 금발이 금속적이고 차가운 느낌을 주는 데 반해서 '베네치아 금발'은 부드럽고 관능적인 느낌을 주기 때문인지도 모른다.

화장에 대해서는 너무나도 오늘날과 비슷하기 때문에 쓸 것도 없다. 연대기 작가들이 이 무렵 여자의 화장을 너무 진하다고 쓰고 있는 것을 보면 남자들이야 어떻게 생각하든 상관없이 거울 앞에 앉은 채로 온갖 지혜를 짜내서 화장에 열중하는 베네치아 여자들의 모습이 상상되어 정말로 지금과 다르지 않다고 통감할 뿐이다.

달랐던 것은 유방의 화장에 열심이었다는 것이다. 베네치아 여자의 최대한 열어젖힌 가슴은 유명하다. 지나치게 대담하다고 느껴지면 그것을 엷은 천의 베일이나 레이스로 형식적으로 가릴 뿐이었다. 이런 경향이 근엄한 남자들로부터 비난을 받았다. 그러나 베네치아 여자들은 남자들의 비난 따위는 개의치 않았다.

딱딱하고 근엄한 남자들이 비난하는 것도 무리는 아니었다. 여자들이 창녀의 옷차림을 흉내냈기 때문이다. 베네치아의 창녀는 동성애 예방을 위한 대책으로서 유방을 온통 드러낸 모습으로 사창가의 창가에 서는 것이 허용되고 있었다. 그것은 당연히 남자들의 눈을 끌었기 때문에 귀족 부인들까지 그것을 흉내냈다. 베네치아의 여자는 티치아노나 파올로 베로네세, 틴토레토의 그림에서 볼 수 있는 것처럼 키는 큰 편이 아니지만 살집이 풍부해서 포동포동한 관능적인 몸매를 하고 있었기 때문에 가슴을 넓게 판 옷이 어울렸다. 유방을 밀어올리기 위해 코르셋을 발명한 것도 그녀들이었다. 그 앞가슴에서 풍기는 향수는 그녀들의 멋내기의 극치를 나타내고 있다.

베네치아는 해외무역에 의해서 동서의 주축 역할을 했기 때문에 여자들의 취향에도 그러한 경향이 나타나 있다. 호화스러운 옷감이나 보석, 향수는 비잔틴제국의 영향이고, 얇은 베일이나 터번에서는 비잔틴 대신에 오리엔트의 주인이 된 터키의 영향을 엿볼 수 있다. 금발에 대한 동경은 북유럽과의 교류 결과였을 것이다. 그것에 베네치아 특산인 레이스가 금상첨화 격이 되었고, 심지어는 창녀의 풍속까지 참고로 삼았다.

이것이 17~18세기에 파리 모드가 대두하기 시작할 때까지 이탈리아뿐만 아니라 유럽 전체에 영향을 미쳤다. 말하자면 베네치아 모드였던 것이다. 남자들은 때로는 눈살을 찌푸리고, 때로는 웃으면서 여자들이 열중하는 태도를 허용했던 모양이다. 어찌되었든 베네치아의 여자들은 중요한 섭외활동을 담당하고 있었다.

사누도의 『일지』에는 다음과 같은 기술이 보인다.

1526년 1월 17일 원로원은 '사치단속위원회'가 제출한 의제를 토의하고 있었다. 그것은 여자들의 옷 길이가 너무 길어졌기 때문에 그것을 법으로 규제하자는 것이었다. 베네치아 여자는 키가 그다지 크지 않기 때문에 되도록 옷을 길게 질질 끌어서 조금이라도 키가 크게 보이려고 하는 경향이 강했다. 아마 그것이 너무 확대된 모양이다.

그렇지만 이런 일을 토의하는 것은 아무리 현실정책에는 뛰어난 베네치아 귀족으로서도 쉬운 일이 아니었다. 질질 끄는 길이를 어떤 사람은 반 브라초(90센티미터)가 적당하다고 주장하고, 또 어떤 사람은 4분의 1브라초(45센티미터)가 좋다고 했다. 의원들이 폭소를 터뜨리는 중에 투표가 실시되었다. 다수결로 결정된 길이는 4분의 1브라초 쪽이었다. 집으로 돌아간 의원들은 틀림없이 부인의 뿌루퉁한 얼굴과 대면했을 것이었다. 하지만 여자들을 이런 법률에 굴복하지 않았다. 그녀들은 구두굽을 높게 함으로써 그것에 대항했다.

이처럼 베네치아 여자들은 유럽 유행의 첨단을 걷는 기개와 열의에 가득 차 있었다, 과연 남자들 쪽은 어땠을까? 때는 르네상스 문화의 전성기이고 같은 시기의 피렌체나 로마나 밀라노에서는 다리에 착 달라붙는 타이츠에 비단으로 된 내복, 그것을 가볍게 가리는 짧은 망토 등으로 가지각색의 화려함을 남자들이 겨루는 시대였다. 그러나 베네치아에서는 원수와 젊은이들 외에는 매우 수수한 복장을 바꾸지 않았다. 유행을 따르는 것은 여자와 젊은이뿐이었다. 1497년에 공화국 국회를 참관한 독일인은 다음과 같이 쓰고 있다.

의원들은 모두 키가 크고 당당했으며 복사뼈까지 닿는 검은 토가(고대 로마인들이 입던 헐거운 겉옷-옮긴이)를 입고 있었다.

머리는 작고 검은 테 없는 모자로 덮고, 머리털은 짧고, 수염은 길었다.

여자와 달리 키가 일반적으로 크고 오랫동안의 해상생활로 단단해진 체형의 베네치아 장년 남자들에게 토가는 의외로 잘 어울렸을 것이다. 이것이 베네치아 귀족들의 관복이었다.

다만 관직에 따라서 토가의 색깔은 바뀌었다. 원수가 공식적으로 입는 토가와 큰 망토는 금란으로 만들어지고, 겨울에는 모피 중에서도 가장 비싸며 통칭 왕자의 모피라고 불리는 엘메리노의 작은 망토를 그 위에 걸쳐 입었다. 원수의 옷은 각자의 취향대로 천의 무늬나 단추의 위치는 바뀌었지만, 기본적인 형태는 1473년 이래 300년동안 바뀌지 않았다. 코르노(뿔)라고 통칭되는 모자도 그 이상의 오랜 세월에 걸쳐 베네치아공화국 국가원수의 관으로서 역대 원수에 의해 계승되었다.

원수의 복장이 특별히 호화스러웠던 것은 그가 베네치아공화국의 권력과 부를 상징하기 때문이었다. 이것과 같은 이유로 각국에 나가 있는 대사들도 다른 나라의 동료들에 비해서 한층 화려하게 치장하도록 지시받고 있었다. 당시의 베네치아 대사는 독일의 신성로마제국, 프랑스와 에스파냐 두 왕국의 대사들과 거의 동격의 위치를 누리고 있었기 때문이다.

원수 이외의 유일한 종신직인 산 마르코 대성당 감독관은 권위는 있어도 권력은 없는 무급의 명예직이었고 그들의 관복은 보라색이었다. 한편 권력의 중추에 있는 10인 위원회의 3명의 위원장과 국가감시관, 그리고 귀족은 아니지만 행정 부문의 최고책임자였던 내무장관은 붉은 토가가 제복이었다. 각 정부부처 장관들의 색깔은 붉은빛이 도는 자주색, 원로원 의원은 검은색이었다.

그렇지만 검은 토가가 원로원 의원의 전유물이었던 것은 아니다. 다른 귀족도 입었고 귀족은 아니라도 의사, 변호사, 관료들도 입고 있었으며, 대학 교수와 대상인들도 일하는 장소에서는 검은 토가를 입었다. 여름에는 토가의 안에 호박단을 댄 것을 입고, 추워지면 그것에 모피를 배접해 입고 그 위를 다시 벨트로 졸라맸다. 사용되는 천은 모직물이나 비로드, 또는 단자 등 아주 다양했다. 이탈리아의 다른 나라에서 유행하고 있던 깃털 장식이 붙은 모자나 레이스의 깃 등을 베네치아의 남자들은 거들떠보지도 않았다. 복식면에서 그들은 아주 보수적이었다.

보수적이지 않았던 이들은 공화국 국회의원으로 등록되기 전인 20세 이전의 젊은이들이다. '콤파니아 델라 카르체'를 직역하면 '타이츠 클럽'인데, 그것은 클럽마다 한쪽 다리씩 색깔이 다르거나 같은 다리라도 아래위 색깔을 다르게 한 타이츠를 제복으로 한 데서 붙여진 명칭이다. 젊은이들은 한결같이 머리를 어깨에 닿을 만큼 길게 기르고, 테 없는 검은 모자를 쓰고, 여자의 유행을 흉내내서 흰 비단 블라우스가 군데군데 보이도록 하고, 몸에 착 달라붙는 내복 위에는 흰 비단으로 배접한 주홍색 긴 망토를 한쪽 어깨로부터 멋지게 걸쳐 입었다. 정말로 메디치가의 도련님이나 교황의 조카와 비교해도 손색이 없을 만큼 화려한 젊음의 분류(奔流)였다.

젊은이들이 어떻게 입었든 베네치아공화국에서는 다른 나라와 달리 권력을 가지면 가질수록 수수하게 차려 입는 경향이 있었다.

젊음을 억압당한 미혼 여성들

그렇지만 남자는 물론이고 기혼의 몸이라면 여자에게도, 그리고 젊은이에게도 사회적인 활약의 장을 충분히 주고 있었던 베네치아에서, 집안에 틀어박힌 채 젊음을 억압당하고 있었던 것 미혼의 여성들이었다. 베네치아의 여자는 결혼하지 않으면 여자로서는 무(無)의 존재와 다름없었다.

딸들의 교육은 집에서 했다. 교육이라고 해봤자 대충 읽고 쓰기를 다 배우면 그 다음은 자수나 악기를 연주하는 것 등이며, 교사를 불러서 가르치는 것은 무도(舞蹈)뿐이었다. 무도가 중요시된 것은 우아한 몸놀림을 배우기 위해서이기도 했을 것이다. 집에 따라서는 우수한 가정교사를 고용해서 아들들의 교육을 맡길 때 딸들을 동석시키는 일도 있었지만, 그것은 특수한 사례이지 일반적이라고는 할 수 없었다. 대체로 베네치아의 여자는 교양이 그다지 높지 않았던 듯하다. 교양이 높은 만토바 후작 부인으로서 유명했던 이사벨라 데스테 같은 존재는 역대 원수 부인 중 한 사람도 없다.

베네치아에서 교양이 높은 여자를 찾자면 '코르티잔'이라고 불리는 일종의 고급 기생에게 갈 수밖에 없다. 코르티잔의 본래 의미는 궁정의 여자이다. 이런 이름으로 불릴 정도이니 육체적으로 아름다운 것만으로는 충분하지 않았다. 악기를 훌륭하게 타는 재능은 물론 문학에 대해서도 일가견을 가질 필요가 있었다. 게다가 시도 지을 줄 안다면 제 구실을 하는 코르티잔이라고 할 수 있었다. 요컨대 신사와 교양 있는 대화를 주고받는 것이 그녀들의 첫 번째 일이었다. 두 번째 일에만 집착해서는 코르티잔에게 다닐 자격이 없는 촌스러운 사람으로 취급받았던 것이다.

스스로도 대교양인이었던 메디치가의 로렌초 일 마니피코로 하여금 이탈리아어든 프랑스어든 자유롭게 구사하며 내용이 있는 이야기를 할 수 있는 여자라고 극찬하게 했던 카산드라 페델레를 비롯하여 베로니카 프랑카, 가스파라 스탐파 등 베네치아의 여류시인은 모두 이 우아한 직업의 여자들이었다.

베네치아에서는 이처럼 기혼 여자도 코르티잔도 당당하게 시내를 걸을 수 있었는데, 그것조차 할 수 없었던 것이 미혼 여성들이었다. 그것도 계급이 높으면 높을수록 더욱더 자유롭지 못했다. 어느 시대에도 서민은 의외로 자유로웠다.

귀족의 딸이라면 외출조차 마음대로 할 수 없었다. 그녀들에게 유일한 외출의 기회는 교회에 갈 때뿐이었다. 그 경우에도 하녀가 따라붙고 그래도 밖이 보일까 의심스러울 정도로 두꺼운 흰색 천으로 된 베일로 얼굴을 가리고 다녀야만 했다. 교회 제단 앞에 무릎 꿇었을 때 비로소 얼굴 부분을 가리는 베일을 조금 올리는 것이 허용되었다. 이런 상태이기 때문에 젊은이가 처녀를 사랑하게 되는 것은 교회 안이든가 아니면 자기 집 창가의 커튼 뒤에 조용히 서 있는 처녀를 알아보기라도 했다든가 하는 경우에 한정되었다.

이런 상태라도 사랑은 태어난다. 아니 이런 상태이기 때문에 사랑은 태어나는지도 모른다. 그러나 사랑을 성취하는 것은 여간 어려운 일이 아니었다. 결혼은 집안끼리 하는 것이며 제3자의 중매로 양가 아버지 사이에서 결정되는 것이 보통이었다. 양쪽 부모가 쾌히 찬성했을 경우에는 문제가 없었다. 또 자식이 많아서 딸이 결혼할 때 보낼 지참금에 골치를 앓고 있는 부모의 경우에도 해결은 간

결혼하지 않은 여성의 외출복

'콤파니아 델라 카르체'의 제복
(베네치아 젊은이들의 복장)

하층 창녀들의 복장

머리를 햇볕에 쬐어 금발로
만드는 베네치아 부인

단했다. 사랑하는 젊은이들은 자기 부모를 설득해서 자기들이 속하는 계급에는 어울리지 않는 액수의 지참금이 붙은 여자하고라도 결혼할 수 있도록 노력하기 때문이다. 문제는 딸의 부모가 반대하고 있는 경우였다. 이런 경우에는 동서양을 막론하고 젊은이는 비상수단에 호소한다. 베네치아에서의 비상수단은 두 가지가 있었다.

첫째 방법은 시내에서, 다시 말해 여러 사람들이 보는 앞에서 노리는 여성의 얼굴을 가리고 있는 베일을 벗기고는 그녀를 껴안고 키스를 하는 것이다. 둘째 수단은, 교회 안에서 처녀가 가지고 있는 손수건을 뺏는 일이었다. 셰익스피어의 『오셀로』 속에서 손수건을 잃은 데스데모나를 오셀로가 심하게 추궁하는 장면이 있다. 그 장면을 보면서 그까짓 손수건 하나를 가지고 뭘 그러느냐고 생각한다면 잘못이다.

베네치아의 귀족 여자들이 가지고 있던 손수건은 정교한 레이스가 폭 넓게 테두리를 둘러싼 아름다운 예술품이며, 그 한쪽 끝에 머리글자가 자수되어 있곤 했다. 향수 냄새를 풍기는 그것은 직접 살갗에 붙이는 것과 같다고 생각되었다. 잃어버리거나 다른 남자의 손으로 넘어간다든가 하면 마음을 허락한 증거라 하여 큰 문제가 되는 것이었다.

이런 비상수단은 역시 법에 저촉되는 행위이기 때문에 하는 쪽은 상당한 각오를 해야 했다. 1489년에 사랑하는 젊은이와 그에게 가세한 친구들이 교회 안에서 처녀로부터 손수건을 뺏은 사건이 있었다. 이때 6명의 젊은이들은 전원이 명문가나 유력자의 아들들이었지만, 2개월의 형무소 생활을 견뎌야만 했다. 1530년에 일어난 비슷한 사건 때에도 당사자인 두 젊은이에게는 4년의 국외추방형이 언도되었다. 손수건을 뺏는 것은 간단해도 그 후가 큰일이었다.

어떤 경과를 거치든 간에 결혼할 수 있었던 여성은 행복했다. 결혼할 수 없었던 여자가 갈 곳은 당시에는 수녀원밖에 없었다. 물론 신에게 일생을 바칠 작정으로 성직에 들어가는 처녀도 많았지만, 지참금을 절약하기 위해 어쩔 수 없이 희생된 여자의 수도 무시할 수 없는 부분을 차지하고 있었다. 얼마간의 기부금과 함께 울면서 수녀원으로 보내졌던 것이다.

베네치아뿐만 아니라 유럽 각지에서 일어나서, 풍기문란이라고 사람들의 눈살을 찌푸리게 한 수녀원 내의 추문은 이처럼 스스로의 의사와 상관없이 수녀가 된 처녀들의 반항이기도 했다. 계모와 사이가 나빠 수녀로 보내질 것 같다는 것을 알고 애인을 따라 가출하여 피렌체로 달아났다가, 거기서 대공의 사랑을 받아 그 애인이 되고 대공 부인이 죽은 후에 후처로 들어앉은 비앙카 카펠로의 예는, 그녀의 아름다움과 과격한 성격 때문이기도 하겠지만 완전히 특수한 경우였다.

많은 여자들이 수녀원으로 보내진 처음에는 머리가 잘리는 것을 완강하게 거부해도, 수녀원의 높은 돌담 밖으로 한 발짝도 나오지 못하고 일생을 마치는 것이 그들의 운명이었다.

귀족계급에 속하는 남자들은 베네치아공화국 시민의 딸이면 무라노 유리 직공의 딸이건 국영 조선소 직공의 딸이건, 누구하고든지 결혼할 수가 있었다. 귀족의 피는 아버지 쪽의 핏줄만 문제가 되었기 때문이다. 정식 결혼에서 태어난 남자라면 그 어머니가 평민 출신이라도 20세에 달하면 형사문제라도 일으키지 않는 한 자동적으로 공화국 국회의 의석을 가질 수 있었다. 다시 말해 베네치아의 귀족이 될 수 있었던 것이다. 원수 중에도 평민의 딸과 결혼한 사람이 여럿 있었다.

귀족 출신의 여성도 귀족하고만 결혼하도록 정해져 있었던 것은 아니다. 그러나 현실적인 문제로 여자가 자기보다 계급이 낮은 남자에게 시집가는 것은 어려웠다. 그 때문에 결혼의 문은 더욱 좁아졌다. 문화가 무르익는 15~16세기를 고비로 결혼할 수 있었던 여자들의 생활이 더욱 화려해지는 데 정비례해서, 수녀원 내의 추문도 늘어났다. 게다가 교황까지 자식을 낳고 이들 교황이나 추기경들의 조카와 질녀가 로마에서 화려한 생활을 즐기고 있었던 시대였다. 그러나 1551년 만천하에 드러난 사실은, 엄격한 그리스도교 신자라고는 결코 할 수 없었던 많은 베네치아인들까지도 아연하게 만들기에 충분한 스캔들이었다.

주데카섬에 몇 개나 있는 수녀원 중 하나는 400명의 수녀를 거느리고 있었고, 특히 상류계급의 딸들이 들어가는 수녀원으로서 유명하며 또 유복하기도 했다. 그 수녀원에 언제쯤부터인 한 사제가 매일처럼 드나들게 되었다. 수녀들의 참회를 듣기 위한 사제였다. 수녀들의 참회를 듣는 일은 남자 사제가 아니면 안 되었기 때문에, 수녀원에 남자 사제가 드나들어도 그런 임무를 가지고 있는 사제라면 아무도 책망하지 않았다.

수녀원 내의 추문을 싫어한 베네치아 정부는 젊고 미남인 사제는 그 임무를 맡지 못한다고 법으로 정해둘 만큼 눈을 번득이고 있었다. 그러나 주데카의 수녀원에 다니기 시작한 사제는 젊지도 않고 미남도 아니었기 때문에 풍기담당위원회도 주의를 기울이지 않앉다.

 사제는 참회를 하러 오는 수녀들의 마음과 육체를 조금씩 어지럽게 만드는 데 성공했던 모양이다. 처음 몇몇이 뜻대로 되면 여자만의 집단에서 그 다음은 간단했다. 여자들은 앞을 다투어 먼저 몸을 내던지게 마련이다. 이렇게 해서 성스러운 처녀여야 할 수녀들은 수녀원장까지도 포함해서 남자의 뜻대로 움직이는 보통 여자가 되고 말았다.

 수녀들은 그때까지는 시간 낭비일 뿐이었던 레이스 뜨기나 자수를 기꺼이 하고 있었다. 그것들을 판 돈으로 식탁을 보다 호화스럽게 차리면 남자가 만족하기 때문이었다. 비싼 키프로스산 포도주가 매일 저녁 식탁에 바쳐지고 꿩고기와 굴과 새우도 아낌없이 접시에 올랐다.

 수녀들은 사제에게 노예처럼 봉사했다. 아니, 노예라면 명령된 일을 할 뿐이지만 그녀들은 앞다투어 봉사에 힘썼기 때문에 노예 이상이었다. 수녀에게 알몸이 되라고 하면 그 수녀는 자랑스럽게 스스로 수녀복을 벗었다. 그것을 보고 있던 다른 수녀까지 명령받지도 않았는데 차례차례로 나체가 되었다. 그대로 춤을 추라고 하면 누구나 취한 것처럼 춤을 추기 시작했다. 개중에는 저항하는 수녀가 있었지만 사제는 그 수녀를 알몸으로 만들어서 붙잡아 매고 고행에 사용하는 밧줄 채찍으로 때려눕혔다.

 얼마 후에 이 수녀원에는 사제 한 사람만이 아니라 몇몇 남자들도 드나들게 되었다. 사제가 안내한 남자들이었다. 수녀원 내부의 광란은 더욱더 심해졌다. 임신한 수녀가 있으면 사제의 지도로 낙태를 시키고 죽은 아기는 수녀원의 마당 안쪽에 묻었다. 이런 상태를 참고 견딜 수 없게 된 몇몇 수녀가 수녀원을 탈출하여 부모 곁으로 도망쳐 돌아갔다.

그러나 누구 하나 고소하고 나서지 않았다. 또 수녀들은 외부 사람에 대해서는 아주 신중하게 행동했다. 자주 수녀원을 방문하는 가족·친척들도 수녀원의 이상을 알아차리지 못했다. 이렇게 해서 19년간이라는 오랜 기간 동안 수녀들의 즐거움은 계속되었다.

어떻게 해서 그것을 경찰이 알아차리게 되었는지는 재판 기록에서도 분명치 않다. 밀고를 받은 경찰이 조사에 나서서 알게 되었는지, 드나들고 있던 남자들 누군가의 입에서 비밀이 샜는지 알 수 없다. 어쨌든 간에 드러난 내막은 정부가 긴급회의를 소집할 정도로 충격적인 것이었다.

즉시 사제는 체포되고 수녀원장과 수녀들도 감옥으로 연행되어 엄중한 조사를 받았다. 재판 결과 사제에게는 교수형 후에 다시 화형에 처하는 형벌이 결정되었다. 산 마르코 소광장 두 개의 기둥 사이에서 처형당한 사제는 끝까지 수녀원장의 억울함을 외치고 죽었다. 고귀한 가문의 출신이었던 수녀원장은 나머지 생애를 감옥 속에서 지내게 되었다.

수녀들은 베네치아에서 격리되어 본토에 있는 수녀원으로 여기저기 한 사람씩 갈라져서 일생을 마쳤다. 그 후 베네치아 경찰의 감시의 눈이 한층 엄격해진 것도 당연한 일이었다. 그렇지만 수녀원 내의 추문은 훨씬 적어지기는 했다 하더라도 근절된 것은 아니었으리라.

아들 교육

딸들에 비해 아들들의 생활은 어릴 때부터 가정 밖에서 하는 것이 더 많았다. 그들은 5세까지는 어머니 곁에서 자랐다. 이 기간은 남녀의 구별도 없이 노는 시기였을 것이다. 그러나 5세를 지날 무렵부터 아버지나 가정교사에 의해 기초적인 교육을 받게 된다. 가정에 따라서는 이 무렵에도 아직 남녀가 함께 지냈다.

7세에 달하면 남자는 학교에 다니기 시작한다. 읽고 쓰기와 산술을 배우기 위해서다. 베네치아에서는 13세기 중반에 이미 아라비아 숫자를 써서 산술을 가르쳤다. 머지않아 해외무역에 종사하게 될 자제를 교육하는 것이기 때문에 문법과 함께 산술은 당연히 필수과목이었다.

14세까지 다니는, 오늘날로 말하자면 초등학교와 중학교에 해당되는 학교는 사립학교였다. 귀족이나 대상인의 원조에 의해서 운영되고 있던 이 사숙은 누구든지 원하면 입학할 수 있는 구조로 되어 있었다. 수업료가 얼마였는지는 사료가 없어서 알 수 없다. 학생들이 쓰는 노트에는 종이가 아니라 납을 먹인 판자가 사용되었다. 종이는 당시로는 너무 비쌌기 때문이다.

레오나르도 다 빈치의 데생도 우리들은 확대된 미술 서적에서 보기 때문에 깨닫지 못하지만, 실제의 현물은 조그만 지면에 정밀하게 그려지고 그 틈새에 작은 문자가 가득 찬 것이다. 종이가 얼마나 비쌌는지를 그것으로도 상상할 수 있다.

14세까지가 오늘날의 의무교육 기간에 해당되었다. 문법과 산술 외에 수사학, 기하학, 천문학에서부터 라틴어까지 배우는 것이기 때문에 수준은 상당히 높았다. 베네치아의 학교는 계급에 따른 차이 없이, 귀족의 자제도 평민의 자제와 함께 활기차게 생활했다는 점이 대단하다. 당시를 산 한 사람은 다음과 같은 글을 써 남기고 있다.

교사가 교실 밖으로 나간 순간 큰 소동이 일어났다. 학급의 우등생에게 이때라는 식으로 주먹이 날아왔다. 책상과 책상 사이에서 뜀박질이 시작되었다. 숨어서 밤을 먹기 시작하는 학생도 있었다. 납판은 금세 게임 그림으로 가득 찼다. 전에 써두었던 베르길리우스나 키케로의 문장은 그것으로 사라져버렸다. 종이 쪽지로 작은 배를 만들기도 했다. 그런가 하면 파리를 잡아서 작은 상자에 채워넣기도 했다. 밖에 나가 있던 학생은 닭을 안고 와서 교실 안에서 울게 했다. 숨겨 가지고 있던 납알을 이때다 하고 서로 던졌다. 이것도 집에서 가지고 온 것인지 입술연지로 얼굴 전체를 마구 칠하는 학생도 있었다. 맞붙어 싸우고 있다가 상대의 다리를 깨물기도 했다.

교사가 있을 때라도 학생들은 좀처럼 얌전하지 않았다. 한 시간마다 변소에 가고 싶다고 말해서 교사의 인내심을 시험해본다든가, 교사의 의자 한복판에 무화과 잎사귀를 붙여놓는다든가 했다. 교사가 교실에 들어올 때를 노려 문 뒤에 숨었다가 들어온 순간 막대로 때렸다. 아리오스토를 읽으라고 하면 일부러 오비디우스를 암송했다.

수업이 끝나고 교실을 나갈 때의 학생들은 마치 해방된 악마의 무리와 같았다. 항구의 하역부처럼 말다툼을 하고 생각할 수 있는 한의 광태를 부린 끝에 겨우 집으로 돌아가는 것이었다······.

14세를 경계로 학생들은 각자의 방향으로 갈라져 나가기 시작한다. 아버지의 직업에 따라서 갈라지는 것이 보통으로 실용적인 교육이 시작되는 것이다. 대사나 영사를 아버지로 두고 있는 소년은 아버지의 부임지로 동행했다. 아버지가 상인이라면 마르코 폴로가 그랬듯이 아버지의 상업여행에 동행했다. 조선공이나 유리 직공의 아들이면, 아버지의 공방에서 조수로서 일하기 시작했다. 이 두 직업은 베네치아에서 사회적 지위가 높은 직업이었다.

또 특별한 기회를 얻지 못한 귀족의 자제도 해외로 나가는 상선의 석궁수로서 배를 타고, 항해술과 상업기술을 함께 보고 배우는 제도를 활용할 수 있었다. 앞에서 쓴 것처럼 베네치아의 상선은 선장에서부터 노 젓는 사람에 이르기까지 각자 그 지위에 상응하는 상품을 휴대할 수 있는 권리를 가지고 있었기 때문에, 그것을 목적지에서 팔고 그 대금으로 다른 상품을 구입해서 베네치아로 귀항했을 때 팔아치우는 방법으로 그들은 상업기술을 배울 수 있었다.

베네치아공화국의 젊은이들에게는 해외로 나가는 것이 결코 특별한 일이 아니었다. 그것은 외교나 항해술이나 장사하는 방법을 현장에서 배우는 동시에, 그들에게 여러 외국의 정세를 냉정하게 관찰, 분석하고 종합하는 능력을 배우게 하는 효과가 있었다. 중세, 르네상스기를 통해서 기술적으로 최고라고 칭찬받은 베네치아 외교의 일꾼들은 이러한 현장교육에 의해서 길러졌다.

어제까지 장사를 하고 있던 상인을 대사로 임명한다든가 함대의 제독으로 앉힌다든가, 또 정부의 중요한 부서를 맡게 해도 바로 다음날부터 쓸모가 있었던 것도 전적으로 이런 베네치아식 교육의 덕택이라고 할 수밖에 없다.

그렇지만 이런 실제 교육에 들어가지 않는 젊은이도 있었다. 전문학교와 대학에 진학하는 학생들이었다. 전문학교란 베네치아공화국의 국립교육기관으로 관리 양성을 목적으로 하고 있었다. 제5장에서도 말했듯이 베네치아공화국에서 정치는 귀족이 담당하고 있었지만, 행정을 담당하는 것은 시민이라고 불리는 계급이었다. 내무장관을 필두로 각 정부부처나 각 위원회에는 비서관이라는 이름으로 서기를 포함해서 각종 사무관이 포진하고 있었다. 이들을 일괄해서 관료라고 불렀는데, 다시 말해 이들은 국가공무원이었다. 정치를 담당하는 귀족이 특별한 임무가 아니라면 무급으로 일한 데 반해, 이 직업은 급료가 보장되고 종신고용제이기도 해서 베네치아에서는 가장 안정된 직업이었다. 그런 만큼 세습이 많았지만 교육 또한 엄격했다.

외국으로부터 고임금으로 초빙된 교수 밑에서 아침 4시간, 오후 4시간, 그리고 때로는 특별수업도 하는 등 배움의 과정은 대단했다. 수업료는 무료였다. 라틴어와 그리스어를 철저하게 가르쳤다. 아무튼 당시의 세계 공통어는 라틴어였기 때문에 공화국 국회나 원로원, 각종 위원회의 기록은 라틴어로 남겨졌다. 베네치아 방언인 이탈리아어로 하는 토의를 속기하고 그것을 재빠르게 라틴어로 번역해서 기록에 남기는 것이었다. 라틴어를 자유자재로 구사할 수 있지 않고서는 아무 쓸모가 없었다. 또 외국에 보내는 공문서도 라틴어로 썼다. 그밖에 그리스어·아랍어·터키어·프랑스어·독일어·에스파냐어·영어 등 무역입국 베네치아가 관계를 가져야만 하는 나라들의 언어에도 정통한 사람들이 필요했다. 언어뿐만 아니라 그 나라의 사정에 밝을 것도 요구되었다.

외국에 파견된 베네치아 사절단에 귀족 이외에 평민이 한 사람 동행하고 있다고 적은 외국인의 보고가 있지만, 그것은 이런 사람들이었다.

16세기 중반에 여러 사람들의 여행기를 모아서 책으로 만든 라무시오라는 인물이 있다. 그는 관료 계급이었다. 베네치아뿐만 아니라 유럽 전역에 알려져 있던 알도 마누치오라는 출판업자와 관계를 가진 '필자'들의 대부분은, 라무시오와 같은 이들 관료들이었다. 평균적으로는 귀족보다 관료 쪽이 교양면에서 더 뛰어났던 것이 아닐까 생각된다.

학문에 대한 정열을 누구든지 키울 수가 있고 그 결과를 살리는 기회도 누구에게나 열려 있었던 사회에서는, 대학 진학도 명확한 목적을 가질 수가 있었다. 중세의 대학은 법학과 신학과 의학을 배우는 곳이었기 때문에 변호사·성직자·의사가 되려고 하는 사람만이 진학했다. 이 세 직종 모두 대학 졸업의 자격을 반드시 필요로 했던 것은 아니었지만, 실제 문제로서 대단히 유리한 조건이 되기는 했다.

15세기 초까지 베네치아에는 대학이 없었다. 대학에 진학하고 싶은 젊은이는 본토의 파도바에 있는 대학에 유학했다. 그것이 14세기부터 15세기에 걸쳐서 본토의 베로나와 트레비소가 베네치아령이 되었을 때, 파도바도 마찬가지로 공화국의 영역 내로 들어왔다. 베네치아 정부는 세계에서 가장 오래된 볼로냐 대학과 함께 유명했던 파도바 대학을 자기 나라 안의 최고학부로서 후원하기로 결정했다. 대학은 종교적이든 세속적이든 모든 권력기구로부터 자유로워야 한다고 하여, 우수한 교수들이 각국으로부터 초빙되었다. 종교계로부터 주목을 받고 있던 갈릴레오 갈릴레이가 초빙된 것도 한 예에 지나지 않았다.

우수한 교수 밑에는 우수한 학생이 모였다. 그것도 베네치아 영내뿐만 아니라 이탈리아의 다른 지방, 독일, 프랑스, 영국, 스웨덴, 폴란드 등 외국인 유학생의 수도 많았다.

베네치아 정부의 요직을 전부 이들 '대학 졸업자'가 차지하게 되었느냐 하면 그렇지도 않았다. 1343년에 원수로 선출된 안드레아 단돌로가 대학 출신의 첫 원수라 하여 이름이 났지만, 그 후에도 대학 출신의 원수는 여전히 소수파였다. 원수가 이런 상황이니 다른 귀족도 역시 학력에서는 비슷한 상태였을 것이다. 이러한 경향은 실용적인 교육을 중시한 베네치아인의 사고방식이 반영된 것일지도 모른다.

베네치아의 기사도 정신

이탈리아 르네상스의 큼직한 두 송이 꽃인 피렌체와 베네치아를 찾은 사람들은 피렌체가 아르노 강가에 만들어지고, 베네치아가 바다 위에 구축되어 있다는 큰 차이는 우선 젖혀놓고라도, 두 도시가 주는 인상이 매우 다른 것을 보고 많은 생각을 하게 된다. 건축사와 미술사에 상세한 지식을 가지고 있는 사람이 아니더라도 너무나도 명백한 이 차이를 눈으로 볼 수 있기 때문이다.

같은 목적으로 만들어진 두 도시의 건물만 비교해보아도 베네치아풍과 피렌체풍의 차이를 한눈에 알 수 있다. 베네치아의 팔라초 두칼레와 피렌체의 팔라초 베키오는 함께 공화국의 청사로서 거의 같은 시대에 만들어진 건물이다. 내부에는 원수의 관저, 각종 관청, 국회 의사당, 재판소에 감옥까지 있었다. 피렌체의 경우는 재판소와 감옥은 조금 떨어진 바르젤로 궁에 있었지만, 공화국의 중추가 팔라초 베키오에 전부 들어 있었다고 해도 틀리지는 않을 것이다.

그런데도 어쩌면 이렇게 다를까. 피렌체의 청사는 마치 요새와 같다. 1층의 창문은 높은 곳에 있으며, 그것도 크기가 작고 철책으로 덮여 있어 접근하는 사람을 험상궂게 거절하는 것 같은 인상을 준다. 최상부에는 요새 특유의 흉벽(胸壁)까지 있었다. 그곳에서 도려낸 구멍으로부터 아래를 향해 뜨거운 기름을 흘린다든가 화살을 쏜다든가 하는 중세의 전법으로 맞서면 벽에 매달리는 것조차 불가능했을 것이다. 그렇기에 경미면에서 대비가 잘 된 구조라 할 수 있었다.

아름답지 않다고 말하고 있는 것은 아니다. 엄중하지만 그 나름대로의 아름다움으로 가득 차 있었다. 그러나 국내에서 정쟁이 끊이지 않았던 피렌체에서는 아름다움만을 생각하고 설계할 수 있었던 건물은 교회뿐이었다. 청사뿐만 아니라 구시가에 흩어져 있는 메디치가를 비롯한 유력자들의 저택은 참으로 아름답지만, 모두 요새로서의 목적도 염두에 넣고 만들어져 있다. 피렌체는 국외의 적으로부터 지키기 전에 우선 국내의 적으로부터 몸을 지킬 필요가 있었던 것이다.

한편 베네치아의 팔라초 두칼레는 어떨까. 피렌체의 청사가 돌의 표면을 그대로 드러낸 구조인 데 비해 베네치아의 청사는 석벽을 장밋빛과 흰 대리석판으로 덮고 있다는 차이는 일단 젖혀놓는다 하더라도 만드는 방법 그 자체가 완전히 다르다.

베네치아의 원수 관저의 1층은 회랑으로 되어 있다. 지금은 그림 엽서를 파는 가게가 나란히 있지만 전에는 법무사가 가게를 열고 있었다. 시민들의 휴식에도 도움이 되도록 돌 벤치가 벽가에 나란히 놓여 있었다. 휴식에 도움이 되도록 한다는 정부의 배려를 극단적으로 확대 해석한 사람도 있어서 노름판을 벌여 정부 관계자들의 고민이 되었던 일까지 있다.

2층도 단단히 잠긴 창문이 나란히 있는 구조가 아니다. 이쪽도 회랑이 나란히 있기 때문에 완전히 안이 들여다보였다. 파꽃과 같은 모양의 베네치아 고딕식 아치의 연속은 정교한 레이스를 생각하게 한다. 최상부에도 흉벽 따위는 없다. 메를레토(레이스)라고 불리는, 아마도 아라비아의 영향을 받은 것으로 생각되는 장식이 붙어 있을 뿐이다. 이것은 완전히 장식 이외의 용도는 없으며, 그 사이로부터 펄펄 끓는 기름을 흘려봤자 2층이나 1층의 아치의 연속에서 분산되고 말아 효과는 전혀 없었을 것이다.

베네치아의 청사는 방어를 목적으로 만들어지지 않았다. 자기 나라 국민으로부터 방어할 필요가 없었던 베네치아의 행운을 팔라초 두칼레가 상징하고 있는 것이다. 도둑이라면 들어가기 쉬웠을 것이라는 생각은 든다.

정치권력의 중추를 수용하는 건물조차 이처럼 개방적으로 만들 수 있을 정도였으니까 베네치아에서는 지배계급에 속하는 사람들이 사는 저택도 아름다움과 쾌적함만을 목적으로 만들어졌다. 대운

하의 양안에 늘어선 그들의 저택은 그것을 잘 나타내고 있다. 가느다란 아치형의 창문이 나란히 있는 가장 오래된 양식의 것에서부터 파꽃형의 창문, 그리고 르네상스풍의 것까지 그 양식은 시대에 따라 변화해도 개방적이고 우아한 아름다움은 변하지 않았다. 운하에 면하고 있다는 안심만으로 이 현상을 전부 설명할 수는 없다. 소로에 면한 부분에서도 요새를 생각하게 하는 구조는 전혀 볼 수 없기 때문이다. 저택 내부로 들어가도 차이는 명백하다. 천장에서 드리워진 램프는 피렌체에서는 검은 철제 촛대에 양초가 나란히 서 있는 구조이지만, 베네치아의 램프는 베네치아 특산인 유리로 되어 있고 옅은 색깔을 몇 가지나 쓴, 이를테면 유리로 만든 꽃다발이다. 이것에 나란히 세워진 촛불은 단순히 불에 의한 빛만을 비추는 것이 아니다. 옅은 색깔의 유리 꽃다발에 반사된 후에 그 몇 가지나 되는 색깔의 빛을 주위에 흩뿌리고 있는 것이다.

마루도 역시 피렌체에서 사용된 벽돌에 기름을 스며들게 한 것이 아니다. 융단을 깔기가 아까운 가지각색의 오리엔트산 대리석으로 되어 있다. 창문의 수도 많기 때문에 햇빛도 충분히 들어와서 밝고 건강한 분위기였을 것이다. 게다가 역시 베네치아 특산인 거울이 여기저기 장식되어, 실내를 보다 밝고 넓게 보이는 역할을 하고 있었다.

중정(中庭)에 대한 집착도 베네치아인 쪽이 더 강했다. 조금 걸어서 성벽 밖으로 나가면 푸른 숲을 볼 수 있었던 피렌체인은 중정을 건축적으로는 아름다운 회랑으로 둘러쌌지만 바닥은 썰렁하게 돌

(위) 베네치아의 팔라초 두칼레 (아래) 피렌체의 팔라초 베키오

을 깔아두는 것에 그쳤다. 그렇지만 물 위에 떠 있는 베네치아인은 그리 쉽게 푸른 숲에 둘러싸이는 행운을 갖지 못했다. 그래서 조그만 장소라도 그곳에 나무와 화초를 심고 조그만 돌의 조각 등도 배치해서 정원을 만드는 데 열심이었다. 이렇게 하면 집안의 어느 방에서도 푸른 숲을 느낄 수 있었다. 상공에서 보면 피렌체의 구시가는 푸른 숲이 아주 적다. 그러나 베네치아는 바다 위에 떠 있는 도시인데도 용케도 이렇게까지 녹지를 조성했구나 하고 감탄할 정도로 푸른 숲이 띄엄띄엄 흩어져 있는 것이다.

오늘날에도 베네치아는 우아한 도시다. 그러나 약육강식의 시대였던 400년 전에는 다른 도시가 그렇지 못했던 만큼, 베네치아가 주는 우아하고 편안한 인상은 외국인들에게는 특별히 귀중한 것이었다. 그들은 베네치아를 '매혹의 섬'이라고 불렀다. 오리엔트에서 온 여행자는 베네치아의 거리에서 자기 나라의 영향을 발견하고 친근감을 품었을 것이다. 그러나 또한 그것이 서유럽적인 것과 혼연일체가 되어 있는 것을 보고 이국적이라고 느꼈음에 틀림없다.

베네치아를 방문해서 이국정서를 맛보는 것은 서유럽에서 온 사람들 쪽이 더 강했다. 가지각색의 터번을 감은 아라비아나 터키의 상인들이 마치 자기 나라이기라도 한 것처럼 자연스러운 태도로 상담에 여념이 없었다. 그 옆의 운하를 흑인 노예가 곤돌라를 조종해서 지나간다. 옷감이나 보석 상점에 넘치듯 진열된 오리엔트풍의 화려한 물건들. 상업의 중심인 리알토 다리 일대를 걸으면 이쪽저쪽에서 들려오는 아랍어, 터키어, 그리스어의 희한한 발음들. 가느다란 원기둥이 늘어선 경묘하고 섬세한 집들의 창문, 그리고 달콤하고 관능적인 베네치아의 여자들.

그렇지만 베네치아의 여자들이 몇 세기 동안이나 변하지 않고 달콤하고 관능적으로 있을 수 있었던 것은, 그녀들이 스스로 발명한 하나의 제도 덕택이기도 했다. 이것은 18세기에 희극작가 카를로 골도니의 작품에 의해서 유럽 전체에 유명해진 제도인데 베네치아에서는 18세기의 것만큼 완성된 형태는 아니더라도 분명히 존재했다. '카발리에레 세르벤테', 직역한다면 여자에게 봉사하는 기사라고 불렸던 제도가 그것이다.

여자라면 누구든지 능력 있는 남자를 남편으로 갖고 싶게 마련이다. 그러나 능력 있는 남자에게는 시간이 없다는 것도 역시 동서고금을 통해 한 번의 예외도 찾아볼 수 없는 현실이다. 그래서 여자는 능력 있는 남자와 결혼한 행복을 만끽한 후 곧 집을 비우는 일이 많은 남편에게서 충족되지 못하는 마음을 품게 된다.

여기서 단념하고 집에 틀어박혀 가사나 육아에 전념하는 여자도 있다. 그렇지만 이처럼 집에서 가만히 남편이 돌아오기를 기다리는 여자는 훌륭한 주부이며 어머니일지도 모르지만, 여자로서는 지나치게 남편을 마음 놓게 하는 존재가 될 위험이 있다. 능력 있는 남자가 시시한 여자를 아내로 삼고 있는 예는 일일이 셀 수가 없을 만큼 많지 않은가.

그럼, 그건 곤란하다고 어디를 가든 아내와 동행을 한다면 어떨까. 그러나 그렇게 함으로써 생기는 폐해는 돌이킬 수 없을 지도 모른다. 왜냐하면 여자란 남편의 일에 얼마나 정통하고 있느냐 하는 것을 자랑으로 삼는 경향이 있어서, 그것을 나팔을 불고 싶은 유혹에 이기지 못한다.

베네치아의 귀족의 일은 정치와 통상이었다. 이 두 가지는 모두 서로 비밀을 지킨다는 전제가 없으면 성립되지 않는다. 그런데도 수다스러운 아내를 동행한다면 남자 쪽의 신용에 문제가 될 것이다.

하지만 아내를 내버려두는 데 따르는 폐해도 무시할 수 없다. 여기서 인간의 본성에 대한 날카롭고 깊은 통찰력의 소유자임을 늘 보여온 베네치아의 남자들은 이 경우에도 여자들에게 남자가 없더라도 계속 여자답게 하라는 식의 불가능한 기대를 아예 걸지 않는다. 그 대신 '봉사하는 기사' 제도를 당당하게 공인해주었던 것이다. 남자들의 공인도 없이 그만큼 광범하게 이 풍속이 존속할 수 있었을 리가 없다.

베네치아의 기록은 '봉사하는 기사'의 임무를 다음과 같이 전하고 있다. 물론 이것은 완성된 형인 18세기의 모습이다.

아침에 부인이 깰 때쯤 되어서 부인의 방을 방문한다. 그리고 오늘은 어떤 옷을 입느냐, 보석은 어느 것으로 하느냐 등에 대해 다정하게 조언을 하면서 부인의 몸차림에 입회한다. 부인이 교회 미사에 가고 싶다면 따라가고, 산책을 할 때는 다정하게 에스코트한다. 쇼핑에도 동행하여 남자만이 할 수 있는 조언을 하여 부인의 결단을 돕는다. 식사에도 종종 동석하고 살롱에서의 대화에는 생기있게 응대한다. 트럼프나 체스의 상대도 되어주고 무도회에 갈 때는 따라가고 극장에도 동행하며, 밤에 부인이 침실로 들어가는 것을 기다렸다가 퇴거한다.

요컨대 '봉사하는 기사'는 부인을 생각할 수 있는 최대한의 헤아림과 배려로 감싸야 했다. 그리고 남편이 해야 하지만 하지 못하는 모든 배려로 부인을 대할 필요가 있었다. 가정 내의 자질구레한 걱정거리도 다정하게 들어주고 격려한다. 때로는 조언을 하고 때로는 뭔가 즐거운 이야기를 해서 부인이 시름을 잊도록 힘쓴다. 그리 안이하게 할 수 있는 일이 아닌 것이다.

이것은 정말 이상적인 제도이지 않은가. 이탈리아의 다른 지방에서는 바쁜 남편을 가진 여자는 사제에게 참회하고 기도를 열 번 올리라는 말을 듣거나, 여자끼리의 수다로 넋두리를 하는 것밖에 쌓인 불만을 해소할 수 있는 방법이 없었다. 사교생활을 많이 할 수 있는 여자들에게 이만큼 여자 마음의 미묘한 데를 찌르는 배려를 매일 받는다는 것은 여왕이라 하더라도 꿈이었을 것이다. 그것을 베네치아에서는 몇천 명이나 되는 여자들이 누리고 있었던 것이다.

남편들로서도 편리한 제도였음에 틀림없다. 안심하고 아내를 내버려둘 수가 있는데다가 이들 기사들에게 급료를 지불할 필요도 없었기 때문이다. 그리고 기사 역할을 맡는 젊은 귀족들에게도 단순한 무료봉사는 아니었다. 이렇게 매일 여자와 아주 가깝게 접하면 흔히 젊은이가 이성에 대해서 품기 쉬운 쓸데없는 환상에서 일찌감치 면역이 될 수 있었음에 틀림없기 때문이다.

베네치아를 방문한 프랑스의 여행자는 이 제도에 놀라고, 봉사를 맡는 기사는 사실상 남편보다 열 배나 더 부인과 결혼하고 있는 셈이 된다고 말했지만, 그런 다음에 과연 프랑스인다운 의문을 덧붙이는 것을 잊지 않았다. 정말로 기사는 부인을 침실로 보내기만 하고 돌아가는 것일까 하는 의문 말이다.

물론 기사와 남편의 경계가 분명하지 않은 경우도 많았을 것이다. 그것에 의해서 생긴 희극도 끊이지 않았음에 틀림없다. 그렇지만 이런 걱정은 여자의 마음을 모르는 사람이 하는 짓이다. 이런 경우 여자에게서 육체를 함께하느냐 하지 않느냐 하는 것은 별 문제가 되지 않는다. 여자를 생기 넘치고 아름답게 하는 것은 가끔 있는 육체 관계가 아니라, 끊임없이 주어지는 남자들의 찬미와 섬세한 배려에 고양되는 바가 더 큰 법이다.

중세 프랑스의 기사도 정신은 신과 귀부인에게 무상의 사랑을 바친 것으로 유명했다. 그러나 먼 데서부터 사랑을 바치는 것이 실제로 여자에게는 얼마만큼 도움이 될까. 한편 르네상스 시대의 베네치아의 기사도 정신은 여자를 행복하게 만들었을 뿐만 아니라, 남편까지 행복하게 만들고 그 위에 젊은이의 인생교육에도 도움이 되었다. 프랑스의 기사만이 유명한 것은 너무나 불공평하다고, 여자인 나로서는 생각하지 않을 수가 없다.

그러나 상당히 멋있는 이 제도는 희극의 테마가 되어서 비웃음을 사든가, 남녀간 윤리의 퇴폐현상으로서 규탄당하든가 할 때 외에는 주목받지 않았다. 그렇지만 희극은 종종 대상을 과장하는 법이다. 그리고 시대는 프랑스의 유행을 따라 남자까지도 가발을 쓰고 화장을 하며 검은 가짜 점을 붙이던 18세기였다.

당시의 '봉사하는 기사'들이 전부 희극작가가 그린 것 같은 우스꽝스러운 존재였다고 할 수는 없다. 만약 그렇다면 수년 전의 우리들은 모두가 히피족이어야만 한다는 말이 아닌가. 18세기의 베네치아 남자들은 대부분 가발은 썼지만, 화장은 하지 않았고 검은 가짜 점 따위도 붙이지 않았다.

피렌체파의 화가가 그린 그림 앞에 서면 원근법이나 해부학의 지식, 그밖에 여러 가지 것도 보지 않으면 안 된다는 기분이 든다. 그러나 베네치아파의 그림 앞에서는 어려운 것은 일체 잊어버리고 그림을 본다는 쾌감만을 맛보면 충분하다는 기분이 든다. 베네치아의 여자도 베네치아의 그림과 비슷하다. 그녀들은 머리에서 발끝까지 여자였다.

  이후로는 베네치아의 여성들에 대해 언급하는 일은 없을 것이다. 그녀들은 공화국의 역사를 통해서 전혀 변하지 않았으니 말이다. 도시국가의 시대가 끝나고 프랑스, 에스파냐, 영국, 터키, 독일의 신성로마제국 등으로 대국 병립의 시대를 맞아, 도시국가 베네치아공화국을 지키려고 고투하는 남자들과는 관계없이 그녀들은 여전히 아름답고 관능적이었다. 그러나 베네치아의 남자들로서는 어쩌면 영리한 체하고 정치나 경제에 말참견을 하고 싶어하는 여자보다도 그녀들이 이상적인 반려였을지도 모른다.

독자 여러분께

　이 책을 깊은 경애와 애석의 마음을 담아, 금년 1월 25일에 45세의 젊은 나이로 세상을 떠난 하나와 요시히코(搞嘉彦)에게 바친다는 것을 밝힌다. 하나와 요시히코 씨라고 써야 하겠지만 그렇게 쓰면 그가 웃을 것만 같아 경칭은 생략하기로 한다. 그는 죽음의 자리에 누웠을 때 중앙공론사의 문예지인 『바다』(海)의 편집장이었을 뿐만 아니라, 거기에 글을 연재중이던 나에게는 담당 편집자이기도 했다.
　출판세계 밖에 있는 사람이 독서가로서 아무리 그 존망에 깊이 관계하고 있더라도, 필자와 편집자와의 관계를 필자는 글을 쓰고 편집자는 그것을 잡지에 게재하거나 책으로 만들거나 할 뿐인 관계라고 생각한다 하더라도 당연한 일이다. 그것뿐인 관계인 경우도 분명 많다. 전화로 의뢰하고, 그 의뢰를 받아서 쓴 원고는 심부름하는 사람이 받으러 와서 편집부로 가지고 갈 뿐이어서, 필자와 편집자는 얼굴을 맞대지 않고 끝나는 일도 있다.
　그렇지만 나의 경우는 그렇게 간단하지가 않다. 책이란, 그 겉에 표시되어 있는 것은 우선 그 책의 제목이고, 그 밑에 필자의 이름,

끝으로 출판사의 이름이 표시되는 것이 보통이다. 그러나 나는 내 작품이 출판될 때마다 그것을 손에 들고 바라보면서 언제나 출판사 이름이 있는 자리에는 담당 편집자의 이름을 쓰고 괄호를 한 다음에, 그들이 소속된 출판사 이름이 씌어지는 것이 옳지 않을까 하고 생각하곤 했다.

하나와 씨와 나의 관계는 13년 전으로 거슬러 올라간다. 그때 나의 데뷔작인 『르네상스의 여인들』을 그가 담당했다. 고등학교도 같았지만 내가 히비야고교(日比谷高校)에 입학했을 때 그는 벌써 졸업한 뒤였기 때문에, 그 무렵의 그를 나는 모른다.

이미 편집자로서의 경력이 풍부했던 하나와 씨였지만 『르네상스의 여인들』을 준비 중인 때의 나는, 참으로 성가신, 내팽개치고 싶어지는 귀찮은 상대였을 것임에 틀림없을 것이다. 아직 『중앙공론』에 재직중이던 가스야(粕谷) 씨를 그보다 조금 전에 우연히 로마에서 만났을 때 책을 써보지 않겠느냐는 종용을 받은 것이 발단이었다. 나도 마침 노는 데도 싫증이 나 있을 때였기에 이를 받아들였다. 문장을 쓰는 것을 업으로 한다는 것은 한번도 생각한 일이 없는 나였다. 원고용지도 졸업논문을 썼을 때 접했을 뿐이었다.

그런데 신출내기인 이 신인은 아직 출발하기도 전부터 다음과 같이 선언했으니 그도 아마 속으로는 절망했을 것이다.

"쓰게 된 이상 모리 오가이(森鷗外, 메이지 시대 문단의 중진 작가)나 유럽 중세의 연대기처럼 담담하게 쓰고 싶어요."

하나와 씨는 그때 아무 말도 하지 않았다. 그러나 그 이튿날, 모르는 사람은 여성적이라고 오해하는 그 다정한 태도로 말했다.

"그런 것은 오가이의 연령이 된 다음에나 생각하시지?"

나는 쓴웃음을 지을 수밖에 없었지만, 그 다음에 계속된 그의 말은 쓴웃음은커녕 내 가슴 밑바닥에 묵직하게 울림을 남겼다. 그 말은 그 후 나의 좌우명이 되었다.

"모리 오가이나 유럽 중세의 연대기 작가들도 원래는 자기 나라에서 있었던 일을 자기 나라 사람들을 상대로 썼단 말이야. 그러나 당신은 먼 외국의, 더구나 옛날에 있었던 일을, 일본인을 상대로 쓰려고 하고 있어. 그런 일과 일본인을 굳이 연결시키려고도 하지 않고 말이야.

나는 당신의 방법에 찬성이야. 그렇지만 그 방법을 관철하고 싶다면 그 나름대로의 궁리가 필요해. 학자의 논문과는 다르니까 말이야."

스승으로부터 춤의 기초를 배우는 제자처럼 자상한 지도를 받은 나였지만, 이 제자는 스승의 취향에 맞는 방법으로만 글을 썼던 것은 아니다. 하나와 씨도 나에게 그것을 요구하지 않았다. 대학에서 문학을 전공한 그와 철학을 택한 나 사이에는, 전공과목에서 오는 것인지 아니면 기질의 차이인지는 몰라도 차이가 뚜렷하게 있었다.

예를 들면, 그가 좋아한 문장, 적어도 내가 쓰는 것 중에서 좋아하는 문장은 『르네상스의 여인들』의 제1부에 나오는 이사벨라 데스테의 다음과 같은 대목이었던 것 같다.

이 '사코 디 로마'(로마 약탈)에 의해서 전성기 르네상스의 일대 중심지였던 로마는 폐허로 변하고 말았다. 해마다 열리는 사육제 때는 화려한 가장행렬로 북적거리고, 평소에도 사람의 왕래가 끊이지 않았던 코르소 거리도 이제는 사람의 그림자조차 찾아볼 수 없으며, 이따금 술에 취해 떼강도로 변한 독일 용병들의 고함과 간간이 이어지는 총성이 다 무너져내린 벽 안에 숨어 있는 사람들을 두려움에 떨게 했다.

그래도 해가 떠 있는 동안은 나았다. 그러나 밤의 어둠이 모든 것을 덮어버리면 사람들의 공포는 최고조에 달했다. 아무도 '밤'이라는 말을 입에 올리려 하지 않았다. '밤'(라 노테)이 아니라, '죽음'(라 모르테)이라고 말한 듯한 기분이 들었기 때문이다.

하나와 씨는 이 후반을
"카뮈적이다."
라고 말하며 보기 드물게 극찬했다. 이 부분을 좀더 달리 쓰는 방법은 없을까 하는 하나와 씨의 말을 듣고 생각한 끝에 내가 창작한 부분이다. 이 착상의 힌트가 된 것은 카뮈의 『이방인』이 아니라, 언젠가 카프리섬에서 본 만취한 독일인 그룹의 광태였다.

오가이류의 글은 포기한다 하더라도 내 취향은 율리우스 카이사르나 마키아벨리의 문장을 명문이라고 생각하는 데 있었다. 장식을 가능한 한 잘라낸 짧고 명쾌하며 힘찬 문장을 좋아하는 것이다. 그들의 문장은 대놓고 관능적이지 않은데도, 그것을 읽기만 해도 관능적 쾌감에 흔들리게 된다. 근사한 음악이 그것을 듣는 사람의 가슴의 고동까지 바꾸는 것처럼, 침대 장면을 쓰지 않고도 관능적인 문장을 쓸 수 있으면 좋겠다는 야심을 나는 품기 시작하고 있었다.

하지만 이것도 지금이니까 할 수 있는 말이지, 『르네상스의 여인들』 때는, 다시 말해서 자상한 지도를 받고 있던 당시는 하나와 씨에게조차 말할 수 없는 일이었다. 어쩌면 그도 찬성해주었을지 모르지만 또 비웃음을 살 것만 같아서 입 밖에 낼 용기가 없었던 것이다. 용기는 두 번째 작품인 『체사레 보르자 혹은 우아한 냉혹』을 쓰고 있을 때 비로소 가질 수 있었다. 내 원고를 교열한 신조사의 니타(新田) 씨가 이렇게 말했던 것이다.

"시오노 씨, 평이한 문장이 명문이랍니다."

"됐다!"

그때 나는 그렇게 외쳤었다. 율리우스 카이사르의 문장도 마키아벨리의 문장도 평이한 것으로는 정평이 나 있지 않은가. 요컨대 평이하게 쓰도록 유념하면 되는 것이다. 어렵게 쓰는 것은 자기 스스로도 알지 못하고 있다는 증거라고 생각하던 나였기 때문에, 이것은 내 기질에도 맞았다. 그리고 그것만 할 수 있으면 나머지 일은 쓰는 대상에 따라서 그것에 어울리는 문체가 저절로 생기는 대로 맡기면 된다는 생각이다.

그리고 평이하게 쓰는 것은 학자가 아닌 문필가에게는 절대적으로 요구되며, 먼 나라의 옛날 일을 그것을 모르더라도 훌륭하게 살아갈 수 있는 지금의 일본인에게 전하기 위한 궁리로 연결되는 일이기도 했다. 그것은 하나와 씨가 나에게 가르쳐준 것이었다.

하지만 편집자에게 내가 보답하는 길은 그들에게 작품을 바치는 것이 아니라, 내가 쓰는 것의 질을 보증하는 일이 아니면 안 된다. 판매 실적이나 문학상을 받는 것으로 보답할 수 있다면 그것보다 좋은 일은 없겠지만, 이것만은 내 의사와 관계없이 결정되는 것이기 때문에 어쩔 수 없다. 그러나 편집자에게 작품으로 보답한다는 것도 그들이 건재하기 때문에 가능한 일이지, 죽고 나면 그것조차도 불가능하게 된다.

첫 번째 작품을 발표했을 때도 문장을 업으로 할 수 있다고는 도저히 생각하지 못했기에 필명이 아닌 본명 그대로 시작해서 현재에 이르고 있을 만큼 우연하게 이 길로 들어선 나이지만, 욕심은 그래도 생기는 법인지 생애에 세 가지 기본적인 작품을 쓰려고 마음먹고 있다. 첫 번째는 『르네상스의 여인들』이었다. 이것을 다 씀으로써 비로소 1450년부터 1550년까지의 1세기를 완전히 내 것으로 만들었다는 확신을 가질 수 있었다. 『체사레 보르자 혹은 우아한 냉혹』도 『신의 대리인』도 모두 같은 시대를 무대로 하고 있다. 짧은 기간에 지엽적인 공부만으로 쓸 수 있었던 것도 『르네상스의 여인들』을 다 쓴 후였기 때문이다.

두 번째는 이 『바다의 도시 이야기』다. 이번에는 시대도 1세기가 아니라 1천 년간에 걸치는 긴 기간이고, 무대도 이탈리아에 한정되지 않고 동지중해 전역으로 확대된다. 게다가 개인을 주인공으로 해서는 쓸 수 없는 베네치아공화국의 성쇠에 관한 이야기다. 손을 잡아주고 발을 붙들어주는 식의 자상한 지도는 이젠 필요 없게 되었다(적어도 그는 그렇게 말했다)지만, 이번에는 내 쪽에서 하나와 씨에게 부탁했다.

"한 번 더 함께 해주십시오."

내가 쓰고 싶은 것을 완전히 이해하고, 그것이 충분히 일본어로 옮겨져 있는가를 체크할 수 있는 가장 적합한 편집자라고 믿고 있었기 때문이다. 문예지 『바다』에 연재되었던 것은 그가 그 잡지의 편집장이었기 때문이며, 만약 하나와 씨가 일하는 부서가 출판부였더라면 나는 당연한 일이지만 내리닫이로 써내려가서 책으로 냈을 것이다.

나를 담당한 편집자의 일은 특히 내가 기본적이라고 생각하는 나의 작품들을 맡게 되었을 경우에는, 대단히 고생스러운 역할이었다. 새로운 대상을 어떻게 요리하느냐를 결정하는 것만으로도 1년이 금방 지나가버린다. 그동안 하나와 씨는

"이런 식으로 쓰기 시작해보면 어떨까?"

하고 말하면서 로렌스 다렐까지 꺼내 들먹이면서 나에게 실마리를 주려고 했다. 그래도 나는 대개의 경우

"글쎄요."

라고만 대답하고 입을 다물었다. 아무래도 납득이 가지 않기 때문이었다. 이런 식으로 실마리를 찾지 못하는 기간은 고통스러운 법이며, 두 사람 다 일에 관한 이야기는 그만두어버리고 이탈리아와 프랑스의 공산당 서기장들의 차이를 이야기하기도 하고, 마르셰의 안색이 바뀌면 2, 3일 후에 당의 방침도 바뀐다는 따위의 이야기를 하고 마는 것이었다.

겨우 쓰기를 끝냈어도 담당 편집자의 고생은 끝난 것이 아니었다. 도쿄에 원고가 도착하기가 바쁘게 나는 곧 의견을 말해달라고 하기 때문이다. 내가 쓰는 원고용지는 항공편용이기 때문에 매우 읽기 힘든데, 그는 그것을 읽고 국제전화를 걸어왔다. 아침 7시 반으로 정해져 있었다. 일본 시간이라면 오후 3시 반으로 마침 그의 본격적인 활동이 시작되는 시간이기 때문일까.

이 시간에 전화가 울리면 남편이 먼저 벌떡 일어나서 수화기를 잡으러 갔다. 원고를 보내고 초조해하고 있는 내가 하나와 씨의 전

화를 받은 후에는 차분해지기 때문에, 그도 역시 이 이른 아침의 전화를 은근히 기다리고 있었던 모양이다. 나도 서평에서 칭찬받으면 기쁘다. 그렇지만 하나와 씨가 좋다고 말해주면 더욱 안심이 되었다.

떡은 혼자서는 치지 못한다. 누군가 옆에 있어서 가끔 물을 발라주지 않으면 안된다. 나에게는 편집자가 물을 발라주는 사람이었다. 테마의 지시를 그에게서 받는 것은 아니다. 취재를 거들어주는 것도 아니다. 그런 일은 나 혼자서 할 수 있는 일이었다. 그러나 반응을 보여주는 것만은 내가 할 수 있는 일이 아니었다.

원고를 다 쓰고 일본으로 보낼 때마다 나는 마치 어둠을 향해서 공을 던진 후와 같은 불안에 시달린다. 직구로 던졌지만 과연 스트라이크였는지, 커브가 사실 엄청난 폭투였는지 나는 알 수 없다. 외국에 살면서 일을 할 경우의 가장 큰 단점은 이런 데에 있다. 일본에서는 연재 중에 서평이 나오는 일은 없기 때문에, 연재가 끝나고 몇 개월 후에 그것이 출판될 때까지 평가를 알 수가 없다.

만약 내가 일본에 살고 있다면 친구나 편집자의 기색만 보아도 대체적인 반응은 파악할 수 있겠지만, 1년에 한 번, 그것도 1개월 미만의 귀국으로는 그것조차도 불가능해진다. 몇 년이나 반응도 없이 계속 쓰는 것은 혼자서 떡을 치는 괴로움과 비슷하다.

한 권의 책이 완성되었을 때 그 표지에 적힌 것이 출판사 이름이 아니라 담당 편집자의 이름이어야 한다고 내가 느끼는 것은, 그들이 그 괴로움을 덜어주고 있기 때문이다. 이것은 내가 특수한 처지에 있기 때문인지도 모른다. 일본에 사는 작가들에게 담당 편집자의 중요도가 나만큼은 아닐지도 모른다.

그렇지만 유능하고 신뢰할 수 있는 편집자를 만난다는 것은 작가로서는 무엇하고도 바꾸기 어려운 행운이라고 나는 생각한다.

1980년 7월 피렌체에서
시오노 나나미

『바다의 도시 이야기』(상)
창작 뒷이야기

―시오노 씨는 데뷔한 이래 『르네상스의 여인들』과 『체사레 보르자 혹은 우아한 냉혹』, 『신의 대리인』 등 계속 인물상(人物像)을 썼는데, 『바다의 도시 이야기』는 인물상이 아니라, 말하자면 국가상(國家像)입니다. 언제, 그리고 무엇 때문에 이런 테마에 도전할 마음이 들었습니까?

■소녀 시절에 읽어서 정확히 기억하지는 못하지만, 앙드레 지드가 이런 글을 썼어요. "톨스토이라는 산은 기슭에 있어도 보인다. 하지만 톨스토이라는 산을 다 올라가서 그 꼭대기에 서면, 그 저편에 도스토예프스키라는 산이 나타나는 것을 볼 수 있다."

톨스토이를 다 읽은 뒤에 도스토예프스키를 계획적으로 읽은 것은 아니니까 이 점에서는 지드의 충고를 따랐다고 할 수 없지만, 지드의 이 말은 우연히 작가 세계에 발을 들여놓은 나에게는 테마를 고를 때의 지침이 되었어요. 우선 눈앞에 있는 테마에 도전하고, 다음에 무엇을 쓸 것인가를 결정하는 것은 그 다음이라는 게 내 지침이죠. 몇 년 뒤에 쓸 테마까지 정해져 있다고 말하는 작가가 있지만, 나는 도저히 그렇게는 못해요. 편집자한테 약속할 수 있는 것은 지금부터 쓰려고 하는 한 작품뿐이니까요. 그래서 『르네상스의 여인들』을 쓴 뒤에 『체사레 보르자』를 쓸 마음이 생겼고, 『체사레 보르자』를 쓴 뒤에 '신의 대리인'인 교황들에 대해 쓸 마음이 생겼죠. 미리 꼼꼼하게 세운 계획에 따라 일을 진행하면 집필하는 도중에 떠오르는 생각을 배제하게 될 것 같아서 두려워요. 역동적인 작품을 쓰려면 글을 쓰는 내 머릿속이 역동적이어야 돼요.

―하지만 현재 집필하고 있는 『로마인 이야기』는 제1권을 출간할 때 앞으로 1년에 한 권씩 전부 15권을 쓸 작정이라고 미리 선언

하셨는데요.

■ 그건 그래요. 하지만 그것도 15권만 쓰면 로마 역사도 끝날 거라고 생각했을 뿐이에요. 그래서 어떤 독자가 각 권의 내용을 미리 알려달라고 말했지만 대답할 수가 없었어요. 율리우스 카이사르한테 두 권이나 할애하게 될 줄은 처음에는 생각지도 않았고, 제9권 『현제의 세기』도 마르쿠스 아우렐리우스 황제의 죽음으로 끝낼 예정이었어요. 그런데 써나가는 동안 예정이 바뀌었어요. 이렇게 말하면 젠체하는 것처럼 들리겠지만, 요컨대 각 권마다 무엇을 쓸 것인지는 시오노 나나미의 역사관에 달려 있어요. 내가 데뷔할 때 『르네상스의 여인들』이나 『체사레 보르자 혹은 우아한 냉혹』이 아니라 『바다의 도시 이야기』를 쓰라고 했으면, 아마 쓰지 못했을 거예요.

— 하지만 인물이 '산'이라면 국가는 '산맥'에 해당하니까, 인물상에서 국가상으로 전환하여 '산맥'에 도전하는 데에는 그때까지와는 뭔가 다른 생각이 있었을 것 같은데요.

■ 마키아벨리의 대표작은 『군주론』과 『정략론』이에요. 『군주론』은 군주정을 논했고 『정략론』은 공화정을 논한 작품이죠. 나는 이것을 흉내내고 싶었어요. 그러니까 『르네상스의 여인들』과 『체사레 보르자 혹은 우아한 냉혹』과 『신의 대리인』은 군주론, 『바다의 도시 이야기』와 『나의 친구 마키아벨리』는 공화국론을 쓰는 셈치고 쓴 거예요.

— 『르네상스의 여인들』이 출간된 것은 1969년이고, 이듬해인 1970년에는 『체사레 보르자 혹은 우아한 냉혹』이 출간되었고, 1972년에는 『신의 대리인』이 출간되었는데, 『바다의 도시 이야기』는 1980년대에 들어와서야 출간되었습니다. 8년이나 간격이 벌어진

것은 사료 공부나 취재 여행에 시간이 걸렸기 때문인가요?

■8년의 공백이 있었다고는 하지만, 연재한 것이 책으로 묶여서 출간된 게 8년 뒤였을 뿐이고, 실제 공백 기간은 5년도 채 안 돼요. 그 5년의 공백 기간은 책을 준비하기 위해서였다고 대답할 수밖에 없어요. 어쨌거나 다루는 세월만 해도 1천 년이고, 취재 여행을 다녀야 하는 범위도 동지중해 전역에 걸쳐 있으니까요. 1년이나 2년 정도 준비해서 시작할 수 있는 일은 아니었어요.

하지만 단순히 준비 때문에 5년이 걸린 건 아니에요. 그것은 절반의 이유에 불과하고, 나머지 절반은 내가 그동안 게으름을 피웠기 때문이에요. 아니, 반드시 게으름을 피웠다고만은 할 수 없군요. 다른 글은 쓰고 있었으니까. 그때쯤에는 이름이 조금 알려져서 원고 청탁도 늘어났거든요. 여성 잡지에 글을 쓰거나 『문예춘추』(文藝春秋)에 연재도 하면서 즐겁게 지내고 있었어요. 글을 쓰는 것 자체가 재미있었다기보다, 식자층만을 대상으로 하지 않는 대중잡지에 글을 써서 독자층이 넓어진 게 재미있더군요.

어느 간호사는 병원에서 야간 당직을 할 때마다 조금씩 썼다면서 장문의 편지를 보내왔고, 연어를 잡으러 멀리 북태평양에 나가 있는 원양어선 선장은 문예춘추사에 전화해서 번호를 알았다면서, 고기잡이를 끝낸 뒤 새벽녘에 전화를 걸어와 오랫동안 이야기를 나누기도 했어요. 한번은 아카사카에서 친구랑 택시를 탔는데, 택시 기사가 친구가 내 이름을 부르는 것을 듣고는 아사쿠사에 도착할 때까지 시오노 나나미에 대한 자신의 평을 장황하게 말해준 적도 있어요. 글쟁이는 제 작품을 남이 어떻게 읽어주느냐에 관심을 갖지 않을 수 없어요. 그래서 그 시기의 2~3년 동안, 적어도 일본에 돌아가 있을 때는 지금의 나한테서는 상상도 할 수 없을 만큼 매스컴과 사이가 좋았어요. 대담이나 인터뷰에도 기꺼이 응했고, 텔레비전 모닝쇼에까지 얼굴을 내밀었으니까요.

그렇다고 해서 베네치아공화국 역사가 머리에서 떠난 것은 아니었어요. 개인의 탄생에서 죽음까지를 써왔으니까 이제는 국가의 탄생에서 죽음까지를 써보고 싶다는 생각은 줄곧 갖고 있었죠. 하나와 요시히코(塙嘉彦) 씨도 작가라면 적어도 10년에 한 권은 본격적인 작품을 써야 한다, 40대에 본격적인 일을 하지 않으면 단순한 유명인사로 끝나버리게 된다고 겁을 주기도 했고요. 그 무렵의 나는 수영장 바로 옆까지 와 있으면서도 물에 뛰어들지 않고 우물쭈물하고 있는 듯한 느낌이었어요.

—눈 딱 감고 물에 뛰어든 것은 하나와 요시히코 씨의 충고에 따랐기 때문인가요?

■그랬다면 작가혼에 눈을 뜬 것 같아서 모양새가 좋겠지만, 사실은 개인 사정 때문이었어요.

아이가 어렸을 때는 키우기가 별로 힘들지 않았어요. 그런데 무엇 때문인지 두 돌이 지날 무렵부터 이따금 병을 앓는 거예요. 병자체는 그리 대단한 건 아니고, 아이 아버지가 소아과 전문의는 아니지만 그래도 의사니까 아이를 안고 허둥지둥 병원으로 달려갈 필요는 없었지만, 열에 들떠 몽롱해진 눈으로 "엄마" 하고 부르면 가엾어서 옆에 있어주게 돼요. 아이를 낳은 뒤에는 오전에만 일하고 오후 시간은 아이와 함께 보내기로 작정하고 있었지만, 이제 오전 시간도 확보할 수 없게 되어버렸어요. 그래서 결심했죠. 이렇게 자주 일을 중단할 수밖에 없다면, 한 작품에 전념하자고. 그 방법밖에 없다고. 대상이 하나로 한정되면, 이따금 일을 중단해도 항상 같은 곳으로 돌아오게 돼요. 어린 아들의 침대 옆에서 시간을 보내더라도, 그동안 머릿속으로 생각하고 있는 것은 단 하나니까요.

언젠가 다카사카 마사타카(高坂正堯) 씨가 이러더군요. 아이를 키우면서 그 어려운 것을 쓰다니 정말 대단하다고. 그래서 나는 아이를 키우고 있으니까 글을 쓸 수 있다고 대답했지만, 정말로 그래요. 다카사카 씨는 베네치아 역사에 관심이 있었으니까, 그것을 쓴다는 게 어떤 것인지 알고 있었기 때문에 그런 말을 한 거죠.

―『바다의 도시 이야기』는 중앙공론사의 문예지인 『바다』(海)에 연재되었는데요.

■사실은 『중앙공론』에 연재할 예정이었어요. 다음에는 베네치아 역사를 쓰고 싶다고 말하자, 『중앙공론』 편집장인 가스야(粕谷) 씨가 "좋습니다, 쓰세요, 실어드리겠습니다" 하고, 그분 특유의 상투어로 대답해주었으니까요. 그런데 내가 우물쭈물하는 사이에 가스야 씨가 퇴사해버렸어요. 그래서 내 행선지는 하나와 씨가 편집장을 맡게 된 『바다』로 자연스럽게 옮겨진 것이죠. 『바다』가 문예지라는 것도, 독자가 종합지인 『중앙공론』의 10분의 1밖에 안된다는 것도 나한테는 전혀 문제가 되지 않았어요. 본격적인 일을 한다면 하나와 씨와 해야 한다고 생각했으니까요.

데뷔작인 『르네상스의 여인들』 제1부가 『중앙공론』에 처음 발표되기 직전이었어요. 모든 작업이 끝나 인쇄소로 넘기려 할 때, 가스야 편집장이 광고가 들어가게 되었으니까 10매 분량을 줄이라는 거예요. 여섯 달이나 걸려서 퇴고를 거듭했으니까 쓸데없는 '군살' 같은 건 남아 있지 않았어요. 하지만 잡지에 광고가 중요하다는 것은 편집자인 하나와 씨는 물론, 나도 알고 있었기 때문에, 인쇄소 교정실에 틀어박혀 원고를 줄이는 작업에 착수했죠. 한복판에 놓인 커다란 책상과 의자 몇 개, 그리고 조잡한 벤치밖에 없는 살풍경한 방이었어요. 거기서 하나와 씨와 둘이서 "이 대목은 자르려고 마음만 먹으면 자를 수 없는 것도 아니다"느니, "아니, 이걸 자르면 이야기가 연결되지 않는다"느니 하고 싸우는 동안 날이 새버렸어요. 철야 작업이 끝날 때쯤 나는 이제 아무래도 좋다는 기분이 들어서 벤치에 드러누워 있었지만, 하나와 씨는 그래도 여전히 책상 앞에 앉아서 "이걸 자르면 이야기가 연결되지 않는다"고 계속 고민하는 거예요. 그런 하나와 씨를 곁눈으로 바라보면서, 이 사람과 일할 때는 선부른 짓을 할 수 없겠구나 생각했죠. 그래서 유명인사 놀이를 그만두고 본격적인 일을 하기로 결심하자, 같이 일할 상대는 하나와 씨밖에 없었어요.

―담당 편집자 노릇도 여간 힘든 게 아니군요. 동업자로서 정신이 번쩍 드는 기분입니다.

■편집자가 정신을 바짝 차려주는 것은 저자 입장에서는 아주 좋은 일이지만, 그것만으로는 부족한 일도 있어요. 내가 그분들을 공동제작자로 생각하는 것은 그분들이 내가 일하기 쉬운 환경을 조성해주는 데까지 세심하게 마음을 써주었기 때문이에요. 단적으로 말하면 경제적인 면도 배려해주었다는 얘기예요.

원고료와 인세에는 객관적인 기준이 없어요. 물론 누구나 알고 있는 대작가와 내가 같은 액수를 받는 일은 절대로 없어요. 하지만 그 차이가 크냐 작으냐는 담당 편집자의 열의에 좌우되는 경우가 많죠. 그리고 원고료나 인세 이외에 필요 경비를 대주느냐의 여부도 담당 편집자한테 달려 있는 경우가 많아요. 이런 면에서도 나는 운이 좋았어요. 신인이었던 시절부터 좋은 담당 편집자를 만났으니까요.

첫 작품인 『르네상스의 여인들』을 쓰고 있을 때였는데, 편집장인 가스야 씨가 당신은 긴자에 데려가서 술을 사주지 않아도 되니까 술값 대신이라면서 자료 구입비로 20만 엔을 준 적이 있어요. 30년 전에 20만 엔이면 큰돈이죠. 게다가 책은 옷이나 가방에 비하면 훨씬 싸니까, 그 20만 엔은 엄청난 가치가 있었어요.

그리고 이탈리아의 실정에 대한 에세이를 『문예춘추』에 연재하고 있을 때는 돈이 없어서 3년 동안이나 일본에 돌아가지 못하고 있었는데, 편집장인 다나카 겐고(田中健五) 씨가 가끔씩은 귀국하는 게 어떠냐면서 왕복 항공권을 보내주었어요. 게다가 어린 아들을 놓아두고 귀국할 수 없는 내 사정을 알아차리고, 아들 비행기삯도 함께 지불해준 게 어찌나 고마웠는지.

신조사(新潮社)는 저자한테 지나친 서비스를 하지 않는 방침인 모양이지만, 나한테는 관대하다고까지는 할 수 없어도 유연성을 가지고 대해주었어요. 『바다의 도시 이야기』를 다 쓴 뒤에 쓰고 싶어진 게 『콘스탄티노플 함락』과 『로도스섬 공방전』과 『레판토 해전』이었어요. 그래서 출판부장인 니타(新田) 씨한테 전작으로 세 권을 쓸 테니까 인세율을 올려달라고 부탁했지요. 전작은 잡지나 신문에 연재한 것을 묶어서 내는 것과는 다르니까, 다시 말해서 이미 원고료를 받은 작품과는 다르기 때문에 인세율이 조금이나마 올라가는 게 보통이에요. 그런데 내가 요구한 것은 조금 높아진 그 인세율을 조금만 더 올려달라는 것이었어요. 니타 씨는 웃으면서, 사과도 낱개가 아니라 무더기로 사면 값이 싸진다는 거예요. 하지만 거기서 물러설 내가 아니죠. 낱개로도 충분히 팔 수 있는 사과가 세 개니까, 이 경우의 무더기는 오히려 값이 비싸진다고 대꾸했죠. 억지도 이런 억지가 없지만, 그걸 수락해주었으니 신조사도 좋은 출판사였어요.

내 작품을 직접 담당한 이토 기와코(伊藤貴和子) 씨도 결단력이 있는 편집자였어요. 이 세 작품을 쓸 때 취재비를 지급하는 것까지는 니타 씨가 결정했지만, 그 다음은 이토 씨의 배려였죠. 신조사에는 편집자가 동행한 취재 여행에만 경비를 지급하는 불문율이 있던 모양인데, 이탈리아에 살면서 필요하다 싶을 때 취재하는 것이니까 예정 따위는 세울 수 없다고 주장하는 나를 이해해주고, 신조사 사원이 동행하지 않아도 경비가 나가도록 배려해준 게 이토 씨였으니까요.

『바다의 도시 이야기』를 쓰기 시작할 때, 하나와 씨가 이러더군요. 당신한테 이부세 마스지(井伏鱒二)나 요시유키 준노스케(吉行淳之介)와 같은 액수의 원고료를 지급할 수는 없지만, 우리 잡지는 앞으로 2년 동안 사실상 당신을 독점하게 되니까, 경리부가 인정한 원고료에 조사비 명목으로 얼마를 덧붙여 지급하기로 했다고.

이것이 얼마나 고마운 배려였는지는 그로부터 5년 뒤에 『나의 친구 마키아벨리』를 『중앙공론』에 연재할 때 비로소 알았어요. 『중앙공론』이 나한테 지급한 원고료는 5년 전에 받은 액수의 3분의 2에 불과했으니까요. 가스야 씨는 떠나고 하나와 씨는 죽고…… 『중앙공론』에 나를 배려해주는 편집자는 하나도 없었어요.

시오노 나나미는 일을 골라서 한다고 칭찬해주는 사람이 많지만, 일을 고를 수 있는 환경을 마련해준 사람이 내가 관계한 편집자들이에요. 물론 나도 그 출판사에서 돈을 받으면서 다른 출판사 일도 하는, 예의에 어긋나는 짓은 절대로 하지 않았지만요.

창작과 전기밥솥을 제조하는 일은 달라요. 전자제품은 대량으로 생산할수록 단가가 내려가죠. 게다가 질은 그대로 유지돼요. 책은 그렇지 않아요. 쓰는 양이 많아지면, 엄청난 체력과 기력을 가진 사람이 아니면 질이 떨어져요. 질을 유지하려면 양을 제한할 수밖에 없어요. 나는 문화로는 부자가 될 수 없다고 생각하지만, 하고 싶은 일에 전념할 수 있도록 배려해준 게 나를 담당한 편집자들이었어요.

작가는 돈 이야기를 하지 않는 법이라면서 고료나 인세에 대해 이야기하기를 꺼리는 작가가 많은 모양인데, 나는 이해할 수가 없어요. 우리가 책임을 지는 것은 작품의 됨됨이, 즉 작품의 질뿐이에요. 고료나 인세를 교섭하는 것은 그 질을 보증하는 수단의 하나니까, 절대 부끄러운 일이 아니라고 생각해요.

— 말씀을 들으면서 생각했는데, 시오노 씨는 당당하게 감사의 뜻을 밝히는 분이군요.

■나도 여자예요. 여자라면 자기 혼자 힘으로 지금까지 해온 것보다 많은 남자들의 도움을 받아 지금까지 해온 게 훨씬 멋지잖아요. 많은 남자들 중에는 편집자로서가 아니라 친구로서 나를 도와준 사람들도 포함되지만, 모두 매력적인 남자들이니까 도움을 받는 나도 기분이 좋아요. 나와 함께 일했다고 말할 수 있는 여자는 이토

기와코뿐이에요.

─『바다의 도시 이야기』는 1980년에서 1981년에 걸쳐 상·하권이 출간되었는데, 그보다 1년 전인 1979년에 에즈라 보겔의 『우리가 일본에서 배울 것은』이 일본에서 번역되어 엄청난 베스트셀러가 되었습니다. 노사협조주의 같은 일본적 시스템에 대한 외국의 평가가 높아진 시기이기도 하지만, 이 작품을 집필하실 때 그런 점을 의식하셨습니까?

■ 전혀 의식하지 않았어요. 보겔 교수의 그 책도 읽지 않았어요. 서구 3천 년 역사를 돌이켜보기만 해도 넘버 원이 되려면 어떤 조건이 필요한지를 알 수 있으니까, 일본이 넘버 원이라는 말을 들어도 믿음이 생기지 않았어요. 그래서 그런 걸 논한 책도 읽을 마음이 나지 않았죠.

하지만 일본의 경제력이 증강되는 것은 대환영이었어요. 나는 일본에서 돈을 벌어서 유럽에서 쓰고 있으니까요. 이탈리아에 처음 왔을 때는 1엔이 2리라였는데, 40년 가까이 지난 지금은 1엔이 17리라예요. 내가 일을 골라서 할 수 있었던 것도 엔화의 가치가 느리게나마 꾸준히 상승한 덕택이기도 할 거예요. 다만 앞으로는 지금 수준이 계속 유지될지 어떨지조차 알 수 없지만요.

1980년대에 외국인들이 일본에 보인 높은 관심과 2001년인 지금의 낮은 관심을 비교해보면 인간성의 현실을 느낄 수 있어요. 나라가 강하니까 마음에 걸리고, 그래서 관심을 쏟는 거죠. 역사를 보아도, 강대국을 다룬 역사 서술은 많지만 약소국을 다룬 역사는 별로 없어요.

─1980년대의 일본은 강국이었군요.

■그야 그렇죠. 외국인들이 관심을 갖지 않을 수 없었으니까.

―그런데 일본이 강국이었던 해에 출간된 『바다의 도시 이야기』에서 묘사한 베네치아공화국은 통치체제가 한 개인이나 기관에 의존하지 않고 권력집중을 극력 배제했다는 데 특징이 있습니다. 또한 이 나라는 교역으로 번영을 누린 경제대국이기도 했지요. 이런 점에서도 많은 독자들은 세계대전 이후 일본의 관료체제나 무역입국 일본과 베네치아의 유사성을 느낀 게 아닐까요?

그것이 전후 일본의 번영을 떠받쳐왔다고 자부하는 기업가나 관료들 중에서 많은 독자를 얻은 가장 큰 이유라고 생각하는데, 실제로 베네치아공화국과 일본 사회를 비교하는 것은 어느 정도나 옳을까요. 베네치아와 일본이 비슷하다는 생각은 독자들의 잘못된 믿음일까요?

■책은 일단 독자의 손에 넘어가면 저자보다 독자의 것이 되는 거예요. 그리고 사람은 누구나 책을 읽을 때 자신과 결부짓는 경향이 강하죠. '이건 우리 이야기다'라고 생각하면서 베네치아공화국 역사를 읽은 사람이 있었다 해도, 그것은 전적으로 그 사람의 자유라고 말할 수밖에 없어요. 1980년대의 일본이 경제를 융성시키는 데 성공한 것은 확실해요. 그런 일본과 베네치아는 둘 다 천연자원이 없고 '이코노믹 애니멀'이기도 했으니까, 유사점이 없지는 않아요.

다만 통산성 관료인 아마다니 나오히로(天谷直弘) 씨는 나와 대담하는 자리에서 이렇게 말하더군요. 베네치아와 일본은 비슷하지 않다. 비슷하다면 그래도 아직 희망이 있는데…… 하고 말예요. 베네치아공화국은 경제가 융성한 시점에서 재빨리 정치개혁의 길을 걷기 시작했어요. 정치는 경제발전으로 축적한 힘을 잘 활용하는 것이기도 해요. 따라서 정치개혁을 이루지 않는 한, 경제대국의 지위를 계속 유지할 수도 없어요. 아마다니 씨는 외국과의 통산 교섭에 신경을 소모시키고 있었기 때문에, 정치인을 비롯한 일본인들이 정치 감각을 갖고 있지 않은 데 절망하고 있었는지도 몰라요.

하지만 『바다의 도시 이야기』를 읽은 독자들이 전후 일본과 베네치아공화국이 유사하다는 인상을 강하게 받았다면, 그것은 저자인 나에게도 일단의 책임이 있을지 몰라요. 한 가지 점에 대해서는 설명이 충분치 않았으니까요. 그 한 가지 점이란 바로 베네치아공화국이 자주 실시한 '행정지도'예요. 그것이 서구 역사에서 어떤 위치를 차지하고 있는지에 대한 설명이 부족했어요. 그래서 베네치아공화국 정부의 '행정지도'가 전후 일본의 '관료지도'와 같다고 일본 독자들은 생각해버렸는지도 몰라요.

하지만 역사를 돌이켜볼 필요도 없이, 국민을 '지도'하는 것은 관료라는 사고방식 자체가 지극히 특수한 일본적 시스템이에요. 노예나 해방노예가 사무를 담당하는 것에서 시작된 로마제국의 관료제도까지 거슬러 올라가지 않아도, 중세와 르네상스 시대의 베네치아공화국에서는 정치·외교·행정은 귀족이 맡고 실무는 시민(즉 평민)이 맡는 것으로 구분되어 있었어요. 귀족은 무급이고 시민은 유급이라는 점에서도 이 구분은 명확했지요. 그래서 내가 일본인에게 친숙한 '행정지도'라는 용어로 설명하는 경우 반드시 '작은 따옴표'를 붙인 것은 독자들이 이 차이를 염두에 두고 읽어주기를 바랐기 때문이에요.

즉 '지도'를 하는 것은 어디까지나 정치를 하는 사람이고, 관료는 실무를 담당하여 정치를 돕는 것이 본래의 모습이에요. 아니, 지금도 구미에서는 로마제국 이래 이 사고방식이 계속 유지되고 있는 게 아닌가 싶어요. 그들이 일본의 관료지도체제에 대해 자주 강한 위화감을 표시하는 것도 서양에서는 국가 정치를 담당하는 것은 관료가 아니라 항상 정치가였기 때문일 거예요.

현재 일본이 직면해 있는 위기는 전후 일본의 번영을 떠받쳐온 관료지도체제와 대량생산-대량수출 형태의 무역입국 사고방식이 둘 다 기능을 발휘하지 못하게 되었기 때문이에요. 관료지도체제라는 일본 특유의 시스템이 붕괴된 지금이야말로 일본적 특수성에서 세계화로 이행할 수 있는 절호의 기회라고 생각해요. 재능이 있고 의욕과 야망을 가진 젊은이들은 관료가 되지 말고 정계에 들어가면 돼요. 잠시 관료로 일하다가 부처 이기주의 같은 것에 오염되기 전에 정계로 옮기는 방법도 있겠죠. 관료를 본래의 모습으로 돌려놓는 것이 사회의 존재방식으로도 건전하다고 생각해요. 서양식으로 바꾸라는 뜻이 아니라, 건전한 사회 본연의 모습을 찾자는 것이죠. 건전함은 공동체가 장수를 누리기 위한 유일한 처방이기도 해요.

베네치아공화국의 역사는 경제입국, 정치입국, 외교입국으로 진행된 역사예요. 자기네 나라가 정치입국이고 외교입국이라고 믿는 영국인들 중에는 베네치아공화국을 외교입국으로 평가하는 사람이 많은데, 그 영국인이 과연 일본을 정치입국이나 외교입국이라고 평가할까요. 일본인에게는 아직 가능성이 많이 남아 있어요. 하지만 그것을 일일이 지적하는 것은 내 일이 아니에요. 옛날에 이런 식으로 산 사람들과 국가가 있었습니다 하고 말하는 게 내 일이죠. 그것을 읽으면서 지금의 자신이나 일본이나 세계를 생각하고, 개혁의 힌트를 찾아내느냐 못하느냐는 전적으로 독자들의 감수성에 달려 있어요. 읽는 사람 나름이라고 해도 좋을 정도예요.

창작은 참으로 인간적인 작업이에요. 저자가 쓰고, 편집자가 책으로 만들고, 출판사가 팔려고 내놓으면 끝나는 게 아니에요. 독자도 책을 어떻게 읽느냐를 통해 이 작업에 참여하죠. 독자가 참여하지 않으면 그 작품은 살지 못해요. 창작은 완성되지 않아요. 이것은 음악도 미술도 영화도 마찬가지라고 생각해요.

바다의 도시이야기 상

지은이 시오노 나나미
옮긴이 정도영
펴낸이 김언호

펴낸곳 (주)도서출판 한길사
등록 1976년 12월 24일 제74호
주소 10881 경기도 파주시 광인사길 37
홈페이지 www.hangilsa.co.kr
전자우편 hangilsa@hangilsa.co.kr
전화 031-955-2000-3 **팩스** 031-955-2005

부사장 박관순 **총괄이사** 김서영 **관리이사** 곽명호
영업이사 이경호 **경영이사** 김관영 **편집주간** 백은숙
편집 박희진 노유연 이한민 박홍민 배소현 임진영
마케팅 정아린 이영은 **관리** 이주환 문주상 이희문 원선아 이진아
디자인 창포 031-955-2097
인쇄 예림 **제본** 경일제책사

제1판 제 1 쇄 1996년 12월 10일
제1판 제13쇄 2001년 10월 5일
제2판 제 1 쇄 2002년 5월 20일
제2판 제14쇄 2024년 6월 28일

값 22,000원
ISBN 978-89-356-1028-0 03900

• 잘못 만들어진 책은 구입하신 서점에서 바꿔드립니다.